U0620392

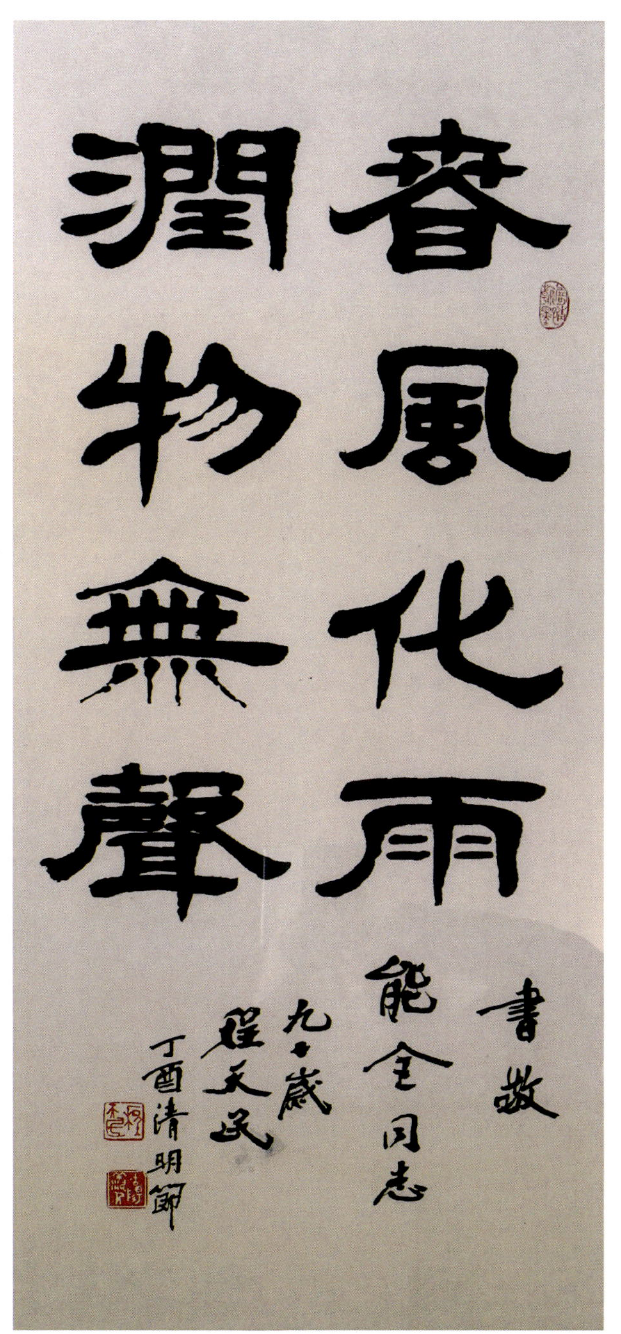

程天民（1927—　），病理学与防原医学家，中国工程院院士。曾任中国人民解放军第三军医大学校长、中华医学会创伤学会主任委员，被评为全国优秀教师和总后勤部“一代名师”

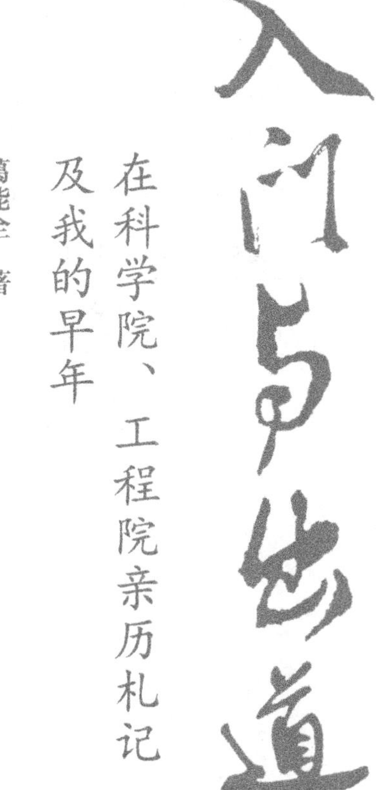

入门与出道

在科学院、工程院亲历札记及我的早年

葛能全 著

科学出版社
北京

图书在版编目(CIP)数据

入门与出道：在科学院、工程院亲历札记及我的早年 / 葛能全著. —北京：科学出版社，2019.4
ISBN 978-7-03-060873-4

Ⅰ. ①入… Ⅱ. ①葛… Ⅲ. ①科学工作者-传记-中国 Ⅳ. ①K826.16

中国版本图书馆 CIP 数据核字（2019）第 050215 号

责任编辑：侯俊琳 牛 玲 / 责任校对：贾娜娜
责任印制：李 彤 / 封面设计：有道文化
编辑部电话：010-64035853
E-mail: houjunlin@mail. sciencep.com

科学出版社 出版
北京东黄城根北街 16 号
邮政编码：100717
http://www.sciencep.com

北京虎彩文化传播有限公司 印刷
科学出版社发行 各地新华书店经销
*
2019 年 4 月第 一 版 开本：720×1000 B5
2022 年 2 月第三次印刷 印张：30 1/8 插页：1
字数：450 000

定价：118.00元

（如有印装质量问题，我社负责调换）

题记

先就这本集子的总题目作点说明。“入门与出道”几个字，是几经斟酌而借用的，自认为它比较贴切本人情况和一直的信守，大致的意思是，用心学习，勤快做事。

——摘自本书“后记”

第一编　自述：半世寻踪

第二编　中国科学院三十年

第三编　参与筹建中国工程院

第四编　相知相于钱三强

第五编　亦师亦友纪事

第六编 科技史研习拾零

第一编

自述：半世寻踪

我的家乡我的家

■ 我是乡下人

我的家在湖北省通城县麦市镇许家湾，地处鄂东南边陲，位于鄂湘赣三省交界处，邻接江西省修水县和湖南省平江县。

据《通城县志》，通城建县始于宋神宗熙宁五年，当时将崇阳县的几个乡并入通城镇设立县制。以公历计那是 1072 年。出于对家乡历史的兴趣，我便中查考了周谷城任名誉主编的《中国事典》（沈阳出版社 1992 年版），得知宋神宗统治时期，差役非常繁重，区划不一，有的州土地面积和户籍，仅相当于一个县，有的县仅相当于一个镇或一个寨子；而且州县设置过多，造成吃公粮的官吏也多，更加重了民众的负担，所以下令在全国合并和撤销一些州县的建制，至熙宁八年（1075 年），三年时间共撤并州及军监 31 处、县 127 处。

以上，应该是通城设立县制的大历史背景。

还有一个情况，历史上有名的“王安石变法”（又称“熙宁变法”）也发生在这个时候。宋神宗接受改革家王安石的主张，颁布了一系列推动经济发展的法令，诸如《青苗法》《市易法》《免役法》《农田利害条约》（即《农田水利法》）等，在通城设县当年，朝廷还颁布了一个“方田均税法”，内容包括方田和均税两个方面。按照这个法令，要对田亩重新进行清查丈量，以东西南北千步见方的面积作为丈量田地的单位，称为一方，因而称“方田”；丈量过后，再依据土质定其肥或瘠，分为五等确定税额高低；还规定，荒地归于“耕作之家”，不毛之地可以自由佃种，农民经营山林川泽及水塘、河堰之类的副业，一概不许征税……这些措施，尽管实行时间较短也不够有力，但对于通城这方小农经济社会延续已久的地域，产生了直接而深远的影响。以我的印象，以上措施的实施和影响，一直延续到20世纪中叶，也就是1950年的“土地改革”运动。

我的出生地叫许家湾，顾名思义应该是许姓集中地，其实不然，这里基本没有许姓，绝大多数人姓葛，而且远远近近都能联上谱系。为什么“许家湾”的人不姓许？这个问题小时候就萌生在我脑海里：不远的“何家塅”住的都是姓何的，“李家塅”都是姓李的，唯独“许家湾”，没有姓许的都是姓葛的？无数次询问过长辈，同辈伙伴们也时常一起瞎猜议，得不出答案。

不知道何许人在何时编出一个说法，传到了我们耳朵里，说很久很久以前，“许家湾”住的许姓，因遭遇瘟疫全死了，后来有姓葛的迁徙到这里，人丁繁盛起来了，却忘了更改地名。这是我儿时记忆的传闻，很可能是长辈们为了蒙哄好奇孩童编造出来的故事演绎罢。

■ 九宫山的故事

通城县是个山区，东、南、西三面环山，交通不便利，经济不发达，是名副其实的乡僻之地。因为这样一些自然条件制约，通城总被强势的历朝历代官府所忽视，然而这里的崇山峻岭之险，却往往被弱势者看中并加以利用，权当屯兵蓄锐，或攻城夺寨、或再起东山的风水宝地。能查到史料记录的，比如：唐僖宗乾符四年（公元877年），黄巢起义军进驻过通城；宋高宗绍兴四年（公元1134年），岳飞率兵经通城九岭南下；元末至正十一年（公元1351年），徐寿辉起义军曾在通城与官军发生过激战；最应细说的，是明朝末年起义领袖李自成与通城。

李自成曾经势不可挡率起义军攻克北京，推翻了明王朝，建立起大顺政权。由于他被胜利冲昏头脑，丧失警惕，被明朝将领吴三桂勾结满洲贵族势力发动夹攻，弄得措手不及，迎战失利退出北京，败走河南、陕西，最后率大军残部，于1645年5月经咸宁、过蒲圻，进驻通城药姑山，并占领全县，安民治政。同年的一天，李自成亲率二十八骑去九宫山察看山势和道路，以备在清军进剿时做万一策应的准备。就在这时，一支当地的地方武装对他发起突然袭击，李自成及其随行全部死于刀刃之下。

关于李自成之死，后来在通城和通山两县间，衍生出一场持久的争执，时至今日，部分史学工作者（主要是两县的史志工作者），仍未完全达成一致。

我略知事情的缘起：两县境内各有一处同名的“九宫山”，相距不甚远，两地又都留有部分史料和证物；特别是 20 世纪 50 年代，当时我正在通城县粮食局做文书缮写员，清楚记得权威史学家郭沫若从北京给通城县寄来他手书的“李自成之墓”，还有他撰写的 200 来字的碑志，于是县政府很快在通城的九宫山上修了一座李自成陵墓，郭老手书的五个大字镌刻在两米多高的石碑正面，墓碑底座正面刻的是郭老撰写的碑志。

李自成墓刚一建成，我曾去现场拜谒，还抄下碑志作为学习材料。时隔三十五年，1991 年我受通城县政府邀请，带领科学院系统的几名科技专家帮助县里搞项目开发，利用当地资源发展经济，又一次来到李自成墓园，还是记忆中的老样子。但跟三十几年前不一样的，这时我已算是科学史研究的热心“票友”了，对人文历史也有广泛兴趣，郭老为李自成这位农民起义领袖写的那篇简短、精到的碑志，又勾起我对郭文和往事的记忆，从头至尾默读了一遍。后来，读到《通城县地名志》在“古迹、纪念地”中，有一节关于李自成墓介绍，原文录下了郭老 1955 年的那篇碑志，我现将它抄附于此，既实录历史，也当作往事片断留存。

> 李自成是农民革命史中一位伟大的人物。他从陕北发动革命，以抗粮均田为号召，转战十余年，卒以一六四四年三月推翻了明朝的统治。但是，可惜他的战友们，特别是丞相牛金星，为胜利所陶醉，忽视了关外的大敌，终于为满洲人所乘，遭受了失败。满人既占北京，暂时和南明妥协，集中力量攻打革命势力，致使李自成不得不辗转南下。一六四五年九月李自成率部到达通城，不幸在这九宫山为地主的党羽所杀害，年仅三十九岁。革命英雄，永垂不朽！
>
> 一九五五年十一月二十五日
>
> 郭沫若（钤印）

接着，通山县发起申诉，认为通山的九宫山才是李自成遭害的真实地点。若干年后，史学界主流包括郭沫若及正式出版物（如《辞海》等）都接受了通山九宫山为李自成遇害地的事实，但通城县一些研究者不认同，仍坚持认为通城的九宫山才是李自成事实上的遇害地。

记得 1997 年下半年，有两位持此认识的通城人士到北京找我，带来一些文字史料和实物照片，希望通过我转达给高层权威机构和史学家，以争取支持。我没有应诺，建议他们多以历史考证和科学研究的精神，写出有理有据的文章发表，作为学术争鸣来扩大认同。我说，采用学术研究以外的其他办法，丝毫无助于事情的解决。

■ 童年走兵

走兵，是家乡话，意思是躲日本兵。

我是在日寇铁蹄声中出生的，还险些命丧日本飞机轰炸。

1937 年 7 月 7 日，侵华日军在北平西南宛平附近，举行挑衅性的军事演习，诡称演习中一个士兵失踪（其实这个士兵因解手离队 20 分钟后归队了），藏在宛平城内，借口搜查所谓“失踪”士兵，要求中国驻军撤出宛平城。对于这种蓄意挑衅，理所当然遭到中国军队拒绝，于是日军便动用机枪、大炮轰击宛平城和城外的卢沟桥。在忍无可忍的情况下，中国军队同仇敌忾，奋起反击，拉开了全面抗战的序幕。

据《通城县志》1985 年内部发行版记载，“七七事变”一年后的 1938 年冬开始，通城县先后五次遭到日军飞机轰炸，县城大部分建筑物被毁，造成很多人员伤亡。几次轰炸中，离县城十几公里的麦市许家湾，还有我们家及刚出生的我，也同时遭受灾殃。听父母说，日机投下一颗炸弹，落在我家菜园附近，把加工作坊炸塌了，一扇百十来斤的石磨被震飞落到土墙上，幸亏全家人都躲进薯窖，险些造成伤亡。

我大姐凤梅（1928 年生）2000 年秋来北京旅游，她亲口告诉我，说有一次到野外树林里躲日本飞机，生下不久的我在母亲怀里哭个不停，母亲怕日机发现目标挨炸弹，把她的奶头塞进我嘴里，紧紧用手捂住不让出声。

过了一阵，大姐无意间提醒母亲：“妈妈，弟弟不哭啦。”

母亲松开手一看，只见我的小脸变成青紫色，手和脚软绵绵的不动弹了，只有鼻孔里还一点点冒热气。过了好一阵，我又开始张嘴哭了……

大姐对我说：“你的命是丢了又捡回来的。”

从我记事以后，最害怕又忘不掉的坏印象，就是走兵。有时天刚麻麻亮，人正在睡梦中，突然传来恐怖的惊叫：日本兵来啦！日本兵来啦！于是哭喊声乱成一片，人们慌忙往外跑。这样三天两头来一回，走兵成了我童年担惊受怕的常事。有一次我们全家慌乱走兵，家里养的一只花狗也跟着狂叫，突然间，那只狗发疯似的从背后跃起趴到我肩膀上，脚爪正好碰到脑后长的疖子，痛得我倒地大哭，父亲过来叱喝几声，驮起我赶快跑。

类似的走兵经历有过好几次，我记事以前的走兵可能还要多。

母亲多次讲过一个我完全没有印象的故事，说我从小就喜欢挑肥拣瘦，事情也是发生在走兵的时候。母亲说，有一次我们家和大伯父家、四伯父家一起出去躲日本兵，爬岭走小路，往深山里躲，我们家走不动山路的孩子多，父亲一个人驮不过来，大伯父和四伯父便帮忙轮流驮。在大伯父驮我时，我硬吵着要从他背上下来，去找四伯父驮，弄得大伯父很尴尬，父亲母亲非常生气，斥责我，问我为什么这样子。我回答道：“大伯伯的背太大啦。”

依我后来所见，大伯父确实体格肥胖，腰背上的肉圆鼓鼓的，可能当时我的小手抓不住肩骨的缘故吧，身子会往下滑溜，有摔到地上的危险，而四伯父比大伯父瘦。母亲后来说，听了我的那句话，在场的人又生气又想笑。这也许可以算作我对事不苟且将就的开始吧。

我从小最害怕的是走兵，心里最盼望过上不走兵的太平日子。我现在想把这一愿望延续至永久，让所有世代的人们不再有走兵的经历。

■ 父亲和母亲

我本家在当地是个大家族。所谓大，是说派生出来的支系众多，人口繁盛，但不旺达，也算不上书门。据可查找的史料，族中没有出过高官富贾，连贡生秀才也不曾有一个。

父亲葛启尧，号焕卿，生于1908年，卒于1985年，是祖父的第五个儿子。父亲出生刚两岁生母就辞世了，想必成长中的经历会很艰辛。

父亲识字不多，手艺懂得不少。想来，这除了他本人心灵手巧的自身条件而外，可能跟祖父过去的职业有关系，因为我的几位伯父也都从业与父亲同样的行当，比如线河粉（即制粉丝）、做糕点，只是门类没有父亲多，技术不如父亲精到。

父亲有几门手艺可称为顶尖高手，掌握其中许多诀窍，用同样的原材料制作同一种食品，他制作的就是比别人的好，客户愿意买。父亲最拿手的，要算制作糕点、线河粉和手工扯油面，他也会酿酒、制棍儿糖、染布等。听叔伯们说，父亲学艺做事，有他独具的一个特点，就是用心思、得要领，业精于勤，所以，他比他的几位兄长更胜一筹。

我的父亲　　我的母亲

父亲学会这么多手艺，并不是出于个人一时的兴趣，完全是为了自立谋生——依靠他的多面手艺养儿育女、维持生计，而且经常是多业并营。我清楚记得家里常见的一种景象：前堂屋制作糕点，中堂屋扯油面，后屋磨豆子、线河粉，到了晚上再掌灯干零活。除了全家上阵，有时也雇请短工帮忙，但父亲总是各种活计的主角，即便这样，父亲从不在孩子们面前说累，怕影响大家干事的劲头。他就是这样，一直以勤劳、吃苦作表率，撑起偌大一个家。

父亲不单勤劳，他还颇为懂得诚信为本的经营之道，并且践行毕生，因而父亲的生意能够长久维持不倒闭，即便世逢变乱非常时期。从我记事起，我们家虽然兄弟姐妹众多（差不多两年出生一个），但从未感觉到，应该有的东西而缺这样少那宗，我们个个走出去从不破衣烂衫、邋邋遢遢，与别人家的孩子形成鲜明对比。当然，这绝不是父母出于虚荣刻意做给人看的，完全是他们平素的内在精神和持家能力的综合体现。

说一件我记得的事例。20 世纪 40 年代后期，社会经济处于极度动荡时，做生意都手头缺流动资金，进不来原材料，手工加工业者普遍处在歇业倒闭状态，于是极少数有信誉的从业者，想出发行民间货币的办法，独自或联合几家（联合三家称“三家联”，联合五家为“五家联”），印制少量盖章具名的字据，当作小区域的临时货币流通，得以权渡危机。

父亲就是这极少数中的一人，印制过以自己铺号（永昌斋）发行的字据货币。我见过，是一张木板印的类似钞票的油皮纸，竖行印有说明权益责任的文字，币值为空格，由交易时临时填写并盖章确认；纸票左下方印有发行人（父亲）的名字，以及流通有效时间（具体时间交易双方可商定填写）。据得到的印象，父亲的票子很受认可，去麦市镇采购，或在自家铺面收购，可以用它结算。我们家也接收他人的临时货币，同样必定是父亲知根知底、信得过的业主。因此我以为，父亲毕生讲诚信，是他能够临危不倾、长久撑起一个大家的又一支柱。

母亲姓何名和春（1909—1997），出生在一个偏僻贫瘠的山区——黄龙山大屋场，小时候裹了脚，17 岁嫁给父亲。母亲没有读过书，但很有点“大家闺秀”风范，她的识礼、贤良、大度等许多美德，一直受人称道，内外远近都有好名声。记得，我参加工作离家以前直到 20 世纪六七十年代，附近人家办迎亲喜事，都来请母亲和父亲去为新房铺床，就是帮人亲手铺一下新房的床单、摆好被子枕头。按照家乡风俗习惯，只有被公认受敬重、有福气、又和美的夫妇，才能充当为新房铺床的角色。我的母亲和父亲就是这样的人，他们长久享有此等楷模声誉。

母亲的记忆力、条理性，还有她处事那种干练、利落、精细和得体，尤其让人称奇，而且年久不衰。她八十多岁讲几十年前的往事，就像讲眼下见闻，娓娓道来，细节记得特别清楚，一点都不错乱。但母亲不大用心记自己子女出生的时间，当我们要正规用生庚八字时，就叫我们去问四伯母，说她都晓得。我 1952 年要正式用生辰八字，母亲只记得我是农历十一月十一日出生的，和三哥能略是同一个日子，但记不清年份，也是叫去问四伯母。四伯母也记不很准确，说不是走头茬日本兵的丁丑年（即 1937 年），就是走二茬日本兵的戊寅年（即 1938 年）。后来，这两个年份都出现在我的履历表里。为了把年龄说大些便于早点参加工作，我还填过丙子年（即 1936 年），在 1952 年报考合作科时，为了凑到十八岁最低年龄要求，我更冒填过甲戌年（即 1934 年）。我从 1959 年转户籍入武汉师范学院，以及后来实行的身份证，出生年均为 1938 年。

母亲的这些特点，在操持家务上同样展现得淋漓尽致。我们家亲戚朋友众多，一年四季各方客人不断。只有我们做儿女的知道，母亲为了应对大量而又要区别差异的迎来送往、接物待人，付出了何等辛劳，费了多少心思，怎样做得细微、周到的。

除了这些，我们十几个兄弟姊妹的吃、穿、用、睡、学、婚嫁等大小诸事，也都在母亲不声不响中安排得妥妥帖帖、井井有条，没有误过事，就连给我们吃零食，也从不落下一个，如果有哪个临时不在，她会记得给补上。

许多年过后，我们兄弟姊妹每每相聚，回忆起母亲，总是思念绵长，尤其惊异和敬佩她老人家的好脑子，就像一台编入程序的电脑。

■ 无形的家风

我父母一共生了十三个儿女，除了两个妹妹年幼时夭亡，七男四女都长大成人。按出生顺序，我正处在中间位次，前面有三个哥哥两个姐姐，后面有三个弟弟两个妹妹。人丁兴旺，是我们家的第一大亮点。20 世纪 80 年代初父母都健在，我带着我的小家四人从北京回老家过旧历年，分布在四面八方的家人也大多赶回家相聚，记得大年三十晚上吃团圆饭，满满坐了三大圆桌，还有不少围着桌子手拿碗筷的游餐者，那都是更年轻的晚辈或者晚晚辈们。有时兴致起来，想数数父母之下到底有多少人，几个人掰着手指头数，结果数多少次也没有数清楚。

我们家的另外一个特点是，律己严、风气正，这也可以说是我们家的传家之宝。考查中国传统，凡有一定历史渊源的名门望族，一般都有“家训”“家诫”“家范”之类传给后世，成为做事为人的主旨要律。而像我们这样虽然人丁兴旺却没有什么来头和背景的平常人家，哪里会有那些成条成文的教本。但无形的确实有，而且当我们一懂事就开始意识到它的存在，那是父亲母亲平时的言与行，潜移默化昭示我们的，是不成条文的“家训”。

想起来印象深刻的，比如说，父母的言行昭示我们：人要勤快，不要偷懒。这个“勤”字，就是父母践行一生的总结，叫作“勤有功嬉无益”，我们慢慢懂事了就这样去做，读书要勤，写字要勤，做一切事情都要勤而不能懒惰。再回头一看，父亲母亲成家后的近百年历史，确确切切可以得出这样的认识：勤则家兴，勤则事达。

做人要有孝心，待人要讲仁义，经常挂在嘴边的一句话是“金钱如粪土，仁义值千金”。这也是父母的亲力亲为昭告我们的：祖父生育有六个儿子，我父亲既不是长子也不是老幺，而祖父母过世（1941 年）后的灵牌灵位，一直安设在我们家，到 60 年代烧灵的二十多年里，除非躲兵在外，每天或者父亲向灵位上香，或者嘱咐我们代替，每逢过年过节或有重要家事，还要摆贡品以致感念。

至今记忆犹新的一件事，每年春节和七月十五中元节给亡灵“送包袱”（即烧冥钱），总列有一个很长的逝者名单，是由父亲母亲一一说到记下来的，我再用毛笔在包好的“包袱”（类似信封）上写上亡者名字，落款再写送“包袱”人的名字。就每次写“包袱”这一项，如果大哥不在家由我一个人写，从早到晚要写一整天时间。父亲母亲特别吩咐，要给那些没有后人的孤身长辈写“包袱”，不要忘了那些无依无靠的可怜人，记得有一位名叫德昌的远房伯父一生未娶没有子女，他在我们家后屋故去以后，父母让我们以晚辈的名义“送包袱”，年年如此。

父母还告诫我们：做人要正经，明事理，争气，还要有本领，靠真本事吃饭，莫打歪主意，等等。比起引经据典的说教，我父母的这些告诫，看起来听起来实在普通得很，道理一点也不深奥，但对于我们兄弟姐妹及我们全大家而言，却终生受用、价值无限，成为我们在社会上一直努力做个好人的无形警示和鞭策。

我们的父母，对子女管教之严是出了名的，亲戚朋友笑称他们“铁匠”，意思是叮叮当当敲打。如果我们在外边做了不体面的事，或者骂人了什么的，只要父母知道了，轻的一通训斥，重则一顿打，往往新账老账一齐算，有时还搞“株连”，把我们兄弟几个叫到一起，采取罚一责众方式，以儆效尤。

母亲的严与父亲的严有所不同。以我的亲身体验，母亲重在对子女发口头告诫，父亲则平时不挂在嘴边，气急了会掌脚相加，严中有凶，甚至带暴。

有一次，我在外面惹了祸，不记得做了什么错事，父亲知道后非常生气，便对着我一脚踢过来，我眼快身疾一躲闪，父亲的脚踢到了墙壁上，肿了好几天。这件事，是母亲晚年当笑谈告诉弟妹的。我那时只有几岁，又没有被踢中落下疤痕，所以没有留下一丁点印象，而母亲从数不清的管教儿女事件中，记住了这一件，大概说明其中的某些特殊之处吧。首先，肯定我犯的错不一般性，让父亲格外气愤，因而下了重脚；其次，父亲管教孩子造成自伤这样的事，不是独一无二也是极少极少发生，容易记得住；再就是，母亲对这件事有一种特别的心情，既责怪我又为我没有被踢中而庆幸，她很可能还埋怨过父亲用力太重。

父亲母亲对儿女的严厉，随着他们进入中年以后，我们也慢慢长大了，加上客观环境发生改变，管教形式有了很大变化，以前习惯使用的武力方式，变为和缓透着温情的教导方式。这样，我以下的弟妹，特别三个弟弟（六寿、华如、英如）成长中，自然就捡了“便宜”，但我不嫉妒，是庆幸。

1985 年 5 月父亲病危时，1997 年 12 月母亲病逝前，我都赶回家见了最后一面，独自一人坐在灯下回想过去，淌着泪水写下一千八百字的祭文。这篇文字，在父亲辞世后由大哥定稿为悼词致读，据说让人甚为感动，当地小学还以它作范文教导学生。

再后，又在北京撰写了一篇碑铭，寄经大哥改定，镌刻于父亲母亲合葬的墓碑上。碑铭全文如下：

缅怀双亲，往事历历。功德皆碑，难容一石。

毕生勤劳，志创业绩。忌慕虚华，不贪安逸。

持家良苦，潜心学艺。面对艰辛，自强不息。
处事入情，更明大义。宽诚待人，于己严律。
睦邻和里，亲朋善戚。为人风范，遍受称懿。
教儿育女，爱而不溺。我等有成，难忘教益。
抚昔思今，可歌可泣。敬立此碑，藉以永记。

早期读书经历

读私塾和一次难忘的挨板子

在我们家，早先读书多又顺当的是大哥莱如（1927 年生）和二哥德成（1933 年生），他们在家里是受器重的学问人，后来分别成长为懂法律和金融的地方官员。以我的亲历断言，大哥读六七年私塾肯定遍读了大量儒学经典；他的新学基础想来也不错，很系统地读完小学和初中，1948 年考取高专，成为我们家族第一个高学历者。

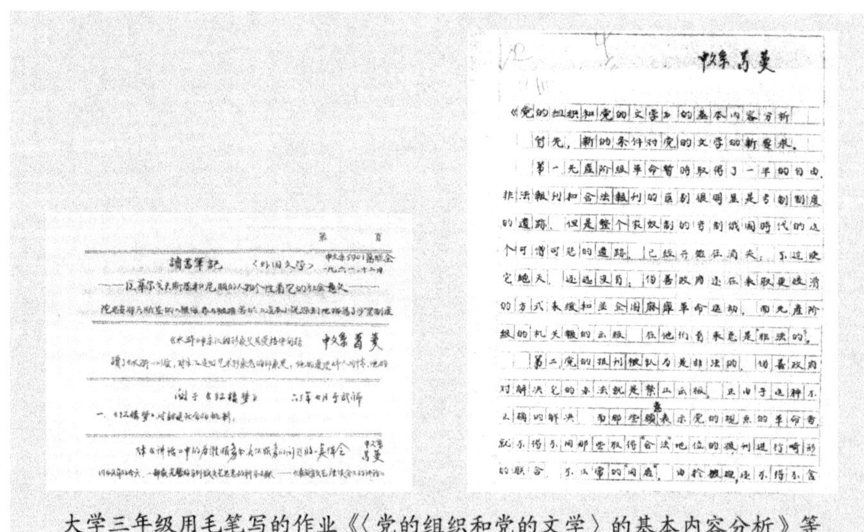
《党的组织和党的文学》的基本内容分析

首先，新的条件对党的文学的新要求。

大学三年级用毛笔写的作业《〈党的组织和党的文学〉的基本内容分析》等

大哥的毛笔字写得很好，那是远近闻名的，我觉得脸上有光，同时也给了我榜样的激励，一直努力练字，直到参加工作以后还经常练毛笔字（不是书法），早时的履历表都用毛笔填写，1958 年我的第一份入党申请书就是用毛笔写的；上大学时还经常用毛笔写作业，庆幸有十多篇至今保存完好，不妨抄下几篇的题目（参见上页附图）：《〈党的组织和党的文学〉的基本内容分析》《对〈讲话〉中的为谁服务和如何服务的问题的一点体会》《关于〈红楼梦〉》《〈水浒〉中宋江的形象及其受招安问题》《〈牡丹亭〉"警梦"二曲翻译与分析》《怎样看待汉元帝与王昭君的爱情》《巴尔扎克的世界观和立场》《读陀思妥耶夫斯基的〈被侮辱与被损害的〉笔记——从华尔戈夫斯基和尼丽的人物个性看它的社会意义》。时隔半个多世纪后，重温这些习作的毛笔字，坦白说，连我自己也不免有些惊叹，可惜，后来因为懈怠渐渐地生疏、退步了。

1949年新中国成立之前，除了在许家湾国民初小上过一学期公学（后学校停办），从五六岁起我基本上一直读私塾，接受儒学教育，从《三字经》《幼学琼林》（习惯称《幼学》）启蒙，被奉为儒学经典的《论语》《孟子》《大学》《中庸》都读了，枯燥无趣的《左氏春秋传》也读过。读得最有兴趣的，要算《诗经》和绘图本《千家诗》，还有《增广昔时贤文》（习惯称《增广》），很多韵语读起来上口，可以吟哦，也容易背诵，我现在还记得住书的开篇："昔时贤文，诲汝谆谆。集韵增广，多见多闻。观今宜鉴古，无古不成今。"

当时流传一种说法，说"读完《幼学》会相骂，读了《增广》会讲话"。说归说，为什么这样讲呢？那时似懂非懂。如今想来，感觉这样的读书体会蛮有道理。《幼学》里确有不少借用自然和社会历史知识典故作讽喻、编成骈语的句子，既便于记诵又另有意涵，学生闹矛盾时正可以用来相互贬损，比用粗话骂人显得文雅，又不太伤人。记得偶尔还实践过，有一回刚换新老师新学校，被人欺生，我脱口就来一句《幼学》里的话"虎落平阳（当时读"平原"）被犬欺"，等于作出还击，又壮了自己的胆。《增广》则不同，文辞优雅，说理性强，语句贴近日常话语，前后结构也比较严谨有条理，确实对锻炼表达能力有一定益处。

在个人修身养性方面，读《论语》获得的教益不少。记得读《学而》篇有一句"吾日三省吾身"，老师讲解后，记住了"每天要多想想自己哪些事情做得不好"，这句话几十年没有忘。又如读《论语·季氏》篇，书中有一段做人做事的系统告诫，说"君子有九思：视思明，听思聪，色思温，貌思恭，言思忠，事思敬，疑思问，忿思难，见得思义。”这些警句老师讲解时，有的听不懂，有的似懂非懂，有的留下了印象，例如“事思敬”，明白意思是“做事要仔细认真，不能马马虎虎”。孔子有许多得意门生，我对颜回的印象最深也最好，因为孔子指名称赞他是贤德之人，那是读《论语·雍也》篇时读了孔子这样的话：“一箪食，一瓢饮，在陋巷，人不堪其忧，回也不改其乐，贤哉回也。”这是说，用竹碗吃饭，用瓜瓢饮水，住简陋破旧的房子，别人都无法忍受而忧怨，唯独颜回照样心情愉快，安贫守志。我想，也许正是这些朦胧记忆的熏陶，人生才慢慢地长进起来的吧。

我和母亲在一起（1991 年冬）

读私塾，最让人畏惧的要算背书，每逢初一和十五背堂书，更像过“鬼门关”。背错了重新背，背不出来挨板子，挨了板子再坐到座位上去读，读到熟背为止。回想起来，我算比较幸运的一个（还有一个叫吴裕民的和我差不多），“鬼门关”过得还算顺当。说到原因，可能受益于母亲的遗传基因，我自小记性就好，会背书，《幼学琼林》有四卷（相当于四章），发蒙不久就读它，先逐段把生字认识了，再用心读三遍四遍，就能从头至尾背下来。

我还有一个背书的窍门，是自己摸索出来的。就是每段课文特别用心熟记开头一句和末尾一句，这样，使得段与段之间容易连接，因为我自己体会到，背成本的长篇文章，出错往往在段落之间，或者上下段连接不上，或者连接错了。我摸索的这个办法很灵效，但出于私心没有告诉别人。

几年里换过几个私塾老师（家乡称“师傅”），现在想得起名字的至少有四位，我都很少挨板子，但有一次挨打，至今忘不了。

那是在苏敬吾师傅门下读《左传》。我对这部经典提不起阅读兴趣，不喜欢里边的纪实叙事写法，尽说哪年在哪里发生战争，哪年哪国发生外交、人事纠纷等，人名地名多，文字古奥生僻，特别难认难记难背。

到了背《左传》那天，我知道难过关，便想出一个办法，从家里带些熟蚕豆，分给同学（也算“行贿”吧），请他们在我背书时，故意使劲大声朗读，以便干扰老师的听力，我就可以乘机蒙混跳过那些记得不熟的地方，而老师发觉不了。谁知苏师傅不中这一招，他喝令全堂停止出声朗读，改默读。这下让我抓瞎了，结果真相毕露，伸出手，重重挨了板子。苏师傅打板子跟别的老师不一样，他让把手平放在桌子上打手心，使得手心手背两面都疼痛。这还没完，打过板子又罚回到座位上再读，不背熟不准回家，家乡话形容这种情况，叫“关学堂”，是很不光彩的事情。

■ 文俊师傅和师娘

我在李文俊师傅门下读书，时间最长，至少有一年半，基本上没有挨过板子。不挨打的原因，除了前面讲的记性好、掌握了背书窍门这些，想来老师对学生的印象成分，也可能占有一定比重。

我受家教家风熏陶，自小比较勤奋、有礼貌、谦逊不夸夸其谈（家乡话“不煽嘴”），穿衣服注意整洁，还爱惜东西，我的书本、习字本，不像别的同学那样脏乱破。这本来是些个人习惯，但在文俊师傅那里，可能产生了好印象，因为他本人一向温文尔雅，从举止到穿戴，一套典型的儒士气派，他不像教我《左传》的苏师傅那样张扬，大声呵斥，说起话来滔滔不绝。有这样一点个人习性上的契合，兴许能产生某种亲近感。我总有一种感觉，文俊师傅对我说话和气，即使批评的话，说出来不凶狠，动手打板子自然就更少了，有时书背得不熟，他至多说一句：“还要再读两遍呀。”

出于种种原因，几位私塾老师中，文俊师傅是我最怀好感的，久久不能忘却。20世纪60年代初，我在武汉上学回家度寒假，一天三哥陪同我去乡下看亲戚，半路上，三哥指给我看见一片田畈对面的土墙根下，坐着一位穿棉长袍的老人，说那是文俊师傅在晒太阳，眼睛完全失明成了瞎子，他婆婆（即师娘）已经过世了。

我和三哥沿着曲曲弯弯的田埂，特意向老人走去。到了跟前，三哥对老人说："文俊师傅，有一个人来看您，您听声音猜猜是哪个。"

我俯身双手握住老人双手，深情地叫了一声十几年没有叫过的"师傅！"

老人立刻作出回应："是能全吧？！"

我紧紧抱住老师，说不出话，眼泪流个不止……

这是我最后一次见到文俊师傅。

说到师娘，很遗憾从来不知道她本人的名和姓，但她一直受几代学生真情爱戴，这其中有我的大哥和二哥。对这位不知名姓的师娘，在我幼小的心里，就萌生了亲近感——如同母亲。她贤良、待人和悦，说话轻声细语，喜欢学生，这是众所公认、有口皆碑的。

而师娘于我，更觉有一种入微的体贴、关爱之情。记得不少次，师娘把我从课堂叫进厨房，有时塞给一只烧红薯，有时抓一把花生或者豆子塞进我衣兜；寒冷天久坐课堂冻脚冻手，师娘有时会叫我过去烤一会儿火，暖暖身子，如果带了手炉，就给我手炉里夹两块炭火……我大胆猜想，师娘的态度，可能是师傅不打我板子的又一层原因吧。

记忆一经形成，如同烙印，无论世事怎样变迁，哪怕时光流逝再久远，印迹依然铭存心间，永不如烟消散。好些年了，我曾不止一次起过念头，想写篇散文、小说之类的作品，题目早已想好，就叫"师娘"，总想把我对师娘的点滴记忆，加上感想，用抒发真挚情怀的语言写出来，以为对师娘的怀念和敬意。看来，这件事做不成了，不是我不愿意写，也不是不能写，是怕写出的文字不再合时流，遭冷眼，反而对不住师娘。

大哥初为我师

我当然不会称大哥为"师傅"，但在我心目中，在读书学习方面，大哥是我实际意义上的蒙师和偶像。刚懂事就常听母亲说，大哥小时候读书用功刻苦，晚上不催他不上床睡觉，经常不吃早饭天一亮就上学，有时大人还没有起床，他够不着门闩开不了大门，急得直跳脚，生怕比别人晚到校。母亲的诱导自然产生了作用。

我直接受教于大哥，主要有两段时间。

早先一段。大哥念中学时，寒暑假在家里办临时家庭学堂，正经就读的只三四个人，除了我，有对门远房堂叔家的大儿子阿佛和二儿子国运。学习方式，不像私塾那样正规上课、背书，多为自习，各人选定一本适合自己程度的书，先阅读，遇到生字和不懂的词句，随时去问大哥，由他分别讲解。大哥不是专业教师，不像文俊师傅和苏师傅那样有问就答，他有时要查桌上的字典再作解答。

回想起来，大哥查字典解答问题，很有点影响他在我心目中的形象。因为我一直以大哥读书多为骄傲，自认为大哥最有学问，应该无所不知才是，怎么还要查字典呢？这个疑窦，在我脑子里装了不短时间。直到 1960 年，自己在武昌车辆厂中学花六块钱买到一套线装（中华民国三十三年重版）两卷本《辞海》以后，才慢慢懂得，什么是学问，学问在哪里。那套《辞海》（至今仍存放在书橱里，是不同时代的三套《辞海》之一）给过我答案，带给我知识启蒙，几十年亲历更有了深切体验，现在我已经离不开字典辞典了，并且从中尝到了“甜头”。

上世纪 80 年代初，我曾经花三年业余时间，从头至尾阅读过三卷本《辞海》（1979 年版），以及后边的几个附录共计近五千页，做了上千张阅读卡片，学到了许多以前不知道、不懂得的知识，涉及古今中外，既有自然科学、工程技术方面的，也有经济、政治、历史人文社会科学方面的，就像读了一部大百科全书。后来在此基础上，凭着兴趣再进一步广泛阅读学习和整理编写，出版了一本近五十万字的科学技术史专著，初版书名为《科学技术发现发明纵览》（科学出版社，1986 年）。近些年，我还以自己的经验和认识，多次在讲座会上勉励青年朋友，读书要读辞典字典，不能远离它们。

真是无巧不成书。写完这段关于字典的回忆（2016 年 6 月 16 日），无意间翻阅刚收到订阅的《国家人文历史》杂志（2016 年第 12 期），其第 14 页刊有一篇《钱钟书爱读辞典》的短文，文中写道：“他在读书中，对读字典、辞典有着特别的兴趣，而且深得其乐，许多大部头的字典、辞典、大百科全书他都读过。”短文还引征了钱钟书自己的体会：“字典是旅途的良伴。随翻随玩，遇到几个生冷的字，还可以多记几个字的用法。更可喜的是，前人所著字典，常常记载旧时的口语，表现旧时习俗，趣味之深，不足为外人道也。”我在这里作片断引录，用意无非是借“名家名言”以佐证我的体会并不谬，同时说明，爱读书的人之所见所感略同罢。

大哥经常布置写作文，要求用文言文写。有一次布置我写作文，题目叫“说虎”。那时七八岁的我，对老虎哪有多少了解，只凭传说知道，老虎很厉害，会咬人吃人，小时候不听话，母亲常用“老虎来啦”吓唬，至于老虎的样子，只在图画上见过。因此，我写“说虎”无话可说，作文写得很短，毛笔抄在练习本上就一页半，大哥批阅后在另半页写了批语。先看到，大哥在作文开头一句旁边，用红笔画了一串圈，表示他对这句话的赞赏，这句话是“虎，乃兽中之王也。”再看作文后的评语，大哥先说了用功、抄写工整，紧接着写了一句“恐非自出心裁”，这意思是说，作文有些句子虽然不错，但不一定都出于自己之言。

大哥真精明，有眼力，他的判断没有错，那句他圈圈的话，真不是我想出来的，是阿佛哥告诉我的，他从什么书上知道的没对我说，可以肯定也是抄袭来的。老实讲，凭我当时对老虎的认识，不可能想出这样精彩的话，这一点，大哥当然心里有数。不过，大哥后来没有追问那句话的来路，还算给我留了一点心照不宣的尊严。

从那以后，我对大哥有了一种莫名的畏惧感，跟他在一起，感觉很紧张，不敢多说话，怕他看透我无知的“底细”。

■ 黄龙山避乱读书

大哥教我读书的第二段时间，是1949年在黄龙山大屋场外婆家。

这年5月下旬，通城县获得解放。解放通城的部队，是中国人民解放军第四野战军第40军120师358团，原来的国民党驻军58军部队，退守九岭据险抵抗，时而发生小规模战事，加上一些地方零星武装肆意骚扰，搞得人心惶惶，尤其适龄青年怕被抓去当兵打仗，或者发生其他意外。

父母最担心从外地学校回家正二十岁出头的大哥。在通城快要解放、兵荒马乱的时候，便让他带着我还有三伯父家的林保哥（1934 年生），一起去了黄龙山大屋场，在那个世外桃源的地方，既避乱又教我们读书。

我要先写写黄龙山大屋场。这里有我三百多个日日夜夜，这里更是母亲获得生命，并且生活了十七年的故乡，这里有我和我们全家的一部分根。

大屋场是一处砖墙瓦顶建筑，居高临下，坐落在黄龙山的半山腰，前后左右不连村，距离最近的村落，烧火做饭时能望得见炊烟，却鸡犬之声不相闻，实际路程至少三四里，都是翻山爬岭的小路。大屋场的四周，崇山峻岭环绕，出正门下一二十级石头台阶，有唯一一块平地，平时作晒场，也是孩童们玩耍的乐园。屋后开窗见山，植被茂密，半原始森林状态，山泉遍布，清澈的泉水，通过竹槽流进各家的水缸。

在这里过日子，好比入道修仙，耳朵听到的，只有虫鸣鸟叫，没有车马喧嚣，看见的是漫无边际的竹海和参天大树。这里基本没有夏天，最炎热的大暑时节，晚上睡觉要盖棉被；但冬天，阴冷得令人难熬，见太阳的时候不多，每当太阳出来，全屋的人都挤到朝阳墙根，男人抽水烟斗，女人做针线，我们看书。

大屋场的建筑设计，很能说明当年主人（我外公外婆）和谐共处的家庭观念，建筑内的二十来间大小居室，按几组沿四周布局，每组附带一间小厅堂，归各家使用，中部有二进大厅堂，作为公共场所，有分有合，各得其所。

安排给大哥和我们的房子，是一间大面积的厢房。里面摆两张方桌，大哥一张，我和林保共一张，算作教室；搭两个铺，大哥一个，我和林保合一个，兼作卧房；房间下面是牛栏，几家的耕牛都圈养在这里，我们在上头朗读，经常有牛在下头嘶叫伴和，我心里有时发笑，但并不讨厌牛。

我们的伙食，借搭在大伯父的长女默姐婆家，她家孩子多，虽然日子过得紧巴，但对我们格外照顾，一日三餐能吃饱。早餐稀饭、红薯，中午糙米饭掺薯丝，晚饭有时全吃红薯，红薯高产，藏在地窖数月不烂，是各家全年的主食。副食以自种蔬菜为主，房前屋后竹笋很多，不能常吃，说吃多了脱油脂，肚子容易饿。每月初一、十五能见肉（称“打牙祭”），不少是进山猎获的野味，野鸡、野兔吃的次数最多，吃过一次黄鼠狼肉，那种特别的膻味，如今还想得起来。黄鼠狼的肉不好吃，它的毛皮却很值钱，是富家人做冬衣的上等货，可比貂皮，当时一件上好的黄鼠狼皮子能卖到两块银元。我把在大屋场学会的用长木箱放食物安机关诱捕黄鼠狼办法，带回家在下雪天用过，也想赚点意外钱，结果一次次都落了空。

大屋场近一年里，除了复读以前读过的《论语》《孟子》几部古书，没有太多新收益，原因可能是，大哥对我们比较放任，不怎么管束。加上身处乱世，出于对小弟的怜爱，大哥很少布置作业，读过的书也不要求背，不怎么写作文，写毛笔字因为缺纸更谈不上。许多时间，我们自由自在，想干什么就干什么。

不过，这一年我长了许多书本外的见识，可以说是接触社会、开始懂事的分界线。

我见识了土匪抢劫。大哥不在的一天深夜，从牛栏爬上几个匪兵，咚咚咚挨家砸门，抢财夺物，搞得鸡飞狗叫。有个叫兰英姐的，当匪兵闯进她家时，她急中生智把手上戴的一个银镯子丢进尿盆里，侥幸躲过一劫。匪兵闯进我们房间，用枪指着搜我们的身，一分钱也没有，把被褥和床上垫的稻草翻个遍，还是一无所获，最后把我盖的一条旧黄呢毯子，还有母亲托人捎给我的小半袋花生、薯片劫走了。这是我第一次、也是至今唯一的一次遭遇持枪兵匪抢劫，算是锻炼了一回胆子。

跟随大人进山捡毛栗，是我在大屋场最开心的经历。毛栗是比板栗小的栗子，长在带刺的壳斗里。毛栗树属灌木长得很矮小，漫山遍野一丛丛生长。捡毛栗，是在栗子树落了叶以后的冬季，办法是先点火把树叶烧掉，刺壳斗会裂开，里面的栗子掉落到地上，成了熟栗子，人们就捡回来吃，或者拿去卖钱。

捡毛栗的地方很远，说不清里程，只知道从大屋场天一亮踏着晨露出发，到太阳快当头时走到目的地，那里是没有人烟的深山区。我去捡过两回毛栗，每次有十几人，都是青年男女，我年龄最小又是外乡客，总被另眼相看，处处受照顾。大家都带着灰面饼（自家磨的带麦麸的面粉饼，类似烙饼）上路，浩浩荡荡进发，不停地说些平时不便说的笑话，相互揭底，不忌男女，也不论辈分大小。说急了，有时扭打一起，闹得欢天喜地。这场合的笑话，都带着粗俗野趣味，就像现在的所谓“段子”，我大多听不懂，但看到大人们乐以忘忧地玩逗，我心里高兴得希望天天跟他们进山捡毛栗。手脚利索的，每次可捡十来斤毛栗，有拿去卖的，每斤可以卖角把钱，那是很可观的一笔收入。我自然是捡得最少的，大约三四斤吧，使我第一次享受到了自食其力的收获感。

2000年重返大屋场途中同游天岳关摄于九路军抗日阵亡烈士墓前
（前排左起：大姊夫、我、二哥，后排左起：大嫂、慧龄、大弟、大姊、大妹；旭辉摄）

时隔五十一年后，2000年春，我又回到儿时的故地——黄龙山大屋场。这次不像从前，我们乘汽车代步，只步行两三里车不能直达的岭坡山路。

当大屋场再出现在眼前时，我仿佛一下子又回到了当年，除了岁月留给了陈旧印迹，似乎一切还是老样子。见到了尚健在的两位那时的小伙伴——仲安和嘉林，他们都已儿孙绕膝，晚景安宁，甚觉欣慰。

我在当年大哥教书住宿的房间，向同行的大嫂和侄女旭辉作了介绍。又凭记忆从书房门外走廊，上到一处“吊脚楼”，吊脚楼全用木材简易搭建，约有半米宽、三四米长。这是我当年最喜欢的去处，在这里晒太阳、看书、观风景，在这里想家，遥望许家湾。记得每走上吊脚楼，木架子和木板就嘎吱嘎吱响，五十一年后走上去，还听到这种熟悉的响声——小小吊脚楼虽已年经月久，可它依然坚实，旧而未朽。

我（左二）时隔51年再上吊脚楼（左一为二哥、右一为大嫂、右二为旭辉）

传承父业的三哥能略同胡耀邦对话

三哥能略（1935年生）读书很少，这有多方面的原因。记得我开始读私塾，是和三哥一起的，他带着我去上学，又带领我放学回家，我们两人合用一个砚台写字，墨的牌子还记得叫“金不换”。

很快，三哥不再上学了，他说他不喜欢读书，尤其怕初一、十五背堂书。他不愿意再上学读书，情愿在家里做工；再者，家里的男孩子不可能都去上学，总要有人帮助父亲干活，传承手艺，将来靠它吃饭养家，这个角色正好落到了不愿意读书的三哥头上。

三哥虽然读书不多，但在传承父亲的手艺方面，他是我们家的杰出代表，当之无愧的一代传人。食品加工是三哥从业的主要领域，历时最长，成绩斐然，成为全县有名的“专业户”。三哥同时继承了父亲的精神品德，敬业不失大义，不忘社会责任，他曾经被推选为通城县的政协委员。

关于三哥，不可不写一件事，那是他短短（57 岁病逝）一生中最为得意又很出彩的事，这就是他受到过中共中央总书记胡耀邦接见，并且两人有一段不短的对话。

1984 年 12 月 6 日，时任中共中央总书记胡耀邦亲临湖北通城视察，召开座谈会听取意见。三哥作为个体从业者代表（也是县政协委员）出席，他同胡耀邦握了手、一起照了合影。座谈会上，胡耀邦除了赞许通城发展生猪养殖经验，还就如何利用本地资源发展加工工业，同三哥进行了交流对话。

我早就听说此事，但不详细节。2014 年 4 月回老家时，偶尔见到中共咸宁地委办公室 1984 年 12 月 7 日整理的一份记录手抄稿（复印件共 12 页），标题为“胡总书记视察通城县同党政军负责干部、知识分子代表和专业户代表时的讲话”，其中有关三哥能略与胡耀邦的对话，是这样记录的：

> 总书记询问了搞粮食加工专业户葛能略。你搞的是什么加工？（葛：主要是加工糕点，有三十多个品种），一年消化多少粮食？（葛：六万多斤），有几个人生产？（葛：全家十口人，七个劳力做糕点），销路好吗？（县委书记皮雄飞：销路好，主要是销江西），（地委书记李其凡：他家四代人做糕点，是个老牌子），你的技术传不传给别人？（葛：传），你可以办加工糕点训练班，可以收点费嘛！你的粮食是平价吗？（葛：一部分平价，买一点高价），你的销售价呢？（皮：平进平出，高进高出）。我到苏北，有个县做空心面，半斤装、一斤装都有，要搞各种各样的食品加工。

少年辍学心不甘

乡下小学生

我从黄龙山避乱回家后，在麦市镇读了一段时间公学。

土地改革运动中，麦市当局没收胡姓地主一处房子，是刚盖好的一栋三进两层楼房，在这里办起了第一所麦市完全小学，校长姓王，是我大嫂的长兄，人和善学问又好。没过多久，这位和善的校长因为家庭成分和出身问题，在校内自缢身亡，大家为之叹息。

我一入学便读最高班五年级（未开设六年级），一个年级一个班，我们班二十几个学生，麦市本街的占大多数，他们自诩城里人；少数来自附近的村镇，我是其中之一，被称作乡下人（家乡话叫“乡巴佬”）。初时，在城里同学面前，自觉不如，言行很拘束，而我又很敏感被人瞧不起的处境。也奇怪，你越小心翼翼，人家对你越神气十足，你笑脸相迎，人家连眼光都不正视你，开始尝到了受歧视的滋味，心里感觉格外别扭。但很快，情况发生了“骤变”，那些城里同学反而主动跟我套近乎，拍我的马屁，分给我零食吃，把我当作哥们儿。我于是成了乡下人的“另类”。

为什么会骤然间这样子？回想起来，十之八九因为两件事产生了作用。

第一件事。开学不久，学校举行全校师生和家长联谊会，动员高年级学生出节目，在石矶楼祠堂演出，我报了武术表演，组织者很高兴，马上写进节目单，贴出海报，只是把“武术”改成为“国术”。没想到，大家格外喜欢武术，那天一再鼓掌要求“再来一个”，我表演了拳、棍、凳三个节目才下台。表演一结束就听到议论：“真看不出来，小小年纪武功这么好！”我会武术，是因为看民间流传的《薛仁贵征东》《薛丁山征西》小说，对神奇的武功入了迷，曾拜师学过两个冬季武术套路，平时早晚坚持练，手脚比较灵活有劲。无意之中，一场表演弄得全校出名了。很可能，我那几下把式对那些盲目自傲的城里同学，发挥了一点震慑效应。

第二件事。我的一篇作文被国文老师葛仪卿（我大哥的同学）看好，在班上当众赞扬了几句，要大家像我这样写作文。读了几年私塾，写过不少作文，头一回作文受到老师称赞，还是当着全班同学讲的，我心里很是暗自得意。这也说明，过去囫囵吞枣式读的那些儒典书籍，并没有白读，有这样一点基础和没有基础，一到实际应用，便立见分明。可能城里同学觉得，乡下同学也不可事事小觑。

曲折前行

出乎大家意料，我 1951 年就辍学了。

我辍学，是因为我过继给无子嗣的二伯父家缺劳动力，要弃学在家里做工——磨豆子学制粉丝。每天天不亮掌灯驾驴磨豆子，一直干到午后，销路好时，晚上还要加班干活，几乎整天见不到外面的人，不知道磨坊以外的事，心情很苦闷。我特别羡慕同班的许多城里同学有幸继续上学，记得名字的，有男生葛先炳、熊宗信、徐仲甫，女生葛觉凡、郑佛恩等，他们小学毕业读初中，有的初中毕业读高中，还有的高中毕业报考了大学。

想起来，觉得历史就像演戏一样。早早辍学的我，到了成年后的高考时段，我又和当时的小学同学齐头并进，甚至开始超越他们。我和徐仲甫的经历，是非常生动的例子。

徐仲甫一直按部就班上学，他高中毕业后考入武汉大学图书馆系，我通过自学亦于同年考入武汉师范学院中文系；1963 年徐仲甫武大毕业，分配到北京有色冶金设计院图书情报室工作，我同年于武师毕业，分配到中国科学院院部政策研究室工作。

更为出奇的，我和徐仲甫小学分别十二年后的重逢，是1963年国庆节在天安门广场意外巧遇。那年，我们刚从武汉来到北京，又都分别受派参加天安门广场持花摆图的队阵，当游行结束，摆图群阵拥向天安门城楼，近距离争看毛主席的霎时间，我和徐仲甫在人潮中意外相遇，刚说完我的工作单位，人潮涌来把我们又冲开了。

第二天，徐仲甫到文津街中国科学院院部传达室找我，我从前门西河沿集体宿舍赶来相见，在旁边的北海公园划船叙谈，把别后十多年的自己都说了一番。我们都觉得不可思议，仲甫说我的经历有传奇色彩。如果把这些写下来搬上舞台，谁能说，它不是编撰的一出戏，谁又能不信，这确是一段真实的历史。

在北京，我还巧遇过另外一位小学同班同学，是位女生，名叫葛觉凡。那是上世纪80年代初，她的女儿在中国科学院一个研究所读研究生，一次可能因出国学习的事，经人介绍到科学院院部找我，交谈中她突然问我："葛叔叔，你是不是湖北通城人？"我问她怎么猜到的，她说她妈妈也姓葛，我和她说话许多发音相像。当她告诉我她母亲名字后，我说，我和你母亲不仅同姓同乡，还是小学时的同班同学。

过后不久，我在这位晚辈陪同下，去首钢职工宿舍区拜访分别三十多年的葛觉凡老同学。她和她丈夫都在首钢工作，境况很不好，丈夫长期因病住首钢医院，在我坚持下去探望了，原来他已处于卧床不起状态……由此可以想象，觉凡同学在精神上还有经济上，所承受的压力何等沉重！她看上去比我显得要苍老许多。在这样的心境下，我和觉凡说话都很少，过去的三十多年，对于彼此仍然是空白。欣慰的是，觉凡的孩子很争气，相信她早已学乃大进，事业有成。

■ 冒龄考取合作科

我不愿意也不甘心，辍学后就这样在磨坊干下去，朝思暮想的，想找机会出去干事，做一个拿工资、吃公粮的"公家人"。

第一次机会出现，是1952年上半年。通城县成立"合作科"（供销合作社前身），在各乡贴出招人布告。消息传到许家湾，我开始暗中作盘算。这时，有位远房堂兄（葛象龙）也想去报考，他已经过了父母同意这一关。我却被卡住了，二伯父硬是不答应，不管怎么央求和哭闹，都不顶用——撂下一句话："你走了，家里的粉丝还制不制！"

于是我改变方式，说二伯父听得进去的话，我说不一定考得上，只想去试一试，考不上就不再三心二意了（因为二伯父老说我"三心二意"）。这样说还真灵，二伯父的脸色不那么凶了，接着又给了五角钱，表示同意我去试一试，他心里一定以为我考不上，等到自己撞了南墙好再回头。当天，我身揣那五角钱，和堂兄象龙一起，步行三十里夜路，赶往县城报考合作科。

出乎意外，报名处一大早便排起了长队，接着人越来越多，争先恐后，秩序很乱。报完名找住处才知道，不少外地人赶来通城报名，有本省崇阳县的，还有江西修水的，湖南平江、浏阳的。据说总共报名人数有二三百人，把县城的几家旅店住满不说，许多家庭腾出厅堂在地上铺稻草和苇席，作临时旅店接待考生住宿，一间十几平方米的堂屋，人挨人睡十多人，收费便宜，每人每宿五分钱。我和象龙就住在这样只管晚上住宿的临时旅店，白天在街上游荡。

报考人年龄限定，最小 18 岁最大 22 岁，而实际年龄水分特别大，那时没有身份证，完全凭自己在表格上填，想写多少就多少。我就是按最低年龄限填的 18 岁，多填了好几岁，为了增加说服力，还加写了 18 岁的农历年号"甲戌冬月"，而有些人，看上去像半老头，只填写 22 岁。这也说明，像我一样一心想做"公家人"的人非常多，都想不遗余力达到目的。

通城合作科计划招两个股（按行政建制科以下为股），一个会计股，一个营业股，每个股各招 30 人。考试作文、算术和珠算三门课，珠算用算盘打加减乘除。根据三门课的成绩，第一次用毛笔写布告公布进行面试的名单，我的名字出现在布告上。

面试主考人是位穿灰色制服的干部，样子文质彬彬，但有点不露声色，记得他姓鲁，是那时的南下干部。因为虚报了年龄，加上个子长得矮小，怕被主考人识破，我一进屋走到桌子前，就用双脚脚尖着地，脚后跟半蹬在坐椅下方的横木条上，一直这样站着回答问题，心里想既冒充了个头，也显得懂礼貌。主考人问我想到哪个股，我随口即答会计股，我心里最羡慕坐办公室的人，不日晒雨淋，当会计肯定坐办公室，所以想到会计股。

第二天贴出录取布告，我的名字果然列在会计股。当时看了录取布告后的心情，相信旁人很难体会得到。后来读《儒林外史》，当读到穷秀才范进突然看到中了举人的捷报，高兴得入魔发疯了这一段，联想到过自己当年考取合作科的事。我没有入魔发疯，但彼时那种惊喜的心情，不一定比范进差多少。

我也很快乐极生了悲。二伯父听了我考取合作科的消息，脸色顿时紧绷，冒着火气斩钉截铁对我说，要我死了这个心。我又委曲又伤心，便躺在床上不吃饭、不出工。

后来我屈服了。但想做“公家人”的心依然没有死，一直没有死，只是加了一道门，把自己的心锁起来，忍着，沉闷着，平时不往外泄露，待有了合适的机会，便见机行事，不改初衷。这里说个见笑的比喻，就像学过的越王勾践“卧薪尝胆”，不管吃多少苦、吃怎样的苦，一定要达到目的。

也许所处环境的缘故吧，久而久之，养成我性格中的一个特点，凡事少说多做，或者做了后说，再或者做了也不说。每回想起当初，我特别庆幸和佩服自己这一点。作个设想，假如一经受挫折就死了心，得过且过，不怀梦想，放弃追求，对于十几岁的我，真不可想象那会是怎样一种情况。

在家里沉闷，不爱说话，这只是我性格的一面。我性格中还有另一面，有时，特别在外面的环境下，我是个很活泼、爱说俏皮话的人，这一点，比我在家里的那种沉闷表现更受公认，以至于有人推我出演业余剧团的“丑角”，结果蛮受欢迎。每次我出场的演出，台下的观众，总被我信口而出的俏皮话逗得笑声不断，我讥讽那些不愿意加入农业合作社、坚持单干的保守者的话，特别让青年男女喜爱，我在台上还见过笑得前仰后翻、使劲叫好的场面。

■ 粮库保管员和“四无”仓库

1953 年夏末，我又盼到一个“吃公粮”的机会，去麦市区江田粮库当保管员，管理最大的一号仓库。

刚接手的时候，仓库状况很不好。走进库房，不时能看见硕大的老鼠窜上窜下，许多角落的稻谷成为一堆稻壳；有些通风不良的小房间（祠堂旧房保留下来的），上有蛾子飞，下有虫子爬，记得最普遍而危害最严重的，是一种叫“大谷盗”（学名叫“稻螟虫”）的害虫；还稀奇的，居然有麻雀在库房内筑巢安家；至于仓库底层，更是尘土满地、蜘蛛网遍布……这种现状，说明没有人用心思和花工夫。

我要做的，是以仓库为家，尽心尽责做好每一件事。白天，无论酷暑寒冬，我都待在库房里，或者监测多个点的温度、湿度，防止粮食生虫和发生霉变，原来已经生虫、发霉的粮食，及时进行局部处置，阻止蔓延；或者带着马灯（有玻璃罩的煤油灯）和手电筒，钻进库底，趴在地上用棕刷子清扫灰尘垃圾，没有手表掌握不住时间，到了开饭时，由同事在通风口敲脸盆，喊我出来。每当下雨，尤其雨大时，哪怕在深夜，我都第一时间进库房巡查，发现滴漏先用盆接，滴漏大了加铺防水帆布，已经滴了雨点的粮食，马上撮起集中处理，尽可能减少大面积损失。

最费脑筋、最花工夫的，是灭鼠和治虫。

凡储存粮食的地方必招鼠害，恐怕可以算作一条定律。大粮库的老鼠，尤其猖狂和厉害，比方说，一条小小的砖木结合缝隙，就可能变成畅行的老鼠洞，而且用石灰和泥填堵，不一定解决问题，过不了多久，狡猾的鼠辈，会把泥巴给拱掉，也会在旁边再啃出洞来。

记不清由哪方传来经验，说用猪血和石灰加泥堵敷缝隙，既可防鼠也可治虫，于是我肩挑两只小水桶，步行二十几里路，去县城屠宰场买来猪血，试验效果非常理想。装灭鼠器捕捉老鼠，也是我常用的办法，天黑前，将灭鼠器（有夹板式和木箱式两种）安装到位，第二天上午定有收获，起初老鼠多时，一夜能捕好几只，那老鼠之肥大，我从未见过。

再说仓库治虫。办法主要靠土洋结合，洋办法用化学药物，当时使用最普遍的，是“六六六”有机氯杀虫粉剂（这种药物现今已被禁用，因为它积累残毒造成公害）。“六六六”治虫效果好，但不可直接接触粮食，多在粮食入库前，对仓库进行喷雾消毒。土办法，首先是勤打扫，保持清洁卫生的良好环境，真正做到“库外不见脏，库内不见尘”；再就是勤检查，发现问题，及时处置。

这些土办法、笨粗活儿，总算有所效果。1955 年上半年，我担任保管员的江田一号粮库，在全县检查评比中，被评为“四无粮库”——“四无”是：无虫害、无鼠害、无霉烂、无事故。

■ 公文缮写员——错误中觉醒

1955 年下半年，我由江田粮库调到通城县粮食局秘书股做公文缮写员。缮写，就是抄写文稿和信函，只需一份的用钢笔抄写，有时也用毛笔；要两三份的用铅笔（那时没有圆珠笔）套复写纸抄写；再多，就得刻蜡版，用专门的蜡纸，铺在带纹路的誊写钢板上，拿钝尖铁笔刻写，然后用手推油印机印刷。

刻写蜡版是技术活，光字写得好不行，还有独到的书写方法。起初，用铁笔在有纹路的钢板上刻蜡纸，笔老是不听使唤，一不经心就随着纹路走，刻写出来的字笔道变形，很难看；当用力不足，蜡纸表层的那层蜡没有刻破，油印时字迹出不来，看不清楚；如果用力过重，把蜡纸刻透了，又造成油墨不均匀泄漏，也认不出字……这些情况我都发生过，而且不止一两次，实在太不好时，只好重新刻，有过一份文件刻两三遍的情况。长久这样做下来，我右手中指左侧鼓出一块茧子，至今还看得出。

发生过一件很出丑丢人的事。一次，刻写一份以县粮食局名义印发全县各个粮管所和粮站的公文，按当时行文习惯，文件落款除了单位全称，还要刻局长和副局长的名字，并加盖公章和私章。很是郑重其事的一份文件，而我把这份文件落款副局长的“副”字，刻成“劃”字（当时流行繁体字）印发了，弄出大笑话，我心情很紧张很痛苦，悔恨自己不争气，正式工作不久就出错，觉得没脸见人。

对于“副”和“劃”一字之差的错误，我虚下心作过痛苦的反思，想到了我的基本弱点在于，文化水平低，各方面的知识和见识懂得太少，肚子里没有东西，光有好的态度，能吃苦耐劳，也会出错，不出这种错，还会出别的的错，更不要说适应新的工作要求了。

得出这样的认识，在当时并没有什么特别，但对于我后来至关紧要，实际上可以看作是一种宝贵的觉悟，是对知识追求的自我觉醒。从此，我下定决心把时间用在读书学习上，努力提高自己，并且立刻见诸行动，报名参加了县里的业余文化补习班。

业余文化补习班，是县政府名义举办的，属于速成性质，为的是普遍提高机关干部的文化水平。开设两个班，一个初级班，一个高级班，各用一年时间学习初中和高中的基本课程，每天晚上一个小时，星期天上午两个小时，教师都由通城一中和二中现职老师兼任。我先上初级班，课程有语文、历史、数学、自然（包括地理、天文、物理等）。开始的时候，报名听课的人很多，教室坐得满满的，不下三十人，但向老师交作业的不多，后来连听课的人也越来越少，坚持下来的没有几个。

现在想来，在当时，在一个经济和文化不发达的县级地区，这种情况并不奇怪，主观原因和客观原因都是很现实很充分的。客观方面讲，那是工农成分最光荣、最吃香的年代，全县机关干部中，具有初中文化程度已算高学历了，高中程度的凤毛麟角，大学的绝无仅有；而且社会环境的主流方面，并不把爱看书、爱学习的行为，视为正面而加以激励，还往往跟不安心工作、个人奋斗等相联系；再有，大家工作都很忙，大多已成家有了孩子，每天坚持上课确有困难。至于主观方面，最普遍的是缺乏学习动力，能应付眼前工作就行了，何必起早贪黑自找辛苦。

但我的情况不大一样，最主要的，我年轻并且有通过学习提高自己的主观意愿，这就有了旁人缺乏的动力。所以，我成了极少数能坚持下来的一个，并且从中又培养起掌握知识的兴趣。

我的一九五八年

写第一份入党申请书

1958年6月，通城县举行第三届人民代表大会，因为会议文件多，县委县政府本身打不过来，便让一些下属单位的打字员自带机器到县委会去帮忙打文件，我就是被借去帮忙的一个。

1958年时的我

两年前我就学会用打字机打字，不再手工眷写文件了。粮食局从武汉买来一台德国造的中文打字机，成为全县唯一用外国洋机器的。七八个人集中到县委会一个大房间打字，滴啪滴啪很热闹，细一听，发现我的速度最快，印出的文件质量也好，于是都把原因归结到德国打字机上。这当然不符合实际情况，起码不是主要原因，我心里清楚但不便直说，否则会有人说逞强不虚心。

其实，我打字速度比较快，除了个人本身的一些因素，很关键的一点是我对字盘作了改进，把字盘上原来按部首排列的三千来个字，先分成“经常用”和“常备用”两类，然后将经常用的一两千字，改为按常用词或常用句组合排列，比如：“社会主义”“中国共产党”“团结”“进步”“积极”“努力”……这样，既便于记，又省得打一句简单的话来回在字盘上按部首找字，耽搁时间，速度自然就快了。至于印出文件质量好，那也主要不是因为外国机器，而在于敲字时手指头掌握的力度，假如敲字时重一下轻一下，印出文件就会油墨不均匀，重的漏墨过多，轻的则显不全笔画，文件质量当然不会好。

没有想到，临时帮忙竟意外得到一纸调令，要正式调我去县委办公室做打字员。对此，粮食局同志普遍认为，这是我又一次受组织重用，但也有人觉得有些奇怪，调一名打字员为何由管科级干部的县委组织部下通知？又为什么调一个不是党员的青年去党的领导部门打文件？这些议论正好合了我舍不得离开粮食局的心情，就去央求李忠海局长为我说话，我不适合去县委办公室工作。局长说他也不想放我走，不顶用，下级要服从上级。

县委会是全县首脑机关，对上对下的各种文件、简报、领导讲话、总结报告、调查材料又多又厚，打字任务确实很繁重，原来的两位打字员都是党员，年龄比较大，又都有家室不能经常加班，难怪经常积压文件。

一段时间，不是党员的我感觉到问题了，当我在文件柜里取待打文件时，遇到写有“机密”的文件是打还是不打？按一般情况，非党员不经批准，是不能接触党内机密文件的。我问两位党员同事，他们回答不清楚，弄得我很尴尬，为了不犯纪律错误，只好不按急缓顺序挑不是机密件打。

这个尴尬局面，是县委组织部干事吴寿荣（原粮食局同事）帮助打开的，他不止一次亲自把组织部的文件送到打字室交给我打，有的不仅是机密件，还有涉及重要人事的绝密件；打好后，他又亲自来校对，直到印出文件销毁蜡纸，只由我一个人操作。这种政治上的信任，对于我当时的激励作用，以及后来成长，都令我感念难忘。

要我政治上有更高要求，争取加入中国共产党组织，也是惜才的吴寿荣第一个对我说到的。开始我觉得不好意思，心想怎么能那样做呢，我离党员差得太远了。他说，有入党愿望是政治进步的表现，可以更靠拢组织，接受锻炼，不断提高自己。1958 年冬，我递交了第一份加入中国共产党的申请书，志愿把自己的一生献给党的事业。七年后的 1965 年 8 月，我在北京中国科学院政策研究室被批准加入中国共产党。

暗中准备考大学

“暗中”的意思，说得直白一点就是偷偷摸摸，文雅一点叫不声不响。有人会问，为什么考大学要偷偷摸摸？有两个情况这里分开说。

一个情况，当时我是拿国家工资的工作人员，又加入了青年团，还要求入党，已经属于组织的人了，一切应该听从组织安排。组织保送上大学，那是光明正大、名正言顺，而自己想凭个人意愿去报考大学，这就有点像当年农民不走合作化道路偏要单干一样不合时流，不上纲上线批评，起码落得个不安心工作、有个人打算、逞个人英雄一类的名声，这在当时也够受的。

另一个方面的情况，偷偷摸摸准备考大学，是我本人自小养成的习性使然。我一向不习惯做点事就张扬，喜欢先做后说，或者只做不说——从某种角度上看，失去“正当性”偷偷摸摸考大学，是我自找的。

记得，了解我爱看书学习的吴寿荣曾向我透露过，只要好好干，组织保送上大学机会有的是。事实上，就在 1958 年，县委办公室的一位青年党员被保送进了华中工学院（现华中科技大学），只是学习跟不上，没到毕业便在华中工学院转做行政工作了。1959 年上半年，县里又有两个保送名额去读大学工业专科，其中一个内定给我征求本人意见，我不喜欢工科借故主动放弃了，另一人叫朱汉春，他去了，后来情况不了解。2007 年在咸宁见了面，他说，几十年一直羡慕我有远见有毅力。

我着手做高考准备，是受了武汉市下放干部王俊文的启发。

1957 年 12 月，通城县接收武汉市下放干部 700 多人，分散到全县各个生产队参加农业生产劳动，为期 1～2 年。为了管理好这些下放干部，县里专门成立一个办公室，几名工作人员都是从下放干部中抽调的，常驻县委机关。我因为帮助打印关于下放干部的文件和简报，跟办公室的两位下放干部成了很要好的朋友，一位是来自武汉市商业系统的王俊文，他文笔不错，负责编写简报，还有一位叫唐兆麟，武汉市仓储公司办公室秘书兼做打字员。

有一次，无意中看到王俊文在看一本《高等学校考试指南》，他的神态也有点偷偷摸摸的样子，我小声问是不是准备考大学，他同样小声回答，准备明年考，考理科。当知道我也有考大学的打算后，王俊文很热情，愿意把那本指南借我看两晚上；不久，他托在武汉的家人帮我买了一本《高等学校考试指南》，还有一本前两年文理科高考试题及标准答案汇编。

这让我眼前一亮，知道该从哪里做起和怎样下功夫了。我先根据《高等学校考试指南》，把文科要考的语文、政治、历史、地理（外语可申请免试）几门课的阅读书目和参考书目，通过借和买准备好，制订出具体计划，一门一门阅读，厘清重点，做笔记，有些（如历史重大事件和发生年代等）把它列成表格，便于记忆。我还模仿出题做练习，仅作文就记不清写了多少篇。

我看书和复习都在晚上关起门来进行。打字室在离办公中心区比较偏的一排平房，旁边有我一间宿舍。到了晚上，整排房子就我一个人，非常安静，如果没有特急加班任务，就可以全身心用到学习上。

晚上看书学习，天气热是个大问题，酷暑季节在湖北很难熬，不要说关起门坐在灯下读书，就连室外乘凉不摇蒲扇也会汗流浃背。我想出一个办法，可以坐得住学习，就是用一只木桶盛凉井水（其时县城没有自来水）把双腿浸泡在里边，顿时感觉全身清凉，一桶井水可以坚持个把小时再换，这样，每天晚上集中精力学习三四个小时没有问题。

蚊子多，也是夜间学习一件使人头痛的事。那时，所有建筑房屋都不装纱窗纱门，睡觉靠蚊帐，坐下来，就要不停地用蒲扇拍打驱赶蚊子。说到家乡的蚊子，这里想起“文革”中，科学院上千名同事在湖北潜江“五七干校”劳动几年，回北京后最乐道的也是蚊子，熟人见了面，几乎异口同声对我说：“你们湖北的蚊子又多又大，而且不声不响叮人。”通城的蚊子大体如此，但有一点不尽相同，蚊子多的时候，成群结队而来，一边发出嗡嗡声，一边发起进攻，使人尤其心烦意乱，你若亮着灯看书，会招来更多蚊群聚集，围着灯光飞蹿，有时会往鼻子眼里钻。我也开动脑筋，想出了对付蚊子的办法：先把房间电灯关掉、门窗洞开，在屋内点把草一边用烟熏，一边拿蒲扇扇，往室外驱赶蚊子，然后紧闭门窗，再开灯看书学习。经过这样一番措施，室内所剩无几的漏网蚊子，即便让它叮咬也不在话下了。

■ 炼出“喜”字成废铁

还有一点，可能比蚊子叮咬和天热更让我担心，就是怎样使得高考准备能够顺利在“暗中”进行，而不发生节外生枝的事。我当时采取的态度是，个人言行及政治表现方面，注意做到一切如同往常，不多言，有热情，积极肯干。

记得刚开始做高考准备的时候，县里根据上级指示，又开动员会又发文件，要求大办人民公社、大办公共食堂、大炼钢铁。县委会机关受到报纸刊登的毛主席亲自在中南海参观中央警卫团自建土法炼钢炉的鼓舞，也在食堂大饭厅带头建了一个土法炼铁炉，提出要炼出铁来向国庆献礼。整个过程我都积极参加，白天上街挨户收缴破锅烂铁，晚上打着手电筒四出寻找大门上的铁锁环，用老虎钳拔门梁上的锈钉子，去路边街角捡废金属，到了开炉炼铁时，我又顶班拉风箱……

记不清多少人通宵达旦苦干加巧干，一个大“喜”字终于在国庆头天晚上炼出来了，可是只能轻拿轻放，是经不起摔打的“铁”。为了第二天抬着拥着上街游行献礼，想了好多办法加固，怕它自行散架掉落到街上，有损县委机关的面子。游完行，那个“喜”字仍是一堆废铁放在地上，怎么处理成了难题。

还有除“四害”（即麻雀、老鼠、苍蝇、蚊子）运动。在“大跃进”热头上，通城县遵照上级紧急指示，成立了除“四害”指挥部，县委书记挂帅，在全县开展除“四害”灭“五病”（即梅毒、头癣、疟疾、钩虫、甲状腺肿）的群众运动，机关干部火速行动，我毫不迟疑中断晚上复习，夜间和同事一起爬房檐、攀树枝掏雀窝，还成群结伙敲锣敲脸盆，把麻雀赶出城，使它们在县城没有安生栖息之处。我的灭鼠成绩是受过表扬的，这因了我做粮库保管员的灭鼠经验，会制作捕鼠工具，还懂得装在什么地方容易捕到老鼠，每天晚上差不多都会有收获，早晨把鼠尾巴剪下交到指挥部登记在册。

在本职工作上，我注意更加积极主动，争着承接任务，多干活，保质保量，千万不能因为晚上熬夜看书学习而影响白天的工作。“大跃进”风起后，县里上报下发的文件特别多，尤其捷报跃进成果类的简报，一天要出好些期，而且都特急报专署和省委。记得全县第一批成立五个人民公社，速度非常快，从下指令到成立就几天工夫，一个一个敲锣打鼓到县委报喜，县委办公室立即拟简报稿，我便连夜加班打印报出，这样的临时紧急任务，大多由我一人完成，尽可能不去叫下班回了家的两位同事。还要说的，这样做也不完全是为了准备考大学，是我参加工作以来的一贯态度，大家并不觉得我的表现有什么反常。

在这样的现实表现下，谁还会想到我在暗中准备考大学。

大学四年间

考砸了地理大失所望

1958 年，在各条战线大跃进的同时提出大办教育，贯彻“全面规划与地方分权相结合”的原则，各地纷纷发起单独招考，大批工人、农民、工农干部、工农速成中学毕业生被保送入学，使得高校入学新生质量严重下降，因而第二年（1959 年）又重新恢复了全国统一高考，直至 1966 年发动“文革”。

1959 年，是我人生重要转折之年。这年，我考上大学本科——武汉师范学院（现湖北大学）中文系。

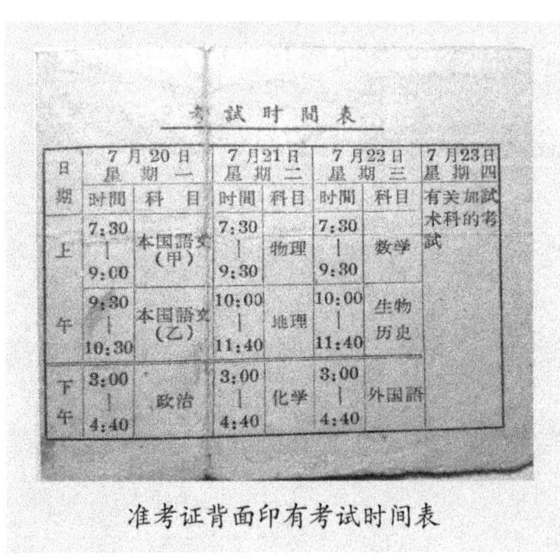

考試时間表

日期	7 月 20 日 星期一		7 月21日 星期二		7 月22日 星期三		7 月23日 星期四
	时間	科目	时間	科目	时間	科目	有关加試术科的考試
上午	7:30—9:00	本国語文（甲）	7:30—9:30	物理	7:30—9:30	数学	
	9:30—10:30	本国語文（乙）	10:00—11:40	地理	10:00—11:40	生物 历史	
下午	3:00—4:40	政治	3:00—4:40	化学	3:00—4:40	外国語	

准考证背面印有考试时间表

当年，全国高等学校统考的具体时间印在准考证的背面：7 月 20 日 ～ 22 日，23 日是某些专业的加试。我 7 月 16 日起请假一周，从县里去人生地不熟的武汉应试，先到招生处办理手续，领取准考证；再去分配的考场踩点，熟悉路线，我的考场在汉口车站路附近的一所女子中学，校名不记得了，地理位置还有印象；而后去江汉路武汉市仓储公司找唐兆麟，他是下放通城时结识的好朋友，亲似兄弟。在唐竭力帮助下，有了在武汉几天的落脚点，虽然住的是又暗又矮的小阁楼，但我已很知足，也很感激好人相助。我在小阁楼抓紧时间又临阵擦“枪”，重点恶补了两天，7 月 20 日大清早，喝碗豆浆吃两根油条就上阵了。

7 月 20 日 7：30 至 9：00 先考语文甲，用一个半小时写篇作文，要求考生自拟内容写一封信。我的作文，开头两三行记叙一位不识字的老人，收到前线服役的儿子寄回一张立功喜报，我念给老人听后，按老人嘱托代写一封给儿子的信。除了家常报平安而外，这封信重点写了家乡近来发生的变化，主要介绍农村合作化出现的新气象。因为我工作期间对情况有较多了解，“新气象”写得比较具体、生动，不空洞说教，而且这样的内容思想性强；同时，由于我一直喜欢看书学习，加上几年打字誊写见过的各种文章多，又有过去读私塾的那点古文基础，写作文的一些技术细节，比如逻辑结构、行文条理，以及段落、标点符号使用等，估计不会出现很多明显差错。第一场考完后，自我感觉良好。

离场休息半小时，9：30 再入场考语文乙，做语文知识卷子，时间为一小时到 10：30 结束。当天下午 3：00 至 4：40，接着又考政治。

为了省点来回跑路的时间，中午在车站路街边小食店，买了两碗热干面、要了一碗面汤，吃完喝完找一处有树叶遮太阳的庇荫马路沿子坐下来，开始心里复习政治考试内容。除了一些常识方面，当时想到年初发生的西藏平叛事件，一定会出考题，可能还占分量不轻，我又将整个事件的关键之处，还有《人民日报》文章的主要精神，在脑子里过了一遍，尽可能争取多得几分。

第二天（7 月 21 日），上午 10：00 至 11：40 考地理。看完卷子，有一道 20 分的高分题顿时让我抓了瞎。这道考题大意是：从北京运输物资到西藏拉萨，最经济的路线应该怎么走，并要求列出路线图。

这道题，显然综合了人文地理范围的经济地理和政治地理，而我复习地理课的全过程中没有老师指点，不了解地理学的全部涵盖，仅凭个人兴趣出发注意到了自然地理的知识，忽略了地理学另一分支人文地理。加之我一直生活在偏僻的小县城，孤陋寡闻，缺乏见识，对于全国交通运输建设，无论铁路或公路现况无知得很，真算得上是个“路盲”。因此在答题时，除了知道物资到达青海后，用汽车走唯一的青藏公路运进拉萨而外，至于从北京如何把物资运到青海，先走哪条铁路线再转哪条铁路线、经过什么站转运……在我脑子里都成为空白，不是忘记了想不起来，是根本不知道，复习时从未接触过这些。

地理这一门，我考得很糟糕，肯定是不及格的成绩，于是很失落，又开始做下年再上考场的思想准备。

■ 懵懂填志愿　憧憬文学专业

7 月 22 日下午考完最后一门历史。第二天到招生处领表填志愿，我既不懂得也无人指导和商量，把志愿填得很高又不合理，差一点这次高考彻底落败。

当年规定，每个考生可以填五个志愿。我想当新闻记者，先在招生表上查在湖北招录新闻专业的学校，只有两个学校，都是外地的，一个北京广播学院（现中国传媒大学），一个上海的复旦大学，在武汉只各招两三名新生。上海和北京比较，当然愿意去首都北京，我就在第一志愿栏填写了北京广播学院新闻系，第二志愿填的武汉大学中文系，第三志愿武汉大学图书馆系，第四志愿填了华中师范学院中文系，第五志愿想不到合适的专业和学校没有填，然后写了“服从分配”，并写了表达个人渴望读书学习心情的话。

印象很深，那天在招生处现场填志愿的是一些零星考生，都由家人陪同，一边商量一边填写（应届毕业的考生统由学校集体领回并在老师指导下填志愿），像我这样独自一人显得更特别。可能引人关注的缘故吧，有一位戴金丝眼镜的长者主动走近我，问为何没有家人陪来，我说家在外地，自己请假来考的，明天就要回去。他看了我填那么高的志愿，误以为我成绩好自信。先说这位同学一定成绩优秀，又好心提醒，假如这几个同档次的学校都不录取，学校和专业都随意分配的话，会是什么样的情况，很难预料。他建议把空着的第五志愿填上武汉师范学院中文系，也许比空着要好。

长者给了一份武师的校报，是为招生出版的专刊。他还向我介绍了武汉师范学院的历史和现况，大体记住了的有：武师在上世纪三四十年代曾是省立湖北教育学院和国立湖北师范学院，于1958年改现名，本科、专科兼办，只是因为有了华师，武师就不大为人所知晓，其实教学经验和教育质量不错，等等。

我接受长者建议，在第五志愿栏补填了武汉师范学院中文系，结果被录取。我曾猜想，那位长者很可能就是武汉师范学院派在那里做招生工作的教师或领导，后来我进入武师，还注意寻找过，希望再见到他当面致谢，但未能如愿，对那位不知名姓的长者，仅留存着戴眼镜、斯文人的印象。

我没有超假回到县里，就像一次普通出差归来立即投入到繁忙的工作中。到了夜里躺在床上，才云里雾里做各种想象，最大可能要重新起步，如何吸取经验教训，继续努力，明年再考，总要实现上大学的愿望，反正自己年轻不怕吃苦。

我离县去武师报到前在县委会大门口留影

记得八月中旬的一天，那天正下着大雨，县委收发室说有一封武汉师范学院给我的信，我冒雨取来印有毛体“武汉师范学院”的红字信件，薄得像没装东西一样，顿时心里一阵忐忑，不敢当别人面拆开。我不懂得高考录取新生的程序，以为填了志愿的学校不录取也会回复，想必这封薄信就是告诉没有录取的。躲到宿舍拆开信封，原来是一份录取我入武汉师范学院中文系本科的通知书。

这时的我，心情一下子又变得如同范进中举那样喜出望外，就像翻过一座险峰走在了一马平川的大路上，真正享受到了从未享受过的胜利喜悦。县委大院里的同事都为之惊讶，他们惊讶的是，从未听我说起又没有看见做什么准备，怎么突然就考上大学了。消息传到我大哥（县法院）、二哥（县财经办）那里，他们同样觉得意外，一个曾经小学辍学的人，几年工夫怎么自己就考取大学了，开始还有点不相信这是真的。

这时，有好心的同事劝我莫去武师上学，话说得很实在，说读四年书毕业后当一名中学教师，不值当，你现在是国家干部，比通城一中哪位教师不强，论待遇、地位都要好。又说，如果考上武汉大学就不一样了。我呢，最看重的是有四年专门学习的时间，可以一心读书求知，这是我一直渴望的，比什么都宝贵，至于将来当教师或干别的什么工作，我会坚持自己抱定的态度，把做的事情尽力去做好，相信事在人为这一条。

同年高考的武汉下放干部王俊文，接到录取通知后赶到县里拿行李和辞行，他考取了华中师范学院数学系。听了我填的志愿，他不免遗憾，说如果我像他那样，第一志愿填了华师中文系，说不定就成校友了。王俊文长我两三岁，武汉市人，高中毕业考过一次没考上，无论经验或见识比我都强，不像我懵懵懂懂考，稀里糊涂填志愿。他的观点是，只要自己喜欢的专业，就认定这个，别的不想那么多。他喜欢数学，第一志愿就填了华师数学系，比填武大数学系保险，结果华师顺利录取，高兴得很。王俊文告诉我，下放通城的干部还有四五位参加了本次高考，没听说有谁收到录取通知，说我真不简单。

又得知，通城县审干办公室的党员干部戴九恩将去湖北大学（时为中南财经学院改名）报到，他被保送到湖大政治系学习，四年中我和他不少交往。1963 年毕业时，他分配去沈阳一个部队单位做文化教员，记得他非常高兴成为现役军人，寄给我一张穿军服戴军帽的照片，信中说他定为少尉军衔。不确切知道发生了什么事，不久，他忽然转业回了湖北，在葛店化工厂工作，也给我写过信，情绪不怎么好。

■ 双肩挑的学生干部

说明一个情况，1958 年 11 月“大跃进”高潮中，通城、通山合并到崇阳，称为崇阳县（不久通山又分出，1961 年通城也恢复了县制），我第一批随同县委办公室大队伍迁至崇阳工作，高考是从崇阳去武汉考的，又由崇阳去武汉报到上学。

记得特别清楚的，是县委组织部为我写的一份报到介绍信，实际上可以看作组织对我的鉴定书。

“介绍信”只有手写一页纸，方方面面都写到了，既全面又简明，每句话都像一个结论，除了过去常在会议上听到过的“工作一贯积极肯干”“吃苦耐劳”“刻苦学习”“团结同志”这些词语之外，有一句话第一次见到，就是“该同志政治可靠，可以从事机密工作”。

如今的人们，也许体会不到“政治可靠”几个字在当时所具有的特殊分量，也难以想象我看到这句话时的心情，那不是一般的激动，而是对党组织发自内心深处的一种感恩戴德之情。

我入学的1959年，武汉师范学院中文系本科招了两个班（比上年少招一个班），我被编在1班，并指定为临时召集人，年级辅导老师给了我全班学生名册。我当即推脱，说自己不是按部就班的应届毕业生，主要精力应集中到学习上，不要掉队，我指着名册上的几名党员同学说，从他们中找负责人比我合适。老师告诉我，他们都是保送生，年龄也偏大，不便于和同学们交流，系里看过你的材料，所以临时指定你负责，等大家熟悉了就正式选出班干部。

没有料到，勉强接受试试看的临时召集人，在两周后全班选举会上，通过举手表决，班长的差使正式落到了我头上；接着，班里成立团支部，我又当选为团支部书记，成为班务和团务双肩挑的学生干部。那时候的学生干部，尤其是双肩挑的角色，担子实在太重，要花很多时间处理学习之外的事情，我怕耽误自己的学业，无数次向辅导老师要求减轻我的社会工作量。一个学期过后，好不容易卸掉了班长，只担任团支部书记（直到毕业），但我在年级辅导老师眼里、在班上同学们中间，双肩挑的角色实际上没有多少改变。

不知道是不是因为“政治可靠”的缘故，武师四年中，有形无形间我总处在“要带头”和“被问责”的地位。那时贯彻“以教学为主，生产劳动为辅，学习、生产劳动、科学研究（文科为写作）三结合”的办学原则，到农村或农场生产劳动，每学期都有，那些别人躲着的重活脏活，我要抢着干，以便带动大家；冬天，别人不愿意下的冷水田，我要下，别人不睡的风口铺位，我要去睡；别人干累了可以发牢骚，我却要带头任劳任怨……还有，遇有班上同学或不遵守纪律，或教学老师反映有人学习成绩有了问题等，年级辅导老师一定是先把我找去谈话，接受批评，指定应如何处理，似乎我又成了学生家长。

■ 一次发言险些惹出大麻烦

最使我为难的，每逢时事政治学习冷场的时候，辅导老师就点我的名，要我带头发言，启发大家讨论，还不能推，否则就失去了班干部的职责。而我，性格内向不爱多说话，更不习惯讲自己认识不清的敷衍话，许多这种场合真是感觉很为难。记得二年级时（1961 年），全校开展“人民公社好”教育活动（实际上是人民公社遇到了问题），在学生中开展大讨论，层层动员大家暴露思想谈认识，想不通的问题都可以谈，通过有针对性的讨论接受教育；还要求各个班办讨论学习园地，把讨论的情况写成稿子贴到“园地”（墙）上，以便互相交流，共同监督。

“人民公社”是“三面红旗”（另为“大跃进”和“总路线”）之一，其时上上下下确有不同意见，尽管在校青年学生不大知晓内情，但对于它的政治敏感性，相信都会懂得。因此班里讨论时，在我主持讲完上级精神后没有人吭声，几位年长些的党员同学同样缄口不语，长时间冷场。我反复催，还点了几位家在农村的同学发言，有的说，好久没和家里通信，不了解情况，有的只是笑笑作出回应。我心里清楚，同学们不是不知道情况，而是不敢讲了解的真实情况，怕讲了惹麻烦。

长久哑口的场面确实很尴尬。一直坐镇的辅导老师终于开了腔：“请葛能全带头作个发言好不好？”大家的反应可想而知，作难的是我：讲什么，怎么个讲法。我算了解一些基层情况，在通城曾经目睹过，县委一声令下，几天就成立了五个人民公社。老百姓开始觉得新鲜，说人民公社比生产合作社好，人多力量大，吃饭不要钱……随后出来一些没有预计到的问题，又拿不出解决办法，埋怨情绪开始起来了，我见过也经手打过这类的情况简报；还听说，眼下有一些人民公社已经名存实亡，自动解散了。

这些情况肯定不能在会上讲，否则后果不堪设想，但我又不习惯罔顾实情只说好听的，于是作了一个内容实在、意思不尖锐的发言。我说的主要意思是：人民公社是在农业生产合作社基础上发展起来的，比合作社规模大了，人也多了，有利于抢收抢种、应急抗灾，大家共同劳动，平均分配，不分等级，符合大而公的共产主义方向。我接着讲了另外一个方面：但是我个人感觉到的，是不是步伐迈得太快了一点，问题可能出在“人民公社化”的“化”字上，如果经过试点取得经验，再逐步推广就更好了。

我的发言注意把握了分寸，基本认识是：人民公社没有什么不好，而“人民公社化”导致急于求成，出现了一些偏差。这样的认识是出自内心的，把人民公社存在的现实问题理解为做法问题、方法问题，并不是针对人民公社这面红旗本身。

我关于人民公社的发言，大家都觉得很新鲜，辅导老师督促我写成书面稿子，贴到办在学生宿舍走廊的“园地”去，我照办了。同楼其他年级和外系同学也来看（我也去看别班办的“园地”），返回到我耳朵里的印象，似乎多数人认为我是反面观点。

这不奇怪，因为那时习惯断章取义，抓住我“但是”后面的话简单上纲。

接着，全校组织上百人队伍，自背铺盖去汉阳黄陵人民公社（接待各种参观的样板）参观学习，接受现场事实教育，用以批驳“人民公社办早了”的言论。参观学习人员多是暴露出对人民公社抱有不正确认识或者认识模糊的学生，加上少数带队的学生干部。我是这次参观团成员之一，不过身份有点蹊跷，反常地没明确我带队，没有参加过碰头会，虽然也未说过我是对人民公社认识有问题的学生，但从几天参观活动中遭遇的冷落，这一次，明显感觉到对我“政治可靠”打了问号。

■ 入不了党的老积极分子

在校四年终未加入党组织，或许与我对人民公社的那番言论有关系。

几年里，我受表彰不断，多次被评为全校和系里的先进，仅凭保存下奖状，如 1960 年 3 月被评为全校优秀学生，奖状说我：“在大跃进的一九五九年里，坚持政治挂帅，自觉听党的话，坚决贯彻党的总路线和教育方针，专业思想巩固。在思想、学习、劳动等方面均取得了突出成绩。”又如，1961 年被评为“四丰收”积极分子，奖状说我：“政治挂帅，自觉革命，艰苦奋斗，忘我劳动，夺取了思想、劳动、学习、写作四丰收”；1962 年，我还作为武师学生代表之一，出席了“武汉市大专院校‘三丰收’（即思想、学习、劳动）积极分子代表大会”。可以说，我是班里也是中文系全年级，受到表彰最多的。

在旁人看来不理解的是，我这样一贯积极先进却没有入党。老实说，我本人同样不理解。我两次向组织递交入党申请书，只有同班党员刘祖豪（后改名刘志斌）跟我简短谈过话，并没有指出我的缺点和问题，直到毕业离校，我也不清楚不能入党问题何在。

猜想过，可能与对人民公社的认识观点有关系——因为这件事使我唯一一次感受到了政治压力；而且客观地看，这件事也很能说明我不够做党的“驯服工具”的条件，而这一点，在当时是特别被组织看重的。

半个世纪过后，2014 年 4 月 1 日，我由京赴汉与十来位同班同学聚会，这是毕业后我第一次与同学们见面，都已白发皓首，回想当年无不感慨岁月匆匆，往事在目。茶叙时都笑谈彼此，好不开心。

在刘志斌数说我当年思想、学习、工作如何如何好时，我突然心血来潮插话：“老同学，随便问一句，既然我那么好，为什么不批准我入党呀。”这话纯粹属于无须回答（也未回答）的笑谈，大家也都一笑了之，相信志斌和同学们不致误以为我乃小肚鸡肠之辈，对旧事耿耿于心吧。但事后一想，这样容易引起误解的玩笑话，在某些场合还是收敛些为好，毕竟彼此“海阔天长音信稀”了五十多年。

同学茶叙时，还谈到杨建文入团的波折，也是我说起的。我问邻座的杨建文同学：“建文，你还记不记得尼采的照片？”杨建文回答道：“怎么不记得，不是你，差点入不了团哩。”

事情是这样的。杨建文当年是班里学习成绩拔尖的学生，但不爱参加集体活动，缺少青年人的热情，大家对他有些意见，误解他傲气瞧不起人。经过团支部启发帮助，建文有了很大变化，并且写了入团申请书，要求进步，但在团支部讨论时，有人提出他政治思想有严重问题，举证说他床头贴了一张德国“反动”哲学家尼采的照片（书本上剪下的插页）。我去他宿舍看过，还去图书馆查阅了有关尼采的资料，然后找杨问怎么回事，杨建文回答说主要欣赏照片的凝思神态，并不是崇拜他的唯心主义（唯意志论）哲学思想，他还立刻把床头墙上的尼采像拿掉了。

就这么简单一件事，但大家联系到平时对他的印象再一想象，问题就复杂起来，他的入团申请被搁置下来，总说要再考验一段时间。到了毕业前夕，我想到经过团支部不断做工作，加上本人努力上进，杨建文确实进步很明显，不能因为一张照片的误解，不明不白地否定他几年的进步，以致影响他的政治前途；同时想到，如果能在学校解决入团问题，对他的毕业分配可能也会有好处，于是在我坚持下，并且亲自做介绍人（另一介绍人为组织委员龙光志）发展杨建文入了团。我代表团支部交给他第一个任务，就是主办“毕业之歌”专栏，他表现出很有朝气和政治热情。

毕业时，杨建文被分配到市重点武昌实验中学执教，后来考回母校（湖北大学）读研究生并留校任教，现为中文系退休教授。

大饥荒印象

经历过上世纪国民经济暂时困难时期的人，恐怕都不会忘记饿肚子的滋味，我就记得清清楚楚。我正在武师上学。开始，以为仅是湖北的问题，加之年轻学生饭量大，所以吃不饱，属于局部的特殊情况，慢慢感觉到不是这样，而是全国性的大饥荒。

许多年过后，随着有关那场大饥荒的材料不断披露，不少那时身居高位的领导人（包括时任湖北省委第一书记王任重）写回忆、讲口述，提供了大量一手数据，其中有一组记述河南省大饥荒中饿死人的数字，真是叫人触目惊心，不寒而栗！这固然有“三分天灾”的原因，“七分人祸”毕竟言之凿凿。

我还接触到那个饥荒年代的另一组数据，是关于高端科技人员的。那时正值苏联毁约，自行研制原子弹处在最艰难、最紧要的关键时刻，尽管周恩来总理和聂荣臻、陈毅元帅发令，不要让科技人员饿着肚子研制原子弹，但无济于事。核武器研究所的科技人员，夜以继日攻关，每天工作十几个小时吃不上一顿饱饭，结果一半以上的人得了浮肿病，但依然坚持攻关不肯放下工作。我后来熟识的彭桓武先生，他早年留英获得博士学位，由两位诺贝尔奖得主指导合作过。他被钱三强先生推荐到核武器研究所任副所长，是原子弹理论设计的主导人物之一。大饥荒时彭先生也患上了浮肿病，双脚肿得连布鞋都穿不进去，他便提着鞋光脚上班，坚持不下“火线”，并且很乐观，幽默玩笑不断。

我原以为大饥荒时期学生最苦，除了那点定量没有别的辙，而事实上，与饿着肚子干重活的农民、工人和夜以继日攻坚的科技人员相比较，我们那时做学生的真算小巫见大巫。但我还是愿意记下自己的若干亲历，以为那段痛史添一则佐证。

饿肚子想对策

那时候，武汉地区高校学生的粮食定量标准，男生每月 30.5 斤，女生每月 28 斤，其中 70% 粗粮（如为豆类、小米、玉米、荞麦等）、30% 为米和面，每人每月发放半斤点心票，凭它买糕点只计价付钱，免收粮票。

按照定量，男生每天早餐干稀二两，中、晚餐各四两。是一种什么状况呢？用大家挂在嘴上的话形容：进食堂吃饭前，肚子是饿的；吃完饭走出食堂，肚子还是饿的。这话没有半点夸张，真是整个人从早到晚一直处于饥饿状态。以我这个小个子为例讲件事，一次从咸宁云梦湖农场下放劳动返校，我一餐连着吃了四钵子米饭，每钵蒸的半斤米，一次吃了两斤米的饭，而只有那短暂一刻肚子才感觉是饱的，还有别的同学一次吃五钵甚至六钵米饭的……想想看，那是在过什么样的大学生活。

为了日子继续过下去，于是都在开动脑筋想“对策”。

一段时间，学生中流行起浪漫象征的“恋爱”热。不要以为那是在物资匮乏下寻求精神愉悦，而许多情况表现出来的，是男同学为了应对饿肚子想出的“对策”——这种情景多在吃饭时发生，能看到一对对“恋人”各端一份饭菜，或在饭堂离大家眼光远远的角落，或到食堂外边某个僻静之处，或干脆约到男生宿舍（女生宿舍管理较严），一起“共餐”，几无例外的情况是，女生慷慨地往男生“饭盆”里添饭夹菜……

这里写“饭盆”，不是笔误，那时只有女生用碗吃饭，男生一律用比碗大的盆，有的大得像个洗脸盆。用“盆”打饭，方便饭、菜、汤和在一起，能增加一些视觉上的分量。我有同样体验，饭菜汤三合一以后，从眼前到心理上真能起到增量效应，不失为一个小小的“对策”。

不卷入恋爱风潮的同学，尤其很多男同学，都对那些共餐热恋者不屑一词，认为那是男生居心不良，在算计女生的粮食定量，是占人家便宜，说如果有点爱情的话也是肥皂泡式的，长久不了。随着国家经济情况稍有好转，热恋共餐的风景果然少见了，证明“肥皂泡”断言一定程度的正确性。

我也想出过一个“对策”，是应对如何过星期天的。简单说，办法就是把时间泡在电影院里，既得到了精神上的充实，又经济，花一两角钱看两三场电影（一般影片，学生票五分钱，上下集或彩色影片一角钱），还能省下几两饭票。

每到星期六下午本市同学回家了，我就找一份《长江日报》，把第四版刊登的星期日电影讯息过目一遍，选定想看的影片、合适的时间和影院，排出第二天的电影日程。一般9点左右先在武昌找个影院看完早场电影，吃碗热干面轮渡过江去汉口，按计划再看两场电影，然后又吃碗热干面返校，热干面便宜还可加汤，所以成为主选。一天过下来，真是一举多得了。

我的办法从未声张过，但当进到电影院发现主意很有共识性。从早场开始，场场电影，即便放那些老掉牙的片子，也是座无空位，老少男女都热衷泡电影院。经常发生的一个场景印刻在脑际，至今没有淡忘：每当影片中出现吃喝镜头，鱼、肉、酒、面包、水果等食物映现在银幕上，全场就会不约而同发生哄动，眼馋得久久平息不下来——有人比喻这是精神会餐。我，同时相信所有眼馋观众，这时都会萌发同样的心语：什么时候我们真能过上这样的日子，而不是在电影镜头里。

有的同学饿得难忍想对策，想到歪道上去了。下手偷食堂的饭票便是其一，在窗口打饭时，趁炊事员不备，迅手抓几张饭票放进兜里，结果被捉住惹出大麻烦。伙食委员开会回来传达，这样的事件不是个别，已引起学校严重注意，认为这是意志薄弱，经不住困难考验。

我们班不久也出了这样的事，说手段更狡猾。那是在二年级时，一天，食堂又抓到一个偷饭票的学生，他想出的办法比较巧妙，先在自己饭盆底部抹些米汤，打饭时故意把盆放到窗台的饭票上，想沾回几张饭票。不巧，被食堂抓了现行。食堂把人送到学校保卫科，保卫科通知学生所在的中文系，系里找到辅导老师，老师叫我去领人，原来这位同学是我们班的，大个子。

事情并未就此了结。过后不久，辅导老师告诉我，学校准备开除这位同学，理由除了偷饭票，还有两门功课不及格。我知道辅导老师是个厚道人，他也一直信任我，便大胆说了我的看法。我说这件事的确影响不好，但属初犯，还讲到这位同学个子高大、身体壮，有一定客观原因，至于不及格的功课，可让他补考一次。我请求老师向系校组织反映班里意见，从宽处理。返回的意见是，认为这位同学基础差，补考无必要，为严肃纪律，整顿校风，学校仍决定开除。我又找辅导老师说情，我说如果一定要处理，请不要开除，可不可以由学生本人写个申请，作为自动退学办理。庆幸遇上这位好心老师一再帮助陈情，最后这位同学退学了。

■ 吃人体胎盘和钓蛤蟆

人体胎盘，中医称之为“紫河车”，可入药，据《本草纲目》所记，紫河车对虚喘劳嗽、气虚无力、不孕等各种肝肾气血亏虚的病症有疗效。但西医及现代中医理论，强调的是采用科学的生物制剂方法，提取其中某些有效成分为药用，而不是人体胎盘原始组织，2015 年国家药典委员会修订的《中国药典》，紫河车作为药材已被“除名”。

这是一段关于人体胎盘的学术语言，而实际情形中，在世代乡间老百姓看来，胎盘是人身上掉下来的东西（医学称“人体脱离物”），如果有人直接吃它，会被看作残忍，招来指斥。可在那饥饿难耐年月，胎盘一度成为暗中抢手的特殊营养物。

我也吃过人体胎盘。那是 1960 年暑假，我从武师回家住在县里二哥二嫂处，他们想给我补点营养又没有什么好东西，问我敢不敢吃产妇的胎盘，说好些人通过医院熟人弄胎盘吃（印象二哥他们吃过）。这是我第一次听到吃胎盘的事，感觉有点吓人，一时犹豫不言。二嫂在医院工作，说可以找一个产妇没有毛病的胎盘，洗得干干净净，做得好，吃不出什么怪味，跟吃肉一样。

一天，二嫂拿回一个胎盘，说是特意挑的一名健康农村产妇。二嫂不让我看，叫我去另一个房间看书，她一个人又洗又剁，掺少量猪肉做成丸子用砂锅炖汤，吃饭时再也没有提起胎盘，只是埋头吃。过后，我最大的收获是心理安慰，以为自己享受了特殊补品，一定不会得浮肿病了。

大哥大嫂没有弄胎盘的门路，也可能对吃胎盘生畏，就自己钓蛤蟆招待我。钓蛤蟆一般在傍晚时分，和钓鱼不一样，钓具极简单，一根四五尺长的竿子，系一截麻绳，绳头绑一小团沾油的棉花或者破布，伸到稻田里不停地上下拉动，吸引附近的蛤蟆来咬，当一咬住就一手提竿一手抓蛤蟆，十抓九稳。我和大哥在稻田里钓了个把钟头，收获了十好几只蛤蟆，足有两三斤。大嫂胆子小不敢杀生，全由大哥一个人料理。大哥做事一向细致，他一只一只去除内脏剥掉皮，然后裹上面粉，先用油煎一下，再加水放辣椒红烧。这不是我第一次吃蛤蟆，但是感觉味道最好的一次，尤其蛤蟆腿跟吃鸡腿没有多少差别。

尝到甜头我就记住蛤蟆了，不久在鲤港乡又吃了一次。

我的一位堂兄时在鲤港乡公所当半脱产干部，听说我回来度假，捎信要我去他那里住几天。这位堂兄，是我少年时候非常亲近的人，我过继在二伯父家时和他的住处紧邻，几乎天天在一起。记得我们用蚕豆下五子棋，用石头子下“乘三棋”（三子成一线就能“吃掉”对方一个子），后来一起学下象棋更有意思，开始我们分不清“马”在什么样情况下算“别腿”，走不过去，结果我们的“马”就像“车”，在棋盘上畅行无阻。

堂兄 1951 年成了家，堂嫂是乡下人，很和气，爱干净，胆子小，有时堂兄到外乡办事晚上回不了家，就吩咐我去给堂嫂做伴。一件事至今一直记得，1953 年斯大林逝世的消息，是堂兄在外工作看了报纸特意赶回家告诉我的，听后很震惊难过，担心没有他做靠山了，蒋介石会在美帝武装下打回来，又要过“走兵”的日子。

1960 年暑假，我在堂兄工作的鲤港乡住了两天。明显感觉，乡里条件比在县里工作的大哥二哥要好，临时弄少量吃货门路多一点，加上乡公所只有堂兄一个脱产干部，还配了一名专门买菜做饭的民工（当地叫伙夫）。在我主动要求下，在鲤港又吃了一次蛤蟆，从捕捉（伙夫不习惯钓，说乡下捉蛤蟆容易得很）到清洗和制作，都由伙夫一手完成，这回是蛤蟆和猪肉一起红烧，算得上饥荒年月的“盛宴”了。

万万没有想到，我亲近的这位堂兄和堂嫂晚境悲凉。两人先后都患了老年痴呆症，他们的长子英年早逝时，不忍心告诉病中父母，一直瞒到老人临终。2007 年我回家，得知堂兄和堂嫂住在县城康复医院，我和老伴慧龄、二哥二嫂一起去看望他们，一见面就联想起当年的模样：身上还是那样干净整洁，脸上是过去常见的笑容……除了笑，没有再听到他们一句话，往事在他们，想必早已消遁无踪了。

■ 多吃多占弟妹的定量粮

饥荒年代，不仅社会上人与人之间关系发生扭曲，家庭亲情同样受到损害，我们家的情况同样显而易见。从我记事起，兄弟姐妹之间从来不争东西，不计较得与失，总是互相谦让，印象深刻的一种情景：由于家里人多、生活负担重，做米饭时经常掺和杂粮干薯丝，可大家盛饭时一个个都挑薯丝盛，还有一句习惯说的话“薯丝好吃”。毫不夸口地说，互相谦让在我们家久已蔚然成风。

但在大饥荒时期，情况大不一样了。1960 年暑假回家见到的“不一样”，也是在吃饭方面，当时哥嫂弟妹全家十几口人吃饭，为了不让闹饥荒把家庭闹出不和，母亲无奈想出一个分袋吃饭的办法，就是用白布给每人缝制一个小袋子，袋上缝有名字做记号，按各人定量装进粮食，然后用线绳系牢放进锅里煮，就像一只只包好的粽子，吃饭时各人解开各人的布袋子……昔日饭桌上的亲情再也见不到了。但母亲无奈之举，最大的好处解决了合理分配，避免了一大家人因吃饭产生矛盾。

这里要说的，我这个临时“外来人”受到的特殊优待。当我在家里吃饭的时候，也有一个小布袋子，袋里的粮食是从弟妹们定量中挤出来的，这是母亲的吩咐，她让从每人袋里匀出一点米放进我的袋子，不收我的粮票，以便把省下的粮票带回学校去。母亲说，一个人在外面没有办法可想，家里人多总会有些法子。一个暑假过完，差不多省下半个月的粮食定量，那可是对付饥荒的一笔财富啊。

暑假里，我很少接触普通百姓，大饥荒下的民生不太了解，但有一个亲眼所见的情况，使我联想到了书本上的“民不聊生”。本来在各业凋败的环境下，我们家制河粉早已关张歇业了，可是乡下农民为了弄点买油盐的现钱，把自己偷偷摸摸收种的绿豆卖给我们家，这样积少成多偶尔制一次河粉。磨豆子线河粉，有一种附产物叫豆渣，历来是用它喂猪的，解放初我就经手过两三年，那时一小桶豆渣卖三分钱，卖不完的就倒进粪坑沤肥。可在闹饥荒年月，往日的猪饲料却成了难得的人粮，有人赶几里路挑着水桶来排队买豆渣，说能吃到豆渣就算享福了，比天天吃谷糠野草不知道强多少啊。

幸运伴行

纯真誓言

从进入武汉师范学院校门第一天起，除了频繁的政治活动，还时不时开展两项教育：一项是专业思想教育，就是要热爱教师职业，做一名合格的人民教师；另一项教育是服从国家需要，到最艰苦的地方去。这是有针对性的，因为实际情况是，进了师范院校的学生，不是都愿意将来做教师，同样，也不是都有服从国家需要的思想准备，到最艰苦的地方去更难说了。

四年后的毕业分配，可以看作是检验实际行动的时候——我有一种强烈的感觉，真不愧为一代有志青年，普遍充满热情，胸怀理想，勇于奉献。记得我们班没有一个同学不服从分配的，也没有听说发生闹情绪和讨价还价，当然心里的牢骚和不满是另一回事。

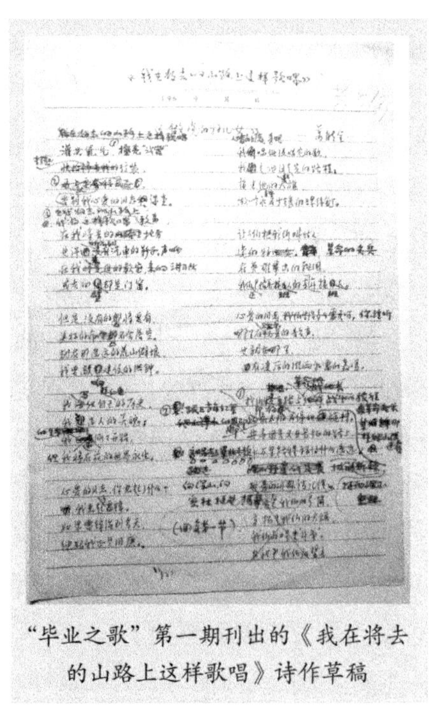

“毕业之歌”第一期刊出的《我在将去的山路上这样歌唱》诗作草稿

面临毕业分配前夕（1963 年 6 月），在团支部提议下，我们班带头在文史楼办了一个壁报专栏，定名为“毕业之歌”。我请刚批准入团的杨建文负责主办，动员青年团员写稿表示决心，响应号召，服从组织分配，到祖国最需要的地方去。

两三天时间，“毕业之歌”壁报（第一期）办成了。我带头写了一篇散文诗，毛笔抄好贴在壁报专栏的中间位置，题目是《我在将去的山路上这样歌唱》，很醒目。难得的是，这首诗的草稿竟然无意中留下来了，现照抄在这里记录一段历史：

我在将去的山路上这样歌唱

打好背包　准备行装，
告别我心爱的同学和课堂，
在我将去的山路上，
我将这样放声歌唱。

在我将去的地方，
也许听不到汽车声响；
在我未来的讲习所，
或许四壁都是门窗。

但是，没有的都将要有，
美好的希望决不会落空。
就在那遥远的荒山僻壤，
我要敲响建设的洪钟。

我写自己的历史，
我塑造人的灵魂；
我的生命才刚刚开始，
但我将在芬芳的世界永生。

心爱的同志，你想起了什么？
哦，我想起了雷锋；
如果雷锋活到了今天，
他跟我正是同庚。

心爱的同志，来吧
我们一起唱他没唱完的歌，
我们走他没走完的路程，
接过他手中的大旗——
做一颗永不生锈的螺丝钉。

让人们把我们叫作
革命的尖兵，
在英雄辈出的祖国，
我们是培养接班人的年轻接班人。

心爱的同志，你请听
那里有欢乐的歌声；
也许就在那里，
会有凄厉的风雨和雷的轰鸣。

我们即将踏上战斗的征途，
跟上当年红军的脚印，
高唱起毕业之歌，
向深山向困难挺进。

心爱的同志，请记住
高扬起我们的大旗，
我们的口号是斗争，
这就是我们的誓言。

虽然用的是诗的格式和诗的语言，但它并不是一首即兴诗，而是公开表达的一份决心书，也就是最末句点明的“誓言”。里边写到的“山路”“深山”“荒山僻壤”“凄厉风雨”等，指的就是地处湖北省西部大山深处的恩施，当时被形容为“湖北的西伯利亚”。

大学毕业照（西服上衣系汉口国泰照相馆备用服）

我没去过恩施，听说从武汉去那里，要换好几种交通工具，花几天时间才能到达，如果被分配到偏僻的县城中学，还要走很远的路，所以把那里想象得非常落后，非常荒凉。学校早就跟学生干部特别是要求入党的积极分子打了招呼，如果有去恩施的分配指标，要大家带头报名。我向中文系党总支书记和年级辅导员老师表示过态度，只要组织需要，我愿意去恩施，接受锻炼和考验，在班会上我也讲过这样的话。可以说，诗作完全出于一个上进青年的自觉和纯真，绝对不是装装样子的应景文章。

“毕业之歌”第二期还登了我一篇表决心的散文，题目是《一个共青团员的自白》。这篇文章的手抄稿（两页）也保留下来了，这里录下一头一尾。文章开头写道：“一个革命者，一个共青团员，一个共产党员，在革命的过程中，假如有了一点点为自己打算的思想，哪怕仅仅是萌芽，这已经是对党对革命不忠实了。”文章是这样结尾的：“敬爱的党，我的母亲！在这即将走出大学校门的时刻，在祖国轰轰烈烈进行社会主义建设的形势下，我怀着一颗迫切、真挚、恳求的心，要求组织把最艰苦的地方留给我，把最困难的工作交给我！我做好了一切准备：到农村去，到边远的山区去！把毕生精力献给人民教育事业。我是一个共青团员，这就是我的自白！”

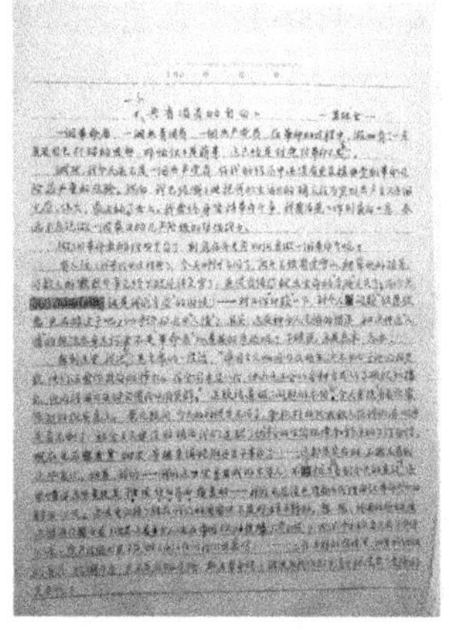
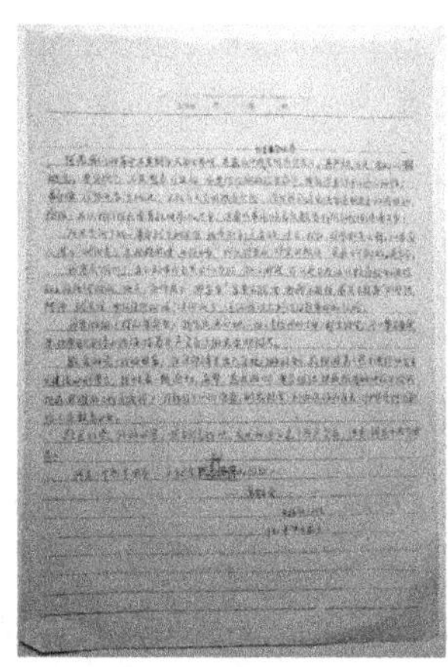

“毕业之歌”第二期刊登的《一个共青团员的自白》手抄稿

进入大院府　重做小学生

1963 年毕业时，我既没有分去恩施，也不是去湖北省其他艰苦的地方，而是分配到了首都北京中国科学院。前后经过大致记得：毕业典礼举行过后，辅导员老师找我，嘱咐我站好最后一班岗，把班里的思想工作做好，让大家高高兴兴离校，不发生意外情况。还说，关于我本人的工作分配，放到最后。

待同学们都走了，一天通知我去中文系办公室，交给我一份报到通知书，上面写的报到单位“北京文津街三号中国科学院政策研究室”。这是连做梦也想不到的事，激动心情无法言表。后来听说了一些情况，越发感觉幸运之至。

1963 年分配到科学院政策研究室三室的五位新同志（左起：复旦大学的崔福隆、华中师范学院的杜忠德、吉林大学的赵琦秋、葛能全、中国科学技术大学的薛宏基）

据说，当年中国科学院以计划局和政策研究室名义发函湖北教育厅，要求分配给两名文科毕业生，条件简单明确两句话，一句是“历史清白、政治可靠”，第二句话“有较好的文字写作能力。”省厅将两个名额分给华师和武师各一名，原原本本说了科学院对人选的条件要求。

华师那位也是中文系的，他父亲时任《湖北日报》社长兼总编，政治条件和家庭背景都很优越，华师选中他自不待言。至于武师的这个名额决定给我，想来会有一番掂量：首先，我没有优越的背景，而且家在乡下；从政治条件说，两个毕业班有党员十来人，而我只是要求入党的积极分子；再说学习成绩，我也不是班上最拔尖的，全年级更谈不上，只能算是前列的成绩。细一想，有利情况可能在于两个条件同时具备，从这样角度上衡量，加上在校四年的现实表现，我也许有某些优势。

1963年8月到科学院院部报到的大学毕业生有十几人，据说是历年一次进机关新人最多的。除了我和华师、复旦的两位，全是理工科专业，还都来自名校清华大学、北京大学、复旦大学、南开大学、南京大学、吉林大学等，中国科学技术大学毕业的有好几名，我的母校自然是最没有名气的。

20世纪70年代末，葛能全（前排左一）和科学院办公厅秘书处诸位秘书同郁文（前排左二）、严济慈（前排左三）在科学院三里河院部大门口合影

进入文津街科学院大门，我第一感觉荣耀的是能在郭沫若院长领导下工作，他是我们文科学生熟悉不过的偶像人物，能到他手下工作真算三生有幸，专业上又“门当户对”。可报完到才知道，

科学院院部所领导的只是自然科学研究机构，我向往的那些文史哲社会科学单位，虽然也冠中国科学院的名称，但早已划归中宣部领导。我不免觉得不对口所学专业有点失望，还担心适应不了今后的工作业务。

在组织新同志培训座谈时，我据实讲了自己这些活思想。没想到我讲的意思被误解了，有人听了认为我不安心做管理工作，并且把情况汇报给了院领导。培训结束那天，院党组成员、副秘书长郁文向新同志作报告，记得他没有点名说：有位学师范的同志不大安心机关工作，觉得搞组织管理工作不对口径。又说，真要做好管理工作是不容易的，将来会知道要学的东西很多。工作还没有开始做就受到不点名批评，我心里非常受委屈，又没有机会作解释。

接着一件事同样感到很失落。我被分在政策研究室第三室，这个室负责办一报一刊，“一报”就是《科学报》，“一刊”是中英文版的季刊《科学通报》。我的工作是参与办《科学报》，记者、编辑都得干。搞新闻是我当年的第一志愿，现在既学了中文又从事新闻工作，这一下两全其美了，本应是得意的事，可突然间被浇了一盆冷水。事情是，我写了一篇二三百字的报道短稿，结果被红笔改得面目全非。一看心里非常不舒服，但又不得不承认确实改得比原稿简明了，少了那些花哨词语，更具有新闻稿件的特点。苦恼中我又开始意识到，必须下功夫学习，甘做小学生，再从头学起，改变自己知识贫乏的状况。

我特别感激科学院党组书记张劲夫，是他对到院新同志的一席话，使我找到了下功夫学习的着力点。他说：在科学院做好组织管理工作，应该从两项基本功做起。一是要使自己具备“皮毛专业”，意思是各个学科专业都要懂一点，求广不求精；二是要学会“记人认门”，就是知道全院各个研究所在哪里、是搞什么研究的，熟悉各学科领域的主要科学家，热心为他们服务。

我把这些话视为诤诤之言，铭记在心，付诸行动，抱定当初由家乡到江田粮库、由江田到县粮食局那样的态度，踏踏实实工作、勤勤恳恳学习，广泛吸取知识营养。这样长久坚持不懈，加之良好的工作环境熏陶，使得自己许多知识、见识和经验逐步有了积累与提高。

任钱三强秘书　再入门当学生

有意思的一件事，1976年粉碎“四人帮”后，我从河北文安“五七”干校回到科学院院部，一人兼任两位业务领导人的秘书，一位是鼎鼎大名的原子核物理学家钱三强，另一位就是1963年批评我不安心组织管理工作的郁文。

做了一段时间，我一度心血来潮，想离开科学院去做新闻工作。郁文是位老报人，在延安时办过《晋绥日报》，他支持我的想法，并且在1977年4月21日给他的老熟人《人民日报》总编辑秦川，写了一封亲笔推荐信，让我直接去面见秦川。后来我没有去见秦川，郁文那封信一直留在手上，信是这样写的：

郁文写给秦川的亲笔信

秦川同志：

葛能全同志是前科技报的记者，现在同我一起工作。他要求归队做新闻工作，我已答应给人民日报，但你们迟迟没有来调。科学院内很多部门和光明日报都争要调他去工作，我觉得他做新闻工作是适当的，搞科技方面更熟悉些。如人民日报需要，望即来文给院政治部。

郁文　21/4（1977年）

钱三强先生听说情况后，把我叫到他办公室，开门见山问我能不能不去《人民日报》，留在科学院继续和他一起工作，做他的专职秘书，还谦虚地说，我和他正好可以“文”和“科”互相取长补短，弥补他不擅长写东西的不足。让我考虑后告诉他意见。听了这样诚挚的谈话，而且出自一位科学大家的信任和器重，心想这还有什么要考虑的，便痛快答应留下。

掐指数来，我做钱三强秘书做了十六年，直到他 1992 年因病辞世。

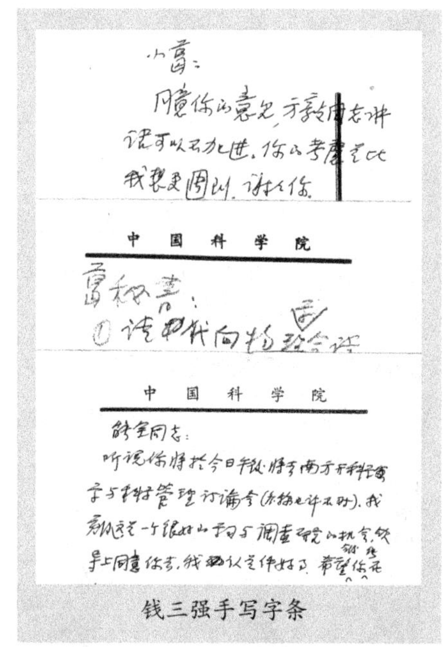

小葛：

中国科学院

葛秘书：

中国科学院

能全同志：

钱三强手写字条

2011 年 11 月初，我受上海交通大学人文学院邀请去做学术访问。在一次同科学史与科学哲学系教授座谈时，有位教授问我，在钱三强先生身边工作十六年是个什么样的角色。

这是第一次接触到问我这样的问题。想想后，我讲了钱先生对我前后有过三个称呼，开始他给我写条子和批文件，称呼我“小葛”，后来称“葛秘书”，再后来称“能全同志”。进而我说：如果把这不同时段的不同称呼，作一个相应的注解，大致上可以用“学生”“助手”“同事和忘年朋友”来表示，更准确一点说，我是在钱三强先生身边做了十六年学生。

聆听钱三强先生讲述他的经历和感悟

（陈丹摄）

其实，不光和钱三强先生相处这十六年，前前后后几十年一直在做学生，退休之后直至现今，我还在不断入门做学生，是一个毕不了业的学生。

几年前，中国工程院决定出版院士传记系列丛书，委以我为这套丛书的总审稿人，七八年下来，我已经审读了百余本院士传记稿子（八九十本已经出版）。虽然每本传稿至少二三十万字，我又不只是浏览而要细细研读，还要写出具体、有针对性、能让作者接受并作修改的书面意见，工作量确实很大，对于一个年逾古稀的人而言，不能说不是一件艰辛的事，但我并不感觉负重和劳苦，反而觉得越发充实和长进了。我从中不仅学到了许多过去无知的工程科学技术和医学知识，增长了学问，同时，受到院士传主那些优良的为人品德、热爱祖国的情怀、献身科学的精神深深感染，特别是多位院士真情切意亲笔撰写的自传，如张光斗院士的《我的人生之路》、《刘源张自传》、《袁隆平自传》、《施仲衡自传》、《江欢成自传——我的优化创新努力》、汤钊猷院士自用笔名写的《汤钊猷传》、《傅志寰自传》、《孙玉自传》、《袁渭康自传》、《陈厚群自传》、吴良镛院士的《良镛求索》、汤鸿霄院士的《自撰回忆录》、《汪燮卿自传》等，读过之后，其人其事更是铭心难忘。我真的感觉，每读一本传稿就像做一回学生，等于践行了先贤荀子“学莫便乎近其人”的劝导，既得到言教，又得到身教，获益尤多。

和钱三强先生在办公室讨论文稿（陈丹摄）

附

葛能全：一丝不苟大半生[①]

《中国科学报》记者　王　庆

中国科学报

学人

葛能全：一丝不苟大半生

他把本职工作延伸到了业余爱好中，成了科学技术史研究的“票友”。

葛能全有个习惯，不管到谁家，进门前一定换鞋。一次，朋友说，你就进来吧，我们家没备拖鞋。然后，葛能全就脱了鞋，穿着袜子走了进去。

已迈向耄耋之年的他满头银发，给人的第一感觉就是干净利索，精气神足。曾做钱三强专职秘书多年，并担任过中科院办公厅副主任、中科院学部联合办公室副主任和中国工程院秘书长等职务，葛能全一贯严谨，不容半点疏忽。

繁忙的工作并未影响他的“业余爱好”——出版了《科学技术发现发明要览》《钱三强年谱长编》《钱三强传》《科学的荣辱》《攀登者命运》等10余本著作；他甚至还写过一个长篇电影文学剧本《徐霞客》。

单是他为一本《科学技术发现发明要览》所做的读书卡片，就有10多公斤重。

但葛能全是典型的忙而不乱，家里也一尘不染。退休后，他继续享受着已过了大半辈子的“一丝不苟的生活”。

① 文载《中国科学报》“学人”版，2014年2月21日。

从小葛到能全同志

1963年从武汉来北京进入中科院院部工作时，葛能全心里打鼓，他感觉这里俊杰云集，自己只是地方大学毕业，又是个文科生，也许未必能胜任。

中科院副院长张劲夫在给新员工作报告时，讲到做好科学管理工作应该有的基本功：一是具备“皮毛专业”，就是科学知识求广不求精；二是“认门记人”，也就是要知道全院各个研究所的门在哪里，搞什么的，要熟悉各学科领域的科学家。此话让葛能全印象深刻。这个“文科生”主动接触自然科学的各个领域，从最基本的知识学起，并以诚挚和热情去熟悉各领域的主要科学家，为他们服务。

那时他没想到，若干年后自己竟成了其中一位科学大家、“两弹一星元勋”钱三强的专职秘书，从1976年起一直做到钱三强1992年逝世。而钱三强对葛能全的称呼，也从一开始的“小葛”，到后来的“葛秘书”，再后来的“能全同志”。这也意味着葛能全在钱三强身边的角色，从“学生”，到“助手”，再到“同事和忘年朋友”。

葛能全至今保留着数十件钱三强的亲笔信和手写条，那上面印记着钱三强的信任，以及他在为人处世方面对葛能全的影响。20世纪80年代末，有位记者写了关于钱三强的文章，文中有些赞誉之词，钱三强特意写信对这些“不实”表明了态度：“他有些对我过奖了，‘过’则‘不实’。因此我提了一些‘还我原来面貌’的意见，多数已用铅笔改了。”钱三强的这封信，葛能全珍藏在他的一本很厚的册子里。“这是保存一种可贵的精神。”葛能全说。

由于办事干练、工作表现好，葛能全时不时地被分配更多的任务。他做钱三强秘书期间，曾先后兼任过时任中国科学院领导郁文、严东生、周光召等人的秘书。

从“秘书”到“秘书长”

在那些科学大家身边工作，葛能全不满足于完成工作任务。他时时处处做个有心人，注意汲取他们的渊博知识、管理经验和工作精神，并逐步通过实践应用在自己的工作中。

葛能全思想缜密，但并不是个畏首畏尾的“好好先生”。1986年在担任中国科学院办公厅副主任后，他曾挨个部门调研、沟通、协商，硬是把多年不敢碰的全机关办公用房进行了一次大调整，使得不合理的情况大有改善。

1988年，作为中央讲师团团长、党委书记，葛能全带领中国科学院100余人驻山东省支教。他结合地方需要和派出人员特长，首先选派23名骨干担任科技副县（市）长，利用中国科学院的科技成果，帮助地方搞开发，发展经济。

因为能力出众，1990年，葛能全作为中国科学院学部联合办公室正局级副主任负责常务工作，参与主持全国学部委员（院士）增选的具体组织工作。1992年，在主持起草学部委员条例过程中，他预见到将来香港、澳门回归后，会涉及那里的学部委员候选人提名问题，应该有所准备。于是，在港澳工委的支持和钱伟长具信推荐下，葛能全率三人小组赴港澳调研，与香港大学、香港中文大学、香港浸会大学和澳门大学的校长、教授分别进行座谈，听取意见。1995年香港大学支志明教授首先当选中国科学院院士，香港回归两年后，香港大学教授张佑启又当选为中国科学院院士。

1993年，葛能全兼任中国工程院筹备领导小组办公室主任，在组长宋健、副组长朱丽兰、周光召等的直接领导下，根据国家领导人的多次批示，进行工程院建院前的具体筹备工作，并开展国内外调研，起草工程院章程和选举院士细则，组建工程院的办事机构等。当年3月，他主持写成的关于建立工程院的第一份请示报告刚上报，便被派往美国考察，了解美国工程院与美国科学院的关系及其组织模式、运行方式。他带回的经验后来成为工程院建立的有益参考。

在中国工程院的建立过程中，大到对中央精神的领会与落实，以及科技界不同意见的沟通与协调，小到首批院士遴选如何按专业分组，以至选票怎样设计、排名等具体筹备工作，葛能全更是倾注了大量心力。

因管理工作的突出贡献，葛能全获得享受政府特殊津贴（应为“管理突出贡献津贴”——补正）的殊荣。1994年起，他出任中国工程院秘书长、党组成员兼机关党委书记，并一直干到2000年退休。

从“票友”到“学者”

很多人难以想象，在如此繁杂的工作下，葛能全还有充沛的精力著书立说。

葛能全年轻时曾有许多爱好，他玩扑克时能根据对方出牌及细微表情，做出准确的预判。“爱上科学史之后，这些爱好都‘废’了。”葛能全说。他把本职工作延伸到了业余爱好中，成了科学技术史研究的“票友”。

上世纪70年代末，一部《辞海》就像橱窗里的奢侈品一样让他眼馋。“当时一套《辞海》定价50块钱，相当于我一个月的工资，家里还有两个孩子要养，买不起。”他回忆道，“后来托朋友从出版社弄到一套内部处理的，那个月的生活紧了又紧。”葛能全搬出当年的这件“宝贝”，上中下三本，每一本封面的颜色都不同，打开扉页，上面盖着“不合格品，四折内销”的印戳。

两年多时间，他愣是把4700多页从头至尾全都读完了，并做了上千张阅读卡片；后来他整理这些卡片，又大量阅读海内外出版的科技史专著、文献和期刊，记了更多的卡片，最终汇集成了按数学、物理学、化学、天文学、地学、生物学医学农学、工程技术7个领域分卷，共计86万字的《科学技术发现发明要览》。

前些年，葛能全从撰写《钱三强年谱》和《钱三强传》入手，广泛采集史料，写成新旧中国发展原子能的研究文章。与此同时，他以“原子弹与脊梁”为题目，先后应邀到北京、郑州、武汉、合肥、上海、西宁、苏州等地十几所高校和研究机构作演讲，听众都反响热烈。2011年在上海交大“励志讲坛”演讲时，500人的会场座无虚席，连过道都站满了学生，讲到动情处，葛能全哽咽了，学生们含着眼泪鼓掌。

第二编

中国科学院三十年

原子弹与脊梁*

——2014 年 10 月 15 日在中国科学院建院 65 周年“我心中的中国科学院”报告会上的演讲

“原子弹与脊梁”演讲结束后与现场听众交流（2014 年 10 月 15 日）

明天——10 月 16 日，是我国第一颗原子弹成功爆炸 50 周年，也是为此做出过突出贡献的核物理学家钱三强先生 101 岁诞辰；再过半个月也就是 11 月 1 日，是中国科学院建院 65 周年。我今天的演讲，就是表达这几重纪念，是发自“心中”的，是讲述过往那段历史中的一些人和事。

■ 旧中国好梦难圆

随着原子弹出世和日本帝国主义投降，那时，中国科学界、教育界以至于政界，有许多人开始做原子弹强国梦，一度出现了跃跃欲试的局

* 原载于《科学文化评论》2014年第6期。本文有修改。此讲题曾在十几所大学和研究机构做过演讲。

面，但都好梦难圆。

南京当局最先做起原子梦

1945年冬，国民政府为了做原子梦，由国防部次长兼兵工署署长俞大维出面邀约西南联大化学教授曾昭抡、物理学教授吴大猷、数学教授华罗庚到陪都重庆，商议如何发展原子能，认为，要启动此项计划，最关键的是要有人和设备。

关于人的方面，措施之一是，决定派人到当时唯一研制成原子弹的美国去学习，物理、化学、数学各选两人。经过三位教授在各自领域内挑选，物理方面吴大猷挑选了22岁的助教朱光亚和二年级学生李政道，化学方面曾昭抡挑选了王瑞駪、唐敖庆，数学方面华罗庚先在国内挑选了孙本旺，到美国后补选了徐贤修。

1946年夏，以上一行由上海乘船赴美。临行前，蒋介石亲自接见有关人员，加以勉励。关于赴美前蒋接见一事，未见文字记载，但朱光亚及杨振宁（时在美帮助联系住处）后来都说到过。1996年，一次笔者（时任中国工程院秘书长）去爱民街一号向朱光亚院长报告工程院工作时，便中谈及1946年赴美事，他说，记得在船上有人说起蒋介石接见情形，但他没有参加，因他先回了汉阳家，是从武汉直接去上海乘船的；2003年10月下旬，钱三强九十诞辰纪念会后，冼鼎昌院士电话告诉笔者，他曾在美国石溪分校听杨振宁说到，蒋介石那次在重庆接见时摇着大蒲扇。由此而论，当初国防部的原子梦，并不是某几人一时心血来潮，而是政府决策。

但是，到达彼岸后，中国的第一个原子梦碰了壁——美国所有与原子能有关的机构都接到指令，不让中国人接近。于是几位青年学子只好各自找学校读学位，朱光亚去了密歇根大学，李政道上了芝加哥大学，孙本旺去了纽约大学，唐敖庆去了哥伦比亚大学，王瑞駪去了华盛顿大学，至于华罗庚美国挑选的徐修贤，只闻其名不知其人。他们各自走了自己的路，成了后来的他们，唯朱光亚后来成为中国原子能事业的直接贡献者。

胡适的北京大学原子梦

1945年秋，胡适在伦敦出席联合国教科文组织制宪会议时，特意约见由巴黎到英国短期工作（在鲍威尔教授处学习研制核乳胶技术）的钱三强，要他回国到北大执教和做研究，并且一回国就寄出了聘书和800美金路费。同时，胡适又到处延揽物理学人才，在1947年上半年，筹划出“一件关系国家大计的事”。

胡适的“大计”，是他郑重其事上书时任南京政府国防部部长白崇禧和参谋总长陈诚提出的。现据《胡适书信集》（北京大学出版社1996年版）全文引录：

> 我今天要向你们两位谈一件关系国家大计的事，还要请你们两位把这个意思转给主席，请他考虑这件事。
>
> 简单说来，我要提议在北京大学集中全国研究原子能的第一流物理学者，专心研究最新的物理学理论与实验，并训练青年学者，以为国家将来国防工业之用。
>
> 现在中国专治这种学问的人才，尚多在国外，其总数不过七八人，切不可使其分散各地，必须集中研究，始可收最大的成效。
>
> 此七八人之名如下：
>
> 钱三强　现在法国居利实验室，已接受北大聘约。
>
> 何泽慧女士（钱三强夫人，其成绩与其夫相埒）现在法国居利实验室，已接受北大聘约。
>
> 胡　宁　前在美国，现在爱尔兰国立研究院，已允来北大。
>
> 吴健雄女士　现在哥伦比亚大学（曾在美国战时原子能研究所曼赫丹设计工作），已允来北大。
>
> 张文裕　现在美国普林斯顿大学，已允来北大。
>
> 张宗燧　现在英国剑桥大学，愿来北大。
>
> 吴大猷　北大教授，现在美国密西根大学。
>
> 马仕骏　北大教授，现在美国普林斯顿研究院。
>
> 袁家骝（吴健雄之夫）现在美国普林斯顿大学，已允来北大。
>
> 我们想请两位先生于国防科学研究经费项下指拨美金五十万元，分两年支付，作为北大物理研究所之设备费。第一年之二十五万美金，由北大指定吴大猷、吴健雄在美国负责购

备，并指定钱三强、何泽慧在欧洲与英国负责购备，其第二年之二十五万美金，则于明年度另指定专人负责购备。其购置细账，均由北大负全责随时报国防部审核。

我知道此数甚巨，责任甚大，故甚盼两位先生便中报告主席，请指示裁定。

我写此信，绝对不为一个学校设想，只因这些国外已有成绩、又负盛名的学者都表示愿来北大作集中研究，故为国家科学前途计，不敢不负起责任来。科学研究的第一条件是工作人才。第二条件才是设备。现在人才已可集中，故敢请国家给他们增强设备。此意倘能得两位先生的赞助，我可以断定，我们在四五年内一定可以有满意的成绩出来。

结果，胡适信心满满的“一件关系国家大计的事”，不见有下文，成了一枕黄粱。

北平三机关再做原子梦

南京方面和北京大学方面梦断后，北平的清华大学、北京大学、北平研究院（时称三机关）的一些人士，出于对未来科学和国家事业的热忱，也开始筹划一个梦，并已筹得相当的美元，准备成立一个联合研究中心，启动原子能研究，决定邀请并已获得本人同意，将由在法国已任研究导师的钱三强回来主持该项计划。

倡议该项计划的是钱三强。

钱三强 1937 年赴法在居里实验室从事原子物理研究，1946 年年底和 1947 年年初，他和夫人何泽慧发现铀核三分裂和四分裂的实验发表后，因为这是直接关系原子核裂变方式的工作，在国际上引起普遍重视，国内反响更是热烈，除了报纸作报道，许多研究机构和大学争相邀聘他回国教学和作研究。当时邀聘他的有中央研究院、中央大学、北京大学、北平研究院和清华大学等。

母校清华大学不是最早邀请的，但行动迅速。1946 年周培源先在剑桥，后又到巴黎当面邀请；同年 11 月 11 日，清华大学理学院院长叶企孙向校长梅贻琦正式写报告，称：本校物理系毕业生钱三强君于抗战前考取法庚款公费，赴巴黎留学，迄今在法国从 Joliot 教授夫妇从事研究原子核物理，六七年以来发表论文多篇，成绩斐然，实为留法学生中成绩最优秀者之一。查原子核物理占当代物理学研究之中心，本校虽有赵（赵忠尧——注）、霍（霍秉权——注）两教授从事于此，尚嫌不强，拟请提出聘任委员会，准予添聘钱三强君为教授。

1946 年 11 月 21 日，梅贻琦给钱三强拍电报：“清华大学聘任您为物理系教授，可否于 1947 年 3 月回国。请电复。”11 月 25 日钱三强回电接受聘任并于 1947 年 2 月 1 日复信梅贻琦。

在这封致梅贻琦信中，钱三强首先提出建立原子核物理研究中心的建议：

> 对于教学树人，生素感兴趣，在祖国目前情况下，尤觉重要。但生甚望教学工作外，尚能树立一原子核物理研究中心，此等意见，周师（即周培源—注）亦极赞成。先生等对此等设备不知有无计划？据生在欧之经验，一小规模原子核物理实验室，设备费约需五万美金。详细情形，如蒙垂询，当即奉告。

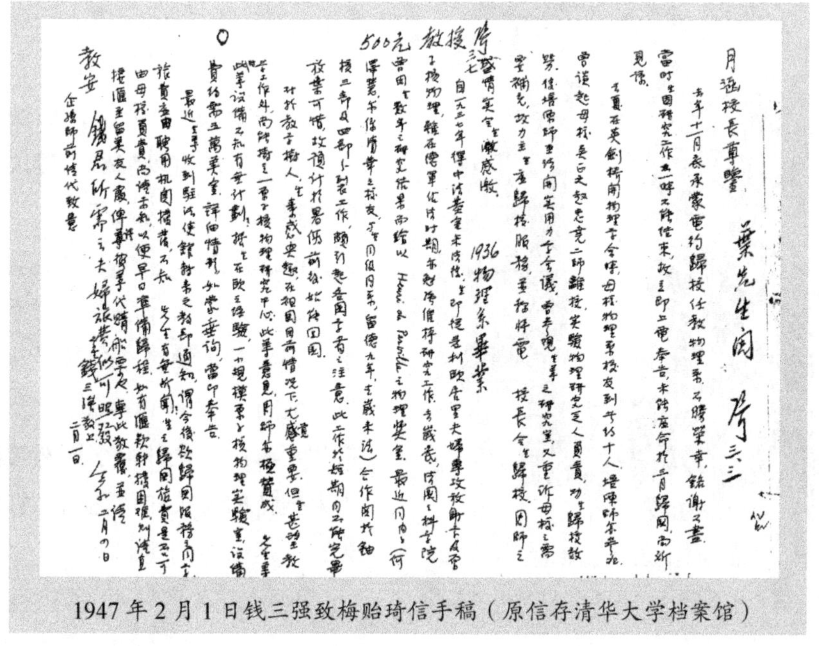

葉先生閱 聘 三、三

500元 教授 聘 三七

1936 物理系畢業

月涵校長尊鑒：

去年十一月承蒙電約歸校任教物理系，不勝榮幸，銘謝之盡。當時生因研究工作一時不能結束，故立即上電奉告，未能應命於三月歸國，尚祈見諒。

去夏在英劍橋開物理學會時，母校物理系校友到者約十人，[illegible]曾談起母校[illegible]二師離校，實驗物理研究乏人負責，力勸生歸校[illegible]。[illegible]曾參觀生等之研究室，又重[illegible]母校之需要，[illegible]故力主生早歸校服務。[illegible]接電，校長令生歸校，[illegible]盛情實令生感激。

自一九三七年得中法基金來法，生即從[illegible]居里夫婦專攻放射性原子核物理，雖在德軍佔領時期，亦勉強維持研究工作。去歲[illegible]法國國家科學院曾因生數年之研究結果而給以 Henri de Parville 之物理獎金。最近同內子（何澤慧，本係清華之校友，與生同級同系，留德九年，去歲來法）合作，關於鈾核三分裂及四分裂之工作，頗引起各國學者之注意。此工作於短期內不能完畢，放棄可惜，故預計於暑假前後始能回國。

對於教學樹人，生素感興趣，在祖國目前情況下，尤感重要。但生甚望教學工作外，尚能樹立一原子核物理研究中心，此等意見，周師亦極贊成。先生等對此等設備不知有無計劃？據生在歐之經驗，一小規模原子核物理實驗室，設備費約需五萬美金。詳細情形，如蒙垂詢，當即奉告。

最近生等收到駐法使館轉來之教部通知，謂今後[illegible]歸國服務之[illegible]旅費由聘用機關擔負，不知先生有無所聞。生之歸國旅費是否可由母校負責，尚請示知，以便早日準備歸程。如有匯款，[illegible]請直接匯至留美友人處，俾便事先代購船票。專此敬覆，並請

教安

錢三強 敬上 二月一日

企孫師前請代致意

錢君所需之夫婦旅費似可照發 [illegible] 二月四日

1947 年 2 月 1 日钱三强致梅贻琦信手稿（原信存清华大学档案馆）

钱三强的建议，在清华获得积极回应。同年5月15日梅贻琦给钱三强回了毛笔书写的4页纸的长信。关于建立原子核物理研究中心，梅贻琦回信中说：

> 盖原子核之研究，实今日科学上最重要之工作，而国内尚少推进，最近中央研究院有在南京举办之计划，建筑新研所用费颇钜，设备尚在筹划中，但即中央院计划成功，北平区域亦宜更有一研究中心，故清华即决以五万元作原子核研究设备之用，至于如何支用，即希详为筹划。

梅信中希望钱三强绕道美国回国并加发旅费200美元共800美元，“以便参观美国各方研究情形。”

钱三强和何泽慧这时虽然有了一个刚出生的孩子，但为了祖国的原子能事业，他们决定立即回国，并于1948年3月7日回信梅贻琦。信中除了告诉回国行期，以及不打算绕道美国回国，他又提出两项建议，一是原子核物理研究中心由清华大学、北京大学、北平研究院三家联合主办；二是研究中心同南京中研院、中央大学的计划“合而为一”，以便集中力量，加快发展，又不造成重复浪费。建议也得到积极响应，这就有了北平三机关的原子梦。

钱三强（右）1948年回国前到约里奥-居里夫妇家辞行，在家中别墅花园合影

钱三强、何泽慧夫妇携不足半岁的长女，经过一个月单八天海上航行，于1948年6月10日抵达上海后，全部行李居然被美国人把持的海关扣留达两个月之久，迟迟未能到达北平。

梅贻琦久等不见钱三强到

校，担心南京方面要留住他，使原计划发生变故，心里焦急，于是一方面委派叶企孙 8 月 3 日乘飞机亲往上海当面催行，一方面亲笔于 8 月 6 日拟发电报至苏州何家催促：“苏州十全街 151 号何宅转钱三强先生盼早日来校并示行期。”

就在梅贻琦等急盼钱三强北上之时，美国方面根据获得的情报，7 月 19 日其驻华大使馆向中央研究院总干事萨本栋发出查询函，公然干预北平的原子能计划，接着还电话不断，紧紧盯住，决意要把它搞黄。美使馆英文函译文为：

> 有报告说，北方一组科学家要求中国政府允许在北平建立原子能研究中心。根据美国大使馆得到的情报，一位姓钱的先生将领导所提议的研究中心。据报告，钱先生是法国约里奥—居里夫妇以前的学生，据说他发现了一种产生原子能的方法。我将十分感激你对此报告能提供的任何评论。如蒙允许，你对这件事情为我提供的真实情况和你对任何相关进展的可能性，所作出的评论，将受到重视。

当天（7 月 19 日），萨本栋接美使馆函后亲拟密电从南京急发北平。梅贻琦接电后不很理解，遂写信向南京陈述，这使得萨本栋两头为难，而他当然知道美国那头是不可逾越的，只有说服梅、胡这一头。于是萨本栋冒着违反办事常规和泄密风险，把美国使馆的查询函，原文转抄寄北平两位校长，并亲笔加注说明要害，以便让梅、胡听从。

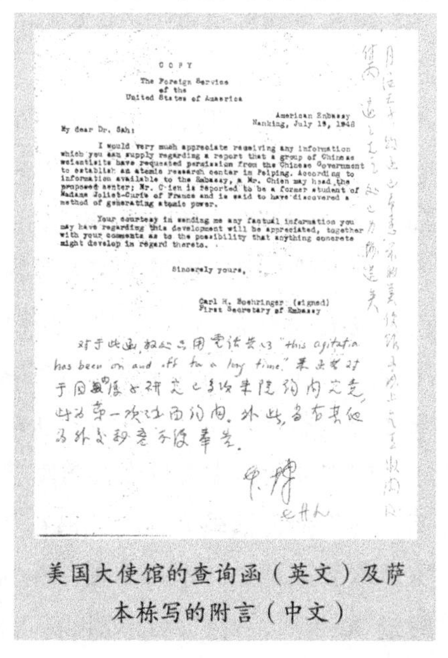

COPY

The Foreign Service
of the
United States of America

American Embassy
Nanking, July 19, 1948

My dear Dr. Sah:

I would very much appreciate receiving any information which you can supply regarding a report that a group of Chinese scientists have requested permission from the Chinese Government to establish an atomic research center in Peiping. According to information available to the Embassy, a Mr. Chien may head the proposed center; Mr. Chien is reported to be a former student of Madame Joliot-Curie of France and is said to have discovered a method of generating atomic power.

Your courtesy in sending me any factual information you may have regarding this development will be appreciated, together with your comments as to the possibility that anything concrete might develop in regard thereto.

Sincerely yours,

Carl H. Boehringer (signed)
First Secretary of Embassy

美国大使馆的查询函（英文）及萨本栋写的附言（中文）

萨本栋在英文函件上写了两处神秘兮兮的话提示梅贻琦。一处写的是：

> 对于此函，数处只用电话告彼“这一煽动性消息已起起

落落了很长时间”。来函者对于国内原子研究已多次来院询问究竟，此为第一次书面询问。外此，尚有其他为外交秘密不便奉告。

另一处写的是：

月涵夫子：赐函已奉悉　兹将美使馆函抄上　乞望收阅后付丙　适之先生处已另抄送矣。

请注意两处提示中的两个关键词，一是“外交秘密”，一是“阅后付丙”，即美国使馆的函件看过后立刻烧掉。

这里所说“外交秘密”，一定会联想到法国的约里奥-居里夫妇及钱三强的某种背景。按照美国有关机构的职责和习惯，对于这样的背景情况，他们绝对是不会忽略的：钱三强不仅是约里奥-居里夫妇的学生，而且专门从事原子物理研究，并发现三分裂、四分裂现象。1947年春约里奥-居里在巴黎向全世界发布这一发现时，还针对美国占有各国科学家做出贡献的共同成果，而对别国保密（主要指原子核科学方面）的做法，提出公开批评，号召科学界起来抵制，并且他多次说过“原子弹的原理也不是美国发明的”。

再联系到约里奥-居里本人的法国共产党员政治背景等，美国有关机构一直视他为“洪水猛兽”般人物，认为他总是跟美国的许多政策过不去，曾经无端诋毁他是“共产党的阴谋组织者”，拒绝他入境美国。更有甚者，后来美英竟以“威胁安全”为由，硬是通过外交手段迫使法国当局撤掉了约里奥-居里一直担任的法国原子能署高级专员的职务。

至于钱三强，不仅美国人存疑心，就连当时国民政府中一些敏感部门，也是对他谨言慎行，提高警惕。如钱三强1948年回国，7月被请到了南京，其时国防部第六厅厅长钱昌祚（时主管国防科学研究和发展）对原子武器有兴趣，约请钱三强作专门讨论，那天钱昌祚把六厅几位骨干也叫来参加，先安排在饭店宴请叙谈，而后再到办公室正式讨论。席间，钱三强说话较多，而钱昌祚凭着敌情观念一想象，认为有了问题，突然取消原计划，不再留钱三强讨论原子武器了，弄得大家莫名其妙。时过20年后，曾任六厅处长葛正权写材料披露了钱昌祚改变计划的真相，材料写道："钱三强的谈锋很健，钱昌祚就怀疑他是一个共产党员。因此就不敢留他在第六厅开会讨论原子武器问题，叫人把他的车旅费送去了事。"

这样里外一夹击，结局不言而喻。热闹了一阵子的北平计划，又落得个"画饼充饥"。

综观以上，作为发展原子能科学的初始（离原子弹相差十万八千里），也算有所计划、有所行动，但终无建树。分析其中原因，旧中国没有大规模、有组织地发展原子能事业，不是因为没有人，更不是因为没有钱，也不能简单归咎于美国阻拦，最最根本的是国家没有自主权，腰杆子软站立不起来，也就是没有脊梁骨。

当中国站起来以后

原子弹是吓人的"纸老虎"

原子弹出世后，被吹得神乎其神，时在延安的中国共产党主席毛泽东却比喻它是"纸老虎"。

1946 年 8 月 6 日广岛投下原子弹周年之际，毛泽东在延安杨家岭窑洞前同美国作家安娜·路易斯·斯特朗有一段载入史册的谈话，他第一次提出"原子弹是纸老虎"的观点。他说，"原子弹是美国反动派用来吓人的一只纸老虎，看样子可怕，实际上并不可怕。当然，原子弹是一种大规模屠杀的武器。但是决定战争胜败的是人民，而不是一两件新式武器。"

这次谈话全文收进了《毛泽东选集》，毛泽东的观点可谓世人皆晓，但这段严肃文字之外，有一则插曲却鲜为人知。那天谈话时，陆定一把"纸老虎"翻译为"scarecrow"，毛泽东立刻问斯特朗 scarecrow 是什么意思，斯特朗说它是农民竖在田里吓唬麻雀的"稻草人"。毛泽东说这不是我的意思，我说的是它的样子像一只凶猛的野兽，而实际上是纸糊的，一见水就软。在一旁听谈话的美国医生马海德插话："不是 scarecrow，是 paper-tiger——纸老虎。"毛泽东点头说："对，就是拍拍太根儿"。

后来的事实果不出毛泽东所言，朝鲜战争爆发后，美国一直对中国用原子弹搞威胁。从杜鲁门总统，到后来接任的艾森豪威尔总统，都直言不讳地对中国进行核威胁和核讹诈。杜鲁门在回答记者时肯定地说：“对中国采取的步骤，包括我们拥有的包括原子武器在内的任何武器。”当美国研制成适用于大口径火炮发射的原子弹后，艾森豪威尔制订的朝战“战略和战术上广泛使用原子弹”方案，甚至包括了北京在内的中国本土。

直到上世纪 60 年代，当中国即将进行第一次核试验时，美国还在策划“使中国在核方面绝育”。1963 年，肯尼迪总统布置情报部门说：“原则上不管用什么手段，必须阻止中国成为一个有核国家，因为中国拥有核武器，将使美国面临空前的危险局面。”于是一时间美国的 U-2 型飞机平均每天三次在中国上空进行侦察，同时在沿中国周边地区建立数十个监听站、测向站。其目的都是在为“使中国共产党人在核方面绝育”，准备采取的措施。

那时间，中国面临的恶劣国际环境，远不止于此，不是生逢其时、身临其境的人是很难想象的。然而，站立起来有了脊梁、不信邪的中国人的力量，同样也是出乎人们想象的。

艰难中起步

第一笔发展原子能科学的外汇

大家可能不知道，新中国发展原子能科学的第一笔外汇，是新中国成立之前在西柏坡批准的。

那是 1949 年 3 月上旬，时为清华大学物理系教授的钱三强，被定为参加世界和平拥护者大会的代表团成员（大会定于巴黎举行，约里奥-居里是大会主席），他试探性向来人（北平文化接管委员会丁瓒）提出建议，携带多则 20 万少则 5 万美金，托约里奥代购紧缺而别处买不到的仪器设备和文献资料，以避开封锁运回国内。

丁瓒听后虽感吃惊，他还是向上级作了汇报。

中共中央机关迁移北平的头一天，1949 年 3 月 22 日，周恩来在西柏坡签发《关于参加世界和平拥护者大会的中国科学技术界团体及人员的意见》的电报，回复北平文管会的请示，批准了钱三强带外汇买仪器的建议，电报说："钱三强购买实验设备事，请先调查外汇如何汇去，实验设备如何运回。到之，具体情况待面谈。"接着，李维汉在中南海约见钱三强，决定拨出五万美金专款和代表团费用一起带出，由钱三强商代表团秘书长刘宁一决定支用。

由于法国当局拒签中国等共产党国家代表团入境签证，钱三强在布拉格分会场支出五千美金托人带交约里奥。约里奥冒着很大的政治风险，购买了一些急需小仪器（如 100 进位的计数器等）和文献资料，1951 年由回国的中国学者（杨澄中和杨承宗）带回钱三强任所长的近代物理研究所，发挥了积极作用。

新中国第一笔用于发展原子科学的外汇现在来说数字不算很大，但亲历者钱三强却对此铭心刻骨，终生难忘。他 1990 年 10 月写文章回忆说：

> 当我得到那笔用于发展原子核科学的美元现钞时，喜悦之余感慨万千。因为这些美元散发出一股霉味，显然是刚从潮湿的库洞中取出来的。不晓得战乱之中它曾有过多少火与血的经历！今天却把它交给了一位普通科学工作者。这一事实使我自己都无法想象。……尽管 5 万美元对于发展原子核科学所需，不是过大的要求，然而他们的远见卓识和治国安邦之道，一举之中昭然天下，让人信服，给人希望。

中国第一个名副其实的原子能科学研究机构

1949 年 11 月中国科学院成立后，经过对旧有科学机构进行调整，集中全国最优秀人才，组建了中国第一个综合性的以发展原子核科学技术为宗旨的研究机构——中国科学院近代物理研究所。

在吴有训所长、钱三强副所长（1951 年 2 月起任所长）领导下，积极罗致各方人才，很快一大批卓有成就的科学家（如吴有训、钱三强、王淦昌、彭桓武、赵忠尧、何泽慧、朱光亚、杨承宗、杨澄中、张文裕、王承书等）和青年骨干（如于敏、邓稼先、黄祖洽等）聚集到近代物理所，有计划地启动了原子核物理、放射化学、宇宙线、理论物理等全面研究。这个研究所，后来成为中国原子能科学技术的“老母鸡”，在研制“两弹”（原子弹和氢弹）的悲壮进军中，获得了“满门忠孝”的称誉。

中国科学院近代物理研究所成立之际，正是西方国家对中国实行全面封锁之时，但就在这时，吴有训、钱三强收到了唯一一封发自西方国家的贺电：祝贺中国科学院近代物理研究所成立，并不断取得核科学事业的成就。署名者是巴黎的约里奥-居里夫妇。

紧接着，1951 年 10 月，约里奥-居里又通过回国的放射化学家杨承宗捎口信给毛泽东主席：你们反对原子弹，就要有自己的原子弹。原子弹也不是那么可怕的。原子弹的原理也不是美国人发明的。

争取苏联援建一堆一器

1953 年春，钱三强率中国科学院代表团，对苏联进行历时三个月的全面考察访问，考察了 98 个科研机构和 11 所大学及一些厂矿。起初，苏方在安排代表团考察项目时，没有安排与原子能有关的机构，钱三强觉得不行，但要争取必须通过高层交涉。正在这时，周恩来总理为吊唁斯大林逝世到了莫斯科，专门抽时间听了钱三强的情况汇报。后经过周总理出面交涉，结果如愿。苏方增加了三个与原子能有关的机构，其中一个是“苏联原子弹之父”库尔恰托夫领导的研究所，钱三强亲自前往参观，并与库尔恰托夫作了多次学术讨论与交流。

代表团回国后，钱三强多方奔走，积极建议要搞原子反应堆和回旋加速器，如果不能引进，则要花钱自己建造，并且亲自登门找国家计委主任高岗，建议组织各方力量一起干。

1954 年 8 月 20 日，时任国防部部长彭德怀在中南海永福堂约见钱三强，询问中国发展原子能的必要条件。问道：“中国要搞原子弹，最关键的技术、设备是什么？”钱三强回答：“当前最重要的是要研制反应堆和回旋加速器，培养人才，聚集力量。”从此，原子能研究的关键设备——一堆一器备受关注。

同年 9 月，彭德怀在苏联参观时，试探性询问苏联有关方面援建反应堆和加速器的可能性。翌年 5 月，彭德怀参加华沙条约国会议途经苏联访问，又亲自向赫鲁晓夫和朱可夫谈到以上设备问题；1955 年 10 月在北京中南海举行中苏最高级会谈前，彭德怀亲自向负责中苏全面合作谈判的李富春打电话："要把建设反应堆和加速器问题，提请苏方帮助。宁可削减别的项目，这个堆和器一定要争取尽早建立起来。"

1958 年 9 月，我国第一座实验性反应堆和回旋加速器在钱三强领导的中国科学院近代物理研究所建成，并正式移交生产。从这天起，中国科学院近代物理研究所改名为原子能研究所。

发现铀矿

1954 年秋，地质部在综合找矿中，在广西发现铀矿资源的苗头。时任地质部副部长的刘杰，拿着铀矿石标本向毛泽东等汇报。毛泽东高兴地说："我们的矿石还有很多没有被发现嘛，我们很有希望，要找，一定会发现大量铀矿。"还说："我们有丰富的铀矿资源，我们国家也要发展原子能。"毛泽东风趣地对刘杰说："这个事情要好好抓哟，这是决定命运的。"

■ 中南海最高决策

1955 年 1 月 14 日下午，周恩来总理在中南海西花厅约见钱三强和地质部部长李四光等，详细询问了原子反应堆、原子弹原理和铀资源情况，以及开展工作所必需的条件、经费等，并交代作好准备，以便向毛泽东主席作进一步汇报，汇报时带点简单仪器现场做点演示。

当晚，周总理亲笔致函毛主席汇报约谈情况，信函全文如下：

> 主席：今日下午已约李四光、钱三强两位谈过，一波、刘杰两同志参加。时间谈得较长，李四光因治牙痛先走，故今晚不可能续谈。现将有关文件送上请先阅。最后[①]能在明（十五）日下午三时后约李四光、钱三强一谈，除书记处外，彭（彭真——引者注，下同）、彭（彭德怀）、邓（邓小平）、富春、一

① 此前所见出版物在引征周恩来此信时，都将原信中的"最後"（后的繁体）误解为"最好"，本人原撰刊此文及《钱三强传》也是。感谢常甲辰同志近日寄我字迹清晰的周恩来原信复印件（见附图），发现以上错误，特此更正，并致歉意。

波、刘杰均可参加。下午三时前，李四光午睡。晚间，李四光身体支持不了。请主席明日起床后通知我，我可先一小时来汇报今日下午所谈，以便节省一些时间。

周恩来　一、十四晚

明日下午来谈时，他们可带仪器来，便于说明。

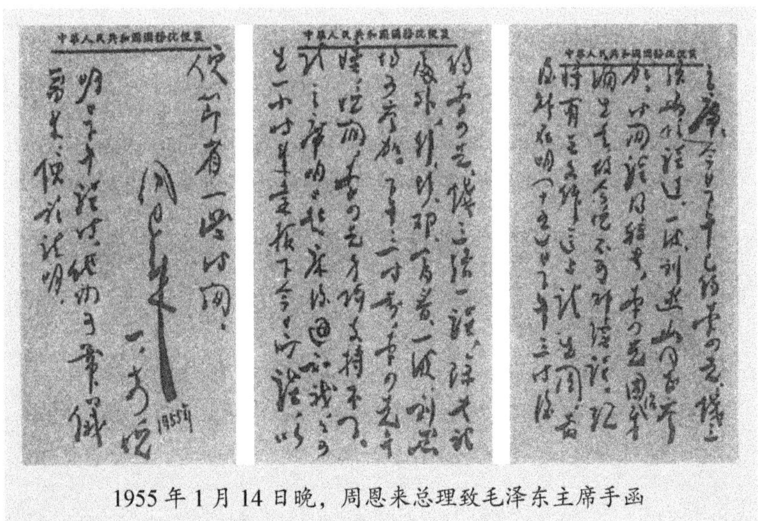

1955 年 1 月 14 日晚，周恩来总理致毛泽东主席手函

第二天（1 月 15 日），毛主席在中南海丰泽园主持中共中央书记处扩大会议，专门讨论研究发展中国的原子能问题。先看了用中国科学院近代物理研究所自制的盖革计数器对铀矿石作的放射性演示，引起大家笑声不断；听取了钱三强介绍原子弹、氢弹原理及美国、苏联等国进展情况和我国近几年工作的初步基础；听取了李四光、刘杰关于铀矿资源勘探情况汇报。领导人对发展中国的原子能事业，表示了极大的热忱。

毛泽东作了总结性讲话，他说：

我们的国家现在已经知道有铀矿，进一步勘探，一定会找出更多的铀矿来。我们也训练了一些人，科学研究也有了一定的基础，创造了一定条件。过去几年，其他事情很多，还来不及抓这件事。这件事总是要抓的。现在到时候了，该抓了。只要排上日程，认真抓一下，一定可以搞起来。[①]

又说：

苏联政府已经来信，愿意给我们提供援助。苏联对我们援助，我们一定要搞好。我们自己干，也一定能干好。我们只要有人，又有资源，什么奇迹都可以创造出来！[②]

会后，毛泽东留大家吃饭，他举起酒杯对大家说："为我国原子能事业的发展，大家共同干杯！"

在这次书记处会议上，毛泽东还饶有兴趣地以哲学家的思辨同钱三强讨论了原子的内部结构。他首先问："原子核是由质子和中子组成的吗？"

钱三强回答："是这样。"

"那质子和中子又是由什么组成的呢？"毛泽东又问。

钱三强想了想说："原子论起源于古希腊。'原子'（atomos）这个词，古希腊文的意思是'不可再分的东西'。根据目前的研究，质子、中子是构成原子核的基本粒子。所谓'基本粒子'，就是最小的、不可再分的。"

"是不可分的吗？"毛泽东以表示怀疑的口气又提出问题。

钱三强从实验物理学家的角度解释说："这个问题正在研究，能不能分，还没有被实验证实。"

毛泽东一边吸烟一边用探讨的口气说："我看不见得吧。从哲学的观点来看，物质是无限可分的。质子、中子、电子，也应该是可分的。一分为二，对立统一嘛！不过，现在实验条件不具备，将来会证明是可分的。你们信不信？你们不信，反正我信。"[③]

① 参见：李觉等主编，《当代中国的核工业》（上编），中国社会科学出版社，1987年，第11页。

② 参见：李觉等主编，《当代中国的核工业》（上编），中国社会科学出版社，1987年，第11页。

③ 参见：葛能全，《钱三强年谱长编》，科学出版社，2013年，第250-251页。

尊重友好　不做奴才

中苏合作

1955年1月17日，苏联部长会议发表“关于苏联在促进原子能和平用途的研究方面，给予其他国家以科学、技术和工业上帮助的声明”。同年1月31日，周恩来主持第四次国务院会议，通过《中华人民共和国国务院关于苏联帮助中国研究和平利用原子能问题的决议》。决议指出：中国人民在苏联的帮助和合作下，将同全世界爱好和平人民一起，为反对原子战争、禁止使用原子武器和氢武器、为促进和平利用原子能而奋斗不懈。同时指出：由于帝国主义和封建主义的长期压迫，中国的科学和技术发展是落后的。但是，我们深信，在解放了的中国，它的科学家、工程师和工人们，在苏联的帮助下，一定能够迅速掌握原子能的技术。

紧接着，根据周恩来的指示在国内组织科学家广泛宣讲原子能科学技术知识，“让大家知道原子能应用”。同年2月4日下午，钱三强在北京作了首场讲演。当时的热烈情形，竺可桢那天的日记有记载：听钱三强讲原子能，听众极为拥挤，直至五点半始散。演讲极为成功。后来，钱三强还到部队、学校、机关、工厂作了多场讲演，他的讲稿《原子能通俗讲话》正式出版，发行了20万册。据统计，仅半年之内，科学家宣讲团在全国进行原子能科学技术通俗讲座计132场，听众达16万人之多。全国出现了“认识原子能，支持发展原子能”的热潮。

实事求是地说，我国原子能事业起步阶段，中苏合作起了重要作用。当时原子能方面有两个合作协议：一个是关于原子核物理研究方面的（签订于1955年4月），在近代物理所建成的我国第一个原子反应堆和第一台回旋加速器，就是根据这个协议由苏方援建的。根据双方协议，中国经常成批组派科学家和青年骨干到苏联学习考察，钱三强则更是一度被形容为“莫斯科的常客”。如1955年10月钱三强率领“热工实习团”近40人，到苏对口考察学习近一年时间，其中包括核物理、辐射化学、工程技术、设备建造等。与此同时，还积极接受苏联科学技术专家来华帮助。1956年，国家成立了统管原子能工作的机构——第二机械工业部，钱三强被任命为副部长之一。很快，工作颇有进展。

中苏另一个合作协议，是关于国防新技术方面的（签订于 1957 年 10 月），包括原子武器的设计和研制等，其中一项内容是苏方向中方提供一个原子弹教学模型及其有关的图纸资料。如果能得到，对研制原子武器当然有重要参考价值。

“596”工程

后来，随着中苏关系破裂，“老大哥”在原子能合作上也变卦了。先是 1959 年 6 月 20 日，苏共中央致信中共中央，借故决定暂缓提供协议规定的原子弹教学模型和有关图纸资料，单方面撕毁双方签订的国防新技术协定。1960 年 7 月 16 日，苏方又突然照会中方，要把苏方专家和顾问从中国召回，到同年 8 月 23 日，在中国原子能系统工作的 233 名苏联专家全部撤离回国，并奉命带走重要的图纸资料和数据。

有人当时讥讽说：给他们留下一堆废铜烂铁吧。并且断言：离开外界援助，中国二十年也搞不出原子弹。

新中国刚刚起步的原子能事业，面临半途而废的境地。然而，此时的中国并非彼时的中国，中国现在有脊梁了。就在最艰难困惑的时刻（1959 年 7 月），党中央作出新的决策：自己动手，从头摸起，准备用八年时间搞出原子弹。

为了记住那个令人屈辱和愤怒的日子，中国的第一颗原子弹工程代号，定名为“596”（即 1959 年 6 月苏联中途毁约日）。从此，“596”成了原子能战线激奋精神、凝聚力量、为国家争气的战斗号令。

打倒贾桂

中苏关系破裂的直接原因是关系国家主权问题。

1958 年 8 月，赫鲁晓夫来北京要毛泽东接受中苏共建联合舰队、长波电台，并在中国建潜艇基地的意见，毛泽东坚决不同意，并且动怒发了火，两人争论到了近乎吵架的地步。最后，毛泽东对赫鲁晓夫说：“英国人、日本人，还有别的许多外国人已经在我国土地上待了很久，被我们赶走了。赫鲁晓夫同志，最后再说一遍：我们再也不想让任何人利用我们的国土来达到他们自己的目的了。”①

其实，在这之前毛泽东就告诫大家破除迷信，不要崇洋媚外。1958年5月16日，他在第二机械工业部《关于团结苏联专家共同执行总路线》的报告上作过这样的批示：

> 就共产主义者队伍说来，四海之内皆兄弟，一定要把苏联同志当作自己人。……根据总路线同他们多谈，政治挂帅，尊重苏联同志，刻苦虚心学习，但又一定要破除迷信，打倒贾桂！贾桂（即奴才）是谁也看不起的。②

这是毛泽东主席借古喻今。看过京剧《法门寺》的人，都记得舞台上那个令人厌恶的人物贾桂。贾桂是明朝宦官刘瑾手下的太监，在主子面前总是一副奴颜婢膝相，让他坐他不敢坐，说是站习惯了，对下则作威作福，狐假虎威，是典型的奴才。在旧中国特别在同洋人打交道时，贾桂这样的奴才实在是屡见不鲜，所以毛泽东号召要打倒他，中国人要直起腰杆，不再做奴才。

请历史记住他们

可歌可泣的年代

邓小平1992年春视察南方时，深情地讲过这样一段话，“我要感谢科技工作者为国家做出的贡献和争得的荣誉。大家要记住那个年代，钱学森、李四光、钱三强那一批老科学家，在那么困难的条件下，把两弹一星和好多高科技搞起来”。③

那个年代，不单单所处国际环境险恶，同时还加上天灾人祸，使得国民经济、人民生活极端困难，饿肚子可以说成为全民现象。然而，肩

① 参见：彭继超、伍献军,《中国两弹一星实录》，解放军文艺出版社，2000年，第49页。

② 参见：李觉等主编,《当代中国的核工业》上编，中国社会科学出版社，1987年，第29页。

③ 参见：《邓小平文选》第三卷，人民出版社，1993年，第378页。

负两弹攻关重任的科技工作者，没有因此而懈怠。大家以吃苦为荣，以牺牲健康甚至生命为代价，昼夜奋战，为的是早日实现强国梦。

那是一个可歌可泣的年代。在核武器研究所，一半以上的人得了浮肿病，还有许多人由于劳累和营养不良造成肝功能不正常。副所长、理论物理学家彭桓武当时腿脚肿得老粗，连布鞋都穿不进，他提着鞋走路，坚持上班。

情况牵动了共和国领袖们的心。周总理睡不着觉。聂荣臻和陈毅以元帅名义向各个军区搞“募捐”，调粮食、食油、鱼、肉、海带、水果等，支援科技人员研制原子弹。聂荣臻下命令：“只发科技人员，不发党政干部。”陈毅说：“就是我们不吃，也不能让科学家饿着肚子搞原子弹。”科技人员则是你推我让，谁也不肯接受照顾：“我没关系，能挺得住。”

我愿以身许国

苏联专家撤走后，两弹研制的许多关键岗位要人去顶替，许多半拉子工程等待启动。处在特殊位置上的钱三强重新点将排兵，知人善任地推荐许多骨干科学家承担重任，如邓稼先、朱光亚、王淦昌、彭桓武、周光召、于敏、郭永怀、程开甲等。一大批科技骨干，从此隐姓埋名奋斗在各自的岗位上。

郭永怀（中坐者）和他的学生们在一起

1961 年 4 月 3 日，刘杰和钱三强约王淦昌谈话：“有人要卡我们，我们要争这口气自己搞出原子弹，调你去，你愿意么？”

王淦昌回答很干脆：“我愿以身许国！”

“为了保密，要隐姓埋名，断绝一切海外联系，能做到么？”

王淦昌：“可以做到！”

第二天王淦昌从原子能研究所到核武器所报到了，改名为“王京”。

许多人真是“以身许国”了。中国科学院力学研究所副所长兼核武器所副所长郭永怀，1968 年 12 月 5 日在基地现场做完第一颗热核弹头试验准备工作后回北京，飞机降落失事以身殉职，年仅 59 岁。他牺牲时，紧紧抱着装有试验数据的公文包……

许多年轻小伙被派到基地现场，在荒凉的戈壁、草原安家落户了，实践着“献了青春献终身，献了终身献子孙”的志向。许多人倒下了，默默地安眠于黄土堆中，甚至很少有人知道他们的名字。

我并不后悔

有一位女科学家叫王承书，她 1956 年从美国密歇根大学教授任上回国到中国科学院近代物理研究所工作。苏联专家撤走后，地处西北边陲的铀气体扩散厂，是最突出的半拉子工程，由于不掌握启动分离机方案的理论计算数据，几千台机器瘫痪着——这就是被人讥讽为“将要成为废铜烂铁”的设备。

钱三强想把寻求铀分离理论计算“钥匙”的任务交给王承书，1961 年 3 月一天钱三强找她：“承书同志，你愿不愿意隐姓埋名，而且还要吃苦？”

王承书回答：“我愿意隐姓埋名一辈子！”

几天后，她带领 20 多名青年骨干到了西北，经过艰苦攻关，每天工作十几小时，从无休息日，终于得出一条丰度随时间条件变化的计算曲线图，铀浓缩方案得以实施，几千台瘫痪的机器终于启动了，从 2%、3%，30%、40% ……，到 1964 年 1 月 14 日铀浓缩达到 90%。

邓小平 1966 年 3 月 14 日到铀气体扩散厂视察，握着王承书的手说：“1959 年你参加群英会，我见过你（王承书胸前的大红花当时是邓小平给戴上的）。从此，你隐姓埋名了，不知去向，连你的先生张文裕也找不到你了！”[①]

王承书1992年在80岁自述中写道：“在我一生中，事业占据了我整个生命的三分之二，为此，我失去一个女人应该给予家庭的一切。但是，我并不后悔，因为，作为一个女人，事业和家庭是很难两全的。”

科学院担重任

在内外遭遇严重挫折的关键时刻，在中央“大力协同”方针下，中国科学院敢于担当，调动四分之一精锐力量涉及20多个研究所，承担攻关任务，并且由钱三强和裴丽生亲赴各地一个个落实任务，组织攻关。仅1961年有关研究所承担原子弹有关的攻关任务83项，计222个研究课题，几千科技人员参与。许多最尖端、最关键的任务，是中国科学院参与攻克的。

输送人才，是中国科学院为原子能事业作出的又一关键性贡献，23位“两弹一星”功勋奖章获得者，有15人出自中国科学院（其中原子能研究所7人）；原子能研究所被称为我国原子能事业的“老母鸡”，从该所派生出的研究技术机构，仅二机部系统达14个；该所从1959年到1965年7月向原子能战线输送科技人员计914人，其中正副研究员和正副总工程师28人、助理研究员和工程师147人、研究实习员和技术员712人，同时还为二机部所属机构培训工程技术人员1706人。

会战“安全的心脏”

铀同位素分离有许多关键性技术，其中气体扩散分离机上的“扩散分离膜”，称得上是核心中的核心，苏联称之为“社会主义安全的心脏”，即使中苏关系融洽时也绝不让中国人接近它一步。

1960年5月，钱三强先在原子能所成立研究小组进行探索性研究，8月向上海冶金所下达研制任务。由于分离膜研制涉及粉末冶金、物理冶金、压力加工、金属腐蚀、电化学、机电设计与制造、焊接、分析测试、后处理等众多学科技术，必须组织综合攻关，1961年11月，钱三强和裴丽生亲往上海主持现场会，调集中国科学院的原子能所、沈阳金

① 参见：葛能全，《魂牵心系原子梦——钱三强传》，中国科学技术出版社、上海交通大学出版社，2013年，第311页。

属所，复旦大学的有关力量，在冶金所专门组建一个研究室，请副所长吴自良兼任室主任进行联合攻关。

后来的情况正如总结材料所说："这样四支队伍（60 余人）集中在一起分工合作，联合攻关，确实起到了 1+1 > 2、2+2 > 4 的作用，为及时圆满完成任务提供了有力保证。"到 1963 年年底，甲种分离膜元件终于试制成功，并达到量产，保证了铀分离厂得以顺利开启。

简易工棚攻克点火中子源

点火中子源又称氘化铀小球，是原子弹引爆装置的核心部件。制成它有一百多道工序。1960 年 5 月原子能研究所接受攻关任务，钱三强把它交给当时 30 来岁的助理研究员王方定。他们用时一个多月先搭建实验室——"芦苇秆抹灰当墙，油毡涂沥青作顶"的工棚。夏天高温，还要穿双层工作服、高靿雨鞋，戴橡胶手套、大口罩，再加有机玻璃面罩，汗水哗哗作响。冬天，零下低温，跺着脚做实验。为了防冻，晚上把仪器、试剂搬进楼，早晨再搬到工棚。

1964 年成功研制出点火中子源的工棚实验室

在既无文献可查又无经验可循的情况下，历经三个寒暑无以数计的实验和总结，1963 年 12 月制成了 4 个合格的点火中子源，解决了需要。

就这样，在严酷的内忧外患面前，上下一条心，大家一股劲，各方协同，努力攻关，所有技术难题用自己的双手和智慧攻克了，终于在

1964 年 10 月 16 日我国试爆了第一颗原子弹，成为继美、苏、英、法后第五个拥有核武器的国家。但是，中国是唯一声明在任何时候、任何情况下，都不会首先使用核武器，不对无核武器国家、无核武器地区使用核武器的国家。

■ 创造两年零八个月的氢弹奇迹

爆炸第一颗原子弹两年八个月后，1967 年 6 月 17 日，我国第一颗氢弹爆炸成功，再次使世界感到震惊，各国都惊诧这个奇迹！

人们历数着，美国从第一颗原子弹到爆炸第一颗氢弹，用了七年三个月时间，苏联用了四年，英国用了五年两个月，法国早中国四年八个月（即 1960 年 2 月）爆炸了第一颗原子弹，而它们的氢弹在中国成功爆炸氢弹后仍无声息，因此戴高乐总统大发雷霆，严厉训斥他的原子能总署的官员和主要科学家。后来法国同行告诉钱三强，戴高乐那次发火还拍了桌子。

不仅外国人为中国的两年八个月感到惊讶，好长一段时间连我们自己人、甚至连周恩来总理也不了解其中究竟。1970 年 10 月 19 日，美国作家斯诺问周总理："为什么工业相对落后的中国，试验氢弹的速度要比美国和法国快一倍？"周恩来的回答是："不光氢弹，整个核武器我们还在试验阶段。试验比较快的一个原因还得感谢赫鲁晓夫，是他撕毁了在原子能方面同我们签订的合作协议，是他撤回了在中国的全部苏联专家，迫使我们自力更生解决问题。"斯诺以为中国总理答非所问，是因为保密故意如此。殊不知，那时周总理并不知晓实情。

后来许多亲历者写回忆、写自述，终于对"两年零八个月"给出了答案，它得益于钱三强和刘杰当年运筹帷幄，忙中偷闲下了一步"妙棋"——1960 年在原子弹攻关任务紧张繁忙之际，钱三强开始组织原子能所的黄祖洽、于敏、何祚庥等进行氢弹理论预研究，先后写出 69 篇报告。研究进展主要在两方面：一是对氢弹各种物理过程进行了探讨和研究，包括各种有关核反应截面的调研、整理、分析与计算等；二是对氢弹作用原理和可能结构的探索研究，包括认识和发现点火和燃烧点是两个临界点等。

在原子弹成功试爆后（1965 年 1 月），原子能研究所预研组的人员（31 人）和研究成果全部合并到核武器研究所，在原有工作基础上再合力推进，从而创造了两年零八个月的快速度。

后来，钱三强自己总结说："这就是说中国人并不笨，外国人能做到的，中国人经过努力，也能够做到。"1977 年 9 月 28 日钱三强还讲过这样的话：

> 我国从原子弹到氢弹花了两年多的时间，而外国要用五年、六年、七年，速度上我们一下子就超过去了。1970 年人造卫星上天，世界上两大尖端我们都有了。正是由于各方面的胜利，尼克松往我们国家跑了，你要是没有这些，他会来？我看不见得。所以一个国家的政治没有实力支持，说了半天也是空的。有时候不说，实力摆在那儿，这些实力就是在这样的社会制度下形成的，人家无形之中就对你尊重。人家不会闭着眼睛不承认。相反，工作搞不上去，说了半天空话没有用，反倒被人家笑话。

用邓小平的一段话作为今天的结束语。这话是他 1988 年 10 月 24 日在玉泉路视察北京正负电子对撞机工程时讲的。他说：

> 过去也好，今天也好，将来也好，中国必须发展自己的高科技，在世界高科技领域占有一席之地。如果六十年代以来中国没有原子弹、氢弹，没有发射卫星，中国就不能叫有重要影响的大国，就没有现在这样的国际地位。这些东西反映一个民族的能力，也是一个民族、一个国家兴旺发达的标志。[①]

① 参见：《中国必须在世界高科技领域占有一席之地》，《邓小平文选》第三卷，人民出版社，1993 年，第 279 页。

附

上海交大励志讲坛学生组委会致信谈“原子弹与脊梁”演讲

尊敬的葛能全先生：

您好！非常感谢您于十一月二日莅临我校做客励志讲坛，带给我们“原子弹与脊梁”这场精彩的演讲，让我们在座的每一位学子都获益匪浅。

鲁迅曾说：“中华民族自古以来就有埋头苦干的人，就有拼命硬干的人，就有舍身求法的人，就有为民请命的人——他们是中国的脊梁。”您用精彩的语言、动人的描绘，向我们展现了您心目中的民族脊梁，让莘莘学子深切地感受到了民族精神的传承。

您说中国人是伟大的。在苏联“给他们留下一堆破铜烂铁”的讥讽中，是科学工作者们从零做起，自力更生，在未知领域中艰苦求索；在美国“要让中国原子弹事业绝育”的封锁中，是科学工作者们上下一心，艰苦奋斗，使原子弹事业的发展出现了新的转机；在国际专家“离开外界援助，中国20年也造不出原子弹”的断言中，是科技工作者们昼夜奋战，克难攻坚，创造了举世瞩目的历史奇迹！从您的话语中，我们感受到中国崛起的力量，也为无数科学工作者的辛勤付出而感动。

那是一段艰苦的岁月，然而我们知道，您忍不住的哽咽是源于一种骄傲，一种深情。如此感触，即使穿过了时间的枷锁、岁月的流逝也不曾淡去。您没有过多地提起自己作为中国工程院首任秘书长那些光辉岁月，溢满您胸腔的是，那些曾经隐姓埋名的科技功臣，那些曾经为了祖国舍弃一切而弃身于茫茫大漠的科学家们。

您声情并茂的回忆，让我们仿佛置身在了那段峥嵘岁月里，时光一泻千里，关山在前，故乡在后。真正的英雄放弃了和家人享受天伦之乐，选择了和最艰辛的岁月共存，在戈壁滩上默默无闻地研制原子弹，支撑起中国国防事业的蓝天。他们在荒野里编织着自己的青春，在砾石中种下祖国的希望。他们的心血，熔作了原子弹的体，化作了原子弹的魂。他们的脊梁坚定地撑起了中国，他们的精神柔软的融入学子的心中。

祖国强盛，我的责任。

再次真诚地感谢您的精彩演讲！您话语中饱含的力量必将激励交大学子追寻先驱者们的足迹，勇于创新，敢于突破，科技强国，撑起中国的脊梁。

衷心祝愿您日后身体健康，工作顺利。

上海交通大学励志讲坛学生组委会（章）

2011年11月14日

1975年科学院整顿的前前后后*

——王聪、熊卫民对葛能全的访谈录（一）

访谈时间：2016年1月11日

访谈整理者按：1975年，胡耀邦复出，奉命整顿遭到严重破坏的中国科学院（简称“科学院”，当时兼有中国科学院、国家科学技术委员会、中国科学技术协会“三科”的职能）。但在不久之后的“反击右倾翻案风”运动中，胡耀邦再次被打倒，整顿文件《汇报提纲》被当成“大毒草”加以猛烈批判。虽然整顿功败垂成，但它为科学院带来了久违的新鲜空气，获得了科技工作者的广泛支持，为之后的拨乱反正奠定了思想基础，提供了宝贵经验。

科学院是在怎样的状态下开始整顿的？其时为何召开“百家争鸣”座谈会？对胡耀邦的批判是怎样发起的？对于这些问题，我们的了解还很有限。作为当时科学院党的核心小组秘书，葛先生亲历了整顿的全过程，是重要的历史当事人。在这次访谈中，葛先生回顾了整顿的前前后后，提供了很多不为人知的历史细节，并针对“整顿”与“拨乱反正”的混用，指出了两者之间的深刻区别。

■ 麦收事件——从“反革命”到“革命”

熊卫民（下称熊）：葛先生，很高兴您能接受我们的访问。今天我

* 本文原载《科学文化评论》2016年第13卷第6期。收录本书时有修改。

王聪，中国科学院大学人文学院讲师，科学与管理工程博士；

熊卫民，中国科技大学科技史与科技考古系教授，中国科学院大学人文学院访问教授。

们主要想向您请教科学院在“文革”期间，尤其是胡耀邦整顿科学院期间的往事。我知道，您是1963年被分配到科学院政策研究室工作的。1963年至1966年“文革”开始，您的工作有变化吗?

葛能全（下称葛）：工作单位没有变化，只是在1964年10月派去辽宁开原县农村搞了一年“四清”。在政策研究室，我的主要工作是参与出版《科学报》（1959年创刊，后更名为《中国科学报》），那时人手少，编辑、记者、还有摄影都干。

先说我在《科学报》亲历的“麦收事件”，这个事件是“文化大革命”在中国科学院发动的标志。

1966年6月24日，中国科学院应用地球物理研究所（简称“应地所”）的宣传干事王锡鹏等人，抵制麦收而挑起了“麦收事件”。当天晚上，我和四五位记者、编辑，紧急奉命去应地所采访，根据了解的事实连夜写成报道稿。第二天，《科学报》为此出版了“号外”，“麦收事件”被定为“反革命事件”。

为什么定性为“反革命事件”？主要一件事是应地所24日晚间骚乱中，王锡鹏等人抢了保险柜的钥匙，而保险柜内存有最绝密（我国第一颗人造地球卫星）的研究档案，他们明知故犯。为什么定性这么快速、这么果断？据当时内部听到的情况，除了有国家保密规定的依据和请示公安部的意见以外，还与当时兼任科学院副院长的陈伯达的支持态度很有关系，他当时已是新成立的“中央文化革命小组”（简称“中央文革小组”）组长，开始直接和具体领导全国的“文化大革命”。

但没几天，事情发生了变化。1966年7月30日晚上，由陈伯达主持，“中央文革小组”在人民大会堂召开科学界万人大会，康生、江青等都坐在主席台上，印象这是“中央文革小组”第一次向群众集体亮相。大会特意安排了科学院和国家科委的人上台发言。科学院发言的竟然是应地所的王锡鹏，大家都感到意外，他哭诉自己遭到院党组书记张劲夫的迫害。国家科委发言的叫张本，她控诉国家科委党组书记韩光。还有哲学社会科学部（中国社会科学院前身）一个姓王的发言，揭发学部的问题。后来，“7. 30”大会被称为科技界的“点火大会”。

“7. 30”大会是个转折点，一下子把“反革命事件”变成“革命事件”，把王锡鹏的阴谋变成了张劲夫的阴谋。所谓的张劲夫阴谋是什么呢？按惯例，各单位每年都组织人到郊区帮助收麦子，麦收就一天时间，从早晨五六点到下午三四点。但王锡鹏认为，让各所去收麦子，是党组书记张劲夫阻止大家学习刚发布的“五一六通知”，不让大家响应“文化大革命”，是破坏“文化大革命”的阴谋。

陈伯达的态度一百八十度大转变，从支持张劲夫定“麦收事件”为反革命事件，突然变为支持王锡鹏借“麦收事件”造张劲夫的反，弄得张劲夫措手不及了。

张劲夫是个很正派、有党性、组织纪律性很强的人。他把王锡鹏挑起的“麦收事件”定为“反革命事件”，其实是经陈伯达点过头的，没有想到突然之间陈伯达的态度改变了，而张劲夫事先毫不知情，但他并没有推脱责任，只是检查自己“理解错误”。

之后，事情发展越来越严重。1966 年 12 月，上边宣布了两个反党集团，一个是科学院的张劲夫反党集团，另一个是国家科委的韩光反党集团。“反党集团”这一定性可不得了，不仅整个院党组和所有院级领导（几位科学家副院长除外）全部成了黑帮，还覆盖了一大批局长和研究所的党委书记，甚至整个院机关都成了“爪牙”“帮凶”。从此，王锡鹏则成为带头造“张劲夫反党集团”反的头号英雄、“中央文革”的大红人，也是后来在科学院夺权、一度掌权的人物。虽然科学院在“文革”中没有发生过大的武斗，但毫无疑问是“文化大革命”的重灾区，而这与“反党集团”的定性是有关系的。

我对“7. 30”大会印象深刻，还因为我那天大会上做了一件很危险的事。王锡鹏发言的时候，我写了个条子传给主席台上的会议主持人。当时有两个邻座的同志（曹殿臣和杨国权）看见我写条子，他们也支持我写。条子写的是：王锡鹏讲的不符合事实，要求中央派人到科学院调查，了解真实情况。陈伯达没有在会上照念我写的条子，但讲了这样的话（大意）：有人写条子，说我们不了解情况，要我们去调查，我告诉你们，我们是了解情况的，我们是调查了的。联系到后来发生的事情，那天的那个条子，要是有人告密说是我写的，那我一定会被打成反“中央文革”的反革命。

■ 整顿之前的科学院党组

熊：科学院院级党组织的名称变化过很多次，如党组、党委、党的核心小组。您是从哪一年开始成为院党组秘书的？

葛：1974 年 9 月，正值“批林批孔”运动后期，我从科学院政治部宣传部调入办公厅（时称办事组）做科学院党的核心小组秘书。为了方便称为党组——虽然前后名称变过多次，其实质是一样的。当时的党组书记是郭沫若，主持党组工作的是副组长周荣鑫。刘西尧也是副组长，排在周荣鑫的前面，在周荣鑫调来之前，多半是他主持会议，或委托另一位副组长（武衡或王建中）主持。自从周荣鑫 1973 年上半年调来后，刘西尧就基本没再参加过院党组的会议。但因为他身份特殊，是总理联络员，可以直接向上反映情况，反映什么情况从不经过党组，所以，虽然他不主持会议，但所起的作用仍然举足轻重。这一点大家都清楚。

那时的党组还有好些位列席成员，除了几位基层代表和造反派之外，郁文和胡克实（时任地震局主要负责人之一）也是列席成员。列席成员没有上级的正式任命程序，但在院内也被视为领导层干部。

有一段时间，确切说是 1975 年 1 月第四届人民代表大会周荣鑫被任命为教育部长之后，到 1975 年 7 月胡耀邦、李昌来科学院之前的这段时间，主持全院工作和党组会议的是军代表（空军少将）王建中。他于 1972 年 7 月被任命为党组副组长，排在最末位，但由于排他前面的副组长武衡在“批林批孔”运动中被批了，所以，尽管王建中能力比较弱，还是由他主持科学院的工作。当时的科学院不仅管科学院所属研究所，还兼有国家科委和中国科协的职能，也就是说，是全国科学技术工作的总管部门。但主持人却不大称职，这恐怕是大家的共同感觉。我当时负责党组会议记录，明显感觉到王建中不但不能很好地总结或梳理别人的意见，有时似乎还不能准确理解别人的发言，往往还需要某位党组同志再发言，等于更正他不正确的理解。至于在科技业务方面，他更是完全的外行，因而往往在研究决策问题时没有主见，缺乏权威性。

关于他的个人威信，我讲个例子。科学院党组会议室旁边是院的总值班室，外间有个长条茶几。党组会休息时，几位象棋爱好者如刘华清等爱在这里下棋。经常出现休息时间过了很长还在下棋的情况，王建中让我去催，我去喊他们说要开会了，有人就会说："那是开的什么会呀，什么事情也决定不了。"由此可以看出，王建中没有威信，跟周荣鑫在的时候，情况截然不同。

■ 胡耀邦的到来

熊： *后来胡耀邦来了以后，是什么情况？*

葛： 胡耀邦到科学院之前，李昌和王光伟两人先到了一段时间，但没有正式任命，他们在党组会上也只是听基本不发言，这让大家明显感觉到可能还有一个人要来。这个人是谁呢？一度有不少传闻，我记得党组会议休息时也有人说到过这些传闻。传得最多的是原北京大学校长陆平，对陆的传言有人不信，理由是他和李昌是同级干部，如再要来人的话，应该比他们高一级。

邓小平复出那段时间，为了解放干部，中央办了若干期高级干部读书班，参加的人都是在"文革"中被打倒的一些正部长级领导干部，胡耀邦就是第四期中央高级干部读书班的成员。1975 年 7 月 4 日，邓小平等接见了第四期中央高级干部读书班的成员并讲了话。这个讲话后来被收入《邓小平文选》第二卷，题目是"加强党的领导，整顿党的作风"①。当时传达的记录稿比较长，除了邓的讲话，还有其他领导人的讲话，连接见时的现场情况也作了记录。其中就包括那次会见一个握手的细节。进场时，王洪文走在最前边，邓小平排第二位。王洪文和大家一一握手，轮到邓小平，邓小平不握手还大声说："国民经济不搞上去不拉手！"

胡耀邦 1975 年 7 月 23 日到科学院的第一件事，就是传达邓小平接见第四期中央高级干部读书班的讲话，他原原本本传达了邓说的"国民经济不搞上去不拉手"那句话，并且说："在我们科学院就是要把科学研究搞上去。"大家听了觉得很带劲。

---

① 参见：《邓小平文选》第二卷，人民出版社，1994 年，第 12-14 页。

熊：这么说，您也是最早听到邓小平讲话传达的？

葛：实际上，我接触到邓小平的这次讲话比党组其他人还要早。情况是这样的：7月22日傍晚下班后，天气很炎热，李昌打电话到院值班室，让值班室通知党组秘书，也就是我，马上去富强胡同某号。我一进到院子，就看到胡耀邦、李昌、王光伟三人围坐在一张小圆桌旁，桌子上摆着切好的西瓜。我一进门，李昌就向胡耀邦介绍我："他是核心小组的秘书，叫小葛。"他们都让我先吃西瓜，我说："请先交代任务吧。"李昌交给我一份打印的稿子，并对我说："今天晚上打出来，认真校对，不要出错，明天上午九点开核心小组会，通知各位成员不要请假，要传达学习重要文件"。那个让连夜组织打印、我校了两遍的稿子，就是第二天胡耀邦传达的邓小平接见第四期中央高级干部读书班的讲话。

第二天开会之前，还有一个插曲。一般情况，会议室长条桌一端的位子是主持人的座位，但在科学院，不知道从什么时候起，那个位子成了秘书做记录的位子。后来我悟出来了，这个反常习惯很可能和我们的老院长郭老有关系。郭老耳背，坐在一端的那个位子不方便听到更多人的发言，所以就改坐会议桌中间的位子。长此下来，就形成了科学院与别处不同的惯例。7月23日，胡耀邦第一次走进会议室就发现这个异常情况，于是借机幽默了一番。他指着我放了记录本的位子说："嘿，我的位子已经有人了！"这句玩笑风趣话，让会场气氛一下子变得轻松活跃了。郁文就跟他解释说："耀邦同志，在科学院，那是秘书的位子，你的位子已经留在那里了（指中间的空位）。"这段会前插曲与以往刻板、沉闷、公式化的风格形成了鲜明对比。

会议开始后，胡耀邦先念了国务院业务组给他开具的介绍信。大家这时才证实，胡耀邦就是传闻中的"那个人"——主持全院工作的党的核心小组第一副组长（同年10月正式任命，组长仍为郭沫若）。记得在一次党的核心小组会上，胡耀邦讲过这样的话：我们是党的核心小组，要讲党性，不允许闹派性，要团结各种力量，把科学研究搞上去。他还提出，我们要做开明的共产党员。

这些话，是胡耀邦在"文革"思维、"文革"语言猖行的年月讲出来的，因此尤其的振聋发聩。可也有人认为这话大逆不道。当时，核心小组里有一个叫柳忠阳的造反派，文化程度很低。散会后，柳忠阳来问我，“开明”是什么意思。我就告诉他什么是“开明”。他说：“只听过开明绅士，共产党员怎么能提‘开明’呢？”然后，他撂下一句：“我看这话有问题！”这就是“文革”造反派的第一反应。

熊：*柳忠阳以前在教育局工作，是吗？*

葛：不是，他是院团委的，记不得是书记还是副书记，可能算个科处级干部吧。

胡耀邦在科学院的那段工作，许多人习惯地说成“拨乱反正”，我认为这不准确。胡耀邦接受的任务和他自己说的都是“整顿”，从未讲过“拨乱反正”。在那段时间，邓小平对全国，胡耀邦对科学院，万里对铁道部，都用的“整顿”一词。当时的情况下不可能提出“拨乱反正”这样尖锐的字眼，不要说“四人帮”，就是毛主席也绝对不允许这么说。毛主席有句名言，“文化大革命”“乱了敌人，锻炼了群众”，如果是“拨乱”，就意味着把“文革”说成“乱”，等于否定“文化大革命”的成绩，那可是毛泽东的红线啊！所以整顿就是整顿，不是拨乱反正。也就是说，1975年的整顿是在不否定“文革”的前提下进行的，而“拨乱反正”是粉碎“四人帮”、否定“文革”以后的提法。

当时整顿的目标是恢复到“正常”，而不是“正确”。具体而言，科学院的整顿是想办法恢复到能正常开展科学研究，不再随意批这个斗那个，不再搞派性，不再动不动就贴大字报。所有“整顿”的言与行，都不能触碰毛泽东的底线。因此，《汇报提纲》中的许多提法也是在肯定“文革”的前提下提出的。在1975年八九月间的历史背景下，能够提出《汇报提纲》这样的文件，是很了不起的，是很进步的，但它未必都是“正确”的。尽管如此，在“批邓、反击右倾翻案风”运动中，《汇报提纲》还是被批为“大毒草”。

对于邓小平在全国的整顿，毛主席开始是支持的。可以说，没有毛泽东的支持，也不可能有邓小平的整顿，后来之所以不支持了，要批他，正是因为他逾越了底线。所以说，要肯定“文化大革命”这个大前提，就不可能提出“拨乱反正”。

■“百家争鸣”座谈会

熊： 听说胡耀邦那时还召开过“百家争鸣”座谈会，是委托钱三强具体组织进行的。您知道这件事吗?

葛： 当时知道一些，后来因编写《钱三强年谱长编》和《钱三强传》，通过搜集材料，前后的情况基本搞清楚了。

情况是这样的：1975 年 8 月 25 日，当时主管全国科技工作的副总理华国锋，召开了一个有五位科学家参加的座谈会，李昌和王光伟也列席了。我知道其中两位科学院的科学家。一位是高能物理所所长张文裕；另一位是物理所的管惟炎。会议从下午三点开到六点，只有四个人发言了，管惟炎还没有讲。接近六点的时候，华国锋说：“今天的会不能再开了。我明天要带中央代表团去西藏出差”。他当场委托科学院另找时间继续召开座谈会。

8 月 27 日，胡耀邦找来刚从二机部回到科学院的钱三强，委托他组织并主持科学家座谈会。胡耀邦特别强调，要请在一线工作的老中青科学家，人数不要多，要让大家把心里话都讲出来。当时在场的还有科技办公室的林文澄。他后来告诉我，在胡耀邦讲到委托钱三强组织座谈会的时候，钱三强百感交集说不出话，顿时泪流满面。林文澄当时很惊讶，不知道什么缘故——因不知其遭遇，自然难以理解其时的心境。

对于钱三强的这种反应，我是能够理解的。

他是 1966 年 6 月 17 日被二机部“抛出来”批斗的“靶子”。“抛出来的靶子”是钱三强写“文革”遭遇时一直用的一个词，就是说，对他的批斗源于二机部党组，开始于党的组织系统还健全的时候。“五一六”通知发表后，二机部立即把党组成员、副部长钱三强作为“反动学术权威”和“牛鬼蛇神”，抛给群众揭发批判。自那以后，他不是接受审讯，就是在大小会上挨批斗，八九年时间没有平等参加过会议了。突然之间，胡耀邦把这样一件事交给他组织和主持，这种信任对于一个历经沧桑的老科学家来说，意味着什么！所以他激动得说不出话来，控制不住直流眼泪。

还有一点外人不知道的情况，那就是当时的钱三强还没有作“文革”

审查结论，还顶着“特务嫌疑”的帽子。再顺便说一个情况，到了1977年6月二机部为钱三强补作“文革”审查结论时，仍然罔顾事实白纸黑字写有这样一条结论：“（钱）在‘文化大革命’前，对待党领导科学技术上缺乏正确的认识，错误地认为党不能领导科学技术。”① “文化大革命”结束后还做这样的结论，真有点让人难以置信，更难以理解。但在胡耀邦心目中，对人的了解与信任，并不在乎有没有结论或一纸什么样的结论，所以他把开座谈会的事放手交给了钱三强。

后来想到，胡耀邦让钱三强主持座谈会还有另一层意思，就是起示范作用，他希望参加座谈的其他科学家能够解除顾虑，敞开心扉。这样一来，不仅解脱了钱三强，还把大家都调动起来了。

熊：为什么叫“百家争鸣”座谈会，当时有特别的考虑还是随意的？

葛：在胡耀邦交代任务的时候，钱三强问到座谈会的名称问题。胡耀邦想了一下说：“有个名称好，就叫‘百家争鸣’座谈会怎么样？”这个会议名称体现了胡耀邦的政治智慧。谁都知道，“百家争鸣”是毛主席亲自提倡过的，用它组织座谈会，一定程度上可以避免政治风险。否则，有可能被诬陷为开“黑会”；还有，用“百家争鸣”这个名义，也有利于打消科技人员的顾虑，鼓励畅所欲言。

熊：每次参加座谈的科学家都是不同的吗？由谁挑选？

葛：每次邀请的人都是不同的，比如吴文俊、张文佑、王绶琯、吴仲华、叶笃正、曾呈奎、邹承鲁、侯学煜、何祚庥、胡含、黄秉维、周秀骥、高庆狮等，我统计了一下，参加者大概四五十人，老中青都有，而且都是工作在科研一线的。

每次参加座谈会的人数不多，至多五六位，目的就是让大家敞开了讲话，把话讲完。具体做法，先由有关同志考虑年龄和学科专业情况提出建议名单，最后由钱三强选定。

除华国锋主持的那次外，钱三强从9月1日起直到11月22日，共召开了9次“百家争鸣”座谈会。每次会议结束之后都出一期《科学院简报》（下称《简报》）。但《简报》的内容和当时的会议记录整理稿是不一样的。因为《简报》印发全院，因此刊出的内容都是那时能讲的、不

---

① 参见：葛能全，《钱三强年谱长编》，科学出版社，2013年，第441页。

大出格的，一些有棱角，或者可能被抓辫子的发言，都没有原话引用。

尽管这样，“百家争鸣”座谈会的《简报》还是遭到了一些人的极力抵制。比如，当时大连化物所一个帮派头头曾说过这样的话：“我们在大连首先和胡耀邦接上火的第一件事，就是连续收到他们发来的为他们制造复辟舆论的‘百家争鸣座谈会简报’。我们一眼就看穿这不就是被批臭了的刘少奇那一套吗？有些就是明目张胆地攻击社会主义的右派言论，所以我们决定，来一期扣一期，不准下发，不准传播。”①

开过三次座谈会之后，钱三强请示胡耀邦是不是继续开。胡耀邦认为应该继续，他说：“每期《简报》我都看了，颇有收获，这是一个很好的渠道，便于听到大家的意见”。他还认为，通过这样的座谈会，还可以学到知识。

1975 年 11 月 22 日，开了最后一次“百家争鸣”座谈会。这时，形势开始急转直下。11 月 13 日毛主席向邓小平“打招呼”，要他正确对待“文化大革命”，接受政治局“帮助”。毛主席还点了胡耀邦、李昌、胡乔木、周荣鑫、刘冰五个人的名字，要他们列席中央政治局会议接受“帮助”。在 11 月 15 日的会议上，以王洪文为首的几个人，把矛头指向了胡耀邦。王洪文首先发难：上海方方面面对科学院的《汇报提纲》、对科学院的整顿有许多反应，对胡耀邦意见很大，说胡耀邦“右倾回潮”的言行和“无产阶级专政下的继续革命背道而驰”。在第二天继续召开的中央政治局会议上，胡耀邦对王洪文的话进行反驳：“主席要我们五位同志来参加会，是对我们的关怀，我在这里对主席表示衷心感谢。昨天晚上，王洪文副主席对我讲了许多话，我在这里声明，他说的那些问题，说我说了什么话，我都郑重表示，我没有那些问题，也没说过那些话，请求中央查证”。②

■ 钱三强的勇气

熊：如果没有“批邓”，“百家争鸣”座谈会是否还会继续？钱三强

① 参见：中国科学院，《胡耀邦在中国科学院》，科学出版社，2012 年，第 69 页。

② 参见：中国科学院，《胡耀邦在中国科学院》，科学出版社，2012 年，第 78 页。

起了怎样的作用？

葛：有可能。因为胡耀邦希望听到各方面的意见，而这样的座谈会鼓励讲话，大家也能讲一些真话。

钱三强做事认真，有热情，敢担当，讲话很直率，书生气比较重，属于那种没有城府的科学家。张劲夫在那篇著名的文章——《请历史记住他们——关于中国科学院与“两弹一星”的回忆》中，写到钱三强“有书生气”，但称其为“可爱的书生气”，他并且认为，“书生气比官僚气要好得多！”[①]钱三强本人也不避谈自己的书生气，还说几十年也没有改掉。在组织“百家争鸣座谈会”期间，他也很明显表现出了这个特点。这里举两个事例：

在主持“百家争鸣座谈会”之初，与会科学家不大敢发言，会议冷场了。钱三强在传达了胡耀邦开座谈会的精神后就开始做动员，他说：“实现四个现代化，科学技术如不先行一步，搞不上去。领导的原则已定，还要靠下面提出应该怎么搞好，靠从事科学工作的人提”。会上有人说，过去提了没有用处。钱三强接话说：“过去时机没有到，不过还是有一些用处，现在时机到了，应该积极提供意见，供领导上参考。”这些话由被打倒复出的核物理学家钱三强讲出来，无形中就打消了与会者的顾虑，发言也开始积极起来。之后每次座谈会上的热烈气氛都是“文革”以来从未有过的。

第二件事，是钱三强主持起草《关于“百家争鸣”问题》的综合报告。1975 年 11 月 22 日（注意这时毛主席已通过“打招呼”批评了邓小平对“文革”的态度，并指名要胡耀邦参加会议接受批评），在最后一次“百家争鸣”座谈会结束后，钱三强根据胡耀邦“实事求是地整理出一个东西”的要求，综合 9 次座谈会的发言材料，主持写出了一份综合报告。这份报告虽然洋洋几千字，但通篇没有那时崇尚的大话、空话和假话，都是据实写来，事实充分，观点鲜明。如“开头语”写道：“一个时期以来，在自然科学领域里，毛主席倡导的‘百家争鸣’方针，没有得到认真贯彻，学术气氛相当薄弱。从哲学方面批判外国科学家唯心主义和反动学术观点有一些，不同学术观点的争论则很少。这种状况对我国

① 参见：罗荣兴，《请历史记住他们》，暨南大学出版社，1999 年，第 33 页。

科学事业的发展很不利。学术争鸣没有很好开展，不少科学工作者‘不敢鸣’‘不愿鸣’‘不能鸣’，其原因是多方面的，而关键在于领导。”[①]

接着，报告逐一列举了原因，如说“不敢鸣”，一是因为“近些年来，科技部门的领导人很少提倡和鼓励‘百家争鸣’，有些人还用简单的行政方法处理科技问题，压制不同意见，甚至对正确的意见乱加批评，使科技人员不敢轻易发表意见”；二是因为“有些政策界限不清，使科学工作者有很大顾虑，主要是怕说了不同见解被认为是政治问题”，等等。

1975 年，在“批邓、反击右倾翻案”运动即起之时，钱三强主持写出这样“不合时宜”的报告，除了他“不识时务”的书生气和对事业的热忱、执着之外，还需要一点勇气。他的勇气来自于胡耀邦在科学院的整顿，来自于邓小平复出后短短一段时间发生的可喜变化，以及这些变化带来的希望。1989 年 4 月 19 日，钱三强在《科技日报》发表悼念胡耀邦逝世的文章表达了他那时的心情：“耀邦同志来到科学院后的一系列讲话和实践，使广大科技人员从内心受到巨大鼓舞，使大家重新看到了希望”。

■ 毛主席批阅诬告胡耀邦的信

熊： 您担任院党组秘书期间还亲历过其他特别重大的事件吗？

葛： 1975 年 12 月 9 日晚上 11 时，科学院党组召开紧急会议传达毛主席对柳忠阳信的批示，这算得上是特别重大的事件了，而且我亲历了全过程。

自当年 11 月中旬毛主席“打招呼”批评邓小平以后，清华大学很快出现了铺天盖地的大字报，就像“文革”初期一样，直接感觉是，一场全国性的大运动马上就要来了。就在这时，科学院的帮派头头、当时的院党组成员柳忠阳给毛主席写了一封状告胡耀邦的信，毛主席 12 月 8 日批示了这封信。第二天，胡耀邦接到批件，当天晚上紧急传达——那时叫“最高指示不过夜”。[②]

---

① 参见：葛能全，《钱三强年谱长编》，科学出版社，2013 年，第 396-397 页。

② 参见：中国科学院，《胡耀邦在中国科学院》，科学出版社，2012 年，第 166 页。

12月9日晚上，胡耀邦让秘书给我打电话，要我通知党组成员晚上11点到中国科学院院部开紧急会议，不准请假，特别叮嘱先通知柳忠阳，问他这个时间可不可以，如果不行可按他的时间开会。所有成员接电话时都问了什么事情，我都如实回答说不知道；唯有柳忠阳问过一次之后又打电话问我：“胡耀邦的秘书说了些什么话？”我说，只是让先通知他，按照他的时间开会。柳忠阳肯定猜到开紧急党组会跟他有关。他电话追问和流露出的语气，都明显表现出内心紧张。在他走进会议室的时候，看到他神色比其他人都不自然。会议开始后，胡耀邦说，开紧急党组会是为了传达毛主席对柳忠阳信的批示，之后宣读了批示的内容。这时，柳忠阳一下子像变了个人，一副得意忘形的样子，而其他人都很惊愕，因为谁也不知道柳偷偷地给毛主席写了告状信。

毛主席的批示全文是：“科学院柳忠阳同志的信，印发政治局（给科学院党的领导小组一份），予以调查研究”[①]，签署了毛泽东的名字，批示时间是1975年12月8日。胡耀邦是9日下午收到批件的。我当时的党组会记录准确地记着这些内容，因为胡耀邦详细讲了过程，毛主席的批示念了两遍，速度很慢，每个人都可以记录下来。

柳忠阳的告状信很长，胡耀邦那天只说了几部分的要点，具体包括：胡耀邦、李昌来科学院后，没有执行毛主席的革命路线，否定“文化大革命”的主流；不讲党的基本路线，不抓阶级斗争；否定“老中青三结合”的原则，把年轻干部打下去，核心小组有些同志带头翻案，等等。[②]

熊：柳忠阳写这封信有什么具体的背景吗？从时间上来看，那时已是“批邓、反击右倾翻案风”的前夕了，是不是他看清形势想要捞点政治资本？

葛：捞政治资本是肯定的，因为这些人一向看重权力，为了权力不择手段。但柳的这封信还有别的背景，那就是由清华大学迟群授意和指使，这是后来查证了的。1975年11月18日，迟找到柳说：“右倾翻案风是从路南（指科学院）刮到路北（指清华大学）的。科学院反击右倾

① 参见：中国科学院，《胡耀邦在中国科学院》，科学出版社，2012年，第166页。

② 同①

翻案风阻力大，我们准备写文章支持你们。《汇报提纲》清华大学已发到支部批判，你们科学院也要批。”①

大家都知道迟群的来头。他这样一鼓动一暗示，柳忠阳自然以为机会来了，于是直接给毛主席写了那封诬告胡耀邦的信，又上下一串通，还真的得到了批示。尽管从字面上看，批示的内容是“中性”的，但在那时候，只要毛主席看了，即便不写字只画一个圈，都是毫无疑问的表示“支持”，用柳忠阳的话说就是“亲切关怀”，“给了极大的教育和鼓舞，使我更加坚定了斗争的决心和信心”。这是白纸黑字有记录的。

■ 为胡耀邦写平反报告

熊：毛主席对柳忠阳告状信的批示一传达，胡耀邦对科学院的整顿就很难再进行了。接下来的情况怎么样?

葛：柳忠阳于同年 12 月 13 日又给毛主席写了第二封告状信，并附了《近日揭发胡耀邦、李昌来院后部分言行摘录》。信不长但附件很长，有 11 页，毛主席 12 月 28 日又做了同上封信一样的批示。12 月 30 日，党组又开会传达。

就在这个时候，上边红机电话通知胡耀邦带领党组成员去清华大学看大字报。大家乘一辆大轿车去的（胡耀邦、李昌坐自己的专车），我也陪着去了。那时的清华园又像“文革”初期一样，点名批教育部长周荣鑫，矛头直指邓小平，甚至周恩来总理。

看完大字报，我根据胡耀邦的指示，通知党组成员第二天到二楼 86 号会议室开会。第二天早晨，我到值班室拿钥匙一开会议室的门，发现四面墙上贴满了大字报，点名质问和批判胡耀邦，跟清华园一样气势汹汹。后来知道，这是柳忠阳指使人连夜搞的突然袭击。这件事给我的第一感觉就是这些人不正派——深更半夜偷偷摸摸把党组会议室搞成大批判的会场，这不是光明正大行为，是恶意整人，是搞阴谋。我看不惯，也瞧不起这一套，但又不能当众讲出来，否则下场一定很惨，于是决意离开党组秘书的岗位去“五七干校”劳动。

① 参见：中国科学院，《胡耀邦在中国科学院》，科学出版社，2012 年，第 165 页。

我的申请报告交给办公厅党支部的时候，两位支委（戴以夫和韦方安）理解我的心情，也支持我的想法，但认为柳忠阳不会放我走。没想到柳很快批准了，并要求立即交接工作。因为春节过后才去河北文安干校，所以我做了两个多月的“失业者”。

熊：文安干校是科学院的？去了多长时间？

葛：科学院撤掉了湖北潜江和河南确山两个干校后，把干校迁到了离北京比较近的河北文安，是全院人员下放劳动的性质，每期一年。我们这一期正好赶上 1976 年 10 月粉碎“四人帮”，所以提前结束，我在 11 月下旬回到办公厅。

那时候的科学院机关工作分为两大块：一块是抓揭批和清查“四人帮”的，主要由党组成员王屏等负责；另一块抓全院科研业务，主要由郁文和钱三强负责，我被分到业务组做郁文和钱三强两人的秘书。

在这期间，我参与了科学院为胡耀邦写平反报告这件事。

自 1976 年 3 月起，柳忠阳等人操纵院党组，先后向毛主席、党中央上报了三个正式报告，陷害胡耀邦和李昌。第一个报告（3 月 31 日）是揭批《汇报提纲》，定其为“复辟资本主义的大毒草”；第二个报告（4 月 21 日）是胡耀邦、李昌对抗毛主席的言行，诬陷胡为“不肯改悔的走资派”“右倾翻案的急先锋”；第三个报告（6 月 10 日）诬陷胡耀邦搞“反革命阴谋活动”。

粉碎“四人帮”后，党组一些同志特别是王屏等同志认为，柳忠阳操纵党组搞的三个报告，完全是歪曲事实蓄意陷害，必须尽快给党中央写报告予以澄清，为胡耀邦、李昌同志平反。那时党组还有位比较年轻的列席成员叫邓述慧，是位女同志，中国科学技术大学数学专业毕业，“文革”初期是造反派。但在胡耀邦整顿科学院及后来的“反击右倾翻案风”中表现很好，胡耀邦和李昌都很看重她。她提出应该立即以党组名义给华国锋主席和党中央写报告为胡耀邦平反，并要求胡耀邦回科学院主持工作。党组同意了她的提议并由她负责平反报告的起草工作。

邓述慧知道我是因为对柳忠阳整胡耀邦、李昌有看法才主动申请去干校的，并且我也比较了解院里的情况，所以她认为由我参与起草平反报告最合适。于是，邓述慧和我、竺玄、王庭若，我们四人组成一个小组，做情况调查、小范围讨论，然后起草稿子。

熊：胡耀邦本人知道写他的平反报告吗？你们接触过他，他是什么样的态度？

葛：他当然知道这件事，粉碎“四人帮”了，这是理所当然应该做的一件事，而且他的秘书还经常到院里上班也会跟他讲。我们几个人前后三次到胡耀邦家做访谈：第一次是1976年12月30日上午，这是我离开党组秘书岗位后第一次见他；第二次是1977年1月3日上午；第三次是1977年1月9日上午。

胡耀邦对我们讲到，他工作上是有缺点甚至是有错误的，但反党、反毛主席、搞阴谋诡计是没有的，柳忠阳他们给中央写的三个报告，完全是污蔑陷害。他说：“连犯走资派错误的结论都没有，那又哪来的不肯改悔的走资派呢。《汇报提纲》也是有缺点的，不是百分之百正确的，所以才要汇报，把下级党组织向上级党组织汇报的工作情况拿来批判，这是糟蹋党的正常生活。”[①]

1976年12月31日下午，党组会讨论了我们提出的平反报告初步考虑，发言者对写报告这件事意见一致，都认为应该写，但对具体怎么写有不同看法，如有的主张把在科学院的事情性质说清楚就可以了，其他是怎么回事可不涉及。而我们汇报的想法是要把原来三个诬陷报告涉及的重要事都给否定掉，证实完全是恶意陷害，包括胡耀邦来科学院之前就不是“走资派”。

1977年1月3日上午，我们把情况向胡耀邦讲了，他说：“你们上次来谈后，我想了一下，如果现在写不好，可略微慢一些。关于我的这个报告，要经得住历史的考验，不管70年代、80年代，都应该站得住。我们要对党中央负责，对同志负责，对科学院广大干部群众负责，这个报告是很严肃的，将来要归档的。”[②]

在我们说到希望尽快报上去，好早点让他回科学院主持工作时，胡耀邦说：“我的问题不在科学院。”还幽默地说：“我现在是死猪不怕滚水烫啊！”

① 摘录自：胡耀邦访谈笔记，1976年12月30日上午，葛能全记。

② 摘录自：胡耀邦访谈笔记，1977年1月3日上午，葛能全记。

熊：胡耀邦对要求他回科学院主持工作是什么态度？表示过意见吗？

葛：就这件事，没有直接听到他说的话，但这不光是我们几个人的态度，我们是反映全院干部群众的强烈要求。一粉碎“四人帮”，中关村和三里河院部大门口都贴出“要求胡耀邦同志回科学院主持工作”的大标语。这些情况相信胡耀邦是知道的。但他想的问题会更全局，更深远，所以他说“我的问题不在科学院”。

熊：你们的平反报告最后报上去了吗？

葛：我的印象是报了。但当时这件事弄得有点蹊跷，报告写了好几稿，党组反反复复讨论来讨论去迟迟定不下。那时的党组名义上还是由王光伟主持，但大家认为他投靠柳忠阳，所以一点威信都没有了。由他主持的党组会也就完全形不成什么意见，他也已经无法签署报中央的文件了，而这个平反报告必须由党组主要负责人签发。

1977 年 1 月 10 日，国务院负责同志在接见王屏、刘华清时宣布，党中央决定让方毅到科学院任副院长主持工作。这样，我们的报告把原来“要求胡耀邦同志回科学院主持工作”，改写成“欢迎方毅同志到科学院任副院长，同时要求胡耀邦同志回科学院和方毅同志共同主持工作”。个别文字可能记得不准确，但意思肯定是这样的。我们还把这个报告送请方毅签发报党中央，可以想象当时方毅是什么心情。由此可以看出，当时的我们是多么天真、幼稚，不知深浅。听说在院部二楼 17 号一次干部会议上，方毅曾经讲过这样意思的话：我到科学院来有人是不欢迎的。

熊：听起来这事真有点蹊跷。后来没有产生什么影响吧？

葛：没有。方毅同志毕竟是位老资格见多识广的领导人，不至于计较几个不懂事的年轻人。

不过，为胡耀邦写平反报告这件事，还真给我自己带来过想不到的误会。那是 20 世纪 80 年代初期进行清查整党时，一天院党组成员、干部局局长吴学珍找我谈话，很严肃地问我是不是整过胡耀邦的黑材料，说有人反映我在“反击右倾翻案风”时调查过胡，写过告他状的材料，说得有根有据，所以亲自找我问一下到底有没有这样的事。

一听，我顿时蒙了，感到这是莫大的冤屈，但心里非常感激吴学珍同志开诚相见向我挑明，否则误会不知道还要延续多久，更不可设想会带来怎样的后果。当我把前后情况原原本本讲过之后，吴学珍恍然大悟，他说原来把黑白颠倒了。他让我找个机会在恰当的场合把这件事讲一讲。

于是，在一次办公厅秘书处整党小组全体会议上如实讲了，这是第一次公开讲这件事。开头我说，这件事本来不想多讲，没有必要张扬，但被误会干坏事了，再不讲还要误会下去。我把当时的经过情况照实讲了，讲了半个来小时，大家听完后虽然会上没有多说什么，但相信解除了“误会”，印象是不会忘的。当时有一位参加会议的青年女同志（诸晓菲），后来去美国学习工作了，她 1996 年 9 月从美国给我写信还提起这件事：“记得我刚到办公厅不久，碰到整党，那时在秘书处的组里，您的发言给我留下的印象深刻。我感觉到的是，您的为人正直，刚毅和不阿谀奉承。从您那里学到的东西和您后来给我的帮助，是我永久不会忘记的。”

就在这次整党会上讲过不久，1984 年 7 月我被任命为办公厅文书处副处长，主持工作；第二年 2 月被任命为科学院办公厅副主任兼任党总支书记。

学术领导在中国科学院的恢复与加强*
——熊卫民、王聪对葛能全的访谈录（二）

访谈时间：2016年1月15日

访谈整理者按： 中国科学院（简称“科学院”）历史上的几次重要转折，都与学术领导和党的行政领导之间的转换有关。那么，学术领导最初是如何确立的？经历了什么？在怎样的背景下恢复的？具体的恢复过程是什么情况？恢复之初经历了怎样的坎坷？对于这些问题，我们的了解还很有限。而葛能全先生亲历了中国科学院恢复与加强学术领导的那段过程，是重要的历史当事人。

在这次访谈中，葛能全先生回顾了第四次学部委员大会的前前后后，提供了有关管理学组的由来，院长人选及副院长排名顺序等许多历史细节，并辨析了学部委员“增选”的意义，以及其与“增补”“选聘”之间的区别等。其中，关于钱三强为什么没能担任中国科学院院长、袁隆平没有当选学部委员以后等一些情况的回忆尤其有趣。

■ 学术秘书处的设立和撤销

熊卫民（下称熊）： 葛先生，今天我们想向您请教“文化大革命”结束之后，中国科学院恢复与加强学术领导的过程。当时，科学院进行了一系列的改革，学术领导被提到了前所未有的高度。那么，这一变革的背景是什么？在此之前，科学院的学术领导是如何建立的呢？

---

* 本文原载《史林》（增刊），上海社会科学院历史研究所，2018年。收录本书时有修改。

葛能全（下称葛）：据我所知，加强学术领导最早在科学院被提上日程，是在 1953 年访苏代表团回国之后。在这之前，科学院只有一个总的工作方针，就是 1950 年 1 月政务院关于科学院基本任务的指示所明确的："发挥科学的功能，使之成为思想改革的武器，培养健全的科学建设人才，使学术研究与实际需要密切配合，真正能服务于国家的工业、农业、保健和国防建设。"[①] 在这个方针下，明确了三项基本任务，就是：①确立科学研究的方向；②培养与合理的分配科学人才；③调整与充实科学研究机构。但当时，院一级层面的领导思路和领导方式仍处于摸索阶段，基本上还不成型。

访苏代表团回国后，1953 年 6 月 20 日，团长钱三强向院常务会议作了访苏情况报告，在介绍苏联科学院的组织机构时，着重讲了苏联科学院培养科学干部的研究生院和院士制度、学术秘书处，以及学部的设置。之后（11 月 19 日），科学院党组在给中央的报告中提出：加强科学院的领导，在院务会议下成立学术秘书处，着重学术领导，院对各所分学部领导，并拟设 4 个学部。这个报告于 1954 年 1 月 28 日获政务院批准。1954 年 6 月 3 日，成立学术秘书处撤销计划局，同时筹备建立学部。

学术秘书处是在院务会议之下负责领导和指导全院科学工作的机构。学术秘书处的秘书长是钱三强，学术秘书有贝时璋、曹本熹、柳大纲、钱伟长、叶笃正、叶渚沛、张文佑、刘大年等八九位。现在来看，他们都是大师级的科学家。后来被称为"两弹元勋"的邓稼先，当时是中国科学院近代物理研究所的副研究员，钱三强把他从研究所抽到院部做副学术秘书。学术秘书处成立之后，在加强学术领导方面发挥了一定的作用，尤其筹建学部起了重要作用。但好景不长，因为科学家主事的学术秘书处，弱化了党的领导，不久就被撤销了。

熊：据我所知，科学院在 1954 年同时筹划了学术秘书处和学部。学部成立后一直持续到今天，而学术秘书处却在两年后被撤销了。这是为什么呢？

葛：它们的情况是不一样的。学术秘书处是一个被赋予了很高权位

① 参见：《当代中国丛书·中国科学院》（上），当代中国出版社，1994 年，第 14 页。

的机构，而学部只是一种起联络学部委员作用的组织形式。那时候，还没有学部是“学术机构”的概念。

王聪（下称王）：也就是说，学术秘书处是实体机构，不需要的时候可以撤销。

葛：大概就是这个情况，工作机构随任务而变。

熊：学术秘书处被撤销的原因是什么？

葛：学部成立不久，学术秘书处就被撤销了。至于确切的原因，目前还没有发现相关材料，也没有听钱三强先生说起过。以我个人分析，比较容易想到的一个原因，可能是因为形势需要和人事安排上的问题。那时，随着制定长远规划和“向科学进军”口号的提出，中央重视科学工作，抽调了一大批能干的领导干部来科学院，分别充实到院部和有关研究所，全面加强领导，特别是党的领导。到院部任职的，资历都很老、级别很高，但在当时的院级党政职位中，又不能安排这么多高级干部，就把原来主要由科学家组成的学术秘书处撤掉，改设秘书长和副秘书长，作为院党组的一层行政执行领导。首任秘书长裴丽生，就是从山西省省长的职位上调来的，同时任命了6位副秘书长，除了原学术秘书处秘书长钱三强之外，其余副秘书长都是党政领导干部。

熊：这个变化确实很大，会有阻力吗？

葛：这个时候，科学院的中心任务已经从两年前加强学术领导，转变为加强党的领导了，这个思想后来从研究所一直延续到了研究室，研究室的党支部书记可以指挥科学家任职的室主任。以加强学术领导而设立的学术秘书处，已经没有条件行使原定的职责了，所以要撤销这个机构适应新的形势需要，这是很自然的事。

再说，许多担任学术秘书的科学家都是卓有成就，并且仍在一线做研究课题、培养青年队伍，不可能也不愿离开自己的研究岗位到学术秘书处上班，他们反而更希望放弃学术秘书的职务完全回到研究所。据我所知，贝时璋先生就曾明确提出过这样的要求。

■ 科学热中“人心向院”和钱三强撕报告文学稿

王：请谈谈“文革”后科学院在恢复和加强学术领导方面的情况。

葛：先说一点相关背景。自1977年9月发出准备召开全国科学大会的通知，并在前门饭店举行第一次预备会议以后，科学技术工作和科学家在大家心目中被提升到了一个前所未有的热度。那段时间，真可以说是“人心向院”，科学院吃香得很。一些作家也纷纷来院要求采访科学家，比如写出《哥德巴赫猜想》的徐迟。那个时候我在院办公厅做秘书工作，接待过许多这样的记者和作家。

接待徐迟采访陈景润，我是亲历者。1978年初的一天，《人民文学》杂志社的周明拿着介绍信，陪同徐迟来到科学院院部要求采访陈景润。当时的徐迟还没什么名气，陈景润名声已经很大了。1973年，新华社记者就在“内参”上写过陈景润，反映他工作条件艰苦，身体又有病等情况，江青还把“内参”转给了毛主席，毛主席指示先给陈治病。从那时起，陈景润便成了名人，特别是在科学院以外炒得很热。办公厅让我接待徐迟。我考虑，郁文曾经在延安办过报纸，对文化宣传报道很有经验，便请示他，问他能不能见见徐迟和周明。郁文和他们谈了半个来小时，然后让我联系数学所准备接待，还特别交代要给他们安排住中关村招待所。徐迟很快写出了《哥德巴赫猜想》，先登《人民文学》，2月17日《人民日报》全文转载，陈景润和徐迟一下子全国知名了。徐迟为了表示对我的谢意，他的《哥德巴赫猜想》单行本一出版，第一时间就亲笔签名送我一本，周明更是成了多有交往的朋友。

这样一来，又鼓动了更多的作家和记者来写科学家，甚至著名剧作家曹禺也来过科学院，记得他来时头上还缠着包扎伤口的绷带，我也领他见了郁文，他本来想写关于科学家的剧本，后来没见写成。

一段时间，各种报纸杂志发表了很多写科学家的报告文学作品。其中钱三强成为热门人物，至少有四五位作家和记者来采访他，比如文学研究所张炯（后为社科院学部委员）写过一篇长文，题目为《向光明的中国前进——记核物理学家钱三强》，这是第一篇系统写钱先生的报告文学，三强同志很满意。但也有他不满意甚至生气的，这里想借机会讲一件钱先生撕碎一篇报告文学稿的事，澄清一下历史，因为这件事曾经对钱先生有过不大好的舆论影响。

熊：撕报告文学稿？从未听说过。

葛： 1979 年 5 月，一位记者拿着《光明日报》的介绍信要求采访钱三强，这位记者在新闻界颇有影响，也有点背景。由于工作忙，钱先生只和记者交谈了一次，让他参考已发表的有关材料先写出稿子送来看。一个月后，记者写了篇关于钱三强与何泽慧的报告文学稿，约一万四五千字，并且由《当代》杂志排出版面校样（不是清样），文题为《科学与爱情》，送给钱先生看。钱一向重视写他的文字，他至少看过两遍（还让我帮助看），用钢笔和铅笔作的大大小小修改有 100 多处。7 月 13 日上午，钱先生当面向记者说了修改的意思，特别讲到要“处理得当，恰到好处。口气过分了，反倒效果不好。”同时郑重提出不要用“科学与爱情”的题目，建议用“科学伴侣”，并且已用铅笔写在原题下面。他对记者说，你们不大理解科技工作者的心理，而且当时是处于战争环境，不像你们想象的浪漫，我们搞科学的人也不习惯那样。

但记者说，《当代》编辑部很欣赏“科学与爱情”的题目，能不能改要由他们定。钱三强听了这话有点不高兴，立即给编辑部写便笺：“编辑部同志：× ×（名字隐避）同志写的稿子我改了一点，请考虑。我希望题目改为‘科学伴侣’比较恰当，少招非议，请你们考虑我的意见。钱三强 7 月 13 日。”在钱把便笺交记者时，记者再次讲了前边说的话，于是，钱顿时火气爆发，说记者对人不诚恳，自己写的文章却把改题目的责任推给编辑部，我写了给编辑部的信，你还是这种态度。一怒之下，他将稿子和便笺都撕了，扔进纸篓里。

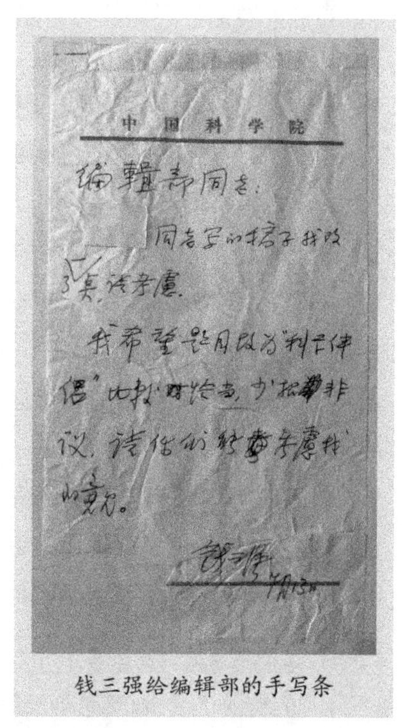

中国科学院

编辑部同志：

同志写的稿子我改了一点，请考虑。

我希望题目改为“科学伴侣”比较恰当，少招非议，请你们考虑我的意见。

钱三强 7月13日

钱三强给编辑部的手写条

熊： 后来呢？

葛： 后来，这位记者的文章在南方的一个文艺刊物发表了，但钱和何的名字都隐去了。钱撕稿的事传到了人民日报社等处，还添加了“钱三强当时说了政治上不当言论”。接着，上级党组织派人到科学院调查，也找到我，我如实讲了事情的经过，证明那天没有涉及任何政治话题，没有听到钱三强讲过“政治不当言论”。

撕碎的报告文学稿，我花了很大工夫拼凑粘贴，基本复原了[①]。

熊：又是一件历史趣事。从后来看到的资料，科学大会真是造成了全国科学热。

葛：当时的“科学热”还表现在人事方面，许多重新工作的领导干部被派到科学院。1979 年科学院有 11 位副秘书长，其中 8 位是从院外调来的；还有 7 位副院长和 5 位不兼行政领导职务的党组成员，其中也有多位是院外调进的[②]。5 位科学家副院长，除了党组成员钱三强之外，其他 4 位（周培源、童第周、严济慈、华罗庚）都不在院里主事。一般说，大事决策由院党组作，执行主事则由秘书长和副秘书长负责，专门设有秘书长办公会议。

■ 加强学术领导的提出

葛：那时，院外科学热，而院内的学术领导基本上没有提上日程。

熊：为什么？

葛：除了社会氛围之外，恢复学术领导还需要政治大环境。1978 年 12 月，党的十一届三中全会决议中，有一句最关键的话——“从 1979 年起，全国的工作重点转移到社会主义现代化建设上来”。科学技术和其他领域一样，都得适应这样的大局、大环境。

在之后的 1979 年 1 月 23 日，中央领导王震、方毅、邓颖超出席了科学院的学部委员春节茶话会，在京（含天津，如南开大学的杨石先等）身体尚好的几十位学部委员出席了，这标志着被“砸烂”12 年的中国科学院学部，开始复活了。

王：这应该是一件很有影响的大事，尤其在知识分子政策方面。

葛：是的。关于茶话会，讲一件亲历的事情。当时我是钱三强的秘书，参与通知所有能够通知到的在京学部委员出席。茶话会结束后，突

---

① 撕碎复原稿存葛能全处。

② 参见：《中国科学院领导人任职年表》，载《院史资料与研究》1993 年第 2 期，中国科学院院史文物资料征集委员会办公室印。

然得到通知，出席的学部委员名单要见报，这意味着必须落实到会学部委员的名字。那个时候没有桌签，只有第一桌有专门留的位子，其余都是随便就座；并且，当时是用发请柬方式通知的，谁来了谁没有来并不都掌握，许多院外的学部委员那时还不认识，所以没有准确的出席名单。

在那个年代，名单见报是很有意义的。对此，没有经历过那个年代的人恐怕难以想象。“文化大革命”以来，大家都非常关注见报的名单，以及名单的排序。通过这些信息，人们可以琢磨上层政治风云和形势。如果看到哪次周总理接见外宾的时候带了几位科学家，这意味着那些科学家已经通过了审查，不是敌我矛盾，可以被“解放”了。每到这个时候，大家就奔走相告。所以，茶话会的名单见报是很重要的一件事。

我为什么对这件事记忆犹新呢？因为这件事一时让我们很犯难。我们有些书生气，认为没出席的人见了报怕不好，而出席名单又很难核实。这个时候，钱三强告诉我们：“统计不准没关系，发了请柬的都见报不是坏事。”这时的钱三强已是副院长了，而且是唯一一位进了党组的科学家副院长，他说话是有权威的，我们按照他的意见做了。1979 年 1 月 27 日，《人民日报》报道学部委员茶话会，大字标题“团结全国科学家尽快实现四化”，我们提供的学部委员名单全部见报了。这么多学部委员同时见报，是一个非常重要的政治信号，这件事影响非常之大。我讲的是大事件中的一个历史细节。

熊：这个细节很有趣，也有历史价值。

葛：接着，又有一个重要的政治信号。1979 年 11 月 1 日在人民大会堂举行中国科学院建院三十周年茶话会，邓小平、李先念、邓颖超、胡耀邦等领导人都出席了。严济慈代表科学家讲话，他的浙江东阳话很不好懂，但他讲话速度很慢，声音很大，他在主桌，估计同桌的几位中央领导同志是听明白了的。

严老讲话提出的两条建议非常不一般，概括起来就是：第一，要更好地发挥科学家在学术上的带头作用和指导作用；第二，要按照科学的发展规律领导科学研究工作。可以说，即使在“文化大革命”前，这样有棱角、直言不讳的意见也很难听得到，更不可能在这样的场合讲。这不仅是严济慈个人的想法，而是科学家们憋了十几年的心里话——不能总甘于外行领导内行，随心所欲了。当然，严济慈不可能，也没有明确提出“外行”“内行”的问题，但意思一听就明白。在这样的场合讲出这样的话，相信都会印象深刻，而邓小平等领导人带头鼓了掌。这也说明政治大环境确实变了。

王：科学院提出加强学术领导，也跟当时的大环境有关系？

葛：有直接关系。为了贯彻十一届三中全会提出的中心转移，1979年3月23日，科学院党组写了《关于把全院工作的中心转移到科研上来的几点意见》(简称《几点意见》) 上报中央。其中提出“改革院部机构，加强学术领导和科学管理”，“为了加强学术领导，要恢复学部的组织和活动”，并且明确“学部是在院务会议领导下的学术领导机构，学部委员名额要扩大，要增选近二十多年来作出重要贡献的科学家，特别要注意增选优秀的中青年科学家”。

这是“文革”过后科学院第一次在文件上提出要加强学术领导和科学管理，以及明确学部是在院务会议下的学术领导机构。按照院党组文件，实现以上两个目标的必要措施是“改革院部机构”。如果机构不改革，加强学术领导和加强科学管理只能是纸上谈兵。

这样一来，很多事情就摆到了李昌面前。

熊：李昌当时是科学院实际上的一把手吗？

葛：是，他是主持工作的院党组书记、第一副院长，和“文革”前张劲夫在科学院的角色一样。

李昌20世纪30年代在清华大学念过书，从事“学运”，有一定的学术背景，后来做过哈尔滨工业大学校长。我个人感觉，李昌对科学家的意见还是比较重视的，和那些纯粹的党政干部不一样。他和当时兼任院长的方毅也不太一样。方毅虽然也重视知识分子，印象往往是以领导人的姿态。李昌和科学家是一种“平视”关系。虽然他是党组书记，但没有官架子。他有想法就讲出来，不同意可以讨论，他并不认为反驳他的意见是对他不尊重。

熊：我听许良英先生提过，他曾经当着中央领导的面批评李昌把他的稿子改错了。

葛：这是完全可能的。正因为如此，我认为1979年院党组的《几点意见》，主要反映了李昌的思想。《几点意见》中提出“改革院部机构，加强学术领导和科学管理”，是很关键很有现实意义的，这也从侧面反映了当时科学院存在某种非学术机构的官僚气。那时候，研究所有不少人反映科学院机关有衙门作风。周光召做了院长后，在一些场合讲过一个例子，说他在理论物理所当所长的时候，有一次到某局办事，进门之后，接洽的工作人员根本没有抬起头对他说话。实事求是地说，这样的情况在当时院机关有一定的普遍性。

■ 院部机构改革

王：院部机构改革后来进行的情况怎么样？

葛：不久之后（1981 年），院部机构进行了改革，业务局改为学部，共设五个学部，由学部委员科学家副院长兼任学部主任。其中，数学物理学部主任是钱三强，副主任有学部委员马大猷、吴文俊、王绶琯；化学部主任是严东生，副主任有学部委员张青莲、陈冠荣、黄耀曾；生物学部主任是冯德培，副主任有学部委员张致一、曹天钦、徐冠仁；地学部主任涂光炽（唯一不是副院长），副主任有学部委员程裕淇、叶连俊、施雅风；技术科学部主任是李薰，副主任有学部委员王大珩、张光斗、陈芳允。为了工作方便，充实办事力量，各学部另外配了两三名非科学家专职副主任协助工作。同时，院里还设立了农业现代化、能源、环境保护等几个研究委员会，许多科学家被吸收进了这些委员会，比如环境保护委员会中有吴学周、马大猷、熊毅、曾呈奎、刘东生、马世骏等。

这样改革之后，院部机构设置上体现的学术性和管理工作的科学性明显不一样了，但新的问题和矛盾也出来了——院机关原有的那么些副秘书长，还有党组成员，他们干什么？此外，科学家主持的学部变为实体机构以后，日常运行中的一套行政事务（如经费、人事、出差、开会等）谁拍板谁签字？许多参与科学院领导的科学家的人事、工资关系并不在院机关，按照财务规定，他们签字是不可以报销的。诸如此类的问题不断出现。

熊：真是改革艰难啊。

葛：其实，李昌（当然有方毅的支持）还有很多为了加强科学院的学术领导和科学管理准备采取的改革设想和措施，后来因为种种的原因，没有能够兑现，或者短命夭折了。

■ 关于第四次学部委员大会

王：您提到的这些设想是不是1981年第四次学部委员大会准备实行的？

葛：对，当时设想科学院要多听科学家的，科学家的意见集中起来再与党的领导相结合，通过这种模式领导科学院。据我理解，这是筹备第四次学部大会的一个基本思想。我认为这个思想是非常进步而必要的，它真正体现了加强学术领导，而不仅仅试图在开会讨论时增加一点科学家的话语权，并且这一思想还注意到决策的民主性与法律意识。

但要说明的是，第四次学部委员大会的筹备工作，是在想法很多、变化很快、意见纷纭中进行的，有些设想在提出和实行时显得有些仓促，不够衔接，缺乏完整性。

比如，由学部委员大会推选科学院院长、副院长，并由全国人大常委会任命。这一条是1979年3月关于学部工作的请示中向中央提出的，文是这样写的："我院院长、副院长的民主推选，对发扬民主，促进我国科学事业的繁荣兴旺，会起良好的影响"。"请示"上报后，总体上得到了中央的认可，只是在某些环节上遇到点问题。我见过当时最高领导人华国锋在这一条旁边的批示："请查一下方毅同志任命是否是人民代表大会上选举或通过"。同时，在请示报告的传批单上，华又批了这样的话："院长、副院长的补选手续请研究"。然后方毅批："请李昌同志遵华主席批示办"。不用查，推选院长、副院长肯定过去没有过，因为想发扬民主，想改革嘛。那就只好按惯例都任命。但完全照过去的办法做，许多渴望改革的人（包括党组书记李昌）又不甘心，于是临时搞了个折中，把学部委员大会推选院长、副院长，改为主席团会议推选。当然，这也算得上在民主性与透明度上是一个不小的进步。

熊：具体是怎么做的？

葛：按照中央精神修改了科学院的试行章程，第四次学部委员大会只选举院主席团，选出29名成员。推选主席团执行主席（严济慈、李昌、吴仲华）和院长、副院长，是中国科学院主席团第一次会议的议程，会议是在京西宾馆召开的，时间是1981年5月19日。我作为工作人员一直在现场。会议由李昌向主席团提交经上级核定的院长、副院长人选名单及排序，并简要介绍了关于酝酿和审批过程情况。他按照程序询问大家有无意见，在主席团成员没有提出异议后，名单由全体鼓掌通过。推选的结果是：院长卢嘉锡，副院长共六位，排序为胡克实、钱三强、冯德培、李薰、严东生、叶笃正。

关于胡克实和钱三强两位副院长的排序，发生过外人可能不知道，或者没有引起注意的顺序变化，这件事透露出某些信息。院党组提交主席团推选的名单中两位原副院长（即胡和钱）是按1978年的任命顺序排序，胡克实排在钱三强之前，算是第一副院长。5月19日主席团的推选结果在当天下午就见报了。那天，《北京晚报》有个姓韩的女记者根据现场情况写了报道，登在当天的《北京晚报》上，即胡排在钱之前。但到了晚上，接到了“上边”的电话，指示改变胡和钱的排序。

熊：“上边”是谁，您知道其中的过程和原因吗？

葛：知道一些。筹备第四次学部大会初期，我一直在会务组帮助做工作。开会前，干部局长吴学珍要我到他负责的人事组。设立“人事组”是这次学部大会独有的，这与当时改革院部机构，加强学术领导有直接关系。因为除了院长、副院长之外，学部主任、副主任也算院部的领导职务，甚至连学部常委的人选也要考虑种种情况，如学科分布、院内院外的比例、年龄、身体状况等。“人事组”可能还有一个任务，多了解一些中青年科学家以备将来任用，如接院长、副院长的班，还有的会向上级推荐进中委、中纪委及人大、政协等。由于我对院内外学部委员的情况比较熟悉，我被转到了“人事组”，所以我知道并且经办了改变钱和胡排名顺序这件事。

“上边”的电话不是我接的，是吴学珍告诉我并交我办理的。电话也不是吴学珍接的，我推测应该是李昌接了之后交代吴学珍的。“上边”是谁，我不准确知道，当时也没有问。有印象电话是中组部打来的，中组部根据谁的意见改变排序更不知道，分析应该是既熟悉情况又说话算数的领导人。个人猜想，可能是胡耀邦，他那时已升任中央书记处总书记，他对科学院及钱三强和胡克实的情况都了解，而且只有他可能会想到这件事。

我连夜通知新闻单位并提交改变排序的名单。第二天，《人民日报》等各大报纸都刊登了第四次学部委员大会闭幕的消息，关于新推选出的院长、副院长的排名顺序，变成钱三强排在胡克实之前了。

5月20日上午，学部大会闭幕，全体学部委员受中央书记处邀请到中南海怀仁堂座谈。胡耀邦在座谈会上讲了话。他首先说，这次大会选出了新的领导机构，是我国科学史上的一件大事，很值得庆贺。他希望全国科学家奋发图强，深入实际找任务，以主人翁的姿态干工作。[①]

顺便说说那天突发的一件不幸事。就在学部委员们乘电梯下楼，准备集体乘车去中南海的时候，物理学家陆学善在电梯间突发心脏病，紧急送往医院救治，但抢救无效逝世，终年76岁。这也成了我们后来做学部工作的人特别注意的一个问题——千方百计地保障高龄学部委员的安全和健康。

■ 钱三强为何没有当中国科学院院长

熊： 和同代人相比，卢嘉锡在科研业绩和管理经验上并不见得特别突出。那么，为什么把他列为院长人选？为什么不是钱三强？仅就年龄而言，卢生于1915年10月，钱生于1913年10月，只相差两岁。这样安排有什么特别的原因吗？

葛： 你的这个问题有相当的代表性，至少许多熟悉情况的科学界人士和当时科学院机关的同志，有过你这样的想法。直到2013年钱三强百年诞辰座谈会上，还有两位80多岁的资深院士问我，钱先生当年为什么没有当科学院院长，说他应该也适合作为院长人选。

关于科学院院长人选的基本考虑，院里当时给中央写过请示，并得到了中央的同意，请示是这样写的："郭沫若同志去世后，科学院院长人选问题一直为大家所关心。经反复酝酿，我们认为，院长还是由有名望

① 参见：葛能全，《钱三强年谱长编》，科学出版社，2013年，第537页。

的科学家担任为好”。

今天，借这个机会把了解的情况讲一讲，或许能起到一点释疑作用。

先引读一封李昌的亲笔信，是他写给方毅的，时间是 1980 年 11 月 30 日，写信时，李昌还是科学院党组副书记，但已内部明确接方毅任党组书记，正式任命是同年 12 月 15 日。信中写的是关于科学院的主要人事安排情况和意见，明确讲到了院长人选问题。原信存科学院档案室，据王扬宗同志提供的复印件全文照录：

方毅同志：

在这次院部小型座谈会的过程中，了解到严东生同志和其他三位同志（冯德培、李薰、叶笃正）都只能抽出一半或稍多一点时间到院工作，而且除李薰同志外，其他三位明年都安排好出国讲学或做研究工作。卢嘉锡同志不久前也和我亲自恳谈了这个意思。这就是说，几位有威望的科学家是愿意做院的领导工作的，但最近期间全部脱产还不可能。

因此，从现实情况出发，院长可能还是三强了，下一届可再考虑卢或严（东生）。

严济慈同志这次表示他年纪大了，要减少在院的领导工作，可考虑他担任主席团或院务委员会的执行主席之一。

还有，吕东同志问我，胡克实同志是否调走？因他了解到中组部向薄一波同志商量要从一机部调一副部长把克实同志顶出来。这样郁文同志的工作又如何安排？几位科学家提他担任副院长兼秘书长。

总之，院的人事安排，请你多考虑。

至于我的工作，管虚的比较主动，我身体有病，不能再搞繁忙的行政工作了。

敬礼！

李昌

1980 年 11 月 30 日 ①

① 参见：葛能全，《钱三强年谱长编》，科学出版社，2013 年，第 530-531 页。

同一天，方毅在李昌信上写了批语："人事问题再面量（笔误，应为"商"）一下"。

两位主要领导何时面商及商出何种意见，不得而知，但李昌的信和方毅的批语本身已表明了各自的基本态度，联系到后来发生的情况，钱三强没有列为院长人选，更是自然而然的事了。

就在李昌给方毅写信的第二天（1980 年 12 月 1 日），钱三强率团访问美国，12 月 20 日回国。次年 1 月 15 日发现心电图表现为"急性心内膜下心肌梗死"，紧急住院治疗。1 月 19 日，北京医院书面报科学院并中央保健委员会办公室"病情报告"，称："钱三强同志，心电图检查发现急性心内膜下心肌梗死于本月 15 日住院……目前虽自觉尚好，但如心肌梗死继续扩大，或出现严重并发症，即有可能随时发生危险"。同日，李昌看过"病情报告"后即批"将三强同志病情报方毅同志"。

大约三月初，方毅亲往北京医院向主治医生了解钱三强的病况，同时看望了钱。第二天，我去医院时，接待方毅的医生告诉我，方毅问过钱出院后是否还能承受正常工作负担，医生把医院方面的意见告诉了方毅，意思大致是，心肌梗死不是一般性疾病，即使出院了也切不可过度劳累，不能承担繁重的工作，最好半日工作，不要离京出差，更不要出国。

方毅找过医生还有医生所讲的情况，我都向三强同志说了，相信他会明白其中的意思。我也猜得到。因为那段时间，钱三强作为院长人选，院内外都有呼声，认为他的成就、贡献、名望及国内外影响，都适合当科学院院长。从这方面说，李昌信中的意见也侧面反映了大家的呼声。但在学部大会召开之前，院里的主要人事安排发生了变化，钱三强不仅不是院长人选，副院长的位次仍排在胡克实后面。

■ 管理学组的由来和钱三强兼任代组长

熊： 管理学组是怎么提出来的？有成立管理学部的设想吗？

葛： 1980 年 5 月科学院上报了《关于学部几个问题的请示报告》，其中关于学部的设置，拟将数理化学部分为数理学部和化学学部共设 5 个学部，接着还写了一段话："此外，近十几年来，科学学、技术经济学、科学史、自然辩证法等自然科学与哲学社会科学的交叉边缘学科（国内有些研究单位称之为“软科学”），在国外发展很快。为了提高我国的科技管理水平，充分发挥科学技术在建设社会主义现代化强国中的重要作用，不少同志提议，我国也应重视和加强这方面的研究工作。为此，拟在增补的350位学部委员的总名额中保留20个名额，以后再逐步补选这方面的科学家，先成立一个小组，以推动这方面的研究工作[①]。”这就是管理学组的由来，并且明确就是设想建立管理学部的一个过渡。

王：从院史资料知道，那时正是李昌主持科学院的工作，提出设立管理学组肯定跟他有关。

葛：这样的考虑和认识，当然与主政的李昌有关系，而且关系非常大。因此，当时传出一种说法，认为是李昌在为自己安排去处。这种说法比较普遍，科学家当中有，领导干部中有，院机关私下议论更多。

我个人的看法，不能简单看待这件事。李昌本人对自然科学和社会科学交叉的软科学研究有兴趣，并且一直热心支持国内开展这方面的工作。我知道的，早在1977年10月，他就支持于光远、周培源、钱三强等发起成立“中国自然辩证法研究会”，后来还被推选为副理事长；1979年全国第一次科学学学术讨论会举行的时候，他曾与钱三强、于光远、裴丽生先后发表长篇演讲，强调掌握科学发展规律，加强科学管理和科学管理人才的培养等。这对当时国内科技界扩大视野、解放思想、了解发展新动向、增强学术氛围，起了很好的作用，使得我国软科学研究逐渐发展壮大了起来。

熊：听说有些科学家对科学学、管理科学、学科交叉这类软科学不大以为然，是这样吗？

葛：确实如此。在20世纪七八十年代软科学刚提出的时候，持这种看法的科学家并不少，院外有，院内也有，但更多的专业科学家对此表现的是一种不关心、不热心的态度。在当时的院领导层，比如严济慈严老对科学学就是不以为然的态度，和钱三强的态度明显不同。严老是钱三强的老师辈，钱1936年从清华毕业后，曾到北平研究院物理所在严老

---

① 参见：《中国科学院年报》（1980年），中国科学院办公厅编。

手下做研究助理员，后来严又推荐钱考取了法国约里奥-居里夫妇的研究生。严和钱的私人关系很好，在对待科学学、管理科学的态度不同，彼此都清楚，但从未发生过正面交锋。

和钱三强、李昌一样，热心支持管理科学和交叉科学发展的科学家，也不在少数，比如也是科学院副院长的周培源、华罗庚，还有钱学森、钱伟长等。钱学森担任中国科协主席后特意成立了一个“促进自然科学与社会科学联盟工作委员会”，由中国科协副主席钱三强兼任这个委员会的主任，钱伟长、于光远被邀为顾问。委员会的主要任务是：加强软科学、交叉科学、管理科学等方面的研究、宣传和培训活动，加强自然科学工作者和社会科学工作者的联系，为领导决策提供科学依据。这个委员会曾主办了一件影响很大的事，就是钱三强主持的“科学与文化论坛”，先后召开过 5 次论坛，专题讨论过“大科学与大文化的关系”“‘德先生’与‘赛先生’关系问题”“农村文化现状及面临的问题”“教育改革的指导思想、战略目标及教育内容、体制、方法问题”“粮食与社会问题”等。每次论坛都是群贤毕至，科技界、文化界、教育界的许多大家都曾到会并踊跃发言。有一次，88 岁高龄的夏衍由人搀扶着来开会，他发言时抚今追昔，畅谈科学与民主的关系。

还有件有意思的事。钱三强、钱学森、钱伟长曾同时出席过一次论坛，还都发了言，他们的发言摘要又同时登在报纸的同一版上，这是大家第一次见到“三钱会合”①。

熊：我是第一次听到这些情况，真是中国科技界的历史趣事。这样来看，科学院管理学组的提出，其由来就比较清楚了。

葛：是这样的。当时，李昌主政科学院，钱三强主持“文革”后的首次学部委员增选，他们同时想到成立一个管理学组是很自然的事，是从长远和发展需要角度考虑的。钱三强在 1979 年 7 月曾讲过这样的话：“发展科学技术，首先要求领导和管理科学研究的人具有革新思想。那种因循守旧，墨守成规，不求上进，甘当外行的精神状态，是做不好科研管理工作的。……可惜有少数的同志，还是抱着‘我来管你’的态

① 1985年4月17日，钱三强、钱学森、钱伟长同时出席“全国交叉科学讨论会”并发表讲话。三人的讲话（摘要）于同年 5 月 11 日刊于《光明日报》同一版。

度。……‘管’是管不出有创造性的人才来的，‘促’才能促出有创造性的人才来。”[①]

因此，我不认同“成立管理学组是李昌给自己安排去处”的说法。成立管理学组的本意，是为了加强科学管理、发展管理科学。这样的正当性动机不能抹杀，也不应曲解，应该尊重历史。至于后来没有搞成，原因很多也很复杂，但不能归因于提出设想的“原罪”。

就我所知，当初态度鲜明地赞成成立管理学组的科学家同样不少，而且院内院外都有，这说明成立管理学组并不仅仅是李昌一个人的意愿。

熊：其中有哪些知名的科学家？

葛：中国工程院出版院士传记丛书，其中有一本《刘源张自传》，我作为总审稿人细读过这本自传的初稿，稿子从头到尾都是刘本人亲笔所写，涉及许多重要的人和事，很有史料价值。关于管理学组从酝酿到取消，自传里写了一节不短的文字。在写到准备成立管理学部征求学部委员意见，是否愿意兼任或专任这个学部的学部委员时，有 24 位学部委员回复了书面意见表示愿意，其中有钱三强、钱学森、华罗庚、周培源、苏步青、关肇直等。刘源张在自传中还写到，华罗庚曾表示如果不能两个学部兼任，他愿意放弃数学物理学部，专任管理学部的学部委员[②]。

熊：我一直比较困惑，这件事是由党组书记推动的，并得到了钱三强、华罗庚、周培源等著名科学家支持，最后为什么没有通过呢？

葛：除了前面讲到的严老等有影响的科学家反对，一些刚出来工作身居领导位置的党政干部也同时发声，形成了一股舆论，甚至把这件事往李昌个人身上扯，这一点很厉害。这就弄得连支持、热心这件事的人也有点被动了。在这种情况下，如果李昌硬坚持搞，还不知道会弄出什么事来。据刘源张的亲历记忆，在一次李昌主持的讨论管理科学的会议上，一位时任科学院顾问的老领导竟当场质问：管理是科学吗？！[③]

第四次学部委员大会没有通过设立管理学部，但仍决定设立一个管

---

① 参见：钱三强，《解放思想，发扬创新精神》，文载《钱三强文选》，浙江科学技术出版社，1994 年，第 205 页。

② 参见：刘源张，《刘源张自传》，科学出版社、人民出版社，2014年，第137页。

③ 同②

理学组，这个决定是李昌宣布的。这总算是给管理学部留下一线生机。

熊：为什么钱三强出任管理学组组长，前边还加了一个“代”字？有什么背景吗？

葛：管理学组组长人选那时没有太多的挑选余地，不像别的几个学部的主任，只要有一定的学术威望和组织能力都可以担任，而管理学组实际上是学部的筹备和过渡阶段，本身并没有学部委员，将来有大量的组织与协调工作要做。但又不能让起这种作用的人担任组长，如李昌本人，以及顾德欢、黄书麟、汪敏熙等，必须由一位既有学术威望又有资历的科学家学部委员担任组长，起到为管理学组“正名”作用，表明这个组并不是人们担心的“官员俱乐部”，这一点非常之重要。这位组长在科学院（包括院机关和研究所）拥有一定的指挥权，能用他的名义行文办事召开会议。此外，还有一点同样重要，他必须是院党组书记李昌信任、在管理科学界具有影响并且能接受的。这样的人，当时除了钱三强，真找不出第二位。

但这时，钱三强是心脏病患者。他从 1981 年 1 月起在医院住了几个月，第四次学部委员大会期间几次非参加不可的活动，他是从医院请假出来的，医生和家人不希望他介入事情过多，他本人也意识到院里的种种现状，想尽量超脱，能不参与的、能不发表意见的，尽可能回避，我也不向他通报情况，除非院里要求我去向他讲的事和让他看的文件。

钱三强是顾大局的人，他经不住李昌的再三要求，还有许多热心管理科学同人的劝说，他答应兼任管理学组组长，但提出要加一个“代”字，这算是一个条件吧。“代”字有两个意思：一是临时性的，有了合适的人他就退出；二是挂名性的，还应该安排实际主事的副组长。后来，李昌按照这样的意思办了。1982 年和 1983 年，管理学组还召开有关专家会议，研究讨论遴选管理学组的专任学部委员等问题。到了 1984 年，管理学组被宣布撤销，这时李昌调离了科学院，钱三强也不担任副院长了。

■ 首次民主选举学部委员

熊：对于 1980 年的学部委员增选，您参与了哪些工作？

葛：那时我是钱三强的专职秘书，他主持那次学部委员增选工作，我参加了一些会议，帮助做了一些事，也算有所经历，但不是系统的参与。

1978 年，院机关设立了一个学术委员会并正式列入院部机构序列，负责人是顾德欢，由副院长钱三强分工主管。恢复学部的初期工作就是由这个机构做的。1979 年 2 月，这个机构更名为“学部办公室”，统管统抓几个学部的工作，主任是顾德欢，邓照明、汪敏熙、薛攀皋为副主任。我印象中，这次增选学部委员的具体工作主要由薛攀皋做，钱三强经常找他商量事。“文革”前，薛攀皋一直在生物学部工作，对学部情况熟悉。关于恢复和重建学部，薛攀皋写过回忆文章。他的文章和人一样认真、细致、严谨，是很珍贵的历史纪实。

接下来，讲讲个人知道和经历的一些事情和我的认识。

我见过的许多正式出版物中，如院士传记、科技人物介绍，甚至准备要出版的某百科全书等，只要写到院士，不管何时成为院士的，统统写为“当选”或“被选为”。这是不准确的。

依据当时的做法及有关历史资料，1955 年的首批学部委员应称为“选聘”，虽然开始也进行了比较广泛的提名，但之后的遴选过程实际是不透明的“挑选”，上报的名单也不是通过投票产生的，最后又是由上级领导机构研究决定人选并公布，再以科学院院长名义颁发聘任书；1957 年成为学部委员的 18 人（另有 3 人为哲学社会科学学部委员）应称为“增聘”，从档案材料看，起初的请示报告写的“增补”，而且最后名单由学部委员投票产生，并规定获得超过投票人数三分之二当选，这是很严格的。但是，那一次的候选人不是经过广泛提名征集的，在对名单协商讨论过程中还考虑了学术以外的其他因素，最后也是由科学院院长履行聘任手续，当时宣布当选名单时，见报的标题和文字用的也是“增聘”。

1980 年这一次，可见的文字都是写“增补”，但我认为应该称为“增选”，或者和以后的多次增选统称为“当选”或“被选为”。原因主要有以下几点：一是，这次增选在全国范围内展开，按规定的渠道和程序先推荐候选人，共计有效候选人为 996 名，每位被推荐的候选人都填写“推荐书”，写明学术经历、职称和科学成就，这是以往两次没有做过的；二是，实行了差额选举的原则，用无记名投票的方式确定当选者，并规定获得的选票必须超过投票人数二分之一当选；再就是，按一般理解，“增补”应是规定限额的补缺，比如日本学士院、法国科学院就是实行的这个办法，因此每次增补的名额极少，竞争非常激烈。如1911年诺贝尔化学奖得主居里夫人曾参加过一个名额的竞选，结果落选了，她最终也不是法国科学院院士。虽然其中的主要原因，与法国科学界顽固的轻视女性传统，还有居里夫人本人不迎合时流、不登门拜票的固执态度都有关系，但补缺的名额极少无疑是一个因素。我国的学部委员制度不是这样的，从没有设定总人数限额，各个学部也同样，所以不能称为“增补”。

1980年增选学部委员是在一种很特殊的情况下进行的。自1957年以来，时隔23年没有增选，原有190名学部委员（均不计哲学社会科学学部）减员至115人，平均年龄超过74岁，许多人因年老体弱不能正常出席会议和参加活动。这次增选名额很大总计330名，各个学部都是以少选多的状况。而候选人数达到近千人，每位学部委员平均要看250份推荐材料，还要进行审查和作比较，这对于相当一部分学部委员是一件难以想象的艰难工作。圈票也同样费劲，因为是差额选举，老先生要在一本选票上按自己的意愿圈出五六十名候选人，一不留心就会圈错，或者圈多了。记得1980年11月26日投票那天，钱三强本人投完票后一直留在现场，随时为别的学部委员提供答询，他还帮助行动不方便的学部委员把圈好的票投进票箱。

统计结果，共有283名候选人获得超过半数票当选，比原定应选的330名少47名，新老学部委员达到400人，平均年龄为63岁。在当时情况下，把这件周折不断的事做成了，而且开创了学部历史上民主选举（尽管不完善）的先河，是值得记起的。

熊：这其中发生过哪些问题，最后又是怎样解决的？

葛：刚才讲到“周折不断”，指的就是问题，但我亲历的不多，主要是我后来做学部工作，从钱三强先生和其他一些老同志那里知道的，不妨讲几点印象深刻的。

外界不适应、不理解民主选举学部委员，是遇到的一个比较普遍的问题。有些部门和机构推荐了候选人，千方百计地找门路甚至利用行政权力谋求当选，不少学部委员对此很烦恼也很无奈，打电话到科学院诉苦，请求院里出面说话；有的部门通过给上级领导写信、向媒体告状，指责学部委员民主选举的“问题”。这种不适应、不理解情绪后来还存在，我在学部联合办公室就经历过一件。1991 年，袁隆平没有当选学部委员，一度舆论风起，弄得科学院和学部压力很大。从个人心情上说，袁隆平成就贡献很大没有当选是一件遗憾的事。但票数不够谁也无能为力。

后来，有位退休的省委书记写信给李鹏总理，就袁隆平没有当选学部委员指责科学院党的领导有问题。李鹏把信批转周光召院长。之后，我和张玉台登门向那位书记作解释，说明学部委员是无记名投票选举产生，不是党组织指派和授意的，但那位退休书记仍然不理解，也不接受这样的解释，他甚至气愤地说：“我就不相信你们那个地方不是共产党领导的！”

熊：这话很厉害。

葛：经过这一回，我们切身感觉到，方方面面对民主选举学部委员误解很深，更担心最高领导产生误解，便以周光召的名义给李鹏写了一个情况汇报，着重介绍学部委员的推荐、评审、选举程序，要经过几轮遴选，进行五六次不同范围的无记名投票。李鹏真的看了这个材料，还记住了。1993 年 10 月 19 日，他主持国务院常务会议讨论成立工程院的报告。当一位领导同志提到袁隆平没有当选学部委员有人有意见时，李鹏说：“选学部委员不是那么容易，要经过几次投票选举”[①]。这话是我那天列席国务院常委会议亲耳听到的。

再讲一个内部遇到的特殊情况，就是当选者的学术职称问题。1980 年新增选的 283 名学部委员，在当选时不全是研究员或者教授，其中极少当时还只是副研究员或副教授职称，如数理学部的姜伯驹、唐孝威，化学部的倪嘉缵，生物学部的邹冈、梁栋材等[②]。这不是疏忽，也不是降

① 参见：《中国工程院院史资料——关于中国工程院的成立》，葛能全、陈丹于 2014 年 6 月为中国工程院建院二十周年撰写，中国工程院办公厅印，第 38 页。

② 参见：郭金海，《院士制度在中国的建立与重建》，上海交通大出版社，2014年，第 380 页。

低标准照顾，而是因为“文化大革命”刚结束，评职称还不正常，加上职称又不跟工资待遇挂钩，大家不怎么看重，做出了成果不及时申报。增选一开始就注意到这个现实情况，在制订增选办法时写了“具有相当水平”这样带政策性的文字。上面提到的这些当选者，成绩都很突出，完全够得上研究员或教授水平；还有一点，他们都很年轻，都在 50 岁以下，正好符合“选拔优秀中青年科学家”的精神。这类问题的灵活处理，我认为是适当的，是主持者领导思想和工作责任心的很好体现。

总起来看，1980 年这次增选学部委员遇到的情况很特殊，虽然整个过程中不免有些瑕疵，但在当时的情况下能够做到这样，真是非常不容易，从做学部工作角度说，起到了承前启后的作用，打下了基础，提供了经验。这其中特别应该着重提出钱三强先生和薛攀皋同志，一位是那次增选的全面主持者，一位是实际主事者。

附：院友韦方安赠词

江城子
赠葛能全同志

韦方安[①]
2000年1月16日

当年次第入科中。志向同，友情浓。有幸终日，相处贯春冬。满腔热血献学府，不争名，智谋聪。

工程院后少相逢。河居中，各西东。海淀西城，系念常重重。“西湖”“撞典”喜留影（注），人潇洒，仪态正。

注：当年随同钱三强同志赴杭就职浙大校长，在西子湖畔留影。

1984年10月邓小平同志等党和国家领导人会见学部委员，参加对撞机奠基典礼，我们作为工作人员，有幸参加了合影。

1979年4月韦方安（右）与葛能全摄于杭州西子湖畔

① 韦方安时为办公厅副主任，我1963年入院工作时，其为张劲夫50年代从浙江调院工作时同来的秘书。韦于80年代退休，我接任办公厅副主任，关系较为密切。

第三编

参与筹建中国工程院

从成立学部联合办公室到筹备中国工程院*
——王扬宗、王丽娜对葛能全的访谈录

采访时间：2013 年 7 月 23 日
2014 年 8 月 14 日

■ 设立学部联合办公室

王扬宗（下称王）：今天主要是想请您谈谈您在学部工作和筹建工程院时所参与的一些事情。

葛能全（下称葛）：我直接参与科学院学部的工作，是在各个学部办公室从各专业局过渡到学部联合办公室这一段时期。之前，我作为钱三强副院长的秘书，他分管学部，我了解或参与一些学部的事情，那只是片断的和间接的，不是系统的介入学部工作。

科学院学部机构的变更是在 1990 年初。那个时候国务院要求各单位搞机构改革，科学院这次机构调整，学部工作受到重视，这可能跟周光召院长有很大关系，因为他从理论物理所到院部工作，最早是从学部工作开始介入。钱三强先请他分管数理学部，所以他对学部工作有比较多的体会。他觉得体现全国自然科学研究中心的学部这一块太薄弱了，需要很好地加强。

还有一个因素，那时副秘书长张玉台，具体负责院机关机构调整工

* 本文原载中国科学院《院史资料与研究》2014年第4期。收录本书时有修改。

王扬宗，教授，中国科学院大学科学技术史系主任，中国科学院院史研究中心主任；

王丽娜，历史学博士，中国科学院大学科学技术史系副教授。

作，设想把挂靠在各业务局的学部办公室集中起来成立一个独立的机构。他可能了解我的一些背景情况，就问我愿不愿意一起去筹建这个机构，他说与光召同志商量过，觉得我去合适。我起初不大想离开办公厅，但他说得很恳切，加上三强同志也主张我去做学部工作，而我对和科学家打交道也有兴趣，这个工作自然对我有吸引力。

当时，为这个机构的名称费了些脑子，比较来比较去，最后定名叫“学部联合办公室”，没有叫什么局，它的职能、任务拟了几条上报，并且获得批准。

■ 恢复学部委员增选钱三强和钱正英起的关键作用

王： 那时候学部委员增选又停顿了好些年，这个僵局是怎样打破的？

葛： 对于学部工作而言，那时又是一段艰难时期。1979 年恢复学部活动，1980 年增选一批学部委员后，到 1990 年又中断了十年没有增选，学部委员平均年龄又上升到七十四五岁，和“文革”结束时差不多。很显然，学部工作的当务之急是要恢复学部委员增选，并促其制度化，不再无故中断。

说来很巧，就在这时，全国政协成立“知识分子政策问题专题研讨组”，到各重点机构和高校做深入调研，广泛听取意见，准备向中央直接呈报落实知识分子政策的文件，这个组的组长由钱正英副主席担任，政协常委、科技委副主任钱三强是副组长。调研期间，钱三强向钱正英反映了学部委员增选十年停顿，造成高端人才断层的严峻情况和科技界的忧虑。钱正英听进去了，她很想为改变学部现状出把力。

1990 年 5 月初的一天，钱三强陪同钱正英来到科学院院部，亲自向周光召院长了解学部情况、听取意见，张玉台和我作情况汇报。听完汇报，钱正英当场提出建议，要解决这个僵持多年的问题，看来一份公文难以奏效，她建议请一位有影响的科学家以个人名义给李鹏总理写一封信，还说三强同志很适合写这封信，并且承诺这封信由她亲自转交。

三强同志很愿意写这封信，让我先起草信稿。我那时既是学部联合办公室副主任，还兼任三强同志秘书，写这封信当然义不容辞。遵照三强同志“信要写得恳切，要有理有据又有点个人情感”的交代，写了一封千把字给李鹏总理的信。记得三强的信是这样开头的：“李鹏总理：我以科技界一个老兵的名义给您写这封信，反映科技界普遍关心的一个问题”。信中写道：

> 1955 年学部成立时，学部委员年龄不过四五十岁，在科技界各个领域起着带头人作用。但目前现状却不同了，平均年龄超过 75 岁，现 322 位学部委员中，50 岁以下的竟无一人，60 岁以下的也仅有十几人。虽然大家具有强烈的爱国热忱，都很想再为科技繁荣、祖国富强多出把力，多数人毕竟年事已高，力难从心。我们自己也常常为此感到焦虑，希望能尽快改变这种“断层”状况。
>
> 从多方面情况考虑，目前改变这种状况的办法，增选学部委员是比较可行的。增选学部委员不仅是迫切需要和普遍要求，而且也完全具备条件。党的十一届三中全会以来，我国科学技术各个领域，全国各条战线，国家许多重大工程建设中，都涌现出一大批有学术造诣、有突出成就、有奉献精神的优秀中青年科学技术专家，他们在人民群众中和知识分子中有着很大影响。可以相信，把这批优秀专家增选进学部，不仅可以大大增强学部工作活力，解决“断层”问题，有利于促进科学技术面向经济建设，同时也会进一步激励和团结广大科技人员同心同德，为社会主义现代化建设努力奋斗。[①]

钱正英转交三强同志 5 月 7 日信后不到一个月，李鹏总理 6 月 2 日在他办公室约见周光召（张玉台陪同前往），钱正英自始至终参加谈话。最后，李鹏同意信中所提进行学部委员增选，让正式写报告。[②]

李鹏谈话后刚过两个星期（6 月 20 日），我们加班写成《关于增选中国科学院学部委员的请示》，与国家科委联署上报国务院，并且附了《学部委员增选办法》。10 月 26 日国务院常务会议批准我们的请示，并

---

① 参见：葛能全，《钱三强年谱长编》，科学出版社，2013 年，第 716-717 页。

② 参见：葛能全，《钱三强年谱长编》，科学出版社，2013 年，第 718 页。

于 11 月 16 日向全国转发时还发了一个“通知”，其中写道：“增选学部委员是我国科技界的一件大事，对于促进我国科学技术事业的发展，体现尊重知识，尊重人才，调动广大科技人员为祖国社会主义现代化建设服务的积极性，都具有重要意义。”

据后来看到的国务院常务会议纪要，还概括了会议讨论时的一段话：“增选学部委员既要考虑学术水平，又要考虑对经济和国防建设的实际贡献，在增选办法中应加必要限定，使优秀的中青年科学家和从事技术科学的科学家在学部委员总数中占适当比例。”我们理解，这是政策性的强调，后来历次增选中都很注意贯彻这个精神。

这次增选学部委员，明确提出了“严格、严密、公正、客观”的原则，这是以前没有过的。经过近一年时间，从候选人提名、初选、评审到最后无记名差额投票选举，至 1991 年 11 月，在全国推荐的 1079 名有效候选人中选出 210 名学部委员，60 岁以下的 111 人，50 岁以下的有 12 人，最年轻的 42 岁，全体学部委员平均年龄下降 6 岁。更重要的，从此增选工作进入制度化、规范化，并且为日后实行院士制度创造了条件。

还有一件事也要说到。在 6 月 2 日李鹏总理约谈的时候，经钱正英当面提议，李鹏同意恢复学部委员每月 100 元津贴，使得“文革”起就中断了的这个体现落实知识分子政策，而周光召、钱三强等学部委员本人不便提及的“文革”遗留问题，也终于得到解决。

王：关键时候钱正英起了关键作用。

葛：回顾这一段，除了感谢钱正英同志，特别要说到钱三强同志几十年中为学部工作呕心沥血做出的贡献，还都是很关键性的，历史已记录在案：1955 年成立学部，是他访苏后提出报告并且具体主持操作实现的；“文化大革命”后恢复学部活动，第一次进行学部委员投票民主选举，是他负责主持进行的；1990 年 10 月国务院批准中断十年的学部委员增选和实行增选制度化，又是他尽到“科技界一个老兵”责任，不懈努力的结果。

从 1980 年的院士条例到 1992 年的学部委员条例

王：从科学院档案中看到有一件 1980 年 2 月的《中国科学院院士条

例（草案）》手抄稿，好像是您的笔迹，上面还有钱三强同志写给于光远的话，那个条例是您起草的吗？

葛：不是我起草，我是根据三强同志和光远同志的一份两页铅笔字的电话记录，整理成的院士条例草案，记得共有七条。

1979年年底，时任中国社会科学院（简称社科院）院长的胡乔木突然提出建立院士制度，并得到国家科委主任兼科学院院长方毅的支持，于光远代表社科院（其为副院长）给主持学部工作的钱三强副院长打电话，商量怎么操作，他们着重讨论的是两院向中央的报告和草拟一个院士条例。三强同志让我将他和光远同志商讨的记录稿，整理出一份成文的院士条例。因为时间很急，还带有点不宜声张的保密性，没有送打字室打印，就由我用复写纸手抄三份。2月29日，送给光远同志的那份三强同志写了话，意思是供参考并和国家科委武衡（其为副主任）一起再定时间讨论。

记得于光远很快来电话，说这个条例不能只是《中国科学院院士条例（草案）》，应改为《中国科学院、中国社会科学院院士条例（草案）》，当然照改了。内容由七条扩充为九条，是光远同志代表社科院修改的，后来又经修改，变化比较大，都是由于光远他们负责改定。

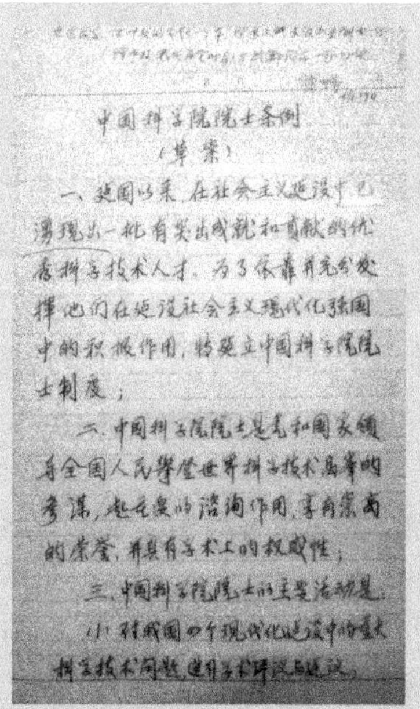
中国科学院院士条例
（草案）
一、建国以来，在社会主义建设中已涌现出一批有突出成就和贡献的优秀科学技术人才。为了依靠并充分发挥他们在建设社会主义现代化强国中的积极作用，特建立中国科学院院士制度；
二、中国科学院院士是党和国家领导全国人民攀登世界科学技术高峰的参谋，起重要的咨询作用，享有崇高的荣誉，并具有学术上的权威性；
三、中国科学院院士的主要活动是：
（1）对我国四个现代化建设中的重大科学技术问题，进行学术评议与建议，

葛能全手抄院士条例稿及钱三强写的话

但由于方方面面对实行院士制度意见存在分歧，特别是院士制度和学部委员制度并行不悖所带来的新情况（如一部分学部委员将转为院士，多数不转还是学部委员），以及具体操作上的许多问题缺乏共识，弄得大家思想混乱，意见纷纭，结果，虽然国务院常务会议讨论通过了，实行院士制的计划也只得搁了下来。

王：这一搁就是十年。到了20世纪90年代初，再搞“学部委员条

例”，是您在学部联合办公室主持起草吧？在没有“中国科学院章程”和“条例”的情况下，要先搞一个“中国科学院学部委员条例”，当时你们是怎么考虑的？

葛：随着学部委员增选制度化了，很自然就面临着如何规范操作问题。过去增选学部委员一次一个做法，都是临时应急性的，没有形成一定之规；不光增选，学部正常运作后的其他方面，比如，学部主任、学部常委会怎样产生和换届，其职责有哪些？又比如，学部委员开展咨询怎么搞法，课题哪里来，咨询意见对谁负责；还有，学部委员除了本身的荣誉，应该有些什么权利和义务，发生了问题如何解决等，都需要有序有据来办理，而且要一以贯之。这就是说，学部工作，要有一个内部法规性的文件，当然，只有“章程”或“条例”能起到这样的作用。

制定“学部委员条例”，有广泛的共识，领导（周光召、张玉台同志等）支持，学部委员也认为有必要。记得我和李吉士同志为起草条例到上海、南京、武汉等地开座谈会，听取学部委员意见的时候，他们都表示应该有一个办事可依的章程。有年岁高一点的学部委员说道：“没有哪个国家的最高学术机构没有章程的，只有我们例外。”既然科学院的章程一直难产，学部不同于院属的一个研究所，本来应该具有一定独立性，不要再紧紧捆到实体科学院一起了，大家寄希望学部联合办公室尽快把这件事做成。

要知道，学部委员的态度很重要，我们做这件事就有了底气。从心里讲，当时搞“学部委员条例”，感觉是不规范行事，因为中国科学院还没有自己的总章程，学部是院的组成部分，缺乏以机构名义搞条例的法理依据，再说两者的关系也写不清楚。于是想到以“学部委员”为立章主体，不以学部机构为主体，这样似乎顺一些，但恐怕也是国内外无二吧。

当时大家的想法，第一位的是要尽快搞出一个条例，先让学部委员增选等有章可循，其他不必较真了。否则，再发生节外生枝的事，又可能导致来之不易的制度化增选前功尽弃。经过约一年半时间调研和反复修改后，1992年4月，《中国科学院学部委员条例（草案）》在第六次学部委员大会上讨论通过了。

王：这个条例就是《中国科学院院士章程》的基础。我以前看材料看到，那个院士章程报给国务院后，国务院回复说“根据党中央、国务院领导的批示精神和国家有关法规及‘三定’方案确定的职权范围，由你院审定并自行发布实施”。就是说这个章程由科学院自己决定就好了，不用报国务院批准了。

葛：国务院就算是一次性认可了。

港澳学部委员增选工作起步

葛：还有一件事应该说说，就是学部委员增选怎样考虑港澳地区的学者、教授。随着香港、澳门回归临近，这也成为一个现实问题。

王：这件事从20世纪80年代起就很受重视，但后来怎么没有落实？

葛：原因很多，国籍问题可能是其中的原因之一（香港地区承认双重国籍，内地不是），同时也由于学部委员制度本身不健全，很忌惮这类的事情。我们在起草条例过程中，想趁机把这件事涉及一下，争取在条例里写一写，起码有一个原则交代。

想法得到领导（主要是周光召及张玉台同志）批准，我和李吉士同志，还有中办调研室一位同志，1991年去做实地调研，主要去听听港澳工委和两个新华社分社，以及两地几所著名大学校长、教授的意见，做点情况沟通。

去之前，我到钱伟长先生家拜访，汇报了为学部委员增选去港澳调研的事，希望得到他指点。他很支持学部联合办公室做这件事，认为应该做了，他用自己的专用信笺写了五封信给熟悉的港澳人士，有香港中文大学校长高锟、香港大学教授张佑启、香港浸会大学校长谢志伟、香港中文大学吴雄谋教授、澳门大学校长李天庆。除了吴雄谋去国外出差没有见到，其他几位都热情接待了我们。我们调研前也做了必要的准备，主要是达到什么要求和目的，不能白跑一趟。我们顺便给几位要面见的教授每人刻制了一方名章，请南京地质古生物所代刻的，章料用的古化石，是一亿多年前的古生物化石，所里有很多。我想用它刻几方名章，既有学术文化内涵，又很实用，还显得珍稀。他们拿到都很高兴，起到了联络感情的作用。

通过这次调研收获比较大。

一是向港澳学界介绍了中国科学院及学部委员制度。高锟在他办公室接待我们，听了介绍表示知道了许多过去不知道的情况，说他个人认为香港与内地学界交往可以更多些，不应该有什么障碍。我们和张佑启教授边吃饭边座谈，涉及的话题很随意，也很实际。

二是真实地了解到港澳两地学界对中国科学院学部委员的态度。原来他们都很在意学部委员称号，熟悉国内当选者在本领域的成就和影响，认为与国外院士不相上下。我们曾经很担心一点，万一有港澳学者当选学部委员了，他宣布不接受多被动啊！看来情况不是这样。

三是港澳工委特别是两个新华社分社的负责人，对我们去调研非常支持。他们派专人（徐家远）帮助联络，香港分社副社长张俊生、科教部翁部长（学部委员翁文波的弟弟），以及澳门分社负责人宗光耀等，都认为中国科学院做得好，说一直希望内地学术界多到港澳作交流，没想到你们起了先头作用，如果学部委员增选扩大到港澳，不管有没有人当选，影响肯定是积极的，尤其政治意义大。

就这样，学部委员增选涵盖港澳，第一次写进了条例，而且在香港回归前，1995 年，香港大学无机化学家支志明首先当选中国科学院院士，回归后的 1999 年，香港大学工程力学家张佑启也当选为中国科学院院士。后来，我负责起草“中国工程院章程”也照此行事，1997 年，香港大学电气工程专家陈清泉首先当选为中国工程院院士。

■ 筹建中国工程院

王：成立工程院这件事，从 1979 年开始，中国科学院技术学部就有学部委员不断提起，到 1982 年还在报纸上宣传过，发表过一些文章。直到 80 年代末 90 年代初，还有人不断地提及这件事情，那么工程院的成立是怎么进入科学院向中央打报告的程序的？这可能是一个重要的转折点。

葛：要求成立中国工程院，可以用千呼万唤来形容。从 70 年代末起，各种见诸文字的提案、建议一直未断。有一件提案 80 多人签名，还都是影响很大的人士，如茅以升、钱三强、黄汲清，张光斗、吴仲华、王大珩、师昌绪、侯祥麟、陶亨咸、张维、钱保功、陆元九等[①]。由于种种的原因，包括科技界内部的不同声音，很长时间里，反对的声音处于主流强势地位，年复一年的提案都存入了档案。

王：原来是这样！那转机是怎样出现的呢？

1999年，中国工程院建院五周年座谈会后合影
（左起：葛能全、潘家铮、师昌绪、张维、侯祥麟、张光斗、王大珩、罗沛霖、张玉台、王淀佐）

葛：关键性的突破在1992年。这年4月21日，六位学部委员张光斗、王大珩、师昌绪、张维、侯祥麟、罗沛霖联名的《关于早日建立中国工程与技术科学院的建议》，通过不同渠道送出了。5月8日，中央办公厅的《综合与摘报》（第54期）根据中国科协上报的稿子全文登载了这份建议。三天后的5月11日，江泽民总书记看了这期《综合与摘报》并做了批示，他批给中办主任温家宝，“家宝同志：此事已提过不少次，看来要与各方面交换意见研究决策，请酌。”[②]

可以说，这个批示，是决定中国工程院命运的。

王：江泽民总书记作这样的批示，是不是和他本人的工程技术背景

① 参见：李飞，《科技界人大代表和政协委员及其提案的历史研究》博士论文稿，2010年，第222页。

② 参见：《中国工程院年鉴》（1994—1997），中国工程院编印，2003年，第33页。

有关系？

葛：也许吧。不过更直接的背景，可能是王大珩先生一次当面进言。这之前不久，在江泽民接见学部委员时，王老当场讲了他们的建议，说多年呼吁得不到结果，讲得很恳切。我想，江泽民应该是留有印象的，当他看到中央办公厅的简报就对这件事做出回应。

王：后来的事情怎样具体进行的？情况顺利吗？

葛：从所见的材料看，江泽民批示第二天，温家宝批转国务委员、国家科委主任宋健，国务委员、国务院秘书长罗干和中科院院长周光召："此事可否请中科院牵头，由有关部门提出意见。请酌。"随后宋健批："送光召并罗干同志。建议加快进度。"罗干批："请周光召同志阅并提出意见（我随时可参与研究），以便尽快报党中央国务院决策。"①

以中央领导人批示为起点，工程院进入了正式筹备阶段。具体筹备工作，很明显分为两个阶段。前一段由科学院牵头，后一段由国家科委牵头。从时间上，1992 年 5 月至 1993 年 3 月为前段，1993 年 4 月起为后段；从工作内容上，前段主要是调查研究，听取意见，统一认识，提出建院方案；后一段主要是筹建的具体操作，包括遴选首批院士。

总起来说，筹备工作要说顺利也算顺利，要说不顺也确有不少曲折，艰难中前进吧。

■ 中国科学院牵头筹备

王：看了许多原始材料，好像在两阶段的筹备工作中，您都是很重要的角色。

葛：科学院牵头筹备的时候，主要由两位技术科学部主任王大珩和师昌绪出面组织，张玉台同志负责总协调，学部联合办公室整体兼做工作班子，我介入多一些、深一些、全面一些，是因为定由我起草报党中央国务院的请示报告。

比如，师老委托刘翔声同志和金属所搜集的十几个国家的工程科学院资料，我一个一个研读。在符合我国国情的前提下，如何使新建的工程院与国际接轨，争取顺利加入国际工程科学院理事会，这一点，六位

① 参见：刘深、郝红全，《师昌绪传》，人民出版社，2018 年，第 263 页。

建议人看得很重，他们的建议书甚至写道："这也是我们必须迅速建院的一个必须考虑的紧迫因素。"

还有，科技界有不同意见，如担心造成理工分家的弊端等，在起草建院方案时如何据此提出合理设想，提供大家讨论和领导决策参考。

前一段工作有两个重要成果。

一个成果是，1992年7月18日以周光召个人署名报罗干并江泽民、李鹏、温家宝和宋健的五条建院原则，这是经过两个月的调研、讨论，集中主流意见提出的。五条原则意见原文是：

> 第一，中国工程与技术科学院（暂名），应当是由在工程技术方面做出了重大贡献的科学家和工程师组成的学术团体，而不应当成为一个行政机构。
>
> 第二，建立中国工程与技术科学院方案的酝酿、讨论和提出，应主要依靠在工程技术领域中工作的科学家和技术专家来进行，并在广泛听取有关方面意见后，提请中央和国务院决策。
>
> 第三，中国工程与技术科学院，应当是一个"虚体"，即只设有院士（或学部委员），不设立也不管辖研究、开发之类的实体。
>
> 第四，现代科学发展的一个重要特点，是学科间相互渗透，多学科综合交叉。为避免理工截然分开，出现不利于科学技术事业发展的局面，中国工程与技术科学院和中国科学院应当通过多种方式，建立起密不可分的有机联系。
>
> 第五，为精兵简政，提高效能，以及密切两院的联系，工程与技术科学院建立后，拟不增设办事机构，其办事职能由现中国科学院学部的办事机构承担，对外实行一套机构两块牌子。①

周光召最后请示："以上意见，如无不妥，建议由王大珩、张光斗等六位建议人与技术科学部主任、副主任组成工作小组，在技术科学部学部委员中酝酿、讨论，并广泛征求其他学部和有关部门的意见，争取在

① 参见：《中国工程院年鉴》（1994—1997），中国工程院编印，2004年，第35-36页。

今年十月前后形成方案，报请中央和国务院决策。”

到8月26日，各位领导人都批示赞成周光召的请示，其中罗干批道：“拟同意这五条原则性意见，如何组建还可进一步研究。”①宋健写的批语是：“科学界所见者大同。我也赞成信中所列五条原则。请中央决策。”

周光召同志接到转回的批件后，写了一句话交张玉台和学部联合办公室：“此事可以着手进行了。”

王：这是货真价实的着手筹建工程院的“尚方宝剑”！后来呢，具体怎样进行的，特别是您主持写的那个报告。

葛：一方面，师老、王老和张玉台继续向学部委员，以及有关部委通报情况、征询意见，进一步统一认识，尽可能减少阻力。这点很重要，否则整个事情可能给搅黄。另一方面的工作，就是起草向中央和国务院的请示报告，实际上就是拟出一个建立工程院的全面方案，主要由我负责考虑并起草。这个文件，不仅关系到新建工程院的未来，同时也与中国科学院学部尤其技术科学部紧密关联。我先把涉及的所有原则性问题都列出来，然后就问题理清思路，写出草稿，反复推敲修改，到自己觉得基本可以出手了，再送请征求意见，最后定稿。记不清改过多少回了。当时修改稿一次次打字，都是由陈丹同志做的，他是科学院学部联合办公室参与工程院工作最早最多的，工程院成立后留下任职并兼任朱光亚院长的秘书。

第一份请示报告共约三千来字，除了八九行字的开头语，分列三个方面写，即：一是关于建立中国工程院的必要性，主要讲国际发展趋势和国内发展需要。二是关于组建中国工程院的一些原则。三是关于中国工程院的筹建工作及进度安排，提出筹备工作争取在1993年内完成。报告的重点和实质在第二项，当时列了七个原则问题阐述和请示，分别是：①关于名称；②关于中国工程院的性质和作用；③关于中国工程院成员的称谓；④关于中国工程院与中国科学院（学部）的关系；⑤关于中国工程院院士的标准和条件；⑥关于中国工程院第一批院士的产生及以后的增选制度；⑦关于中国工程院的领导体制及学部设置。

① 参见：葛能全、陈丹，《关于中国工程院的成立》，《中国工程院院史资料》，中国工程院编印，2014年，第29页。

“请示”还附了筹备领导小组建议名单（17人），组长宋健，副组长罗干、周光召。

文件定稿为“关于建立中国工程院有关问题的请示”，由中国科学院（周光召签发）和国家科委（李绪鄂签发）联署，于1993年2月4日呈报国务院并党中央。

2月11日，中办秘书局将两科（即中国科学院和国家科委）请示转报温家宝。2月13日温批：“请李鹏同志批印常委会议文件。”4月9日李鹏批示：“请宋健同志提出组建方案（在原报告基础上）经国务院讨论后，上报中央核批（我已将对此件一些意见告宋健同志）”。[①]

王：时间过了将近两个月，有什么“内幕”吗？“一些意见”宋健转达了吗？具体是些什么意见？

葛：宋健传达意见是4月24日。那时我不在国内，正随团去美国看望访问学者和留学生，顺便通报准备成立中国工程院的情况，这不是主要任务，主要去访问美国工程院和科学院，了解他们是如何运作的，同时拜访加州大学伯克利分校校长田长霖教授，向他通报国内正筹建工程院的情况，因为他一直很关心这件事。他在校长办公室接待我们，听了我的介绍他很高兴，说终于起来“造反”了，意思是借美国工程院从美国科学院造反出来作比喻。这个意思的话，田长霖1981年6月在北京一次演讲时就讲过，他并且当场鼓励吴仲华出来“造反”。

王：宋健传达的意见是些什么意见，报告起草人你不在国内，向谁传达的？

葛：宋健传达的意见是向张玉台和何仁甫口头讲的，好在何仁甫同志整理了一份“谈话要点”后来交给了我，所记内容大致如下。

一是，这期间听到很多反映，认为筹建工程院应该主要靠工业部门来办，不要靠科学院学部来办。

二是，筹建工程院的办事机构，不要由科学院学部办公室兼，应该单独设立。

三是，不同意有人提议的筹建工程院的办公室设在国家经贸委，应

① 参见：葛能全、陈丹，《关于中国工程院的成立》，《中国工程院院史资料》，中国工程院编印，2014年，第31页。

该设在国家科委。

四是，现在不是科学院学部委，将来有可能被推荐为工程院院士的一些人选，可以考虑进工程院筹备领导小组。

五是，在原报告基础上，再提出一个关于工程院的组建方案。[①]

接着，宋健对张玉台、何仁甫讲了应如何调整和操作的具体意见。

宋健的基本意见是，为了不再发生大的波折——

> 一是总的原则不变，适当做些调整。
>
> 二是将来办公室设在三里河大楼内，名义上设在科委，实际上与学部挂钩，学部办公室出一位副主任兼工程院（筹建）办公室主任，不要再另起炉灶。不要否定原来的原则，理工不要分家。在大楼里设办公室，给编制，基本上由科学院来办，联署办公。至少在业务指导上统一起来（朱丽兰同志已同意这个意见）。
>
> 三是领导小组作些调整：让我当组长，虽是灼手的土豆，但不再变了。副组长加 3 ～ 4 人，从工业部门、非学部委员中加，正副组长共 7 人。
>
> 领导小组中，我的意见，朱 ××（名字均为引者所隐，下同）、刘 ××、怀 ××、徐 ××、盛 ×× 同志作为部门代表不一定参加，但可考虑上丁 ××。可以按领导同志的意见，上几个有可能被推荐为院士的人。提了戚 ××、屠 ××、罗 ××、林 ××、杨 ××、林 × 等人。我认为，还要考虑两弹方面，搞大工程较好的人（如任新民，他已是学部委员）；电力方面要有人；还要有石化方面的人。
>
> 星期一下午讨论后，作为补充意见，附在请示报告前面一并上报。

最后，宋健同志再次强调说，“我认为原请示报告中提出的原则、方针是可行的；办公室名义上设在科委，实际上与学部办公室联署办公；

① 参见：葛能全、陈丹，《中国工程院的筹建历程》，《科学文化评论》，2006 年第 1 期，第 67 页。

要充分发挥学部工作经验。”[1]

王：这样一来，宋健正式出面，开始主持工程院的筹建工作了。

葛：4月26日，宋健受李鹏委托在国务院召开会议，我陪同光召同志参加了，我是26日凌晨回国的。参加会议的还有国家科委、财政部、人事部等。国办秘书局印发了《研究成立中国工程院的会议纪要》，除了重复李鹏的原则意见，定了四件事：一是扩大筹备领导小组建议名单（后由原17人扩大到26人），组长宋健未变；副组长罗干自己建议不参加，周光召未变，另加了钱正英、戚元靖、朱丽兰（负责常务）、师昌绪为副组长。二是明确领导小组的任务是，在国务院领导下，负责组织和协调工程院筹建过程中的各项重要事务，包括提出具体组建方案，起草章程并组织推荐和遴选第一批院士等。三是设立工程院筹备办公室，在筹备小组领导下开展工作。四是财政部拨款一百万元为筹备专项经费。

在说到筹备办公室时，宋健对光召说，请你们出一位熟悉情况的同志兼任办公室主任，又对朱丽兰说，请科委出一位任办公室副主任。光召同志没有征求意见就报了我的名字，还说我熟悉学部工作，成立工程院的第一个报告就是我主持写的。当场就这样定了。科委高技术司副司长冯思健兼办公室副主任是会后定的，他主要象征国家科委，实际工作做得不多，科委抽到办公室的王元晶同志做了不少具体工作，成为我的一个重要帮手。

■ 转为国家科委牵头筹建

王：这样工程院的筹建工作由科学院转到了国家科委，但负责具体事务的还是科学院的人，沟通方便，两边都放心，您也有了两重身份。

葛：以国办印发会议纪要为标志，工程院由筹备调研开始转入正式筹建，由中科院牵头转为国家科委牵头。

从此在宋健同志直接领导下工作，先做两件事：一是对原“请示”进行修改。这个过程中，我把根据领导意见准备修改的想法，适时与几

---

[1] 参见：葛能全、陈丹，《中国工程院的筹建历程》，《科学文化评论》，2006年第1期，第67-68页。

国务委员宋健（右）同葛能全谈工程院工作（1997年1月）

位发起科学家沟通，以便取得理解和支持；沟通中，他们反映的一些值得重视的意见，有的及时向宋健同志汇报，有的直接吸纳在修改文件中。第二件事，根据领导意见调整筹备领导小组名单。这其中我很清楚科技专家有一种普遍意愿，不希望新建的工程院行政色彩太浓，但在操作中又不能置领导意见于不顾，因此要打打“太极拳”。我体会，做具体工作的人，如果方式得当，不带私念，把道理说得清楚，有些意见领导人会考虑的。

这期间，我感觉宋健同志是能够倾听意见、尊重科学家的。这里说两件事。

一天，宋健交我一件领导同志4月9日对两科请示的批改稿，看到“请示”件首页上写了许多表示意见的铅笔字，又用橡皮擦掉了（明显留下部分字迹），而后写了“已将对此件一些意见告宋健同志”[①]这句话。这就是宋健向张玉台和何仁甫传达的那些意见，其中有一条意见宋健是打了折扣的。领导同志说筹备工程院不要再靠科学院学部，而宋健传达讲的及后来实际做的，都是依靠的科学院学部，国家科委只是名义上牵头。应该说，宋健打这个折扣是不容易的，他当时兼任国家科委主任，不是出以公心一般不会这样做，我相信是包括了六位建议人在内的科技专家的意愿，给了他这样做的理由和勇气。

也是那天，宋健交代调整领导小组名单时，给我一件领导同志改过的名单，还有另外口头提到由宋健铅笔记下名字的两页纸。领导同志还特别在副组长中亲笔加了原建设部长的名字，而把唯一的倡议科学家代

① 参见：葛能全、陈丹，《中国工程院的筹建历程》，《科学文化评论》，2006年第1期，第67页。

表师昌绪的名字，从副组长里勾到了成员名单中。对此，宋健认为，师昌绪不做副组长不合适，说这么些副组长，没有一位倡议科学家代表不好办，将来筹建中的一些问题要靠他起协调作用，因此他决定将师老留在副组长最后一名。当时我还问了一句要不要向领导同志说明一下，宋健说先这样报上去。

以上两件事后来都按宋健同志的意见实现了，这对工程院的顺利筹建和发展，其积极作用是明显的。

王：国务院讨论批准建立工程院的请示报告，和前一个稿子比较是不是有比较大的修改，主要有哪些改变？

葛：可以说改动又大又不大。说不大，是因为基本思想和框架没有什么变化，如建院的必要性、机构名称、性质、作用等，基本沿用前稿，除了文字修改。改动比较大的，是在建一个什么样的工程院这个问题上，具体说就是关于工程院的领导体制、工程院和科学院的关系、办事机构设置等。

作为两个报告的起草者，公平地说，前稿注意表达了科学院方面（包括院内科学家和领导层）的传统和主流认知，过于强调理工不能分家，而对工程技术和技术科学的自身特点及其对社会、经济发展的作用，认识和表达不够。在建立工程院的报告中，加重强调并体现工程技术的地位和作用，我觉得是自然而应该的。

王：修改稿报上去以后情况怎么样，顺利吗？

葛：修改定稿的请示，于1993年9月30日仍以两科联署报国务院（未再写党中央），这回改为国家科委在前，科学院在后。10月19日在李鹏主持的第十一次国务院常务会议上讨论，是那天会议的最后一项议题，但讨论的时间很长。本来由朱丽兰作汇报，因她出差改由国家科委副主任黄齐陶汇报，基本上念书面请示，宋健同志作补充。会后印发的《国务院常务会议纪要（11）》中，关于成立工程院的文字是这样写的：

> 会议原则同意建立中国工程院，请科委、中科院就工程院的隶属与中科院技术科学部的关系、工程院包括的学科、如何严格掌握工程院专家人选的条件及筹备领导小组名单等问题进

一步研究、协调后，报国务院并党中央审定。[①]

为便于了解《国务院常务会议纪要（11）》所述各点的背景及相关情况，这里根据我的现场记录和回忆，作简要补充说明。

在讨论中国工程院的性质时，明确工程院实际上是工程科学院，是一个学术性的咨询机构，不能理解为是工程方面的决策机构。

关于中国工程院与中国科学院技术科学部的关系，有人提出把技术科学部整体（包括办事机构）都转到工程院，科学院不设技术科学部，但考虑到这样绝然分家，改变过大，会引起认识上的分歧，带来工作上的很多新问题，同时也不利于将来两院协同发展，因而决定科学院技术科学部体制上不作改变。

对于工程院所包含的学科专业，讨论认为，范围不宜搞得太大，应突出工程这一特点，与工程关系不大的如医学，可以不包括在工程院，将来另作考虑。

会上有人讲到，贡献突出的袁隆平两次没有当选科学院学部委员，反映很大，担心将来工程院也按学部委员标准来选院士，强调学术论文而忽视实际贡献。讨论认为，这是一个应该引起重视的问题，两院院士的标准，应该各有侧重，要写明确，便于严格掌握。会议主持人对民主选举学部委员给予肯定，知道科学院选学部委员要经过几次无记名投票，不是那么容易的事。

讨论中，讲到中国科学院学部委员每月 100 元津贴，认为那是五六十年代定的标准，加上通货膨胀的原因，现在至少应加一倍。会议决定，学部委员津贴每月 100 元改为每月 200 元，将来工程院院士也照此实行。[②]

王：原来这样的，这些一手情况很有意思。国务院常务会议原则同意建立工程院，怎么会议纪要还写了好几条要进一步研究、协调的问

---

① 参见：葛能全、陈丹，《中国工程院的筹建历程》，《科学文化评论》，2006 年第 1 期，第 70 页。

② 参见：葛能全、陈丹，《中国工程院的筹建历程》，《科学文化评论》，2016 年第 1 期，第 71-72 页。

题？后来又报了一次吗？

葛： 对。11 月 12 日又以两科名义上报了《关于建立中国工程院有关问题的请示的补充报告》，这个报告报的国务院并党中央，就《国务院常务会议纪要（11）》提到的五个问题提出研究协调意见。意见概述如下：

（1）关于工程院的隶属问题。补充报告提出："根据拟建的中国工程院的性质和作用，工程院建立后，除了不设置和不管辖各种实体外，其性质和职能基本同于中国科学院和中国社会科学院（简称"社科院"），因而从管理体制上，工程院应隶属于国务院，作为国务院的一个直属事业单位。为精兵简政，工程院的办事机构，可挂靠在国家科委。"

（2）关于工程院与中科院和技术科学部的关系。补充报告称："中国工程院建立后，在中国科学院继续保留技术科学部是很自然的，也是十分必要的。以后，在两院专家成员（即院士）中，会有少数成员兼有两个称号，而无须放弃一方。"

（3）关于工程院将包括的学科范围。补充报告写道："根据国务院常务会议提出的工程院不宜铺得太大，不要无所不包的意见，经研究，对工程院将包括的学科（即学部设置），拟进行适当调整，使其更精炼"。并拟出调整的三条原则即："①要更加突出体现工程技术的特点（工程技术特点不太强的如医药等，可不包括在工程院内，将另作考虑）；②要更加紧密结合我国国民经济发展的情况；③学科专业不宜划分太细太窄。"

（4）关于如何严格掌握工程院院士人选的标准和条件。大家一致认为，国务院常务会议提出这点，十分重要和及时。从工程院组建一开始就必须切实严格掌握院士人选的标准、条件和必要程序。补充报告提出："中国工程院院士人选的标准和条件，与现中国科学院学部委员相比较，应更侧重于在工程技术领域的贡献和应用成就，具体掌握是：在某工程技术领域取得重要研究成果和重大发明创造者；或是在重大工程设计与建设中，创造性地解决工程技术问题有重大贡献者；或是某重要工程技术领域的奠基者和开拓者；或在工程技术应用于实践方面成绩卓著者，等等。"报告称，"首批工程院院士人选的遴选工作至关重要，将起到一种导向作用。为此，在工程院组建方案得到批准后，筹备领导小组将根据工程技术界的广泛提名，组织专家充分讨论、协商和遴选，提出 150 人左右（含少数从科学院学部委员中遴选的专家）的拟聘名单，报请国务院审批后聘任。”

（5）关于工程院筹备领导小组名单调整的意见。补充报告称：“为使工程院筹建工作顺利进行，成立一个由有关方面负责人、工程技术专家和一些有代表性的同志组成的领导小组，在国务院领导下协调和组织工程院的各项筹备工作，是必要的。经过反复酝酿和协商，建议宋健同志担任筹备领导小组组长，钱正英、周光召、丁衡高、朱丽兰、戚元靖、林汉雄、师昌绪同志任副组长，朱丽兰同志负责筹备领导小组常务工作。调整后的筹备领导小组建议名单 45 人。”[①]

王：筹备领导小组这么多人？

葛：把原先设想的领导小组和首批院士遴选专家委员会合二为一了。筹备领导小组扩大到 45 人，有这样一个背景情况：国务院常务会议讨论情况，特别是领导小组加了不少部级领导，这在科学技术界一时引出许多议论，担心工程院将来成为官员俱乐部的说法较为普遍。正是在这种舆论下，张光斗、张维、王大珩、侯祥麟、师昌绪五位原建议人，于 1993 年 11 月 8 日又联名致信宋健、罗干、温家宝并江泽民、李鹏、朱镕基，陈述筹建工程院的六条意见，涉及建院目的、体制、隶属关系，学部设置，院士标准条件及选举等。总体上是着重强调请示报告的内容，但有两段话是他们写信的重心。

一段写道：中国工程院既然是一个工程科学技术界的最高学术机构，其成员享有国家工程技术界的最高学术称号，在遴选时就必须做到严格按标准条件办事。标准的文字表述，我们同意国家科委和中国科学院报告中的提法。

另一段话直截了当写他们的担心：“我们最关心的是：中国工程院不能成为安排干部的一个机构，所有成员必须符合上述标准，否则有损中国工程院的威望，达不到建院的目的，在国际交往中也会造成困难。”

---

① 参见：《中国工程院年鉴》（1994—1997），中国工程院编印，2003 年，第 43-44 页。

王：对他们的信，领导人有批示吗？

葛：没有见到领导人批示，也没有听到上边的反应，但这封信对调整筹备领导小组起了积极作用。具体说就是针对领导干部比较多的状况，在保留原六位建议人的基础上，增加了一些工程科技背景较强、有代表性的学部委员和工业部门的专家，如王越、王淀佐、闵恩泽、张炳熹、陆元九、周干峙、赵仁恺、顾诵芬、郭孔辉、路甬祥、金怡濂、姚福生、管德、卢良恕等。名义就是把领导小组和遴选专家委员会合起来，名称不改，仍叫筹备领导小组，这样既可以保证首批院士评审的专业涵盖，同时也一定程度上改善了“官员多”的结构，给外界的观感好一些。

王：成立工程院最后是经过党中央批准的，具体程序是怎样的？

葛：中央批准是江泽民主持的政治局常务委员会十四届第46次会议，宋健列席了，时间是1994年1月6日上午。中央会议决定事项通知（通字（1994）3号）中，关于建立中国工程院有一段话：会议讨论并原则同意《国家科委、中国科学院关于建立中国工程院的请示报告》。会议决定，请国家科委根据会议讨论的意见，对请示报告修改后，组织实施。

王：请示报告还要修改？

葛：宋健同志当天下午把我叫到办公室传达了。其实这次修改非常简单明确，主要是把国务院讨论的请示报告和后来的补充报告揉成一个报告，并适合公开印发。比如，原来几稿讲建立中国工程院必要性的国际因素时，有一句“如台湾先于我加入国际工程科学院理事会会给我造成被动局面”这样的话，常委会议讨论认为这话可不写。这有道理。原先写这话（六人建议书就写了）是想说服领导对成立工程院必要性和迫切性的重视，国务院党中央已经批准建院了，当然就没有必要写了，而且这话公开出来效果不会好，起码显出缺乏高度。

■ 中国工程院首批院士遴选

王：中国工程院的牌子有了，大家最关心的就是院士吧。首批院士是如何产生的？这个过程会有一些精彩的故事吧！

葛：关于工程院首批院士的各项考虑，是1994年1月11日上午宋健主持筹备领导小组第一次组长办公会研究确定的。会上，宋健先传达政治局常委会和国务院讨论并批准建立工程院情况，接着由我汇报 6 日下午宋健召集朱丽兰和筹备办公室两位主任商议的事项，包括拟定首批院士名额、产生办法及程序、大致时间安排等。组长办公会讨论确认后，1 月 15 日召开第一次筹备领导小组全体会议，宋健主持，还是由我作具体汇报，最后形成决定并据此组织实施。主要决定事项及工作进程、经过是这样的：

（1）确定首批工程院院士人选 100 名左右。其中 30 名委托中国科学院学部主席团在现有学部委员中经过酝酿协商提出建议名单，要求入选者的工程技术背景比较强，并具有一定代表性；另 70 名左右人选，先由国务院有关部委、直属机构、解放军总政治部和筹备领导小组成员按规定限额提名候选人，具体规定为：上述各机构最多可提名 2 名候选人，其中 65 岁以下者不少于 1 名；每位领导小组成员至多可提 2 名候选人，获得 2 名成员提名为有效。

（2）1 月 17 日和 18 日，由国家科委代章以中国工程院筹备领导小组名义向各有关部委、直属机构、解放军总政治部和筹备领导小组成员（首批院士遴选没有面向省市），分别发出“关于提名中国工程院院士候选人的通知”，附寄了《中国工程院院士候选人提名表》和《中国工程院院士候选人简表》。规定提名截止时间是，部门机构为 2 月 8 日下午 5 时，筹备领导小组成员为 2 月 18 日下午 5 时。到提名截止时，共计提出有效候选人 108 人，其中工作在产业系统的 88 人，占 82.2%；年龄在 65 岁以下的 82 人，占 76.6%。

（3）2 月 26 日，筹备领导小组办公室编写一期专供党中央、国务院领导参阅（代汇报）的《中国工程院筹建工作简报》，详细汇报首批工程院院士候选人提名及 3 月初进行遴选的安排。同日，宋健在报李鹏的一份简报上写道：“报李鹏总理阅示。拟于您政府工作报告（宣布）后，由新华社向公众发一通稿。3 月 1 ～ 5 日筹备领导小组开遴选会议。”3 月 1 日李鹏圈阅并退回原件。2 月 28 日，宋健在另一件上报的简报上写道：“家宝并报锦涛同志阅知。报泽民同志。3 月 1 ～ 5 日筹备领导小组开第三次全体会议，正式遴选首批院士名单。李鹏同志在政府工作报告中将首次宣布此事。3 月 10 日拟请新华社发一通稿，向国内外公众宣布。有何指示，望告。”温家宝和胡锦涛于 3 月 1 日圈阅。江泽民 3 月 12 日阅后批：“好。”①

（4）3 月 1 ～ 5 日，筹备领导小组全体成员（45 人）按土木水利建筑、电子信息、农业轻纺环境、冶金材料化工、机械运载、勘探采矿能源 6 个遴选组，对口候选人专业进行评审，各组采用预投票方式按本组接受候选人 80% 比例，遴选出提交全体会议介绍的候选者计 86 人，由各遴选组的代表分别逐一介绍其主要成就和贡献（介绍 6 分钟，提问讨论 4 分钟。介绍讨论时，如遴选组成员被提名为候选人的，实行暂时回避，即离开会场）。经过全体遴选组成员对全部 108 名有效候选人进行无记名投票（规定每人最多可圈选 84 名，即比应选人数 70 人，多 20%），最后实行差额无记名投票选举，超过投票人数（实到 44 人）二分之一当选为拟聘院士。计票结果有 64 名候选人当选，其中 65 岁以下的 47 人，占 73%，工作在产业部门的 53 人，占 83%，这两项均符合预定要求。

王：看来工作做得很规范、很周密，结果也很顺利，这可能和您过去负责学部联合办公室工作，又主持起草学部委员条例有很大关系。

葛：经历和经验当然重要，领导的信任，特别是领导小组组长宋健、常务副组长朱丽兰和周光召、师昌绪同志等对工作的支持是基本条件，没有这个条件，光凭经验也施展不开。

但是，选举结果刚一出来，却发生意外情况。事情是这样的：

3 月 5 日下午遴选会议结束后，我和会议工作人员还没有撤会，突然接到宋健找我的紧急电话，说一位领导同志打电话给他，说到下午选举结果（筹备组成员都知道选举结果）的事。宋告诉我先不要对外讲 64 人选举结果，明天商量一下，可能还要做点补救工作②。第二天我去见他后，知道了是怎么回事。

3 月 9 日上午，宋健召集部分副组长周光召、朱丽兰、丁衡高、师

① 参见：葛能全、陈丹，《中国工程院的筹建历程》，《科学文化评论》，2006 年第 1 期，第 77 页。

② 参见：葛能全、陈丹，《中国工程院的筹建历程》，《科学文化评论》，2006 年，第 78 页。

昌绪和成员、国务院副秘书长徐志坚开会。说遴选结果（64 人）出来后他得到一些反映，主要说是跟应选名额（70 人）相差较多，还说到领导关心的几位代表人物都没有进到当选名单，要商讨下一步准备做的工作。我的印象，与会的几位心里都明白，虽然先说的是当选人数过少，其实更直接的原因是认为应进的几位没有进来，对此也都理解。会议决定再进行一次补选，但要征求全体领导小组成员的意见。

3 月 17 日上午和下午，宋健先后主持召开两个座谈会听取意见。上午出席者为周光召、朱丽兰、丁衡高、师昌绪和领导小组中的学部委员 13 人，下午出席者为朱丽兰、钱正英和各部门参加领导小组的人员 14 人，其中戚元靖、林汉雄、林华、罗西北、秦仲达因需要回避未通知到会。

王：大家的意见如何？有提出不同意见的吗？

葛：讨论中和会下议论时，对在工程技术组织管理方面有经验、有贡献，而没有学术性文章和著作的一些领导干部要不要进入首批院士名单，确有不同意见。大体的倾向性态度是：来自产业部门的领导小组成员大多赞成，科学院学部委员大多不赞成，但学部委员侯祥麟持赞成态度，他的说法是“还得有这样的人，当然不能太多”。

两个座谈会开下来，主流意见赞成补选一次。具体做法写在《关于工程院首批院士遴选的补充规定》中，就是对曾在大会上做过情况介绍而没有当选的 20 名候选人，由全体领导小组成员再进行一次无记名投票，每位投票人最多可圈选 6 人，获得超过半数票者当选。计票结果有戚元靖、林华 2 人得到超过半数的选票，一并列入拟聘首批院士名单，两次选举共计 66 人当选。

王：领导人亲自把名字写到筹备组做副组长的那位部长还是没有补选上，他恐怕是领导人关注的重要对象之一吧。

葛：可能是主要对象。自他的名字加到副组长里就有一种说法，说是在重新安排他的工作。新成立的工程院，既有相当的地位，又不太扎眼。但是工程院章程规定，院长和副院长必须由院士担任，那位部长两次选举都没有当选院士，这就等于工程院的大门永远向他关闭了。

■ 30 名科学院学部委员进入工程院首批院士

王：从现学部委员中提出 30 人名单这件事，是早有计划还是临时决定，主要出于什么原因？

葛：据我所知，从中国科学院学部委员中吸纳一些为工程院首批院士，在早期筹备时就有过议论和考虑，具体 30 个名额是临时决定的。这样做的原因有两方面：一是为了增强工程院的学术地位和首批院士的知名度，同时有利国际学术交流；二是便于工程院和科学院学部的密切联系，彼此协同。从后来的实际效果看，我以为这是一个"高招"。

王：30 名学部委员进工程院首批院士是怎样操作的？是按规定程序，还是各学部报个名单由学部主席团通过就算定了？

葛：30 名学部委员进首批工程院院士这件事，在两科最后向中央国务院的请示中写了，写的是 100 名左右拟聘名单，其中含 30 名工程技术背景比较强的现中国科学院学部委员，前面说的这样考虑的两方面因素没有写，也不方便写。但筹备领导小组给科学院学部主席团的函件写得具体些：为密切中国工程院和中国科学院学部的联系，体现现代科学技术相互渗透、综合交叉的特点，有利我国科学技术和经济、社会的整体协调发展，工程院筹备领导小组委托科学院学部主席团，酝酿提出 30 名工程技术背景比较强，具有一定代表性的现学部委员建议名单，要求三分之二是在产业部工作的，65 岁以下的不少于二分之一。

科学院学部主席团的做法是，将 30 个名额分给各学部，请各学部提出建议人选，技术科学部 21 名、化学学部和地学部各 3 名，数理学部 2 名，生物学部 1 名。并对人选提出了四条原则和两点具体要求。四条原则为：①本人的工作范围（包括过去做的工作）工程技术背景比较强；②本人同意兼任；③有一定代表性，以利于扩大中国工程院的影响和主要科学技术机构的相互联系和情况交流；④提出的 30 位人选，要求在部门、单位、专业、年龄等方面要有合理分布。两点具体要求是：① 30 人名单中，工作在产业部门（含产业部门所属高校和研究院、所）的，应不少于三分之二（即不少于 20 人）；② 30 人名单中，年龄在 65 岁以下（含 65 岁）的，应不少于二分之一（即不少于 15 人）。

学部主席团还提出，部分学部委员参加工程院筹备领导小组时已考虑了多种因素，比较符合上述原则，建议各学部将他们列为建议名单。

各学部产生人选的方式和方法不是统一规定的，因为只是向主席团提供建议人选名单，由主席团最后决定。当时，许多学部委员并不在意兼两院称号，怕会议、活动多，耽搁时间。据了解，数理、化学、地学部是由各学部办公室按所述原则，征求有关学部委员意见，向学部主任汇报，由学部主任综合提出名单征求副主任和常委意见确定人选；生物学部是在常委会上商定的；技术科学部由于名额较多（21 名），专门开了常委扩大会讨论学部主任提出的参考名单，临时采取无记名投票方式。

王：据说数理学部没有提钱学森的名，是后来周光召让出名额给钱学森的，是这样吗？数理学部不提钱学森，您知道其中的原因吗？

葛：数理学部提出的两个人选是没有钱学森，他们提的是周光召和朱光亚。名单报到学部联合办公室，我和张玉台第一反应觉得没有钱学森可能不大合适，先把这个情况个别向光召同志说了，看得出他也有同感。问我们有什么办法？一下子回答不出解决的办法来。因为 30 个名额都分配了，除非请工程院筹备组再增加一个名额（我当时真想过这个办法，也可能会得到宋健同意），但鉴于追加一个名额是为了钱学森，这无论在科技界，或对于他本人，都是件极为敏感的事，后果怎样很难设想。还是光召同志说了一句话：要不把我换成钱学森。听了这话，我心里又高兴又愧疚，这等于是我们把困难推给他，将了他的军嘛。

后来，在 2 月 28 日学部主席团审定各学部建议名单的会议上，作为执行主席的周光召同志主动提出自己退出，“让位给钱学森”，并且讲了他个人的考虑，他说：“钱老在工程技术领域有影响，包括国际上，他适合作为工程院首批院士建议名单报给筹备领导小组。数理学部提了我，没有提钱学森，我建议把我换成钱老，我虽然参加过原子弹、氢弹工程，但我的学科专业背景是理论物理。”周光召的提议最终获得主席团认可，大家发言认为这是以身作则、顾全大局的好做法。

至于数理学部为什么没有提名钱学森，原因不很清楚，那天我不在学部现场。从后来得到的信息，可能有几个因素：一个是钱学森没有参加工程院筹备领导小组，周光召、朱光亚参加了，而数理学部正好分到两个名额；第二个因素，据我了解，数理学部部分学部委员对钱学森从来不参加学部的会议和活动有看法，而且他还在 1992 年 9 月 21 日亲笔致信学部主席团执行主席，申请辞去学部委员称号；第三个原因可能更直接，在工程院正进入紧张筹备的时候，1992 年 9 月 4 日，钱学森亲笔致信表示，“我不赞成有些学部委员提议在中国科学院之外再设一个中国技术院或中国工程科学院。”①

王：原来是这么个情况。钱学森后来是什么态度？

葛：应当说明一点，钱学森对成立工程院的态度发生了变化。他在工程院成立前夕（1994 年 5 月 22 日）亲笔致信工程院筹备领导小组写道：您组办公室 5 月 16 日的院成立大会及预备会议通知收到。我因年老体弱，行动不便，故已向办公室请假，不能出席会议了。中国工程院的成立是我国社会主义建设中的一件大事！我谨在此祝贺中国工程院成立！愿院成立大会圆满完成任务！并希望中国工程院对祖国社会主义建设做出更大贡献。

当朱光亚在工程院成立大会上当选首任院长后，钱学森又亲笔致信祝贺，特别写道：我现在想到一个中国工程院与中国科学院分工合作的说法，即：全部学问分三个层次——基础科学、技术科学、工程技术，那么中国科学院是基础科学兼技术科学，而中国工程院是工程技术兼技术科学。②钱学森的这一简明表述很有启发作用，对于我们考虑和处理两院之间的许多事情，容易想到各有侧重，能讲清楚道理，起码我本人认识上和工作中获益很大。

王：其他学部的提名和选举没有出什么意外吗？

葛：除了数理学部，技术科学部提建议名单时也发生一点意外。2 月 25 日师昌绪和王大珩在中关村外专公寓召开学部常委扩大会，临时采用无记名投票决定该学部 21 人建议名单。选票统计出来后，发现事先认为应该入选的某位水工结构工程专家落选了，而未参会的一位南京水科

① 参见：葛能全、陈丹，《中国工程院的筹建历程》，《科学文化评论》，2006 年第 1 期，第 80 页。

② 参见：《中国工程院年鉴》，（1994—1997），中国工程院编印，2004 年，第 74 页。

院水利学家却进了名单，都感到有些意外。技术科学部的名额多，又是正规的投票遴选，我当时作为学部联合办公室和工程院筹备办公室的工作人员从头至尾在会上。统计选票后，我曾向师老建议，投票结果可否不在会上宣布，会后发通知。师老认为这是大家投票的结果，应该当场宣布。一经宣布，平时不大爱说话的那位水工结构专家一下子表情尴尬，脸色也不好，他提包要走说还有事。我见状主动送他下楼，在大厅等车子，陪他说了一会儿话，主要解释各学部的提名都要报学部主席团审议，由主席团正式提交工程院筹备领导小组。这样程序性的话，师老在念完名单后也讲了。

会后我和张玉台同志交换了意见，他也觉得那位水工结构专家不进工程院首批院士名单不大合适，其实师老也认为他应该入选工程院首批院士，没想到出了意外。后来在学部主席团会议讨论时，师老也曾表示自己可以退出换成那位水工结构专家，但大家都不赞成师老退出。最后主席团经过讨论，决定以水工结构专家替换南京的那位水利学家。

这里要说到那位水利学家，他虽然没有出席（没有通知）那天技术科学部的遴选会，但可以肯定他是知道投票情况的。后来学部主席团做了改变，就我所知并未正式向他作说明，而他从未计较过这件事，可见先生的个人胸怀和大局精神。

■ 关于实行院士制

王： 成立工程院实行院士制，把科学院学部委员过渡到院士这个老大难问题很顺利解决了，好像这件事没有讨论过，也没有征求意见，您当时起草报告是一开始就写了吗？文字怎么表述的？

葛： 从六位学部委员提建议到着手筹备工程院，当时很强调国际接轨这一点，所以在我脑子里，实行院士制一开始就基本成为定式。新建一个最高学术机构，其成员总不可能再叫学部委员吧，那就只能称院士；工程院实行院士制，科学院的学部委员自然就得改称谓了，不是学部委员和院士“并行不悖”那套思路，这就无须再征求意见，发起讨论。

试想，如果不是科学院牵头筹备，不是熟悉学部历史的我们这些人负责具体操作，情况可能费点周折，但也毕竟大势所趋，搞院士制已是水到渠成的事了。

两科请示报告关于实行院士制和学部委员改称院士，文字写得并不长，全文是这样的："讨论和征求意见过程中，大家认为中国工程院成员的称谓，以称院士为好，这既与其荣誉性相符合，又便于国际联系，有利交流。同时建议，中国科学院学部委员亦改称为中国科学院院士。从目前我国科技实力和对外影响等方面情况看，学部委员改称为院士，条件已经成熟，时机是有利的，而且这也是长期以来全国科技界的普遍呼声。"

葛能全任中国工程院首任秘书长后，在京西宾馆接受中央人民广播电台专访

请示报告经过若干稿，我记得唯独这段文字没有改过，因为没有人对此提出过异议，包括高层决策领导人。

王：真是事情复杂起来非常复杂，一简单起来又非常简单，学部委员改院士折腾了几十年，几起几落，结果不声不响中事情就办成了，皆大欢喜。

葛：那时，国内出现过一段搞院士制热潮，你们可能不清楚吧。就在六位学部委员成立工程院的建议书刚得到中央领导批示那段时间，国内其他界别因此受到启发，产生连锁反应，纷纷要求搞院士制。我知道的，比如，大农业方面提出设立包含农林牧和生物工程的国家农业技术科学院，实行院士制；医药卫生系统许多专家和领导呼吁并酝酿"设立中国医学科学院院士制"；航天系统的行动更是迅速，在 1992 年 4 月就写成"关于设立中国航天科学院的构想"上报，我看到这份材料，实际上就类似于建立工程院的实施方案。还有没有别的领域想搞院士制，我不大清楚。

但不知道什么原因，这些呼吁和方案都不见付诸实施。我见过宋健国务委员对“关于设立中国航天科学院的构想”材料写的一段批语，它可能为研究者分析个中原委提供管中窥豹的线索。宋健的批语是1992年6月19日写给朱丽兰和张玉台的：“朱丽兰并张玉台同志参阅。如果出现各行各业都办科学院，将是一个什么局面？请酌。”这份材料也转到了我手里，现存工程院档案室。

■ 工程院设立医药卫生学部

王：工程院不包含医药卫生领域，是1993年10月国务院常务会议讨论时决定的，怎么不久工程院又有了医药卫生学部，这中间发生了什么情况？

葛：工程院在从科学院负责筹备到科委筹备初期，一直考虑医药卫生领域将来两院做一个分工，基础医学侧重在科学院，临床等应用性的侧重在工程院，这本来是件好事，生物学部的有关学部委员都支持，就在国务院常务会上有位领导说了“医药卫生不是工程”这样的话，最后决定把医药卫生从工程院删除，另作考虑。

这个消息传开，引起医药卫生界强烈反响。先是卫生部官方于1994年4月18日向国务院上报了《关于在中国工程院设立医药卫生学部的请示》，进行有理有据的阐述，文件很有说服力。接着在工程院首届院士大会期间（6月7日），科学院生物学部王志新、梁植权、张曼霁、曾毅、陈中伟、朱既明、裘法祖、吴孟超、王世真、薛社普、周廷冲等11名院士，向工程院院士大会主席团提交书面“提议”，这份提议特别针对国务院领导认为医药卫生不是工程的说法做了解释，“由于医药研究的对象为人体及其与社会和环境的关系，亦可谓对人体工程的研究。”其中还写道：“我们部分医药科学界的院士曾经开会讨论，建议设立中国医学科学院院士制，据称此项建议未获中央有关部门批准。因此，我们建议在工程院内成立医药工程学部。”

11位院士的提议和卫生部报国务院的请示，是工程院尚未正式建院，我作为院士大会秘书长收到的两个要急着处理的文件（国务委员宋健批转的）。6 月 8 日工程院主席团组成后的第一次会议上，我报告了以上情况，会议在朱光亚执行主席主持下，原则同意卫生部和 11 位院士的建议。

7 月中，我受朱光亚院长委派前往卫生部向陈敏章部长通报情况，听取意见。7 月 22 日，我陪同朱光亚和朱高峰副院长到卫生部同陈部长及有关医药专家座谈，商讨筹建医药学部问题。我还先后向国家计划生育委员会、中医药管理局、解放军总后勤部、国家医药管理局领导通报情况，征求意见，7 月 25 日写出以朱光亚个人署名（因工程院还没有印章）报宋健并李鹏总理的报告，提出作为过渡性措施，在工程院设立一个包括临床医学、预防医学、药物学、传统医学等专业的学部，名称定为“医药卫生工程学部”，首批院士不超过 30 人，建议由吴阶平为组长，陈敏章、朱高峰为副组长组成筹备组，负责该学部的筹建工作。8 月 9 日，工程院有了印章后又重报正式报告，到 8 月 29 日，报告先后经宋健、朱镕基、邹家华、钱其琛、李岚清批阅，李鹏并就此致信江泽民，最后江泽民批示“同意”。[①]

王：设立一个学部还这样复杂，郑重其事，不参与其事的人真是难以想象。

葛：以上才是一道批准程序，接下来遴选这个学部的首批院士，其工作程序之严密和复杂，差不多等于筹建工程院那样重新再来一遍。比如也成立一个筹备兼评审组，由吴阶平任组长，陈敏章、朱高峰和国家计生委、国家医药局、中医药局、解放军总后勤部各派一名负责人任副组长，还有若干代表性的医药专家成员共 17 人；要制定遴选规则和适合医药卫生领域评审的标准条件，要发候选人提名通知，那时工程院没有固定的人，要临时到处借人搞一个工作班子，等等。

尽管确定医药卫生学部首批院士名额仅为 30 人，各个渠道提名的有效候选人为 79 人，评审会开了 6 天，一个一个介绍，一轮一轮投票，结

① 参见：《中国工程院年鉴》，（1994—1997），中国工程院编印，2004 年，第 81 页。

果有 31 人获得超过半数票可以当选，但为了严格执行 30 名限额的规定不突破，又临时制作选票，将最后两名同票者（第 30 名和 31 名），再进行一次投票，票数多的那位入选，另一位则落选了。

医药卫生学部正式宣布建立，是在 1995 年 7 月工程院第二次院士大会上，因为按章程规定，组建和调整学部，必须由院士大会批准，这个权力不属于常设领导机构工程院主席团。

1994 年 12 月 18 日，医药卫生工程学部首批院士选举结束后几位主要领导成员合影（左起：朱高峰、朱光亚、吴阶平、陈敏章、葛能全）

■ 关于陈敏章部长

葛：我想在这里说说陈敏章部长，他的风格很让人敬佩。1994 年 11 月提名医药卫生首批院士候选人时，有的筹备组成员（陈敏章的下属），想提他为候选人，因为他当部长之前是业务很强的专家，特别在内科消化系统疾病内窥镜诊断和治疗方面成就突出，曾任协和医院院长。但提名人怕担当讨好领导之嫌，不方便直接跟陈说，让我出面听听他的态度。当我一说这事，陈部长十分严肃地讲了一番话："老葛同志，这事千万做不得。我是卫生部部长，是我签发向国务院报告要求在工程院建立医药卫生学部，现在又担任筹备组副组长，要是这样做了，即使不当选，我怎么向全国医药卫生界作交代，对中国工程院和医药卫生学部会造成什么影响！他们的好意我领情了，但一定不能做候选人，这样才能站在公正立场上把这个学部建好，不辜负大家的期望。”[①]

我从科学院时期做学部工作到后来工程院的经历，几十年间，陈敏章的这番话和他表现的真心诚意，给我留下的印象尤其深刻难忘。

① 参见：《中国工程院院史资料——关于中国工程院的成立》，葛能全、陈丹为中国工程院建院二十周年编写，中国工程院办公厅印，2014年6月，第76页。

二十年的回顾
——关于中国工程院的成立*

中国工程院成立于1994年，比之国内同类型的学术机构——中国科学院及中国社会科学院（原中国科学院哲学社会科学部），时间上要晚许多年，但它历经的酝酿期很长。它的成立，对于中国工程科学技术（含医药卫生）界，以及对于中国院士制度的建立，具有里程碑性的历史意义。

为什么要成立中国工程院，为什么能在1994年成立？中国工程院为什么不同于中国科学院和中国社会科学院，经过究竟是怎样的？本文通过对现存档案资料、当事人回忆自述，以及散见的笔记、谈话、信函等进行广泛求征和分析，试想重建当年那段历史，以此纪念中国工程院成立20周年。

■ 成立工程院的国际因素

各国成立工程院及类似机构概况

国外类似机构的英文名称，一般用“Academy of Engineering”，鉴于Academy一词的原意为学术机构、学术团体，中文通常译为“工程科学院”。中国工程院的英文译名亦同此，但中文名称没有用“工程科学院”，则另有原因，后文将述及。

下面列举几个主要国家工程科学院的情况。

最早成立工程科学院的国家是瑞典，成立时间是1919年。其全称为瑞典皇家工程科学院（本名Ingenjörs Vetenskaps Akademien，简称IVA。

* 为纪念工程院成立20周年撰文，据《中国工程院历史资料》部分引录。

英文名称为 Royal Swedish Academy of Engineering Sciences）。成立的主要背景是，第一次世界大战结束后，瑞典开始从一个落后的农业国向工业国发展，为了开发和利用本国资源，繁荣经济，国家富裕，需要把各方面的科学和技术力量调动和组织起来，为实现这一目标，在瑞典皇家科学院以外，便再设立了一个以工程技术为主体的皇家工程科学院。

第二个成立这类机构的是丹麦，时间是 1937 年，名称为丹麦技术科学院（本名 Akademiet for de Tekniske Videnskaber，简称 ATV。英文名称为 Danish Academy of Technical Sciences）。

继丹麦之后，本已成为科学技术和综合国力极强的巨头美国，也于 1964 年成立了国家工程科学院（National Academy of Engineering，简称 NAE）。它比瑞典皇家工程科学院晚了 45 年，比 1863 年建院的美国国家科学院（National Academy of Sciences，简称 NAS）更是晚了 101 年。

NAE 是根据美国国会通过的法案成立的，它是一个非政府机构，法律上属于 NAS，但只有极少事务表现出这种从属关系，如：NAE 修改组织章程须经 NAS 理事会同意；NAE 的财政年度会计账目报告须提交一份给 NAS 理事会；NAS 的院长是 NAE 理事会的当然理事，也是 NAE 执行委员会的当然委员，参与 NAE 的决策。除此以外的其他方面，NAE 是独立自主的，如院士选举、内部管理、对外交往等。

NAE 和 NAS 之间，更多的是体现合作关系，并有组织保障。NAE、NAS 和 IOM（国家医学研究院，法律关系亦属 NAS）三院联合设立国家研究理事会（我国通常称之为“国家研究委员会”），由 NAS 派出 7 名理事、NAE 派出 5 名理事、IOM 派出 2 名理事组成一个管理委员会，主席由 NAS 院长兼任，NAE 和 IOM 的院长兼任副主席。这个委员会是三院共同协调的主要执行机构。

对于美国成立国家工程科学院的原因的了解，20 世纪 80 年代至 90 年代零星见于多种材料，有的是中国学者写的研究文章，有的是美国工程院院士访问中国作的介绍，也有 NAE 印的介绍材料或向中国访问者的谈话。NAE 成立的背景因素，大致是这样的：

第二次世界大战后，美国的生产技术在全世界一直领先，但到 20 世纪50年代后期试验人造卫星时，发射数次都失败了，而苏联却首先取得成功。对此，美国从政府到国会到科学技术界都感到十分震惊，难以接受这种现实，于是形成共识——必须采取措施急起直追。开始时，他们把主攻方向还是集中在已经很有基础的基本科学上，但经过几年的努力，效果并不理想；与此同时，政府在制定政策时，工程技术日益成为首要考虑的问题。现实情况下，使得朝野重新思考国家科学工作的总布局，在成立“国防高级研究计划局”和以著名的科学家与工程师组成、由总统科学顾问担任主席的“联邦科学技术委员会”的同时，美国国会通过法案，成立国家工程科学院。

这个法案实施时，由于国家科学院内有些人持异议，遭遇阻力很大，搁置了一段时间，后来经过协商，达成折中办法——NAE属于NAS内设机构，终于1964年底正式有了美国国家工程科学院。所以美国工程科学院流传一种说法，说他们是从NAS造反出来的。田长霖1993年3月21日在他的加州伯克利大学办公室，也曾经亲口对到访的葛能全讲过这样的话（其时葛受科学院委派赴美调研，便中向田通报他一直关心的国内开始筹建工程院情况）。

到20世纪90年代初，相继又有墨西哥、英国、澳大利亚、法国、比利时、芬兰、瑞士、挪威、阿根廷、加拿大、日本、印度、匈牙利等13个国家，成立了工程科学院。尽管这些国家的机构名称不尽相同，但其宗旨及基本任务和性质大体相近，都是为了促进工程科学技术事业发展，重视工业生产应用，提高产品的竞争力，调动和发挥工程师的更大作用。

国际工程与技术科学院理事会及其主要功能

1978年，由瑞典、美国、墨西哥、澳大利亚、英国工程科学院发起，在美国成立了一个几国院与院之间的协作机构，现名“国际工程与技术科学院理事会”（International Council of Academies of Engineering and Technological Sciences，简称CAETS）。

CAETS章程规定，由各国的全国性工程科学院（或类似机构）作为团体会员加入，每个国家只能有一个会员名额，并各派一名代表参加理事会。其规定会员资格和必要条件如下：①加入的全国性机构成员（院士，或地位相当的称号），是由全体院士根据其本人在工程、技术科学或有关事业中所做的重要贡献，经过一定程序选出；②由这样选出的院士治理该机构；③在工程技术领域内有显著功绩，表明其目标与 CAETS 一致。此外还有一个基本条件，作为 CAETS 会员本身的非政府性。

到 1992 年，世界上 16 个国家的工程科学院，有 12 个先后加入了 CAETS，时未加入的 4 国是阿根廷、加拿大、印度和匈牙利。

成立 CAETS，目的是发挥它的国际论坛作用，讨论世界重要的工程科学技术问题；致力于加强国际工程技术事业合作，促进经济和社会福利；鼓励尚无工程科学院的国家建立工程科学院。

自 CAETS 成立至今，它的国际论坛作用，主要通过一两年举行一次例会来进行。例会由会员国的工程科学院轮流主办，每次例会明确一个主题，按主题分成几个题目组，由会员代表主持进行讨论，如第七次（悉尼）例会“未开发区域生活所需的技术”分为 4 个题目组即：①未开发的荒漠地区；②未开发的宇宙空间区域；③未开发的地下区域；④未开发的南、北极地区。从内容上涉及面非常广泛，也有相当前瞻性和启发性，其主要关注的方面是技术与社会、技术与经济，以及工程教育问题，基本不涉及技术问题本身。

中国与 CAETS 的早期关系

中国科学家与 CAETS 的第一次个人接触

据掌握的信息和材料，最早接触 CAETS 的科学家个人，是清华大学水电工程专家张光斗（中国科学院技术科学部学部委员），时间是 1978 年。

是年夏，张光斗（还有刘光廷）应美国哈扎工程顾问公司雷汉成邀请，参加美国土木工程学会召开的美国水力学会议，张在会上作了“中国高坝水力学”报告，会后到各地参观了许多著名的水电工程和大学，见到了工程界的许多权威人物，有的是他美国老师的好友，有的是曾经的同事，一个多月进行的学术交流和讨论，很广泛很深入，评价很好，一些报纸登了消息。

当张光斗抵达华盛顿后，一天美国工程科学院外事秘书亨内和执行办公室密勒（亦为 CAETS 的主事者）慕名主动来访，向张介绍美国工程科学院的情况，邀请出席正举行的 CAETS 第一次例会。张光斗回忆说："他们介绍我参加工程和技术科学院理事会召开的大会，使我接触各国工程院的领导，当时理事会有 12 个成员国。""他们敦促中国也成立国家工程院。我本来就认为工业建设非常重要，国内有重科学、轻工程的倾向，必须提高工程科技和工程师的地位，故很赞成他们的意见。他们给了我美国国家工程科学院的章程、工作规程、年报等。"

开始机构与机构联系

张光斗参加华盛顿 CAETS 例会后，1979 年和 1980 年，美国工程科学院的"亨内和密勒两次访问中国，建议成立中国工程院，并与中国科学院技术科学部严济慈主任和张光斗商谈科学院与美工院的合作交流，签订了合作协议。…… 经过多次商谈，美国工程科学院联系好美国国家大工业企业，同意接受我国 15 名学生去实习。后来他们来北京招考，选了 17 人，这些学生办好护照，去美国大使馆签证时，接到美国工业企业来电，说他们经济不佳，不能收我国实习生。我们说自费，他们也不同意。后来我们问美国工程科学院是什么原因，他们说，是美国国务院不批准。"

从此以后，中国科学院技术科学部与 CAETS 的联系渐渐多起来，CAETS 的每次例会都会邀请技术科学部派员参加。简要记录如下。

（1）1981 年 1 月 CAEST 在墨西哥瓦卡尔举行第三次例会，讨论"发达国家及发展中国家的工程教育"问题，函邀中国科学院技术科学部主任严济慈和张光斗参加。后研究定由张光斗以技术科学部副主任名义代表出席，并在 12 个成员国工程科学院院长（或副院长）及非成员国专家参加的全体（100 余人）会议上，作了"中国的高等工程教育"演讲，介绍中国工程教育强调理论联系实际、适合国情、培养爱国精神和职业道德等特点，受到与会者好评。三天会后，张光斗由墨西哥工程科学院一名院士和该国电力局总工程师陪同，参观了墨西哥多处水电站大坝，有的坝高达 200 米以上，其间进行技术交流过程中，张提的许多意见和建议受到电力总局重视，决定除了全部负担张在墨西哥期间的费用，还要支付个人顾问费（张未收顾问费）。随后，张光斗被选为墨西哥工程科学院国外院士。

（2）1983 年 5 月，由瑞典 IVA 在斯德哥尔摩主办的 CAETS 第四次例会，主题是“技术的重要动向”，正式邀请中国科学院派员参加。鉴于中国科学院与 IVA 也签有合作协议，遂决定派张光斗和中国科学院沈阳自动化研究所所长蒋新松（后被选为中国工程院首批院士）前往参加。蒋向会议作了“机器人未来发展”的演讲。会议期间，苏联科学院代表要求参加国际工程科学院理事会，被当场拒绝，理由是不符合条件。大会主席曾主动问过张光斗，中国科学院是否愿意参加理事会，张回答愿意，但不勉强。张后来回忆说，作这样表示，是为了国家的尊严，因为 CAETS 不只是学术组织，还有政治。

（3）1987 年 3 月，CAETS 在华盛顿举行第六次例会，论谈“技术与世界经济”。会议主办方 NAE 邀请中国科学院参加。中国科学院决定派副院长滕藤和技术科学部副主任师昌绪、张光斗参加。会后，拜会了 NAE 院长怀特和 NAS 院长普雷斯。

（4）1988 年 10 月，中国科学院应邀派张光斗参加由澳大利亚 ATS 在悉尼主办的 CAETS 第七次例会，讨论“未开发区域生活所需的技术”。

（5）1990 年 11 月，CAETS 第八次例会在墨西哥阿卡普尔举行，中国科学院派了张光斗和电工所所长严陆光（后被选为中国科学院院士）参加。

（6）1992 年 5 月，中国科学院应邀派副院长胡启恒（后被选为中国工程院首批院士）和张光斗参加在丹麦哥本哈根举行的第九次 CAETS 例会，论谈主题为“技术的未来”。会后由丹麦工程技术科学院（ATV）安排参观了几个与 ATV 有联系的新技术产业机构，其发展思路颇有借鉴作用，但与我国情况不同的是，参观的这些机构均是民营的，很难开展进一步的合作。

几次以技术科学部名义申请加入未获通过

上列情况说明，中国科学院及科学家个人与 CAETS 建立联系比较早，也比较密切，而且主动方多为 CAETS 主持者美国工程科学院的领导人，除了每次函邀参加例会，还积极鼓动中国成立工程科学院并加入

CAETS 为其正式成员，从 1978 年起的多次例会上，都有这种情况。

如在 1988 年 CAETS 的第七次例会时，美国工程科学院院长（亦为 CAETS 时任主席）怀特主动告知中国与会代表张光斗，说法国科学院技术科学部已经参加了理事会，有了先例了，中国科学院技术科学部也可以申请加入理事会。当张表示可以考虑这个建议后，怀特便让理事会秘书长阿纳斯推兴（S.N.Amastasion，美国人）把 CAETS 的章程、入会空白申请书和说明书一并交给张。这就有了中国科学院技术科学部正式申请加入 CAETS 而未获通过的第一次。未获通过的信息，是 1990 年 CAETS 第八次例会时，由理事会秘书长阿纳斯推兴口头告知中方与会代表的，没有文字的东西，也没有说明未获通过的理由。后来，中方又以同样名义两次表达加入 CAETS 的申请，亦未获准。

从一些渠道得到的说法，中国未获“通过”（实际上并未提交表决）的所谓理由，大体上有以下几点：一是申请加入的技术科学部不是独立的机构，只是科学院的一部分；二是它的主管上级中国科学院经费来源于官方，由政府拨款，不能独立于政府外；三是中国科学院是受政府领导，它的领导人由政府任命，不是学部委员选举产生。

除以上而外，还有一个没有言明的政治原因——中国是共产党领导的社会主义制度。CAETS 的总部一直设在华盛顿美国工程科学院，主事的都是美国人，实际上 CAETS 的态度，完全受到美国左右；而在政治层面，美国工程科学院又要看美国当局的脸色，受中美关系大气候的影响，如 1990 年 CAETS 拒绝中国的申请，正是发生在美国当局全面制裁中国之时。曾经多次亲历者张光斗对此有切身的体会：“看来科技组织还脱离不了政治，在 1989 年，美国政府借故反对中国，而理事会跟着美国走。我们参加这种大会，明白了许多事情。”①

1997 年中国工程院正式加入 CAETS

争取加入 CAETS，一直是中国工程科学技术界的愿望，其原因除了便于加强国际工程技术交流与合作而外，还有一个重要的政治因素，就是防止台湾先期加入造成不利局面（因 CAETS 章程规定一个国家只有

① 参见：张光斗，《我的人生之路》，清华大学出版社，2002 年，第 195 页。

一个正式团体成员），关于这一点，在许多个人的呼吁建议，以及初时要求国家成立独立的工程技术科学院请示报告中，都有述及。如 1992 年张光斗、王大珩、师昌绪、张维、侯祥麟、罗沛霖六人提出的建议书，末尾就写道："建立工程与技术科学院后，我们就可成为（国际）工程与技术科学院联合委员会的正式成员，从而加强国际科技和经验交流，得到益处。"①

中国工程院 1994 年成立时，CAETS 向各国工程科学院通告了消息，先后有美国、瑞典、澳大利亚、日本、芬兰、俄罗斯等国工程科学院院长发来贺电和贺信。如美国工程科学院院长怀特（也是 CAETS 时任主席）贺电表示："这是建立世界工程科学院间网络最重要的一步。它将有助于世界工程技术的发展，促进经济增长和社会进步。我期待着未来与你们共事，并在我们两院之间建立紧密的联系。"

1995 年 9 月，中国工程院代表团访问美国工程院时同美国工程院、CAETS 主要官员在一起（左一葛能全、右三师昌绪，右二为时任 NAE 院长、左三为 CAETS 秘书长）

① 参见：葛能全、陈丹，《中国工程院的筹建历程》，《科学文化评论》，2006 年第 1 期，第 64 页。

随后，朱光亚院长代表新成立的中国工程院向各国工程院复电致谢，同时致函CAETS总部申请加入CAEST为正式成员；次年6月派出以朱高峰副院长率领的代表团出席在瑞典举行的CAETS年会，并散发了中国工程院章程、院士名册等基本材料。虽然都对中国工程院成立表示重视和欢迎，但主事的CAETS秘书长阿纳斯推兴，又说出新院成立后一般需要五年才能申请加入，还要派人考察这一类的话，半搪塞半应付。

显然，建立了独立的中国工程院，加入CAETS不是自然而然的事情，关键还要看美国主事者的态度。这就必要说到1995年中国工程院代表团访问美国工程科学院的工作。

1995年9月，中国工程院派出副院长师昌绪和秘书长葛能全访美，任务之一是向CAETS及NAE、NRC主要执行官员介绍新成立的中国工程院，进行工作讨论和交流。通过三个半天的交流，与以上机构建立了很好的信任合作关系，尤其与CAETS时任副主席兼秘书长阿纳斯推兴通过交流成了朋友，他特地邀请代表团到家中晚餐，就中国工程院加入CAETS的有关细节问题做了朋友式的商谈。在详细了解了中国工程院成立的背景和院领导成员由院士选举产生等现实情况后，关键的五年院龄问题也顺利达成共识，其同意以中国科学院技术科学部申请加入CAETS时算起，将就此通报CAETS所有成员。

次年9月，在阿纳斯推兴协调与组织下，CAETS的现任主席、瑞典皇家工程院前院长和候任主席、英国皇家工程院院长，以及他本人组团来华访问，除了工程院院长朱光亚和副院长朱高峰、师昌绪、潘家铮及张光斗、秦伯益、王震西院士等共同接待，举行正式会谈而外，代表团还先后在北京和上海参观并同部分工程院院士举行座谈。代表团在清华大学参观CIMS中心后举行的座谈会，有张维、陆元九、王越、钱易、陈俊亮、李三立、吴澄、李国杰院士出席；在参观石油化工研究院时，有李大东、闵恩泽、汪燮卿、陆婉珍院士等出席；在上海，由江欢成院士陪同代表团参观了东方明珠电视塔，并有严东生、王振义、江欢成、项海帆、李瑞麟等在沪院士出席座谈会，时任市长徐匡迪代表上海市政府、同时作为中国工程院院士设宴欢迎CAETS代表团，并介绍了曾作为访问学者在瑞典学习和工作的情况，给代表团留下良好印象。

CAETS代表团访华尚未结束，阿纳斯推兴即代表该组织执行理事会交给中国工程院一份书面信函，称：CAETS执行理事会（由此次到访的三人组成）通过考察认为，中国工程院是一个非常优秀的（Outstanding）组织，现在就可以提出加入CAETS的正式书面申请，执行理事会支持中国的申请，并将提交第二年在英国爱丁堡举行的CAETS全体理事会议讨论。

1997年5月23日，在英国爱丁堡举行的第二届CAETS全体理事大会上（朱高峰副院长率团出席），经过表决一致同意接纳中国工程院为正式成员，中国工程科学技术界时近20年的争取和努力，终于得以实现。

至此，CAETS的正式理事成员（国）达到16个。

■ 成立工程院的国内背景

1978年3月，邓小平在全国科学大会上首先提出"科学技术是生产力"，这一论断深刻揭示了科学技术的社会功能本质性特征，空前激发和提高了全国各行各业对发展科学技术的重要意义的认识。同年12月，党的十一届三中全会决定，把全党工作的着重点转移到社会主义现代化建设上来，以经济建设为中心，从而实现了历史的伟大转折，继而提出了科教兴国发展战略。形势迫切而现实地向全国科学技术界赋予了新的历史使命，科学技术必须走在生产建设的前面。这便是中国工程院应运而生的大背景和新时运。

由质疑科学院"两侧重、两服务"办院方针而起

中国科学院1949年建立后，并没有形成明确而持续稳定的办院方针，"文革"结束后不久提出了"两侧重、两服务"的办院方针。

1978年3月18～30日，中共中央在北京召开全国科学大会。在18日的开幕会上，国务院副总理、国家科委主任、中国科学院副院长方毅作报告指出："中国科学院作为全国自然科学研究的综合中心，主要任务是研究和发展自然科学的新理论新技术，配合有关部门解决国民经济建设中综合性的重大的科学技术问题，要侧重基础、侧重提高。"这是第一

次出现“两侧重”的提法，这一提法在科学院全院上下引起热议。

在1979年10月下旬至11月上旬召开的科学院院务扩大会议上，“两侧重、两服务”被正式作为办院方针提出，即“侧重基础、侧重提高，为国民经济和国防建设服务”。1981年1月中国科学院向中央报送的《关于中国科学院工作的汇报提纲》，以及同年5月第四次学部委员大会通过的《中国科学院试行章程》，都对这一方针作了明确表述，如《汇报提纲》阐述其内容为：①“科学院主要从事基础科学和若干新技术领域的研究。按研究工作分类来讲，科学院主要承担基础研究和应用研究（包括应用基础和新技术等）任务，也承担少量发展研究，在整个研究工作中，要认真加强基础性工作，即基础研究和应用基础研究”；②“科学院在为国民经济和国防建设服务方面，除参加对引进技术的消化和创新工作以外，主要是参与或承担经济建设和国防建设需要的重大的、综合性的科学技术任务，解决技术发展中的关键性、开拓性的问题。”这一方针及其内容表述获得中央批准，并认为“完全正确”。

然而“两侧重”方针一提出就有不同意见，甚至遭遇质疑。首先郑重、明确提出质疑的是时任国务院总理赵紫阳，他1981年12月25日写信给胡耀邦和邓小平，信中称：“文化大革命”前，科学院的方针是侧重应用，而不是侧重基础。目前科学院的方针并不是这样定的。[①]

三天后（12月28日），邓小平对赵信作出批示，由有关部门进行讨论。同一天，胡耀邦向科学院党组书记李昌和院长卢嘉锡作出批示，建议科学院组织科学家和科研管理领导同志就这一问题进行和讨论，提出新方案。[②]

随后，科学院对办院方针进行了比较广泛的讨论，同时，中央国家机关改革小组和国务院科技领导小组先后派出调查组到科学院进行调查，听取各类人员的意见。在此基础上，党中央和国务院重新确定了科学院的办院方针，调整了科学院的领导体制。

---

① 参见：王丽娜，《改革开放初期中国科学院办院方针之争》，《科学文化评论》，2010年第6期，第7页。

② 同上，第10页。

质疑"两侧重"办院方针的外来因素

赵紫阳郑重质疑"两侧重"方针，除了他主管全国经济工作的认知和客观形势迫切需要而外，两位华裔科学家的建言，是引发他公开写信的直接动因。这两位科学家，一位是理论物理学家、美国科学院院士、诺贝尔奖得主杨振宁，一位是机械传热学家、美国工程科学院院士田长霖。

在赵紫阳致信胡耀邦、邓小平之前，他看到了杨振宁 12 月 1 日主送方毅的一封信（副本寄赵紫阳和卢嘉锡、钱三强、王淦昌、彭桓武、马大猷、黄昆、王守武、谢希德、何祚庥、管惟炎）。杨振宁在信中是以在国内筹建一个什么样的固体物理研究中心说起的，他提醒不要走两个极端：或者太注意原理的研究，或者太注意产品的研究（制造与改良）。他主张介于两者之间的"发展性的研究"（development）。他列举了美国许多厂设研究所为例，说明美国的科研经费，绝大部分是用在发展性的研究上面，而不是中国容易产生的错误印象，以为美国对原理的研究经费比发展性的研究多得多。还说到日本用于原理研究的经费也是少而又少的。

赵紫阳质疑"两侧重"办院方针正是由此而引发，他信中表示同意杨的看法，即我国科技界（包括科学院系统）应该把更多的人力、物力、财力集中到技术开发和产品研究上，而不是在基础方面。[①]

无独有偶。在杨振宁致信前不久，北京科技界热传着一个讲话记录稿，这就是 1981 年 6 月田长霖应中国科学院工程热物理研究所所长吴仲华邀请，在科学会堂作的一次长篇演讲。他围绕中国科学技术发展方向及许多国家的历史与现实经验，突出强调要重点发展技术科学，讲了三个问题：一是对技术科学的基本认识，讲技术科学与科学技术的整体关系，阐明技术科学的重要性；二是中国技术科学发展的方向，讲发展技术科学一定要接近民生经济，不能老叫"四化"，老搞高精尖；三是有了方向，怎样发展中国的技术科学，用什么方法让发展的步伐更快一点，这其中他讲了一是技术科学的地位问题，二是经费问题，三是培养人才问题。

---

① 参见：王丽娜，《改革开放初期中国科学院办院方针之争》，《科学文化评论》，2010 年第 6 期，第 7 页。

总体而言，田长霖的观点和杨振宁信中所说基本一致，只是田长霖讲的语言更激烈，论述说理更充分。因此，赵紫阳 1981 年 12 月 25 日致信胡耀邦、邓小平时提到，美籍华裔科学家田长霖在北京一个讲演中，也是主张中国的科技力量应当主要放在应用上。信中还谈到，关于这些问题，在科技界认识上有分歧，而这个问题不解决，对科技为四化服务是会有影响。①

技术科学部四人小组和第一篇呼吁成立工程院的文章

1982 年 9 月 17 日，《光明日报》刊登了张光斗、吴仲华、罗沛霖、师昌绪四位学部委员的署名文章，题目是《实现四化必须发展工程技术科学》，内容主要讲了两个问题：一是为什么必须大力发展工程科学技术——文章认为，工程科学技术是发展工业、增加生产、提高产品质量和降低生产成本的关键，目前发达国家都十分重视发展工程技术，而许多关键技术，特别强调保密，只有依靠自己的研究和试验，既弄清楚“为什么”，又要研究“怎么做”，才能使我国工业飞速前进；文章的第二方面就如何大力发展工程科学技术提出见解。如关于工程科学技术与经济、社会应协调发展的观点，认为工程科学技术的发展，必须把促进经济发展作为首要任务，研究必须强调有好的经济效益，研究项目的选择，各类研究工作的比例，研究事业的规模和发展速度，运用的资金、设备和人员等，都必须考虑国家经济和社会发展的需要和可能；又如关于重视基本工业的工程科学技术研究的观点，认为基本工业如采矿、冶金、材料、能源、土建、水利、机械、电机、化工等，是国民经济的根本，我国基本工业薄弱，更应给予足够重视；再如关于科研分工协作、避免重复的观点，认为发展我国工程科学技术，必须结合国情，更好地使用人力、物力和财力，分工协作，互相配合，全国一盘棋，组织起来攻关，使科研成果更快变成社会生产力，等等。

四人文章，可以说是对田长霖演讲的积极回应，但发表时又是大大打了折扣的。田长霖演讲强调重视技术科学时，特别说道：“我大声呼

① 参见：王丽娜，《改革开放初期中国科学院办院方针之争》，《科学文化评论》，2010 年第 6 期，第 7 页。

吁，三年前我就大声呼吁，在中国科学院成立技术科学院，为什么社会科学部可以成立社会科学院？为什么技术科学部不能独立起来，成立技术科学院？”他还讲了美国成立工程科学院的情况，说20世纪60年代许多人认识到，光是基本科学数理化天地生这个不行，“国会就通过一个法案，说科学院不平衡，不重视技术科学，一定要成立技术科学院。这是上面国会压下来的。科学院的阻力大得不得了，不准成立技术科学院，后来我们妥协，就说好好好，成立一个技术科学院，暂时放在科学院里头。所以现美国的工程科学院里而不是完全独立的。”他甚至幽默地说，美国工程科学院是奋斗出来的，是夺权。他当场鼓励吴仲华先生要夺权，不要客气。①

田长霖的一番鼓动真是起到了作用，技术科学部很快成立了张光斗、吴仲华、罗沛霖、师昌绪组成的四人小组进行酝酿，随后在长春召开的技术科学部学部委员会上，成立工程技术科学院的呼声出现了。张光斗在《我的人生之路》中回忆说：“我在会上代表四人小组做‘建议成立工程院’的报告，说明成立工程院的意义和必要性。我们四人都主张成立工程院，但对模式有不同意见，吴仲华和师昌绪主张工程院是实体，把中国科学院技术科学部的研究所转入工程院，由国家给经费。我和罗沛霖主张是虚体，下面不设所，因为不可能把各部门的工程研究机构都转入工程院。我们二人的意见也稍有不同，我认为工程院以工程科技为主，罗认为以工程技术为主。当时会议上大部分学部委员反应不很积极，科学院的学部委员重视科学，对工程院兴趣不大，而且习惯于科学院实体，感到工程院搞虚体有困难。生产部门的学部委员对将来工程院可能干预生产部门的科研单位有顾虑，所以也不积极。高校的学部委员认为自己是搞科学的，与工程院关系不大，因此也不发言。”②

就这样因为各种分歧意见，张光斗、吴仲华、罗沛霖、师昌绪四位学部委员发表在《光明日报》的文章，关于建议成立工程技术科学院的内容就没有提及了。

---

① 参见：葛能全、陈丹《关于中国工程院的成立》，“中国工程院院史资料”，中国工程院编印，2014年，第16页。

② 参见：张光斗,《我的人生之路》，清华大学出版社，2002年，第151-152页。

政协委员和人大代表关于重视工程技术和工程师的提案

据档案资料，科技界政协委员和人大代表最早关于重视工程技术问题的提案，是在刚恢复提案制度的1979年全国政协五届二次会议，共有4件，都是建议重大工程建设项目必须经过严格审查和论证方面的。如：洪朝生关于“请公开论证、重新审议建造高能加速器项目”的提案；吴征铠等20名委员关于“推迟高能加速器的建设至一九九〇年建成的建议”的提案；张光斗关于“建议重大建设项目必须坚决遵照国家基本建设程序批准后进行，不允许边勘测、边设计、边施工——对上海宝山钢铁厂的设计方案，建议重新审查”的提案，其中指出：“过去开工的葛洲坝工程、二汽、武钢、川沪煤气管、宝钢等重大建设项目，原始资料没有收集齐全，技术问题没有很好解决，也就是没有严格遵照国家基本建设程序，分阶段审查批准，就开工了，结果造成很多浪费，而且在生产上有许多问题。”他建议，“国家建委对将来要开工的重大工程项目如三峡工程、南水北调、黄河小浪底工程、黄河龙门工程等，组织审查委员会，主要由科学技术专家参加，在党的领导下，负责进行审查”；洪朝生等14名委员“建议对重大科学技术、工程项目的上马与方案解决，必须经过严格充分的公开（除确实保密性项目外）论证，然后由负责机构严肃决定，杜绝不负责任的拍板和不负责任的干扰”提案。

早期另外一方面的提案，是关于建立工程师负责制的。1979年发生“渤海二号”事件后，在次年的全国政协五届三次会议上，委员们纷纷呼吁切实建立工程师负责制，如黄汲清提案提出可以借鉴苏联工程师负责制，有关工业生产的各项措施，总工程师签字生效，并指出，“渤海二号”事件“工程技术人员事前不同意，不签字也没有用，还是领导干部拍板算数。党内外的工程技术人员都不顶事，只有单位首长说了算，这是不行的。建议切实执行工程师负责制度。”冯勤提案认为，“目前技术人员责任大，权力小，说话没人听，指挥不灵，但出了问题还得你负责，要追究法律责任。建议对工程技术人员特别是总工程师的职权应有明确规定。”

这些提案虽然没有明确说到要成立工程技术方面的最高学术机构，但它在提高工程技术和工程师在国家建设事业中的地位与作用的呼声中，已经开始酝酿了。

第一件建议成立中国工程科学院的提案

首先提议成立中国工程科学院的提案，是在 1980 年的全国政协五届三次会议上，提案人是张光斗和俞宝传委员，题目为“建议成立中国工程科学院，研究和规划国家工程科学研究的方向、方针、重点任务、条件、措施，审查重要的工程科学问题，作为国家工程科学方面的咨询机构”。提案提出了三方面的理由即：①实现四化，工程科学十分重要。国民经济建设的发展，提高生产力，都需要工程科学。我国工程科学与国际先进水平比，尚有较大差距。我国的现代化生产技术主要从国外引进的，从我国工程科学研究出来的少。引进的生产技术和设备，没有进行工程科学研究，加以消化提高。目前我国对工程科学重视不够，需要加强。②目前美国、英国、日本、联邦德国、瑞典、澳大利亚、墨西哥等国家都设有工程科学院，推进工程科学研究，颇有成效。③我国工程科学研究主要在生产部门，设有研究院、所。高等学校也设有工程科学的研究所、室。中国科学院也有一些工程科学的研究所。但各方面重视都不够，因此工程科学发展较慢。设立中国工程科学院可起促进、指导、规划、咨询作用，使工程科学受到各方面重视，加快工程科学的发展。在国际上，可与外国工程科学院进行学术交流，有利于我国工程科学的发展。

该提案对中国工程科学院的机构提出了设想：中国工程科学院是一个学术领导机构，设有若干委员，选举院长、副院长和各学部主任。中国工程科学院有办事机构，但在院内基本上不设立研究所、室。研究院、所、室设在生产部门和高等学校。目前设在中国科学院的工程科学研究所转移到新成立的中国工程科学院内，但一般在院内不再设立工程科学研究所、室。具体办法可由中国科学院的技术科学部扩大成员为中国工程科学院。

承办张光斗、俞宝传提案的是中国科学院，其回复意见是：

> 关于成立工程科学院的问题，我院技术科学部常委正在讨论。张光斗同志也是我院技术科学部常委之一。这是一个重大的科学组织问题，按我院章程规定，要由技术科学部提出意见，

由院务会议讨论，最后提交我院决策机构的学部委员大会或主席团才能做出最后决定。

此后，在每年举行的政协和人大会议上几乎都有关于这方面的提案。如：1986年六届政协四次会议上，由茅以升、钱三强、徐驰、顾毓瑔、侯祥麟、罗沛霖、王大珩等83位政协委员和人大代表联署的“关于工程技术工作在国家事务中的地位”建议书；1989年全国政协七届二次会议上，由陶亨咸、侯祥麟、张维、钱保功、罗沛霖、王大珩、陆元九、陈永龄8位政协委员的“建议建立与中国科学院并立的，纯粹荣誉性与咨询性质的，国家级的中国工程技术院”，从题目就可以知道，这件提案较前对拟建立工程技术院的意见更进一步了，不仅必要性讲述更充分更具体，而且关于拟建机构的性质、任务，以及工作步骤都提出了设想。

1990年七届政协三次会议上，由古可和庞巨丰委员提出的“关于加强对工程与技术科学的领导问题”提案，其具体措施建议采取两种办法：一是将中国科学院一分为二，成立中国科学院和工程技术科学院，将现中国科学院内工程技术性质的研究所划归中国工程技术科学院，适当增加一些新的工程技术研究所，设立院士制；二是如果以上尚难实行，可将现有技术科学部按学科性质一分为二，或为三，或为四，同时增加学部委员名额，在科学院之下成立工程技术科学院分院，下设相应的学部。

到了1992年七届政协五次会议上，也有两件关于成立工程科学院的提案，一件是姚建铨委员提的，建议设立工程科学院，改“学部委员”为“院士”，并简化选举手续。另一件是申泮文委员提的，建议科学院下设各分支科学院，包括社会科学、自然科学、技术与产业、医学科学院。甚至在1993年八届政协一次会议时，还有两件成立工程科学院的提案，一是姚建铨委员再次重提，一是孙大涌等7名委员联署的“关于尽早成立工程科学院的建议”。中国科学院1993年5月20日答复该提案时说明，中国科学院和国家科委已联合报送了关于建立中国工程院的报告。

科技界的不同声音

可以说，在科技界成立中国工程科学院呼声日高的同时，不赞成在中国科学院之外再成立中国工程科学院或技术科学院的意见一直存在，也不断发声，甚至在初期一段时间占有强势地位。这种声音的主体发自中国科学院内，以及中国科学院的一些有影响的学部委员。

中国科学院早期对成立中国工程科学院的态度，比较集中反映在对提案的回复意见中。总的情况是，一般性提案一般性回复，写有具体措施的提案，则以具体明确意见回复。代表性的，是 1990 年对古可、庞巨丰政协委员提案的回复意见。

科学院的主流态度可以概括为：①重视技术科学有一定共识，从 1991 年增选学部委员起，技术科学部的增选名额按第一第二两个学部分配，比其他学部多一倍，此后亦同；②对在科学院下成立虚体（即只有牌子）的工程技术科学院，部分接受，但内部有分歧；③独立于科学院建立工程技术科学院或工程科学院，基本不接受，主要理由担心理工分家，不利于整体科学技术事业的发展。

以上既是科学院领导层的意见，也部分反映了院内科学家（包括一些学部委员）的意见和担忧。究其原因大致归纳这样几点：

第一，从 1949 年接收旧有研究机构成立中国科学院开始，都是采用以学科建所的原则，后来发展到上百个研究所也基本遵循了这一原则，因此，学科观念不仅在老科学家中根深蒂固，就是后来成长的中青年科技骨干也多习以为传统，从这种传统和认识出发，对于突然出现打破传统的新变革难以适应，自然产生不理解甚至抵触。1981 年田长霖在工程热物理所演讲中，讲的美国科学院对新建工程科学院的不同意态度，大抵属于同类情况。

第二，老中青科技人员普遍不希望再折腾。从 20 世纪 50 年代的不断折腾到“文化大革命”十年大折腾，科技人员基本上没有心平气静搞过科研；接着，又是办院方针、领导体制的大调查大讨论，上上下下忙乎了两三年；现在提出建院并所，又是在折腾（林兰英语），认为这些都是玩虚功。所以大多数人抱着不以为然，甚至厌烦的态度。

第三，许多亲历者从 1952 年高校院系调整造成理工截然分家的教训出发，认为单独建立工程技术科学院势必造成又一次人为理工分家，新的发展趋势应是提倡学科交叉、相互渗透，而单独建院的结果会带来对于理和工都不利的局面。

正是出于上述认识和种种担心，不少学部委员个人也提出不赞成单独成立工程科学院的意见，这些意见的表达主要有两种方式：一种是在涉及有关问题的座谈会、讨论会上各抒己见的发言，主要如讨论科学院的办院方针和领导体制，以及成立工程科学院的建议开始酝酿初期；另一种表达不赞同另设工程科学院意见的方式，是以个人名义向中央领导人上书。

中国工程院成立和中国的院士制度

中国院士制度回顾

中央研究院的第一届院士

作为近代科学研究体制化的产物，院士制度始建于十七世纪的欧洲。第一个建立院士制度的国家是法国，1666 年成立法国皇家科学院（Académie des Sciences），以法皇路易十四的名义选聘了一批优秀科学家作为院士（membres），集中到皇家科学院从事科学研究，并发给薪俸，算是有研究实体的科学院。此前，1660 年英国成立英国皇家学会，全称为“伦敦皇家自然知识促进学会”，其成员称会员（fellow），初时它是一个组织松散的民间学术团体，会员成分也很复杂，后来其合法地位得到确立，才逐渐起到国家科学院的作用，但其没有自己的研究实体。

中国的现代科学组织和体制是从西方移植而来，并非传统的社会组织和体制演化的结果。国家科学研究院及院士制度便是集中的代表性象征。1928 年，南京国民政府成立了集自然科学和人文社会科学为一体的国立中央研究院（简称“中研院”），可视作中国历史上第一个国家科学院。二十年后的 1948 年 4 月，中央研究院选定首届院士 81 人（其中数理组 28 人、生物组 25 人、人文组 28 人），于同年 9 月举行第一次院士会议，正式建立院士制度。时任代理院长朱家骅就此讲过一段话：“中国输入西洋科学始于明代，但其间一再受传统观念和环境的影响，未有成就。前清末叶维新运动提倡新教育，介绍西洋文化，而科学仍未能在我国生根。国民政府定都南京以后成立本院，亦已有二十年历史，到今天院士选举后，才真正完成本院体制，奠定科学研究的基础。可以说，今后我们科学研究工作走上了新阶段。希望今后研究工作在各位先生领导之下，加速推进，二十年后必有更好的成就和贡献。”

不久，因政局发生变化，蒋介石政权溃败迁往台湾，院士制度随之瓦解，大部分中研院院士（59 人）留在大陆，其余或旅居国外和香港，或去了台湾。时隔十年即 1958 年，迁台的“中央研究院”选出第二届院士，院士制度在彼岸开始恢复。

中国科学院走出第一步——学部委员制度

新中国成立后一个月，1949 年 11 月 1 日中国科学院成立。50 年代初，在全面学习苏联的形势下，曾设想借鉴苏联经验实行院士制度，但因客观条件和上下内外意见纷纭，拟定分两步走——先建立学部，并根据三条标准（具有较重要的学术成就或贡献；对所在学科或在学术上能起推动作用；忠于人民事业）在全国自然科学、技术科学和社会科学领域遴选出 233 名学部委员，分属 4 个学部即：物理学数学化学部 48 人（原中研院院士 11 人入选）、生物学地学部 84 人（原中研院院士 22 人入选）、技术科学部 40 人（原中研院院士 4 人入选）、哲学社会科学部 61 人（原中研院院士 5 人入选）。学部委员人选名单经国务院全体会议批准，由周恩来总理签发国务院令公布，于 1955 年 6 月 1 日举行中国科学院学部成立大会。

会议期间，大家都很关心下一步实行院士制度问题。就此，郭沫若院长正式讲了三次向大家交底，在 5 月 31 日的预备会议上他说：“科学院应该以院士、通讯院士为基础。中央已交给我们建立院士制度、学位制度的任务了。我们拟在今年内草拟条例，呈报国务院批准。”在第二天大会致开幕词时，他又说：“为使中国科学院成为团结全国科学家、推进我国科学事业的中心，中国科学院正在进行着一系列的工作。……在所有这些措施中，学部的成立是一个中心环节。这是由于集中了有代表性的科学家来分头进行工作，使科学院有可能对院内外科学研究更有组织、有计划的加强学术领导或指导，同时也为中国科学院进一步建立院士制度准备了条件。”6月2日，郭沫若在向学部大会作科学院工作报告时，对建立院士制度再次作了强调：“科学院是科学家的组织。发扬科学民主最好的形式就是院士制度，即以院士大会为科学院的最高机关的制度。我们也将和有关部门草拟关于院士制度的法律，经过批准后，我们将遴选我国最优秀的科学家作为第一批院士，呈请政府任命。”

时分管科技工作的副总理陈毅出席学部成立大会时，也明确说到，推迟1～3年建立与学部委员并行不悖的院士制度。

学部成立大会开过后，科学院对院士制度有了具体构想，提出了“关于实行院士制度及科学院院务常委会的领导问题”。9月20日，科学院向国务院的报告写道：“此次会上科学家们对实行院士制度甚为重视，根据我国目前科学界的实际情况和总理、陈毅副总理的指示，我们认为院士制度仍以推迟一年到三年实行较为妥善。这样我们对科学家学术水平的了解和科学家相互间的了解可以更深入、全面些，同时也可有充裕的时间鼓励大家去努力科学研究工作，争取被选为院士。至于院士制度实行后，学部委员制度仍可并行不悖，因学部委员的团结面比院士更加广泛，对团结全国科学家和沟通科学院与各部门之间的关系及推动科学事业的发展都是有利的。”

但后来，实行院士制度毫无进展，甚至连学部委员制度也十数年名存实亡了。

20世纪80年代启动院士制，很快搁浅

时隔25年后的1980年，中国科学院学部恢复活动，在全国增选了286名学部委员，并准备召开第四次学部委员大会之际，建立院士制度又被提起。这个主张，是时任中国社会科学院院长胡乔木（哲学社会科学部首批学部委员）在1979年11月首先提出的，获得了时任国家科委主任兼中国科学院院长方毅支持，由中国科学院党组书记李昌、副院长钱三强，国家科委副主任武衡和社科院副院长于光远负责具体研究，提出建立院士制方案。第一步先进行文献调研，搜集了美国、英国、法国、苏联、罗马尼亚、匈牙利、波兰、日本等八国的院士制材料；钱三强和于光远通过电话商谈，1980年2月29日由钱负责草拟了两份稿子，一

份是《关于设置科学院院士制度的建议》(由于这份建议是包含两院的，所以称“科学院院士”——注)，另一份稿子是《中国科学院院士条例(草案)》(共七条，由时任钱三强秘书葛能全整理成文并用复写纸手抄)，两稿一并送交于光远准备进一步讨论。很快，于光远告诉钱三强说：“院士条例只讲‘中国科学院’是不行的。”这样，原《中国科学院院士条例(草案)》，改为《中国科学院、中国社会科学院院士条例(草案)》。

起草的“建议”中，引用了1955年几位领导人关于建立院士制的讲话和邓小平1978年在全国科学大会上的讲话精神，特别针对正在进行的学部委员增选工作，对在学部委员基础上建立院士制作了具体说明：“新生力量的增加，必将加强我院的学术领导。学部委员来自全国各方面优秀的科学家、教授和高级工程师，其中有不少不仅在国内是第一流的，而且在国际学术界也负有盛名。为了充分发挥这批科学家在四化建设中的作用，为了更有利于加强国际学术交流，在学部委员的基础上，进一步建立我国的科学院院士制度就应提上日程了。因为已具备了客观上的必要性与可能性。如建立院士制度后，在院士与学部委员人选方面，可以有部分是相互兼任。院士主要侧重全国性的，而学部委员则以院内学术领导为主。院士终身制，学部委员有任期。”

《中国科学院院士条例(草案)》七条中，规定了设立院士制的目的、性质、主要活动、选举和任务，以及设荣誉院士和国外院士等，后来经过讨论，修订为9条。改动最大的是，规定“院士是国家最高学术荣誉称号，为终身职称。”原“建议”稿也作了较大修改，改定为《关于建立院士制度问题的请示报告》连同“院士条例”(作附件)，以国家科委、中国科学院和中国社会科学院三方联名于1980年8月7日呈报国务院。同年10月21日，万里副总理主持国务院常务会议讨论，认为：“学部委员是一种工作职称，院士是一种终身的最高荣誉称号，在我国建立学部委员制度和院士制度，可以同时存在。这有利于加强学术领导，推动科技事业的发展，同时也是表示国家对科学的重视和对科学工作者的鼓励。”会议同意《请示报告》和原则同意《院士条例(草案)》，要求由中国科学院和中国社会科学院根据讨论意见修改后，径报全国人大常委会审议。

但由于错综复杂的原因（其中包括学部委员内部对哪些该选进院士享受终身荣誉称号，哪些仍然是学部委员，并且有任期的工作职称等，意见强烈），这次建立院士制的计划，很快搁浅了。80年代中期，一度又对实行院士制度进行过讨论，但仍无进展。

到1994年6月中国工程院成立，历经了40年坎坷的院士制度，终于水到渠成得以在中国建立，这无疑是一件具有里程碑意义的历史性事件。

关于中国工程院的名称

先记一点“中国工程院”名称的来龙去脉。

其实，早先要求国家重视工程技术工作，呼吁建立这方面最高学术机构的建议、提案中，关于机构名称，较多的用“中国工程与技术科学院”（中央领导人批示的张光斗等六人建议书即用此称），次为“中国工程科学院”或“中国技术科学院”，偶有写“中国技术院”（钱学森致国家领导人信中有此称），但没有出现过“中国工程院”这一名称。

首次出现“中国工程院”名称，是1993年2月以两科名义向党中央、国务院呈报第一件建院请示中，全文为：“关于名称。根据我国科技体制发展的历史和现状，同时考虑大多数工程技术专家的意见，建议我国采用‘中国工程院’（Chinese Academy of Engineering）这一名称。用此名称，既能简洁明了地突出工程技术的主体地位，又能反映我国主要科学技术机构分工的特点。此外，工程院这一名称，在国际交往中，也易于相互理解。”

这段百十来字的文字，是听取大家意见，综合好多因素，加以比较，反复斟酌推敲写成的。比如，根据工程科技专家（包括六位倡议人）的主流意见，认为机构名称，要简洁明了，要突出工程技术的主体地位，这样，大体就可以排除不够简洁明了的“中国工程与技术科学院”和工程技术主体地位不突出的“中国工程科学院”及“中国技术科学院”这些名称；至于“中国技术院”虽简洁明了，但认可度很低，甚至无人在正式场合提及。又比如，参考美国工程院的名称（这一点，是熟悉该机构的六位倡议人很看重的因素之一），虽然我们通常译为“美国工程科学院”，实际其本名并无“Sciences”（全名简称 NAE）；这样，我们用英译“Chinese Academy of Engineering（简称 CAE）”的“中国工程院”名称，很方便国际工程科技界理解，对申请加入 CAETS 有利；同时和中国科学院的英文译名（简称 CAS）容易区分各自特点，又正好对应了美国两院名称的缩写（即 CAE 和 CAS 对应 NAE 和 NAS），便于彼此联络。可以说工程院名称的采用，是比较有理由也合适的，从写入“请示”到最后获准，没有人提出异议。

但是，没有想到“中国工程院”这个简洁名称，在国人听起来反而感觉生疏和不习惯，特别在开初一段时间里甚至对它产生不少误解。究其原因，主要是语言环境和惯性思维造成的。中文的“院”，它前面一旦不冠“科学”或“学”等字样，就不一定能直接表达是学术单位（英文语境中的“Academy”不会有这种情况），因此一度有人把“工程院”当成如同专搞某项设计的“设计院”，询问工程院是搞什么工程的；还有的人以为中国工程院是主管全国各种工程建设的，等等。

有一件发生在中南海怀仁堂的故事，至今留在许多人记忆中——1994 年 6 月 3 日，中国工程院成立大会（同时举行中国科学院第七次院士大会）定在中南海怀仁堂举行。事先商定由中央办公厅负责制作大会会标，待头天下午本文笔者和筹备办公室同仁前往现场检查会场布置和主席台科学家名签摆放情况时，发现横挂在主席台上方的大会会标，居然把中国工程院写成为“中国工程学院”，第一次亮相的工程院名称里意外被加进了个“学”字，险些酿成尴尬的大新闻。错误虽然避免了，但每当想到大家费尽心机为新机构起名字，却生出许多事情来，自然就记起发生在中南海怀仁堂，而且在中国工程院成立之日的那桩意外事。

第四编

相知相于钱三强

走近一位无愧于时代的科学家 *
——钱三强随笔《徜徉原子空间》序

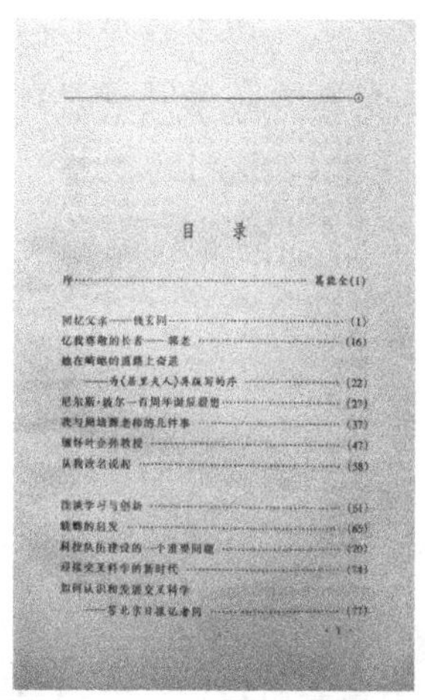

目　录

《徜徉原子空间》封面及目录

■ 一

20世纪五六十年代的青年学生，特别是学理工科的，恐怕少有不知晓钱三强这个名字的。大家仰慕他，崇拜他，指望他为中国人扬眉吐气，有许多人以他为动力发奋进取，走进了科学家的行列，成为撑起中国科技大厦的砖石；还有许多人受到他的激励，成了别的行业的有名或无名英雄。从这个意义上可以说，钱三强是一个群体的名称，是那个时代的代表。就如科学院院长周光召1993年2月在为《钱三强论文选集》写的

* 本文系葛能全为钱三强随笔文集所作序言，原载于：钱三强,《徜徉原子空间》，天津百花文艺出版社，2001年。

序言中所说的：

> ……钱三强先生正是这样一位掌握全局、运筹帷幄的指点之才，他无愧于这个时代。在科学界，他是这个时代的代表，同时，他又是时代的楷模。这并不只是由于他在原子核物理上的重要发现和做出了饮誉海内外的光辉业绩，而且还因为，他全部科学生涯中贯穿着的深厚的爱国主义和崇高品格。熟悉钱先生的人，不会忘记他那宽阔的胸怀，勇挑重担的气魄，杰出的组织才能，甘为人梯的精神，谦逊朴实的作风，以及只求奉献不求索取的高风亮节。在钱先生身上，科学和道德达到了高度的统一。正是因为这样，钱三强先生才受到广大青年学生的仰慕，科学工作者的爱戴和全国人民的普遍尊敬。

葛能全和钱三强先生交谈（陈丹摄，1990年）

我是一个文科学生，第一次知道钱三强，是在学校图书馆阅读《中国青年》时，读到他发表的一篇介绍原子能的文章《人类进入了原子时代》。从那时起，钱三强的名字在我脑海里，如同神秘的原子一样高深莫测。真可谓年轻的人，火热的心，那时我对于他，不单是崇敬，简直是崇拜！因为这，我曾懊悔自己数理基础不好，失去成为物理学家的机会。

60年代初，我被分配到中国的最高科学殿堂——中国科学院院部工作。后来从院史中知道，钱三强为构筑这个殿堂起了“制礼作乐”的作用，于是过去的向往一下子又靠近了许多，偶尔还有他在台上我在台下较近距离见面的机会。

记得第一次见到钱三强，是1963年冬一次科学院工作会议上，当天晚上我还写了一段日记。那时我有个心愿，每见到一位大科学家都要写一篇感想，曾经写过郭沫若、李四光、竺可桢、吴有训、华罗庚、顾震潮、杨钟健……。很可惜，那个笔记本在我1969年蹬三轮从西直门马相胡同往西单搬家途中丢失了。同时丢失的还有几件它物，其中有白石老人的弟子王文农先生亲笔书赠的一幅国画——《墨荷》，后来文农先生在武汉作古了，人走物去，好莫让我伤感了一阵子。

时光一天天流动，情况不断发生着变化。

1976年冬，我从“五七”干校回到科学院机关，出乎意料地院里让我做钱三强的秘书。那时，钱先生也刚从二机部“解放”重返科学院不久。尽管经过这也打倒、那也扫光的十年折腾，社会上对权威早没有崇拜的气氛了，但曾经对于钱三强先生“五体投地”过的我，给这样的大科学家做秘书，除了感觉荣光，心里多少有些忐忑。

经过十几年的朝夕相处，随着思想、见解、情感的接触与交流，感觉逐渐发生了变化。既没有了昔日的盲目崇拜，也不再忐忑不安，而变得亲近了——对于科学家以外的钱三强有了更多更实际的了解。

钱先生的夫人何泽慧先生委托我编选校定《钱三强随笔》(即2001年出版的《徜徉原子空间》)，百花文艺出版社第一编辑室主任董令生让我为“随笔”写篇序，我都乐于应承，尽管要在灯下业余来做。

为了与“随笔”的结构相一致，我下面写一点对普通人钱三强的了解和感受。

■ 二

科学家也是普通人。人非草木，人的最大特点就是具有情感。钱三强是一个于己、于人、于事、于国都感情色彩很浓的人。

根据许多材料，钱三强年轻的时候，他的感情特征更多的表现是激情。十六岁那年(1929年)，他在孔德学校毕业前夕，偶尔读到孙中山的《建国方略》，为书中描绘的未来中国的蓝图所吸引，激情一动便决意备考上海交通大学当一名电机工程师，为建立中华大工业效力。即使明知自己在孔德学校学的是法文，而交通大学则用英文课本不能适应，他宁可多花两年时间先入北京大学读预科，俟英文能力提高后再考交大。

在北大校园里，他广泛猎取知识，所有感兴趣的课都去旁听，特别对吴有训、萨本栋两位大师讲授的近代物理和电磁学兴趣更浓，每讲必到，他还饶有兴趣地读了英国科学家罗素著的《原子新论》，于是又激情大发，于1932年改变初衷从北大物理系转考清华大学继续学物理，从此与该领域结下了不解之缘。

六十年后，他回忆当初的心迹，写了以下一段文字：

> 在年轻人心目中，诱人的事情总是那么多，时常让你眼花缭乱。原子核科学就是一个非常神秘而诱人的学科，尤其在本世纪三十年代，正是该学科发展最激动人心的年代。我正是在这个时候同原子核科学结了缘。

钱三强的激情有一个鲜明的特点，就是正义感。

1935年，“一二·九”爱国学生运动爆发那天，钱三强正在课堂上用功，未能身临其境。第二天，他看到清华大学学生救国会散发的《告全国民众书》，知道了一百多名学生被军警打伤、几十人被逮捕的事实后，热血沸腾了起来，再也坐不住了。

一个星期后，即12月16日，国民政府决定成立“冀察政务委员会”，企图通过自治向日本帝国主义出卖华北。就在这一天，平津学生又举行了声势浩大的游行示威。钱三强毅然站在平津十校爱国学生的行列，共同发出了对黑暗的声讨书：

> 奠都以来，青年之遭杀戮者，报纸记载至三十万人之多，而失踪监禁者更不可胜计。杀之不快，更施以活埋；禁之不足，复加以毒刑。地狱现形，人间何世？“九·一八”事变，三天失地万里，吾民岂不知尸责者谁，特以外患当前，不愿与政府歧趋。然政府则利用此种心理，借口划一国策，熬煎相逼，无所不至。昔可以“赤化”作口实，今复可以“妨碍邦交”为罪

> 名，而吾民则举动均有犯罪之机会矣。杀身之祸，人人不敢避免，吾民何辜，而至于斯！北京大学学生组织“帝国主义研究会”，清华大学学生组织“现代座谈会”，此乃约法所许之权利，而政府则解散之，逮捕之。……焚书坑儒之现象，不图复见于今日之中国，此诚吾民百思莫解者矣。

清晨，钱三强举着标语横幅，喊着口号：

“为民族生存而战！”

“为国家独立而战！”

“为领土完整而战！”

他走在清华学生的头一排。按计划各校队伍先到天桥汇合，再向“冀察政务委员会”成立会址——东单外交大楼进发。

游行队伍先到达西直门，城门不开，转向阜成门，也是紧闭城门，又转向西便门，城门还是紧闭着……饥寒交迫的学生再也无力折返了。他们决定最后一搏，用身体冲开城门，身体最强壮的在前边。

既是乒乓球队员又是拔河队员的钱三强，自告奋勇站到了最前边。城门终于冲开了，扯破了衣服，碰伤了腿……后来，钱三强多次谈到过这次游行、冲城门的经历，每次都是激情难已。他曾经在一篇文章里写道：

> ……在我年轻的时候，我们的祖国是一个半封建半殖民地社会，对于青年人来说，那是一个压抑抱负、扼杀理想的黑暗社会。想当初无所畏惧，就是为了实现“富国强民”的理想。

如果说当时的正义感带着一股火气，二战期间发生在巴黎的一幕，钱三强的激情之中更多了理智和精细。那是钱三强留学法国的第四个年头。1940 年希特勒德国发动闪电战，先后占领了丹麦、挪威、荷兰、比利时、卢森堡，5 月巴黎沦陷。钱三强随难民出巴黎南逃，不久被德军挡住逃路，无奈只好再返巴黎。德军占据了居里实验室，并封锁了所有设备。

钱三强回巴黎后工作没有着落，又没有亲朋可投靠，连吃饭都成了问题。9月的一天，他在街上无意中遇到了先期返回巴黎的老师约里奥-居里，得知德国人急于想搞成原子弹，迫使约里奥为其服务。居里实验室又有人工作了，但是在德军荷枪监视之下。

老师了解到钱三强的处境，当即表示："只要我们有饭吃，你就有饭吃；只要我们能工作，你仍可以来继续你的研究。"

钱三强在极其艰难的环境下协助老师做研究，同时，共同经历与德国法西斯统治的斗争。

德军严密监视他们使用回旋加速器（它是用于研究铀的），但又急于获取制造原子弹的数据和原料。当然不能让德国人达到目的，于是在约里奥-居里秘密安排下，他们时不时制造故障，由法国机械师趁德军不备关掉冷却系统的水龙头，引起机器发热，使绝缘体被烧坏，只得一次次停机检修，使研究不能正常进行。这种巧妙的斗争，使德国人一直蒙在鼓里。

钱三强还从老师身上感染着英勇不屈的精神。在恐怖、残酷的日子里，在德军对犹太人、共产党员和抵抗者进行大搜捕、大屠杀的时候，约里奥-居里为了团结法国民众同法西斯做斗争，秘密加入了法国共产党。他的入党材料就藏在钱三强工作的实验室放杂物的柜子底下。

一天，钱三强做实验找一截电线，偶然带出了一个扁纸包，好奇地打开一看，原来是约里奥加入"法共"的证件，他不由得为老师的安全冒出冷汗。钱三强意识到问题的严重性，这些东西一旦落到德国特工手中，老师必遭杀身之祸！他把材料放回原处，并机警地作了进一步巧妙伪装，使外人更不易发现。几天过后，钱三强查看材料是否稳妥时，发现纸包没有了，而老师安然无恙，心里踏实了。

钱三强和约里奥对这件事一直守口如瓶，十年过后才得有机会言明当时的秘密。机会发生在1952年又一个特殊的斗争环境下。

那年3月下旬，钱三强参加以郭沫若为团长的中国代表团，出席在挪威奥斯陆举行的世界保卫和平大会理事会执行局特别会议，讨论中国和朝鲜提出的调查美国在朝鲜和中国东北使用细菌武器的要求。围绕应不应该调查，会上会下斗争十分激烈。钱三强承担着郭沫若与和平大会主席约里奥-居里之间的联络工作，进行了及时、有效的沟通。会议付诸表决前，约里奥在大会上作了旗帜鲜明的讲话："理事会支持不支持被侵略的朝鲜和中国的要求，是关系到世界和平理事会存亡的问题。若不能支持正义，还有什么理由让世界和平理事会存在下去！"结果，通过了组派国际科学调查委员会调查美国在朝鲜和中国发动细菌战事实的决议。钱三强留在奥斯陆协助约里奥组织调查团。

就在决议做出后，西方国家特别是美国当局和媒体迅即发起一场攻势，谴责、谩骂、威胁……朝着约里奥铺天盖地而来，骂他是"赤色分子""滥用科学"，等等。

约里奥坚持正义一往无前，当然不在乎这些，他并且利用一切机会进行有力还击。如他针对美国驻联合国代表沃伦·奥斯汀指责他"滥用科学"的攻击信，愤怒而详细地回敬了奥斯汀的指责：

> 你指责我滥用科学，因为我反对罪恶地使用伟大的巴斯德的发现，因为我号召公众反对发动细菌战。我认为滥用科学的人正是在广岛和长崎用毁灭二十万居民的手段而开创了原子时代的那些人。……不能因为朝鲜人和中国人选择了和你们国家不同的制度，也不能因为他们不是白种人，就认为用凝固汽油弹或用细菌来大规模地消灭他们是合法的。……因为我知道科学能给世界带来什么，所以我将继续努力，利用科学造福人类，不管他们是白种人，黑种人还是黄种人，而不是在某种天赋使命的名义下利用科学消灭人类。

全世界正义的人们站在约里奥一边，坚决支持他。国际科学界，包括法国、美国、英国、中国、苏联等许多国家的科学家，纷纷发表声明，抗议对约里奥的诋毁。

然而，面对如此现实，约里奥心中毕竟承受着巨大苦闷。钱三强很理解约里奥此时此刻的心情，并把这些情况写信如实报告了郭沫若。同年5月底，郭沫若经请示写了一封亲笔信，托出席维也纳世界科协执行理事会的涂长望带交钱三强（钱也作为该代表团成员），嘱托钱三强再多留一段时间在约里奥身边，既是表示中国对他的支持，同时考虑到，困难时师生相伴，也会多一份安慰。

过去在巴黎，钱三强与约里奥相处了十一年，然而真正一起长谈的时间要数这次最多。一天，他们很投机地谈到了共产党和新中国，钱三强讲起十二年前在实验室看到过入党材料的事。

约里奥接下话头笑着说："我知道这点。你还帮我把材料藏得更难找了。"

钱三强一愣，他怎么会知道是我做的掩饰。

约里奥又说："在我取走材料时，发现这一切，我判断准是你干的。"

师生二人会心地笑了。

■ 三

钱三强非常重友情，讲交情，但不失大原则。就我亲历的许多往事，至今记忆犹新。

1978 年 6 月初，钱三强要率中国科学院代表团出访法国和比利时，行前他特地到北京医院看望病重中的郭沫若院长。他当时的意思是，率院团出访理应去向院长报告，当面讨教；还有一层意思去道别，他暗示可能是作永久性的告别。

那天的情景，"告别"的气氛十分强烈。

钱三强在去医院的汽车上就表情肃穆，一句话也没有说；当推开病房门时，他几乎是轻步小跑双手握住郭老伸出的手，颤抖着嘴唇没有说出话来……

显然郭老早知来意，他先是对钱三强 30 年后重返法国访问表示高兴，接着话题很快转到了同中国人民正义事业、同钱三强都有着特殊关系的约里奥-居里身上。他们谈到了 1949 年出席第一次世界保卫和平大会的情景。

那是中国人民解放军开进北京后派出的第一个人民代表团。当时法国政府以人民中国为敌，拒绝给中国及其他共产党代表发入境签证。无奈，和平大会主席约里奥只好决定在捷克斯洛伐克的布拉格设一个分会场，用电话进行巴黎和布拉格两地的联络。郭沫若、钱三强等就是通过扩音电话听到了约里奥在第一天（4月20日）大会上发出的正义声音："真理的旅行是不需要签证的！"这声音极大地鼓舞了各国渴望和平、正义的人们，特别是刚刚站起来的中国人民。

他们还谈到会议期间另一件激动人心的事。4月23日大会正在进行中，广播里播发了中国人民解放军攻下南京"总统府"的最新消息，顿时会场一片狂热欢呼，会议不得不临时中断，许多外国代表纷纷过来同中国代表握手拥抱，中国代表个个激动得泪流满面；郭沫若坐在主席台上摘掉眼镜，双手捂着脸兴奋得泣不成声……

这次大会后，经批准，钱三强通过可靠关系把出国时准备的部分美元转交给约里奥，托他购买有关的原子核科学研究的仪器设备和图书资料。约里奥毫不犹豫地照作了，为打破西方封锁提供了可贵的帮助。

说着说着，探望时间过去半小时。钱三强意欲向郭老道别，郭老郑重叮嘱说：你到了法国，一定要去看看那些老朋友，凡是对中国友好并为之做出过贡献的朋友，都不要忘记他们。

一个星期后，1978年6月12日，郭沫若在北京逝世。

钱三强在国外得到噩耗，他正怀着悲痛和深情在实践郭老的临终嘱托。他访问了阔别三十年的居里实验室和法兰西学院核化学实验室，会见了在法国原子能总署和法国国家科研中心工作的许多新老朋友。代表团里，还有一位法国人很熟悉的人物，他就是汪德昭院士，他曾经是著名物理学家郎之万的学生。因此，法国科学界为中国代表团到访，做了不少特别安排。

据张麟玉（时任中国驻法国使馆科技官员）后来向我介绍钱三强访法情景，其中最为感人的一幕发生在巴黎郊外"梭镇"坟地。那里长眠着两对居里夫妇——老居里夫妇和他们的女儿女婿约里奥-居里夫妇。钱三强代表中国科学家一一献上鲜花，然后伫立在恩师约里奥-居里夫妇幕前，良久未曾挪步，低俯着头，眼泪直掉落到地上……在场的中法人员，此时此刻无不为这动容。

1983年初，商务印书馆约请钱三强为《居里夫人传》（艾芙·居里著）中译本再版作序，钱三强在序中写了一段关于重返巴黎的清晰而饱含深厚情怀的文字：

> 1978年，我有机会重返阔别三十年的巴黎，我怀着崇敬和激动的心情，参观了居里夫人和我的老师以及我本人工作过的实验室，那里的一切，几乎没有什么改变，只是当时的实验室现在成为纪念馆；在实验室的小花园里，伫立着两尊铜塑头像，一尊是居里夫人，一尊是居里先生；过去的"比埃尔·居里街"，现在改成"比埃尔和玛丽·居里街"；邻近的"先贤祠"（Pantheon），埋葬着居里夫人的老朋友、进步的科学家佩韩和郎之万；居里夫妇和约里奥-居里夫妇，都静静地长眠于"梭镇"坟地。他们的生命停止了，然而，他们为人类创建的丰功伟绩，是永远不会磨灭的！

还有过这样一件展现钱三强个人情怀的事。1983年6月，《光明日报》特约钱三强写一篇回顾聂总（即长期主管全国科技工作的聂荣臻副总理）的文章，他很爽快地答应了。经过一段思考，一天，他让我到办公室商讨文章怎么写法，他先拿出两页密密麻麻写满铅笔字的稿纸，说把经历的有关事实罗列出了一个提纲，让帮着整理成文，他再改定。为了写得不干巴又贴切实际，他讲述了每件事的过程和背景，讲得有情有景，时喜时悲，有如历史再现……实事求是地说，我是这篇文章的第一个读者，也是第一个受教育者。正是由于这种力量的感染，很快就将文章初稿写出了。

钱先生连夜作了修改，特别对文稿两处作了充实。

一处是1962年广州会议上，聂总、陈老总协助周总理很好地贯彻了党的知识分子政策，大家积极性高涨起来。为了再鼓鼓全国知识界和全国人民的劲，在会议结束那天陶铸代表中南局举行的招待会上，聂总亲自点名让钱三强作即席发言（即席发言的还有竺可桢），并指示钱三强发言时要暗示大家，中国的原子弹能够在预定时间内爆炸。

另一处修改是我国经济暂时困难时期，聂总总是把科技人员放在心上。当聂总知道科技人员中，由于营养不良浮肿人数急剧增加时，他夜不安寝……

为了保证当好科技人员的“后勤部长”，他亲自决定从海军调来了鱼，从新疆、广州、北京军区调来了肉、黄豆、食油等，不让大家的身体垮掉……

讲到这里，钱三强几乎失声哭泣起来。他感叹道：古人有言，“士为知己者死”，我们有这样的知心领导人，还有什么困难不能克服呢！真是画龙点睛，文章的标题也有了：科技工作者的知心领导人。

1992 年 5 月 29 日，在聂总逝世后，首都科技界举行纪念聂总领导我国科技工作座谈会。头一天夜里，钱三强准备第二天发言稿至深夜两点钟；次日，他再以“科技工作者的知心领导人”为题做了发言，回忆以往，心情激动，听者都有所感。

熟悉病理的人都知道，心脏病最忌讳情绪激动，而熟悉钱三强的人都了解，他很容易动真情。由于劳累和心情激动，前已发作过两次的心肌梗死当夜再次复发。5 月 30 日清晨紧急住进医院后，多次发生心力衰竭，多次转危为缓。6 月 27 日深夜再次发生心力衰竭，经抢救无效，于 6 月 28 日逝世，享年七十九岁。

■ 四

关心人，特别是关心青年人，是钱三强情感上的又一特点。20 世纪五六十年代，一批热血青年响应号召，从国内外四面八方汇集到他领导的原子能研究所，这些人中后来大多数成为中国原子能科学技术事业的骨干。据统计，曾经在原子能所工作过的科学家，仅到目前已当选为中国科学院院士或中国工程院院士的，就有四五十人之多。

钱三强的好朋友、著名理论物理学家彭桓武院士，曾作为原子能研究所副所长同钱三强长期共事，他对钱三强求贤用人深表佩服，写过这样的诗句：

遍国贤才不断求，知人善任预为谋。
顺从需要多方面，组织科研一统筹。

许多当时的青年学者在回忆钱所长的关怀时，都有许多共同的感触。

他十分注意发挥青年的主动性，工作中放手让他们去闯，只在关键处给以指点。遇到年轻人提出新的想法，哪怕是不成熟的、萌芽状态的，他也总是给以热情支持，并帮助他们进一步完善，促其实现。

在探讨学术问题时，他特别注意引导和鼓励年轻人自己思考；他作发言，也是以普通参与者的身份和平等的态度，同大家一起进行探讨，一起寻求答案。他经常将自己在科学工作中的经验教训和亲身体会告诉大家，让大家注意积累，少走弯路。

钱三强一贯重视对青年进行思想品德教育。每年新大学生、研究生到所里报到后，他都要亲自给大家作一次报告，鼓励走又红又专的道路。

三十六年前听过钱三强报告的何祚庥院士，写过一段听报告的回忆：

> 他以物理学工作者熟悉的语言向青年同志们指出：在迈向社会主义道路上，每一个人都应该出一份力，大家都推它一把，这就是红。用物理学的语言来说，“红”是一个矢量，即有确定指向的矢量，而“专”是这一矢量的长度。仅仅方向对头，而长度太小，那么推力不大。如果长度很大，但方向不对头，甚至偏向另一边，那就适得其反。

这就是钱三强创作的“红专矢量论”，是当年科学青年中广为流传的杰作。然而，在“文化大革命”年代里，“红专矢量论”被诬为铁证如山的“大毒草”，是钱三强的第一条“罪证”。

历史已经写下重重一笔。正是由于钱三强等老一辈科学家对青年人的支持、鼓励、教诲和示范作用，我国核科学领域，一大批同志自觉自愿地把自己的青春和毕生精力，默默无闻地奉献给国家和人民期盼的事业，他们的名字鲜为人知，他们的业绩将永载中华民族光辉史册。

周光召曾经也是一个鲜为人知的名字。他和钱三强有着既普通又特殊的关系。

1959 年 6 月 20 日，苏共中央致信中共中央，拒绝提供协议规定的原子弹教学模型和技术资料。与此同时，一些在中国国防尖端技术部门工作的苏联专家，也以休假为名相继回国。中苏关系处于彻底破裂的边缘。

1960 年初夏，二机部几位领导人宋任穷、刘杰、刘伟、钱三强等组团赴苏，就中苏合作发展原子能作最后努力，但难挽危局。

同年 7 月 16 日，苏联政府照会中国政府，单方面决定撤走在华专家。至 8 月 23 日，在中国核科学技术系统工作的 233 名苏联专家，全部撤离回国。

钱三强很清楚，中国的原子能事业将进入全面自力更生的新阶段。钱三强还清楚，中国发展尖端科学，首先需要有更多的尖端人才。

就在中苏关系面临彻底破裂的时候，一天在莫斯科的一处宾馆内，三位年轻的中国学者闻讯来到钱三强住的房间。来的三人是：周光召、何祚庥、吕敏。他们正在莫斯科杜布纳联合原子核研究所工作，并且都是党的支部委员。他们也意识到了中苏间发生的情况和今后的事情，经过认真商量，一起来向钱三强递交联名报告，请求回国参加“有关实际工作”。

钱三强心中暗喜，感觉正合我意。他询问了三人情况后，表示立即向组织转达。

但是，由于周光召在国内工作单位的隶属关系，以及本人的“社会关系”问题，从事“有关实际工作”遇到麻烦。在钱三强向何祚庥了解到周光召才华杰出、为人很好的情况后，遇到的“麻烦”在他的努力下都得到排除。很快，周光召、何祚庥、吕敏都回到国内，加入到核科学技术战线。后来，三人都为中国的核科学技术事业做出了突出贡献，成为佼佼者。

另一个曾经鲜为人知的名字，后被新闻媒体广为披露、饮誉海内外的邓稼先，也与钱三强的识才、举贤有着密切的关系。

在中国原子能科技事业面临困境的关键时刻，钱三强根据党中央的正确决策，从全局出发，主动从自己领导的研究所里，推荐了一批杰出科学家转到最急需、最关键的岗位担当重任。其中邓稼先就是经钱三强举荐而后做出无愧于时代贡献的一位。

杨振宁教授从报道邓稼先的事迹中，得知了钱三强所起的重要作用后，特意从美国写信给钱三强，对他关于识才并无私举贤的精神表示敬意。

钱三强对于那些永远不为人知的普通人，也从不冷漠；对于他们付出的普通劳动，他出自内心的尊重。这方面的事例很多很多。举例而言：每年“三八”国际妇女节，他总要亲自上街买几袋糖果分送给机关服务班的女同志，就连1981年他患心脏病住院，也未曾忘记这些普通的女服务员；又如每当春节来临时，在他身边的工作人员都照例会收到一包月盛斋的酱牛肉，还有一张亲笔写的不签名字条，大意是：送上一点月盛斋的酱牛肉，过年大家尝尝。事过之后才知道，每次都是他和何泽慧先生一起，顶着寒风排队一包一包购买的……

我怀着深深的敬意，写下我所了解的钱三强的几个片段。如果这些文字能够为读者了解钱三强的为人、为事、为思有所帮助，我的心愿就满足了。

葛能全

2000年5月

我知道的何泽慧先生 *
——《卷舒开合任天真——何泽慧传》序

首次读到关于何泽慧先生的生平传记。作者刘晓博士以他研究科学史的严谨态度，调查了多处有关何先生的档案材料，访问了不少熟悉何先生的人士，参考了他人撰写的一些著述，历史地展现何先生的一生。我以为，是一篇可信可读的人物传记。作为对何泽慧先生“有所知”（钱三强先生曾如是说）的晚辈，我对此感到欣慰。

人们说起何泽慧，往往会和钱三强的名字联系在一起。这应归因于他们的“科学伴侣”关系——他们在法国居里夫人亲手创建的居里实验室相结合，又在那里共同发现了重原子核“三分裂”和“四分裂”现象，受到世界瞩目。那时候，他们就被称为“中国居里夫妇”。

葛能全陪同钱三强（中）、何泽慧（左）先生出席会议合影于庐山（1978年）

何泽慧先生是一位卓有成就的物理学家。她取得的成就根植于她对科学的执着，而且这种精神贯穿在她的整个科学生涯中。她早年考入清华大学物理系，硬是顶住轻视女性的习俗，以不逊于男生的成绩获得清华物理系毕业证书；

* 原载于：刘晓著，《卷舒开合任天真——何泽慧传》，中国科学技术出版社、上海交通大学出版社，2013年。

在柏林高等工业技术大学，她打破“女生不习兵工”的惯例，选择弹道学读博士，成为当时该校的唯一；在海德堡，她不顾战乱专心于实验，首先观察到正负电子弹性碰撞；在法国巴黎，她以旁人少有的毅力和细心，在难以数计的裂变径迹中，敏锐地捕捉到世界首例“四分裂”径迹。尤其令人敬佩的是，何先生对科学的执着，直到晚年依然坚守不怠，在她九十二岁那年（2006年3月）摔成骨折之前，一直坚持到研究所上班，一日不落，甚至春节假期还乘公交车去所里工作。

何泽慧先生是一位“忌俗”的科学家，她这方面确有近似两代居里夫人（玛丽·居里和伊莱娜·居里）的性格特点。细细想来，在接触何泽慧先生三十余年里，真想不起她有过赏脸“应酬”的破例，凡遇这类邀约，她便说：“那是浪费时间，我才不去哩。”她说话不讲究修辞酌字，不习惯拐弯抹角、吞吞吐吐，甚至有时旁人听来不合时宜而她自己觉得该说的话，还照直说。上世纪八九十年代，有一段时间科学界热烈呼吁加大科技投入，纷纷举外国为例，说某项研究人家多少美元，我们连零头也不到，设备落后过时了，没有经费更新……何先生却冷不丁补上一句：我看科学研究也不能忘了勤俭节约，不能大手大脚花钱，有的单位拿国家的钱不少，也没有看到像样的成果出来。

记得1991年春节前夕，时任中央书记处候补书记、中央办公厅主任温家宝和国务委员宋健登门向钱先生和何先生辞年，还没等坐定，何先生就郑重其事地向领导提出一条意见，说：“女同志五十五岁退休，比男同志早五年，这个规定不合理。女同志到五十五岁没有了家务负担，正是集中精力工作的时候，却让她退休做家庭妇女，不是浪费人力么。男女应该平等嘛，是不是啊。”何先生就是这样心地坦白透明，丝毫不花心思装饰自己，她对人对事，喜怒好恶，让人一目了然。

何泽慧先生日常生活中，是一位极平常的普通人。她自己缝制的一个布书包用了几十年，无论出入何处，即便去人民大会堂，或者参加国际会议，她都提着那个书包。她因公出差，总是要求和年轻同志乘坐一样的交通工具，不接受特殊照顾。她82岁那年，和所里同志一起去云南出席宇宙线会议，在从昆明转往大理时，她坚持和大家一起坐夜间长途卧铺汽车，一路颠簸连年轻人都感觉难受，何先生毫无怨言，还挤在仅肩膀宽的铺位上睡了一觉。何先生的穿着，更是普通得不能再普通了，进入21世纪以后，她还穿打补丁的衣服。她的观点是，旧衣服穿着舒服，何必扔掉，扔掉就是浪费，笑破不笑补嘛，是不是啊，衣服打补丁没有人笑话，笑也不怕。

由于穿着不显“派头”的缘故，何先生经常被世俗眼光误会，但她并不介意。一次，何先生和钱先生一起到西单菜市场（时为北京供应最全的菜市场之一）买冬笋，正当她一个一个挑选时，售货员上下打量后，以一种不屑的口气提醒何先生：“老太太，你先看清楚价钱，不要看错了价牌上的小数点儿。”何先生笑笑：“看清楚了。”1978年10月，何先生要参加国务院副总理兼中国科学院院长方毅率领的科学家代表团出访联邦德国和法国，去前门新大北照相馆照标准像制作护照。那天她的穿着和平常一样，摄影师提醒她换衣服梳整头发，她坐着不理会。摄影师以为何先生是位少见识的街道婆婆，调侃她：“老太太，有福气呀！您出国是去看儿子，还是看女儿呀？”何先生说：“我谁也不看。”

何泽慧先生是一位精神境界很高的人。她出身名门世家，父亲何澄早年追随孙中山成为辛亥革命志士，又是一位遐迩闻名的文物鉴赏、收藏大家。新中国成立后，何泽慧先生兄弟姊妹秉承父母遗愿，把他们一生辛劳积累的全部家产捐献给了国家。其中有父亲卖了北京房产购得并重加整修的苏州“网师园”（另有附近的房屋）及园内一应古董器物；有数量惊人的字画、古籍、古印、古墨、名贵印章、印材等珍贵文物。仅现藏于苏州博物馆的所捐文物计1374件，其中一级文物31件，二级文物355件，三级文物381件（其余尚未定级）。

2008年5月，笔者有幸在苏州博物馆看到何家当年捐赠文物的厚厚一本名录，并且在地下库房目睹了几件原物，如元代赵孟頫的《临兰亭序册》，明代沈周的《花鸟册》、文徵明的《松厓图卷》、董其昌的《山水册》，清代王铎的《枯兰复花图卷》，还有北宋文学家、《岳阳楼记》作者范仲淹的玉石名章。后来，我先后当面向何泽慧先生（2008年）、何泽诚先生（2010年）和通过电话向何泽瑛先生说起苏州博物馆所见，以及发自内心的敬佩之情，三位先生回应我的话，几乎是一样的，平淡而谦和："这没有什么，别人也会这样做的。"

何泽慧先生还是一位兴趣广泛，多才多能的"苏南才女"（彭桓武先生语）。她爱好体育，曾经是振华女校排球队和清华大学女子排球校队的中坚；她游泳颇有功底，1980 年 9 月我见过何先生在青岛八大关教钱先生游泳，几天工夫硬是把钱先生从不入门教得半会半不会。

何先生少年时喜爱填词赋诗，尤其写得一手好字，隶篆行楷都能。我见过她当年（1932 年）留在振华女校校园的篆书摩崖石刻壬申级训"仁慈明敏"（意为仁义、慈爱、聪明、敏捷），见过她庚午年（1930 年）的一件隶书作品影印件"临曹全碑"，见过她的竹刻楹联，还有花鸟画作……作一个假设，何泽慧先生若不是专攻了物理学，而是继续深造她少时的课余爱好，可以断言，十之八九会成为一位造诣很高的书画大家。

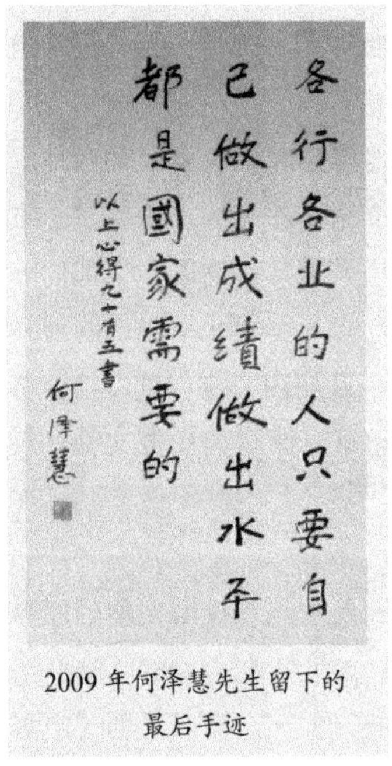

2009 年何泽慧先生留下的最后手迹

这样讲不是毫无根据的。2009 年初，我顿生念头，想请何先生留下一幅字，很幸运，想法得到何先生应允和民协的支持。于是我选好准备书写的内容，带上笔、墨和折好横竖格的宣纸来到中关村 14 号楼。请何先生书写的，是她 1994 年回苏州母校同学生座谈时讲的一句结束语："各行各业的人，只要自己做出成绩，做出水平，都是国家需要的。"何先生写了落款："以上心得九十有五书 何泽慧"。

真是令人难以置信，一位九十五岁高龄、间隔七十余载很少使过毛笔宣纸的实验物理学家，书法竟然还是那样娴熟，那样老到，甚至连笔顺也一点不乱。那天的现场情景深深留在我脑海中，至今记忆如昨：何先生站在餐桌旁，一边书写，一边急促喘气发出吁吁声，每写一个字都很费力。孝敬的民协不时让老人坐下歇一歇，喝口热牛奶，还柔声说些鼓劲的话："妈妈，写得好。""妈妈，快要写完啦。"当这件历史性的作品最后钤下何泽慧名章那霎时间，我禁不住激情涌起，泪花蒙眬了双眼……这又是一次感受平常而伟大的时刻。

作者刘晓约我为何泽慧传写序，写了一些亲历和感想，不知合适不。

葛能全

2011 年 12 月于中关村

我写《钱三强传》

《钱三强传》2003年由山东友谊出版社出版，2006年修订版《钱三强》。2013年为纪念钱三强百年诞辰，纳入“老科学家学术成长采集工程”项目再系统重新修订，由中国科学技术出版社和上海交通大学出版社出版《魂牵心系原子梦：钱三强传》

《魂牵心系原子梦——钱三强传》导言

原子核实验物理学家钱三强，是公众十分熟悉的人物。关于他的故事，见诸文字、影视或者传说的不算少，但人们还是希望更多知道一个真实的钱三强。

笔者着手写钱三强先生的传记，始自20世纪80年代末。那时中国科学技术协会决定编纂出版《中国科学技术专家传略》，其中理学编拟收入钱先生的传略。他积极支持这一浩大计划，便让我和核物理学家黄胜年合写他的传稿（黄比较熟悉钱先生原子能研究所那段经历。但不幸，不到60岁的黄先生不久突发脑溢血并造成偏瘫后遗症）。1991年初写成初稿，经过钱先生两次修改，后又多次亲自到科学院院部办公室一起讨论稿子，一段一段推敲，而后定了稿。这就是第一篇关于钱先生的传记《钱三强传略》（全文一万六七千字），得到丛书编者认可，审稿人林自新先生1991年4月7日写的审稿意见称："此稿无论从内容上还是文字上，都是我看过的众多撰稿中的上乘之作。对于作者努力，表示衷心的感谢和钦佩。"

但是，这篇传略不是最先刊于中国科协的上述丛书中，而是作为悼念钱先生逝世的署名文章，发表于1992年7月4日（钱先生追悼会次日）的《科技日报》和《科学时报》，并且收进了《新华月报》。《中国科学技术专家传略》理学编刊出此文，是十年后的2001年1月。

几乎与以上同时间，开始整理钱先生的学术年表。1994年附于《钱三强文选》（浙江科学技术出版社）后约五万余字的《钱三强重要活动纪事（1913—1992）》，后来成为《钱三强年谱》（2002年山东友谊出版社）和《钱三强年谱长编》（2013年科学出版社）最初始的基础工作。

第一本关于钱先生的生平传记《钱三强传》，是在钱先生90诞辰前夕出版的（山东友谊出版社，2006年出版修订本《钱三强》）。拙著出版后，受到科学技术界和熟悉钱先生的人士热情关注，认为写得不错，九秩高龄的于光远先生、化学家胡亚东先生，都亲自撰文作过介绍和点评；龚育之先生读后写来信，说了“谢谢你写了这样一本好书”的勉励话；由两个评审委员会分别热心推介，2003年和2004年先后被评为“科学时报读书杯”最佳传记奖和“第二届吴大猷科普著作奖”单项奖。虽然受到褒奖，但首版《钱三强传》的缺点也是显而易见的，如2004年7月9日，杨振宁先生在“吴大猷科普著作奖”（台北）终评会上就指出过一点，他说这本书的缺点在于，作者的一些言论和资料没有标明出处（时注释相对较少，且注于正文中不显见），因而分不清哪些是作者的观点，哪些是别人的观点。

《钱三强传》的问世，所以能引起大家关注并获得肯定，毫无疑问是因为传主钱三强先生经历丰富，遇到的事情多，以及事迹活鲜感人的缘故，作者只是本着对历史、对读者应有的责任心，作了材料的整理和文字记述。

然而我知道，即便经过又七八年的这次再修订，真正称得上一本好的科学家传记，还会有欠缺。这当然不是作者不努力，不进取，是由于主观和客观方面的种种局限性，难以达到事所心期。

三十多年中，一直努力对钱先生所亲历的那些科学的、政治的、社会的重要事件，进行采集、求征和思考，总想多知道些背景和细节，以重建那段不太遥远的历史，特别是其中的一些关节点，做到言之确凿，信而有征。

近些年，特别是纳入“老科学家学术成长资料采集工程”项目以来，本版《钱三强传》的内容又有较多充实，许多事件有了新的眉目和进展。采集小组通过广泛阅查和访谈等途径，获得不少从前不曾掌握或者遗缺的文献、信札、笔记和档案资料，经过分析和鉴别，有些材料，除了对重建传主的生平经历、思想风貌和学术成长具有重要价值，而且有助于客观、准确、公允地了解钱三强，以及与之有关的一些人和事。这里不妨赘说几个例子：

一如（第三章），国家最高科学技术奖获得者、著名大气物理学家叶笃正先生，他 1935 年从南开中学考入清华大学时，原本是想选物理系学物理的，但在接受学长钱三强要“重视实用科学”的劝告后，他于是改学物理为气象学，从而决定了一生的事业。有意思的是，钱和叶曾都是乒乓高手，他们相识于清华乒乓球校队。因此，叶先生 2012 年写回忆文章，用了《乒乓球桌旁友谊决定一生事业》这样一个既轻松又重大的题目。

又如（第六章），1937 年钱三强甫抵巴黎参观世界博览会，自购了一枚苏联馆的明信片（上印有一对男女青年手举镰刀斧头图像）寄给清华曾经的同室学友艾维超（后转入清华电机系），钱亲笔在明信片上寄语写道：“你看这建筑上的一对青年，多么朴实，多么勇敢，象征着复兴国家的精神。维超兄，希望你将来也这样勇敢的参加复兴我们可爱的祖国的工作。”这枚明信片，珍藏整整七十年之后，由艾维超之女捐献给了 2008 年上海世界博览会，揭开了一页多蕴信息而不为人知的史事。

再如（第十二章），1946 年冬在法国，钱三强领导研究组继发现三分裂现象后，紧接着由何泽慧发现了世界首例四分裂。可是，这一重要发现的月日时间，困惑了国内科学史界二十几年，原因是钱三强本人 1989 年著作中写的发现时间为“1946 年 12 月 20 日”，可是竺可桢 1946 年 12 月 12 日参观钱三强巴黎实验室所记的日记，已经记有“钱太太证明四分裂”的文字。这就产生了首例四分裂究竟是哪月何日发现的时间疑惑，而这一时间点，对于研究那段原子核科学历史，特别对了解三分裂与四分裂的发现经过，是个难解的问题。2011 年上半年，清华大学百年校庆举办“清华校友与居里研究所图片展览”，笔者参观时看到一张出自巴黎居里博物馆的四分裂径迹照片（复制件），二十几年的时间疑惑，终于得以澄清——在这张原始径迹照片上，清晰可见钱三强当时书写的两行法文字，是他和何泽慧联名呈送给约里奥-居里夫妇两位老师作纪念的，并且署明时间为 1946 年 11 月 23 日；后来，刘晓博士又采集到钱三强一篇曾经发表在巴黎《原子》杂志上的文章，是专门讲述 1946 年 11 月 22 日晚上何泽慧发现首例四分裂经过的。从而使得这一科学事件得以准确而清晰地重新构建。所幸，在笔者建议下，这张四分裂径迹照片，还被选作国家邮票《核物理学家——钱三强》的背景图出版了。

类似以上这样的新内容和新进展，读者在本书许多章节可以读到。

在本书“序章”，读者会读到钱先生转知记者的一封信，他告诫写他的文章不要“过奖”，“过则不实”，而应该“还我原来面貌”。可以说，钱先生“还我原来面貌”的告诫，笔者是最先也是最多的领教者。这些年里，每涉笔钱先生的文字，总怕犯“不实”之过，不好向钱先生和历史作交代。

“还我原来面貌”，是为本书宗旨。

《钱三强传》序章

有句成语叫“无巧不成书”，常被用来比喻事情的巧合。

公元 1964 年 10 月 16 日，中国第一颗原子弹试爆成功。这一天，正是本书主人公——核物理学家、原子能研究所所长钱三强的五十一岁生日。

这纯粹是巧合。

然而，钱三强与中国原子弹的关系，却是世所有知的。随着中国开始研制原子弹，或是不太知晓内情的国人，或是惯于猎奇的海外媒体，甚或一些西方国家的情治机构，出于不同原因，常常会把钱三强的名字同中国原子弹联系在一起。

“钱三强是中国原子弹之父”的说法，就出自那时间的报刊上。此说最先见诸文字，是 1965 年 6 月巴黎出版的《科学与生活》（月刊）登载的一则“公报”，标题是《在中国科学的后面是什么？》，文中写道：“中国的科学研究工作是由中国科学院领导的。北京原子能研究所的领导人，是曾在巴黎大学 Sorbonne 部学习过的物理学家钱三强博士。他才真正是中国的原子弹之父。”

1967 年 6 月 17 日，中国第一颗氢弹爆炸成功。当晚，英国《星期日泰晤士报》发消息、法新社发电讯，除了惊讶中国的发展速度，又都写到钱三强是“中国核弹之父”。第二天，新华社编印的《内部参考》下午版，全文译载了这些报道。

自此以后，在国内一些热心人笔下，抑或言谈中，时有“之父”一类的字眼形容钱三强在我国原子能科学事业发展中的作用（也有用于形容别位科学家的）。但钱三强本人从不接受，也不同意在内国内使用这样的形容词。

这里所以说到此事，是因为这类出自人们自发而非钱三强本意的说法，使他感觉到隐隐约约罩在一层不明不白的阴影中——有人似乎以为是他本人有意抢功所为。

这层阴影一直延续到了上世纪 80 年代，或许更晚。

笔者亲历过一件事。1984 年 12 月下旬，钱三强先前任职过的二机部，安排他出面宴请到访的法国原子能委员会快中子堆专家万德里耶斯（G.Vendryes），席间万氏问：中国的氢弹发展为什么那样快。钱从以往经历中意识到这个问题的敏感性，但又不能不说话，于是他原则性地讲了主要是注意了预见性，以及正确对待科学储备与任务的关系问题，没有讲到任何单位和个人，更没有把这些工作和自己相联系。可事过不久，他的这次谈话引起了猜疑。

1985 年 3 月 15 日，钱三强写了一张字条，请陪同接待万德里耶斯的中国科学院外事局人员写份材料，证明那天的谈话内容。3 月 18 日，科学院外事局五处写出证明材料："您（钱三强——注）和他（万德里耶斯——注）吃饭时谈过的中国爆炸原子弹、氢弹的事，确实如您所回忆的。"①

如果说，这件事发生在 60 年代或者 70 年代，钱三强也许不会这样在意，因为那时候他已经感受习惯了，他会采取是非终日有、不听自然无的超然态度，自己消化掉的。可是，已经到了 80 年代了，那层阴云还在出现，这是他没有想到的，尽管他心里想再"超然"，而在他笔下，却掩饰不住丝丝苦楚。

事实上，钱三强并没有为自己争功，他写的文章和发表的讲话，可以说明这一点。以他一篇代表性文章为例，1987 年钱三强和朱洪元（理论物理学家、中国科学院院士）合写过一篇系统回顾中国核科学发展的文章——《新中国原子核科学技术发展简史（1950——1985）》，全文约一万六千字，文中写到有关科技人员和管理者的名字近二百人，起过重要作用的科学技术专家，文章多次写到，就连那些刚从学校毕业做出了成绩的青年，也没有遗漏他们。

前面说到的那个氢弹话题，钱、朱文章里也写到了，下面照引这段原文：

---

① 参见：葛能全，《钱三强年谱长编》，科学出版社，2013 年，第 623 页。

以王淦昌、彭桓武、朱光亚、邓稼先等为首的一批理论与实验物理优秀人才直接参加核武器的研制机构，从事研制工作。1964年10月16日，我国第一颗原子弹爆炸，我国便成为继美、苏、英、法以后第五个制成原子弹的国家。同时受二机部党组委托，1960年在所内，由钱三强组织黄祖洽、于敏等一批理论研究人员，开始做热核材料性能和热核反应机理的探索性研究，分析研究了基本现象和规律，探讨了不少关键性的概念，为氢弹研制作了一定理论准备。1965年年初，原子能所这部分干部中的31人（包括于敏和黄祖洽）合并到核武器研制机构。我国第一颗原子弹爆炸后仅两年零八个月就爆炸了氢弹，我国成为继美、苏、英以后第四个制成氢弹的国家，而且成为世界上从原子弹到氢弹发展最快的国家。之所以能有如此高速的进展，氢弹原理预研是其重要原因之一。经过这一实践过程，成长了一大批联系实际的理论物理与计算技术和爆轰科学技术的骨干。由于对国家做出重大贡献，1982年获得国家自然科学奖金两个一等奖。①彭桓武、邓稼先、周光召、于敏、周毓麟、黄祖洽、秦元勋、江泽培、何佳莲由于理论工作获得一等奖。②王淦昌、陈能宽、张兴钤、方正知、胡仁宇、陈希宜、经福谦、陶祖聪、张寿其、章冠人等由于爆轰实验工作获得一等奖。①

知情者大多赞成这样写法，认为较好反映了当时情况，符合实际。这使钱三强感到欣慰，所以1991年秋他决定将此文收入《钱三强文选》。

改革开放后，国内不少媒体采访钱三强，在报道他的成就和贡献时，多次有过把“中国原子弹之父”一类形容词用于他的情况，但凡他审稿见到的统统删去了。他向作者解释：“外国人往往看重个人的价值，喜欢用‘之父’一类的形容词，我们中国人还是多讲点集体主义好，多讲点默默无闻好。”

写他的文章出现一些不太符合实际的词语，只要经他审阅，同样不会放过。1987年5月，《经济日报》记者（任欣发）写了一篇关于钱三

① 参见：钱三强，《钱三强文选》，浙江科学技术出版社，1994年，第150页。

强的文章，尽管钱对这位记者写的文章“抓住了重点，没有搞平铺直叙与繁琐哲学”，给予肯定，但对文中一些不够实事求是的形容词提出了异议，并就此给葛能全写信，让郑重告诉那位记者：“他（指记者——注）有些对我过奖了，‘过’则‘不实’。因此我提了一些‘还我原来面貌’的意见，多数已用铅笔改了。”记者理解钱三强的意思，准备改用“卵石”和“沙粒”来比喻他在我国原子能事业发展中的作用，征求他的意见。他欣然赞同：“我作为一个科技工作者，能把自己化作卵石、化作沙粒，铺在千军万马去夺取胜利的征途上，而感到高兴和欣慰！”

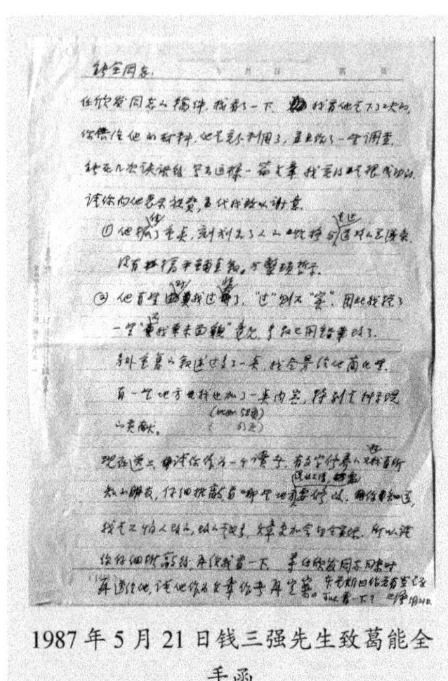

1987年5月21日钱三强先生致葛能全手函

所幸的是，钱三强生前终于听到了历史的回声。

那是1992年初春，中国改革开放的总设计师邓小平巡视南方，发表一系列纵论国家长治久安的谈话。邓小平在讲到要抓住时机发展自己时，深怀激情和期望：

> 每一行都树立一个明确的战略目标，一定要打赢。高科技领域，中国也要在世界占有一席之地。我是个外行，但我要感谢科技工作者为国家作出的贡献和争得的荣誉。大家要记住那个年代，钱学森、李四光、钱三强那一批老科学家，在那么困难的条件下，把两弹一星和好多高科技搞起来。……希望大家通力合作，为加快发展我国科技和教育事业多做实事。搞科技，越高越好，越新越好。越高越新，我们也就越高兴。不只我们高兴，人民高兴，国家高兴。对我们的国家要爱，要让我们的

国家发达起来。[①]

3月的一天，何祚庥给钱三强打电话，说小平同志在南方发表了重要讲话，讲到了“两弹一星”，还说到“一李二钱”。随后，钱三强到科学院机要室借阅刊载邓小平南方谈话要点全文的中央文件，就是那份不到八千字的文件，他仔仔细细、一遍又一遍阅读了整整两个小时。他不仅仅是兴奋，也不只是感激，更多的是对未来中国的信念和勾起他对“那个年代”的记忆与联想。

那个年代，对于钱三强而言，真正是难舍难分，不离不弃。

1992年5月14日，长期主管全国科学技术工作的聂荣臻逝世。为了缅怀聂总领导科技工作的功绩，5月29日首都科技界在北京人民大会堂海南厅举行座谈会。钱三强在座谈会上作了情真意切的发言，他，同时把所有在座的人们，带到了那个可歌可泣的年代。回首以往，诸事如昨，讲着讲着，他哽咽了……

这样动情的场景，1983年6月也曾发生过一次。那时《光明日报》特约钱三强写一篇回顾聂总领导科技工作的文章，他答应了，并且经过几天思考，用铅笔密密麻麻写下两页纸的素材，让葛能全帮助做些文字整理，然后亲自字斟句酌定稿。为了不至于写出来干干巴巴，又贴切实际，他向葛细说当年，说得有情有景，时喜时悲。当讲到经济困难时期聂总等中央领导人时刻把科技人员放在心上，关心大家的疾苦时，他声音沙哑，眼眶里噙着泪水，深情感叹：“古人有言，‘士为知己者死’。我们有这样的知心领导人，还有什么困难不能克服！”正是他这一画龙点睛的感慨，那年他发表在《光明日报》的文章和1992年5月29日他在缅怀聂总座谈会上的发言，都是用的同一个题目——科技工作者的知心领导人。

钱三强亲自撰写了5月29日座谈会上的发言稿。他从28日伏案写作，熬夜到29日凌晨两点多钟，往事萦绕，辗转反侧，整夜无眠。

心脏病最忌讳情绪激动，而熟悉钱三强的人都知道，他最容易动真

① 参见：邓小平，《邓小平文选》(第三卷)，人民出版社，1993年，第377-378页。

情。就在参加完纪念聂总座谈会的当天晚上，已经患过两次心肌梗死的钱三强，心脏病再次严重复发，6月28日零时28分，他带着对那个年代的激情和无尽的回忆走了，永远地离去了。

就在钱三强离去的夜半深更时刻，时任中共中央书记处候补书记、中央办公厅主任温家宝，获报后迅即亲往北京医院，伫立在病床前向钱老沉痛作别。7月3日，中共中央总书记、国家主席、中央军委主席江泽民亲自给钱三强夫人何泽慧打电话，对钱三强逝世表示深切哀悼，说钱三强同志对国家对科学事业贡献杰出，将永载史册，后人不会忘记他的。

1999年9月18日，在喜迎新中国成立50周年和“勿忘九一八”的忌日，中共中央、国务院、中央军委做出决定，授予包括已故钱三强在内的23位科学技术专家“两弹一星功勋奖章”，被誉为人民共和国的强国功臣。那天，江泽民在授奖大会上发表讲话，同样对那个年代充满激情和自豪。他说：

> 我们要永远记住那火热的战斗岁月，永远记住那光荣的历史足印：1964年10月16日，我国第一颗原子弹爆炸成功；1966年10月27日，我国第一颗装有核弹头的地地导弹飞行爆炸成功；1967年6月17日，我国第一颗氢弹空爆试验成功；1970年4月24日，我国第一颗人造卫星发射成功。这是中国人民在攀登现代科技高峰的重任中创造的非凡的人间奇迹。①

江泽民特别重述了邓小平一段言近旨远的讲话：“如果60年代以来中国没有原子弹、氢弹，没有发射卫星，中国就不能叫有重要影响的大国，就没有现在这样的国际地位。这些东西反映一个民族的能力，也是一个民族、一个国家兴旺发达的标志。”

纵观钱三强所走过的道路，他一生所追求的就是在圆他心中的一个梦想——让自己深爱的祖国兴旺发达起来。

他圆梦的历程是那样多姿多彩，可歌可泣。

---

① 参见：江泽民,《在表彰为研制“两弹一星”做出突出贡献的科技专家大会上的讲话》,《人民日报》第一版，1999年9月19日。

《钱三强传》作者后记

这本最终修订版《钱三强传》，在钱三强先生百年诞辰之际出版，是一件很庆幸的事。庆幸有中国科学技术协会组织进行的“老科学家学术成长资料采集工程”给予的鼓励和支持，设想如果没有纳入这个项目，就没有全力开展工作的条件，自然也少了成书的时间压力，还会继续处于慢慢来的状况；也庆幸我本人近两年中超出年龄常规的强力努行工作，患了心梗，身体终于坚持下来了。

这些年的写作和这次修订过程中，很多人士提供了各种帮助，某种意义上说它是一篇集体之作，我在此由衷感谢所有提供帮助的同事和朋友们。首先最要感谢的，是钱三强先生曾经对我的一直信任和提供的条件。感谢何泽慧先生生前无数次同我谈钱先生，谈往事，谈她自己。感谢于光远先生当年夜读《钱三强传》和写来两次信，并且应允以他的演讲为本书代序；感谢彭桓武先生生前多次同我谈他了解的钱先生，并帮助纠正书中一处时间讹误。还要感谢法国原子能总署高级专员办公室主任 M. Martinot 教授和钱先生的巴黎同事 P. Radvanyi 教授，他们帮助查找钱先生在法国时的历史资料，并及时寄交钱思进教授。钱祖玄、钱民协、钱思进诸位家人提供了不少重要资料和

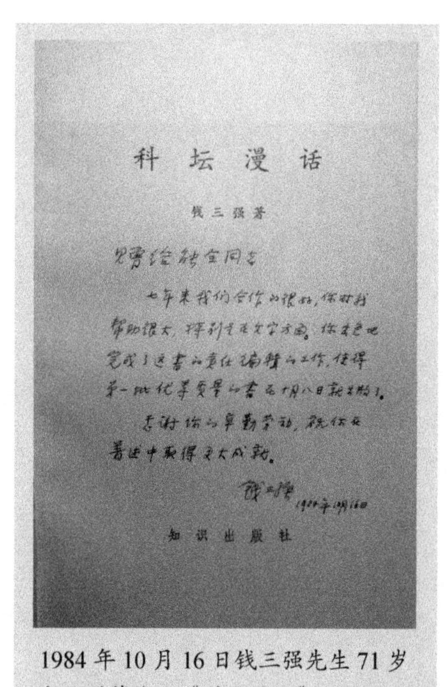
科坛漫话

钱三强著

赠给能全同志

七年来我们合作的很好，你对我帮助很大，特别是在文字方面。你本身也完成了这书的责任编辑的工作，使得第一批优等质量的书在十月八日就出版了。

感谢你的辛勤劳动，祝你在著述中取得更大成就。

钱三强 1984年10月16日

知识出版社

1984 年 10 月 16 日钱三强先生 71 岁生日赠葛能全《科坛漫话》题写的话

意见。

本人至今仍习惯手写稿，几十万字的稿子，全由我的同事陈丹（还有王立群）在繁忙本职工作之余帮助打出，并且一遍一遍打修改稿，还提供不少好建议，给予了重要支持。《舒卷开合任天真——何泽慧传》作者刘晓博士，在采集小组给予了很好的配合和帮助。

谨以此书共同纪念钱三强先生百年诞辰！

书中不当之处，敬希批评指正。

葛能全
2013 年 7 月于中关村寓所

附

何泽慧致信谈《钱三强文选》

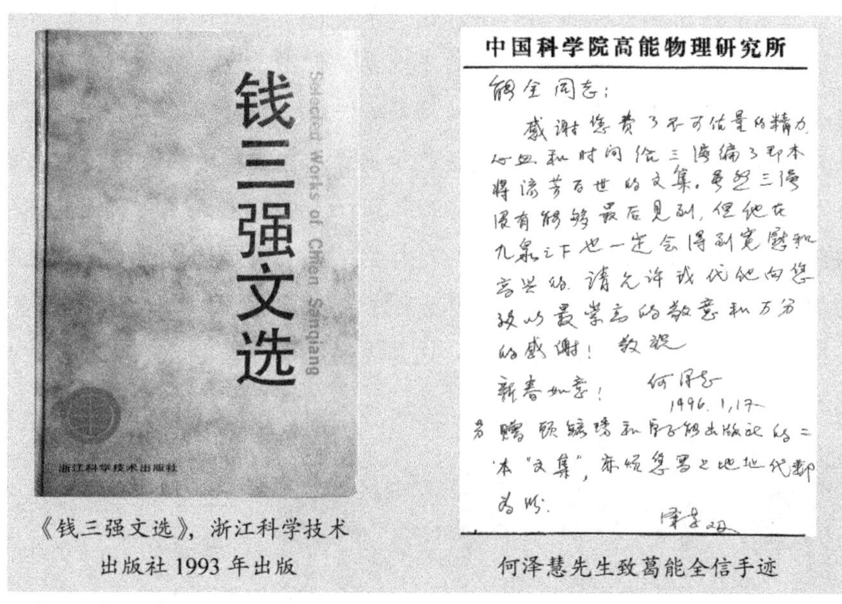

《钱三强文选》，浙江科学技术出版社 1993 年出版

何泽慧先生致葛能全信手迹

能全同志：

感谢您费了不可估量的精力、心血和时间给三强编了那本将流芳百世的文集。虽然三强没有能够最后见到，但他在九泉之下也一定会得到宽慰和高兴的。请允许我代他向您致以最崇高的敬意和万分的感谢！

敬祝

新春如意！

何泽慧

1996.1.17

另：赠顾毓琇和原子能出版社的二本“文集”，

麻烦您写上地址代邮为盼。

泽慧又及

于光远：从《钱三强传》想到的[①]

应该有人给当代杰出的科学家钱三强写传。他在使我国以令世界惊诧的速度制成并爆炸原子弹氢弹的事业上，作出了不可磨灭的贡献。这个写传的工作葛能全做了，而且做得很好。他写钱三强的一生，既完整具体，也简明扼要；并注意交代清楚历史背景。更难能可贵的是，葛能全本人是在钱三强直接领导下一起工作了16年，并且近几年又对钱三强的经历作了专门积累和研究。我想这样的《钱三强传》的作者是很难得的。我就没有能力去写这样一本钱三强的传记。而且如果我去做这件事，还会把我的某些政治观点写进去。这是我的脾气。好在我不能写也不会去写。

清华大学物理系八级毕业合影（1936年；前排左起：王大珩、黄葳、许孝慰、何泽慧、于光远，后排左起：钱三强、杨振邦、陈亚伦、杨龙生、谢毓章）

葛能全的这本《钱三强传》在开篇之后，分五篇三十二章，我认为书中最重要的部分是第四篇。我写《我以有钱三强这样的同学为荣》这篇文章的时候，大量地引用了葛能全

① 本文原载《科学时报》2003年12月14日B3版。

于光远（1915～2013），哲学家、经济学家，中国科学院哲学社会科学部首批学部委员，曾任中宣部科学处处长、国家科委副主任、中国社会科学院副院长、国务院政策研究室负责人、中顾委委员等。

这本《钱三强传》中的材料。我觉得他书中所写的是完全可信的。现在我想趁写这篇文章的机会，对他表示谢意。

我现在写文章介绍他这本书，不想也不可能每篇去叙述。我希望人们争取看一遍这本书。我相信看了之后，会从多方面获益。

这里我不想再写钱三强在原子弹上面的事迹，因为我已经写了《我以有钱三强这样的同学为荣》，而且已经在《学习时报》上发表了。但是我还是觉得，尽管我在写那篇文章时已经大量利用了葛能全这本《钱三强传》第四篇中的许多材料，但是对中国原子弹氢弹制造和爆炸成功中钱三强所做的事情和遇到的困难写得不够。这当然是由于我对三强的工作没有直接的了解。多少年中我只是在各种会议——包括中央科学小组会议上听到一些情况。在这个小组成员中，一直有二机部部长，先是宋任穷，宋调东北局后刘杰接替。但是《钱三强传》这一篇所叙述的人和事，我都知道。写那篇文章似乎还可以多写一点。

写到这里，我想起何祚庥对我说过自己想写一部描写中国原子弹氢弹爆炸成功的小说。当时我怀疑这是不是写小说的好题材。现在我看了《钱三强传》之后，我倒不怀疑了。这段历史中其人其事——不仅钱三强，还有许许多多人的事迹的确很感人。

“学”与“术”

在这篇文章中，我想根据这本《钱三强传》的材料，插进讲一些科学和技术相互关系的问题。

我在 1981 年说过这样的话：科学是研究不以任何人的意志为转移的客观规律的，并不研究我们要采取什么行动。技术是人动脑、动手，采取的行动，取得我们所期望的结果——我们称之为效果，而且争取更好的效果的手段。科学只能指出取得某种效果的可能性，需要有技术来把这可能性转化成现实。

三强是学科学的。在清华和巴黎伊莱娜和约里奥那里的时候都是。在他担任在中国制造和爆炸原子弹、氢弹的工作后，还是没有自己动脑动手去做掌握原子弹、氢弹制造和爆炸中需要掌握的哪一个技术问题。但是作为这场战争的指挥员，不能不对制造和爆炸原子弹、氢弹的工作中要掌握的技术问题有深刻准确的理解，他的工作岗位对他有这样的要求。而对制造和爆炸原子弹、氢弹的工作负有领导责任的宋任穷和刘杰就没有这样的要求。这就是说，这时候的钱三强，已经越出我说的学习研究科学的人的界限，但他没有也没有必要成为掌握某一项技术的专家。

但是其他许多人的情况就不一样了。钱三强找的人，大都是学习理科，不是学工科的。"英杨""法杨"、张文裕的夫人王承书都是这样。但是因为有学理的基础，他们很快地成为制造和爆炸原子弹氢弹所需要的某一个方面的专家。在这里我想特别讲一讲彭桓武。彭桓武是我在清华物理系的同学，他比我高一个年级，是我的学长。他同我一样也是学理论物理学的。他的导师同我一样也是周培源。但是，当需要他去掌握制造中某一方面技术时，他非常快地做到了。

先进技术是建立在当代科学基础上的。学好了当代科学，工作需要时，他们再去学技术，当然有很好的条件。

关于科学和技术的关系，我还想举一个例子。当爱因斯坦做出"1'克（g）'静止质量的物料M"可以转化为"M乘以光速C的平方之积的'欧格（erg）的'能'"的时候，完全是一种理论上的可能性。但是这种可能性离现实很远。后来发现铀-235的原子核能够发生链式反应的特殊性能，从而在利用裂变达到物料变能的道路上前进了一步。爱因斯坦本人就重视这一发现的重大意义，这从他1939年8月2日和1940年3月7日两次给罗斯福写信建议抓紧制造原子弹，抢在希特勒的前面的事情上可以看出。在信中爱因斯坦非常重视约里奥和费米的工作，但是约里奥、费米的工作，当时还是实验室中的科学研究的范围。可见要取得现实的效果，科学研究需要不断前进。在取得必要科学研究成果之后，就要进行技术的研究。可是人们制造出原子弹，把这种可能性转化为现实，在这个过程中就需要技术。狭义科学成果要抢先发表，而技术就讲究保密。科学和技术有许多方面的关系。这里讲的是其中的一个方面。

我和三强

我想多讲一点我和钱三强之间的交往和我对他的一些认识。

2003年10月中旬，我收到举行钱三强九十诞辰座谈会和“钱三强星”命名仪式请柬那天的同时，收到葛能全这本《钱三强传》。我立即看了，看到深夜，在40万字的书中，我认为在出席那个集会前我应该看的那些部分都看了。

首先我看了开篇的话，才知道事情真巧——1964年10月16日，中国第一颗原子弹爆炸成功那天，正好是钱三强的生日。也是在“开篇”上看到，三强是在1992年6月28日永远离开我们，走了。

在第五章，我的名字多次出现。第一处是葛能全查到1953年4月7日我在钱三强填写的入党志愿书上写的一段钱三强在清华时期的政治表现的话。我写道：“钱三强同志在清华时是不问政治的学生，没有参加过什么政治组织。但有些正义感。对反动学生的行为有时不很满意，有时也偶尔参加全校性的群众运动。”葛能全接着写“于光远这段话在支部大会上全文念了，念之前钱三强也看到了，他从心里接受，认为于光远向党支部大会的介绍是符合实际的，确实是那个时候的钱三强”。

那天晚上，我在看到葛能全书上这段话的时候想，自己作为入党介绍人，应该认真把我自己直接接触到的钱三强的情况告诉党，同时认为这样做，对钱三强也有好处。可是我发现在这段话中有两处写得不好。一处“有些正义感”中的“些”字，不对，应该去掉。钱三强是正义感很强的人。还有一处，我写钱三强在清华读书时“对反动学生的行为有时不很满意”。我这句话的毛病，若不是仔细推敲起来会给人一个错误的印象，仿佛钱三强对“反动学生”有时不满有时没有不满。我这句话的主要问题是，当我在钱三强填写的入党志愿书上写那一句话的时间虽然已经到了1953年，可是我对“一二·九”前后持与我们政见不同的清华学生所说却是1935年的老看法，没有提高到18年后的水平。应该说把大多数同我们政见分歧的同学，说成“反动学生”，“纲”上得太高，因此，这句评论钱三强的话从根本上说是不对的。

在这里我要感谢葛能全同志，给了我纠正我早就忘得干干净净的一个错误的机会。当然我也不想给自己“纲”上得太高，1935年，我自己毕竟才只有20岁。

在下面几页书中，介绍了物理系四年级全班10个同学，并附有10

个人的照片。其中有1934年从上海大同大学转学三年级的我。

在这本《钱三强传》的第六章中有一段与我同钱三强有关的佳话。书中写道在钱三强即将起程赴法时，“忽然有一天，钱三强家里来了一位清华同学，他便是毕业后去了广州岭南大学的于光远，说是登门话别来了。他们谈得十分投机，分手时于光远在钱三强的一个笔记本上写了一段临别赠言，原文是：‘科学与民族解放都是我们所迫切需要的。民族解放事业需要科学的协助，科学也只能在自由独立的国土上开花。让我们将科学与民族解放事业紧紧地配合起来。’”

我去他家的目的除告别外，是想告诉钱三强我怎么会从广州回到北平。告诉他我把应考法国镭学研究所作为借口这样一件事。那天我简单告诉他，我在广州组织的革命团体被破坏了，民族解放先锋队总队部要我到北平工作，就谎称要到北平应赴法考试。到北平后，我又有了“我不愿意和三强争。对别人讲作为借口”。其实我从广州北上，故意在上海逗留很长的时间，我为了看列宁斯大林的著作正在学俄语。我到北平时，钱三强已被录取，正准备去法的行囊了。那天我对三强讲了这样一段话。我对他说“你出国深造，钻研科学，我在国内从事革命工作，等你学成回国，中国的革命取得了胜利，你用你学得的知识为革命胜利后我们国家的建设服务”。并把这样意思的话写在他的一本纪念册里。

1964年我国召开世界科学学术讨论会。不久前写了一篇《基本粒子新概念》的日本物理学家坂田昌一，是日本代表团团长。有一天会议休息，我们接待坂田去颐和园游览，我和钱三强陪同。我们坐在一条大船上，喝茶聊天。钱三强把1937年我到他家话别的情况告诉坂田。坂田当即十分有兴趣。回日本后用日文写了一本《中国科学界的新风貌》，记载钱三强和我之间的这个故事。1991年我想起看一看三强保存的这本纪念册，并想复印一份留作纪念。三强告诉我，这个本子在“文化大革命”中丢失了。

葛能全为了写这本《钱三强传》，有关部门让他看了钱三强的档案。他没有看到原来的那个纪念册。但是看到1953年2月20日钱三强写的“自传”里引了那个纪念册上我的临别赠言。不过所写的不是钱三强在颐和园船上对坂田讲的那样的句子，而是葛能全书中引的那一段。

现在可以再一次肯定，1937年我确实在钱三强纪念册上写过临别赠言，但是内容有两个版本，一个是1953年钱三强在他的“自传”里引用的，一个是1964年他在颐和园对坂田讲的。后来我把他在颐和园对坂田讲的也写成文字。那个纪念册的原件丢失了，但是钱三强1953年写自传时那个纪念册还没有丢失，我认为钱三强在自传中引用的是可靠的。同时我判断钱三强在颐和园讲的也是事实。当时的情况，我想会是：1937年我在钱三强家先讲了颐和园他讲的那样的话。而写到纪念册上的，便是钱三强自传里的那样的句子了。

再下去是第十九章写我介绍钱三强入党的事。《钱三强传》在这一章中引用1992年我写的《告别三强》中的一段话：

> 新中国成立后的43年中，我和三强一直保持联系。对他从事原子能研究领域，我没有多少接触，可是中国科学院正是我所在的中共中央宣传部科学处的联系对象。1953年以三强为团长同张稼夫、武衡等访问苏联，对于中国科学院的建设起了很大的作用。那时候许许多多问题，都是我和稼夫、三强等一起研究解决的。也是在这一年，稼夫和我看到三强已经完全具备了共产党员的条件，而中国科学院的领导急需得到加强，稼夫和我作为三强的入党介绍人完成了三强入党必备的手续。

1954年1月26日是钱三强入党的日子①。

葛能全这本《钱三强传》是在引用钱三强关于民主和科学的见解中结束，倒引发我想到钱三强身上似乎有他父亲钱玄同的影子。越到后来这一点越明显。不知道葛能全是否同我同感？

① 1954年1月26日是钱三强填写入党申请书的日子，支部大会讨论通过是同年2月7日，3月3日党总支批准报上级，8月6日中直机关党委批准。

龚育之[1]致信谈《钱三强传》

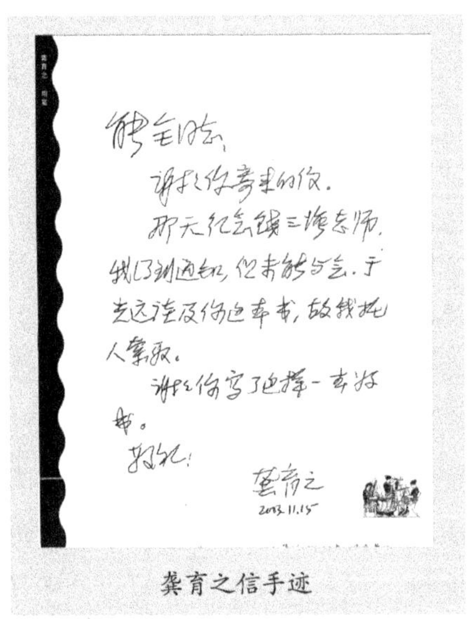

龚育之信手迹

能全同志：

谢谢你寄来的信。

那天纪念钱三强老师，我得到通知，但未能与会。于光远谈及你这本书，故我托人索取。

谢谢你写了这样一本好书。

敬礼！

龚育之

2003.11.15

① 龚育之（1929～2007），马克思主义理论家、哲学家、党史学家，曾任中共中央毛泽东著作编辑办公室理论组组长、中央文献研究室副主任，北京大学、清华大学兼职教授、中共中央宣传部副部长等。

胡亚东评述《钱三强传》

——一个完整的科学家形象[①]

近年，我国已出版了多种科学家传记，如《华罗庚传》等，如今《钱三强传》又加入到近代科学家的传记行列中去了。中国近代科学和技术的发展既迅速又曲折，20世纪是关键的时代，这100年内中国科学家们在种种动乱的环境中坚持着科学的研究和教育，不同的时代，科学家们起着不同的作用，应该说活跃在20世纪的科学家们都具有坚忍不拔的精神，带有创业的性质，这是和西方很不同的地方。写这个时代的科学家，其历史意义大于科学意义。

《钱三强传》带有浓厚的人文气息，作者是从五四新文化运动作为传记的开端，从钱玄同这位五四新文化健将、时代的先锋人物引入科学与民主对20世纪中国社会发展的作用，而带出钱三强的传奇一生。五四的影响至今不衰，也许这是由于20世纪中国社会的进步基本属于停顿甚至倒退的状态，帝王专制的思想和实际缠绵悱恻挥之不去，直到20世纪末，这五四的启蒙才又被人们所关注。钱三强先生如何受钱玄同五四精神的影响，书中给出了清晰的交代，读来颇感清新。从钱三强的一生可以看出他们这一代知识分子的追求是循着科学的精神在自由研究、独立思考的路上不懈地前进。正是这种精神钱三强才在原子核的三分裂发现中得到了验证，并为以后中国原子能事业的非凡表现中发挥了关键作用。

《钱三强传》中对于传主的童年、少年和青年在北京孔德中学和清华大学时的叙述颇能令人深思，这两个学校都有学术自由的传统，提倡德智体美综合教育。也许法国哲学家孔德的影响对于钱三强以后去法国留

① 文载《科学时报》2004年4月26日。

胡亚东（1927～2018），化学家，曾任中国科学院化学研究所所长。

学有很大作用，并奠定了钱三强一生的自由研究追求的基础。

书中对钱三强在法国与居里夫妇一起工作并发现原子核三分裂现象叙述极为详尽，许多鲜为人知的往事如与彭桓武、王大珩的交往，与共产党的刘宁一、袁葆华等的交往都是过去鲜为人知的事情。我曾随三强先生于1977年初冬访问南斯拉夫，在贝尔格莱德遇到当年同在居里实验室共同做研究的萨维奇院士，老友久别重逢，谈起在居里实验室的往事，两位院士的兴奋情景令人难忘。

至于中国原子能事业中钱三强的贡献虽然人人皆知，但细节却人人知之甚少，本书所披露的材料是非常珍贵的，一代科学家、知识分子传奇的一生并不一帆风顺，在那个年代，被误解，被污蔑，被整是常事，然而钱三强都以他的热爱民主自由，热爱祖国的强烈坚定的意志，不惧误解而当之无愧地完成了一个科学家的理想。《钱三强传》给我们一个完整的科学家的形象，读来令人激动，也许我曾和三强先生有过一些接触，作为后举，读了传记，心潮澎湃，心灵感动，久久不能平静。

邱巍[①]：《钱三强》读后感

——求真实和讲故事

也许科学家传记是诸多传记中承载教化意义最多的一种。从爱国主义、民族精神这样的宏大叙事，到自强不息、个人奋斗这样的励志主题，再到科学精神、科学知识这样的科普元素，都是作者与读者的共同期待。按理说，这些都是一个成功科学家人生之路的主题中应有之义。但如果这许多意义的彰显，不是建立在对传主生平资料的充分占有和切实把握上，而是道听途说和附会想象，那么，对科学家来说是缺乏应有的尊重，对读者来说则是缺乏必需的责任。而这一点恰是从人物通讯、报告文学发展起来的新时期科学家传记或多或少的通病。从这个意义上来看，葛能全的新著《钱三强》在相关方面的努力值得敬重。

作为钱三强的秘书，作者在钱三强身边工作了16年，这无疑是得天独厚的优势。不过，将这样的优势发挥得淋漓尽致，作者是通过对钱三强生平资料的长期积累和深入挖掘而实现的。从帮助钱三强先生整理自己的生平年表，到撰写《钱三强年谱》，再到钱三强的传记，作者潜心聚焦于钱三强生平事迹近20年。此版《钱三强》在其2003年的40万字的《钱三强传》的基础上，增加了资料，调整了文字，每章后新增加的注释则使之更加严谨和规范，而作者在资料的积累、收集和把握上的功夫也因此有迹可循。

在这部传记中，给人印象极深的是作者对相关档案的深入发掘和利用。这些档案包括中国科学院档案、二机部档案、清华大学档案、钱三强的人事档案、法国居里实验室档案等。这些档案的利用使钱三强生平

① 邱巍，浙江省委党校教授，博士，著有《吴兴钱家：近代学术文化家族的断裂与传承》等。

众多关节点得以首次重建。比如，存于钱三强人事档案中的1953年钱三强入党时写的长篇自传，使得钱三强法国求学和归国前后的很多细节得以呈现，非其自述，后人难得其详。又如，1948年钱三强回国时，曾有一个得到胡适、梅贻琦等支持的联合北平核研究力量的雄心勃勃的计划，最终却莫名流产，钱三强至去世也不解真相。葛能全在清华大学未加整理、布满灰尘的档案中，找到了相关人物给梅贻琦的中英文信函，初次解开了谜底。再如，从二机部相关档案中披露出，自50年代末开始，钱三强就一面为中国的核计划设计蓝图、调兵遣将，另一面却被调查，被迫作检讨，直到“文化大革命”成为被抛出的“靶子”。这对于我们认识那一代科学家的境遇和命运的作用极富价值。正是对上述档案的利用，使得传记中的诸多判断能够掷地有声、信而有征。如果考虑到其中有些档案是受限制的，利用起来颇费周折，作者在其中花费的心力就更让人敬佩。

新时期的科学家传记完成了从“完人”向“凡人”的视角转换。其中重要的途径就是更加关注传主的情感和生活。不过，这方面的教训是：故事讲得越完满，越有戏剧性，往往离真实性越远。在此前的钱三强传记和文章中，有一则广为流传的关于钱三强先生和何泽慧先生的结合的浪漫故事。当时钱在法国，何在德国。二战后期，法德恢复通信，但只限25个单词，钱三强给在德国的何泽慧的求婚信这样写，“经过长期通信，我向你提出结婚的请求，如能同意，请回信，我将等你一同回国。”而何泽慧的复信则是“感谢你的爱情，我将对你永远忠诚。等我们见面后一同回国。”由此两人订下了终身。但这则集合了战争和爱情元素，颇具现场感的故事却并无出处。钱三强先生生前曾有意纠正，何泽慧先生则一笑了之。出于对真实负责的态度，葛著《钱三强》对这则诱人的材料坚持舍弃不用。今年4月央视十套的“大家”栏目对九旬老人何泽慧作了一次访谈，其间主持人曾为这个故事对何先生“启发诱导”，可何先生总未配合，最终编导仍经不住这则故事的诱惑，将其放在了解说词中。在那次节目中，何先生开场即说“我不会说小说”。这句看似不经意的话，当事人其实是因深有体会而别有深意的。对于那些无法辩驳和无暇辩驳的科学家来说，那些能给读者道德和审美愉悦，但却并非真实的小说和故事也许太多了。

求真求实、信而有征。对于科学家传记来说，这应该是基本的标准。相对于引进的科学家传记所存在的巨大差距，尽量详尽地占有资料，拒绝讲无根据的故事，应是国内原创科学家传记需认真对待的起始步骤。但愿葛能全所著的《钱三强》表明，国内科学家传记正在这方面已经蓄势待发。

第五编

亦师亦友纪事

我了解的钱三强与周光召[①]之间
——接受“老科学家学术成长采集工程”周光召传记组访谈谈话纪要

时　间：2018年3月29日

主持人：杨柳春[②]

杨柳春：春节前去葛能全先生家拜访，当时听葛先生讲到有关钱三强和周光召之间的一些事情，以前不知道，对认识周光召和写他的传记非常重要。今天，特别邀请葛先生给我们小组作一次集体谈话。葛先生现在还很忙，在做好多事情。感谢葛先生接受访谈。

葛能全：很高兴终于有一个专门班子为周光召写传。大家一直期盼着有一本切实反映这位科学成就杰出，后又成为我国科学领航者的生平传记问世。

今天主要从钱三强的角度讲，讲他在周光召的几段经历中做的事和起到的作用。有些事在编写《钱三强年谱长编》里有所涉及和记述，但很简略，有些没有写成文字，也没恰当的机会细说，今天这个场合是个机会，我愿意就我所知讲一些事情经过情况及某些细节，希望对撰写周光召传记有所帮助。

■ 20世纪60年代推荐周光召参加原子弹工作

据看到的材料，周光召从中学到清华大学物理系，他的数学天赋一

① 周光召（1929—　），理论物理学家，中国科学院院士。“两弹一星功勋奖章”获得者。曾任中国科学院院长，中国科学技术协会主席，全国人大常委会副委员长等。

② 杨柳春，博士、编审，周光召采集工程项目组长。中国科学院院刊执行副主编，编辑部主任。

直受称道，清华毕业做了著名理论物理学家彭桓武的研究生。彭先生同样数学天赋非凡，曾被国际理论物理大师W·海特勒称为“非凡的天才，成为同事中最有价值的一个”。周光召研究生毕业任北京大学物理系（清华物理系院系调整时调到北大）讲师，并且1952年就入了党，还被推选为北京市第一次党代会代表，但此后，单位几次推荐他赴苏深造，由于家庭出身不好和社会关系复杂，政审没有通过。

1956年3月，钱三强作为政府代表团副团长（团长刘杰）赴苏签订成立“杜布纳联合核子研究所”协定，中国成为12个成员国的五个主要成员之一，承担五分之一的经费，出任一名副所长，可以派一百多名科技人员在这里做研究工作，多时达到140余人。

周光召是第一批派去杜布纳工作的中国学者，从事粒子物理的研究，在这个条件优越又有影响的国际研究机构开始了科学生涯。从1957年到1961年四年中，周光召发表学术论文30篇之多，都发表于有影响的国际刊物，尤其他1959年严格证明了电荷共轭宇称（CP）对称性破坏的定理，1960年简明推导出赝矢量流部分守恒定理（PCAC），受到国际物理界极大关注，被认为是这一领域的奠基性成果。一时间，欧洲核子研究中心、美国高能物理国际会议等，发信指名邀请周光召去讲学和合作研究。

中苏关系密切时，钱三强成为莫斯科的“常客”，他常到离莫斯科百来公里的杜布纳去，或顺访看望中国学者，或参加会议，每次他都要见见不断发表研究成果、令他心中喜悦的周光召。

1960年11月中，钱三强又到了杜布纳，作为政府代表出席联合研究所成员国会议。此时，中苏关系已处于恶化之际。一天，在杜布纳工作的三位年轻学者主动找到钱三强，请缨回国参加“有关实际工作”（意为研制原子弹），以填补苏联专家撤走后的空缺。他们是中国学者党支部书记周光召、支部委员何祚庥和吕敏。

在那个时候，周光召参加原子弹工作面临两个现实问题：一个，他是北大讲师，不属钱三强能够发号令的科学院和二机部；更为关键和要害的，他社会关系复杂而且有海外关系，这在当时参加原子弹工作是违犯禁忌的。但爱才的钱三强想到，像周光召这样少有的人才，正是国内原子弹理论设计迫切需要的，不能因为某种担心，把能起作用的人挡在国家急需之外。于是，他先到我驻苏大使馆，通过组织了解对周光召几年政治表现及评价，他还找何祚庥个别交谈，结果都对周光召反映好，认为政治上值得信任。

心中有了底之后，钱三强迫不及待地于 11 月 25 日先从莫斯科发电报给二机部部长、党组书记刘杰，郑重推荐周光召。电报全文是这样的：

> 刘杰部长：
>
> 来信收悉。九局理论组我认为周光召较适宜，但需在国内解决调干问题。此复。
>
> 钱三强
>
> 十一月二十五日[①]

电报中的“九局”又称“九院”，就是后来对外公开的核武器研究所。

钱三强回国后，又亲往北大作沟通，并得到校长周培源和物理系主任王竹溪协力配合。这样，1961 年 5 月周光召到核武器所走马上任，被任命为理论部第一副主任，从此隐姓埋名，全身心投入，同邓稼先等一起共同领导和主持了我国第一颗原子弹的理论设计，做出突出贡献，成为共和国的强国功臣，获得国家颁发的“两弹一星功勋奖章”。

还要说的，当年杜布纳请缨的何祚庥、吕敏，也都由钱三强“点将”，如愿以偿参加到了我国原子能战线，并做出了重要贡献，他们后来都以各自的成就和贡献当选为中国科学院院士。

■ 1980 年代促成周光召重登理论物理国际舞台

1977 年 6 月，钱三强率领中国科学院代表团（成员有童第周、王应睐、王守武）出访澳大利亚，在看了这个二流发达国家的 12 个研究机构、6 所大学、10 家开发中心，听了情况介绍，并且想了比了之后，真

① 参见：葛能全，《钱三强年谱长编》，科学出版社，2013 年，第 320 页。

实感觉到十年“文革”造成我国科学技术的难堪局面。他心情沉重，又倍感急切。

在回国飞机上钱三强就开始设想，挑些比较有基础的领域先起步带动一下，使我国科学技术尽快恢复起来。他想到了曾经提出过“层子模型”的理论物理，知道这方面国内相对有人才实力，又不要花很多钱盖房子买设备，花点差旅费集中到一起开开会，让大家脑子开动起来，就会出成果。他的想法，首先得到周培源和彭桓武两位理论物理学家的响应和支持，周培源还是中国物理学会理事长（钱三强为副理事长），这是开展工作很有利的条件。

接着，钱三强便开足马力只争朝夕付诸行动，先后在黄山（1977 年 8 月）、庐山（1978 年 8 月）、桂林（1978 年 10 月）主持召开了基本粒子会议，集中全国研究骨干开展自由讨论，还特别请来杨振宁、林家翘到会做学术报告，介绍国际新动态，让闭塞十年的中国学者开阔视野，启发思考。在见到研究工作有了可喜进展后，钱三强在桂林会议上将自己下一步的设想告诉大家，准备召开一次国际性的讨论会，和世界高水平同场交流——这就是 1980 年 1 月举行的“广州（从化）粒子物理理论讨论会”，简称广州粒子物理会。

记得以上几次会议，周光召是钱三强指名必须到会的人，他也都出席了并做了发言，但由于身在保密部门，有时难免出现“尴尬”的事，例如，会议名册上他的工作单位不得不采取“变通”办法，他和同事交谈，自己和同事都格外小心谨慎，生怕无意间泄了密。当 1978 年中国科学院理论物理研究所一成立，钱三强和彭桓武立即聘请周光召作兼任研究员，才算有了名与实相符，并且可以公开的身份。

再回过来讲广州粒子物理会议。那是一个特殊重要的会议，它开了“文革”后大开国门广泛学术交流的先河，还对最高层的决策思想产生了某种影响。这次会议，对于周光召个人同样具有特殊意义。

这里不过多讲会议本身，想讲几点会外“花絮”。

杨振宁、李政道破天荒坐到了一起

杨振宁和李政道长久不和，是国内国际众所周知的，因而涉及他们二人的事都会谨慎处理。在酝酿广州粒子物理会议时（1979 年 5 月 18 日），钱三强先和正在国内访问的李政道说起，李积极支持并表示还可以推荐海外华裔学者；接着，钱致信纽约杨振宁，杨也表示了同样的态度。结果，不仅杨李两人都出席，还邀请到了 40 多位海外华裔理论物理学者，他们分布于美国、德国、英国、澳大利亚、马来西亚、新加坡，以及中国香港地区，连实验高能物理学家丁肇中也从日内瓦派来代表并提交了会上宣读的论文。

1980 年 1 月 4 日下午，海外学者从广州流花宾馆集体乘车去从化温泉会址。关于李政道夫妇和杨振宁夫妇如何安排车辆费了点心思，因为有些思想活跃的青年学者提议，可安排他们同乘一辆车，促使他们进一步和好。这当然是好意，也是大家的愿望。当情况汇报给钱三强，他和周培源商量后认为不能这样冒失，弄不好会适得其反，后果难以想象；同时，钱周表示可顺其自然，如果能实现愿望，皆大欢喜。于是，会务组在宾馆门外除了安排大轿车，也为李杨各自预备了小车。在大家走出宾馆登车时，李杨两对夫妇跟随国内几对老一辈物理学家夫妇，先后登上了同一辆大轿车……。

在从化，当杨李走下汽车那时刻，在场的人又惊讶又兴奋，纷纷奔走相告："杨振宁、李政道坐一辆车啦！"许多海外学者问："拍照了没有？"一位美国学者说，照下这张照片至少可以卖 500 美金，登在《纽约时报》也是大新闻。新华社、《人民日报》记者质问我们，为什么这样重要的事不通知他们，无论怎样解释还是气难消。好在当天晚上举行的第一次顾问委员会、第二天的开幕会，以及后来的多次报告会，杨振宁、李政道又都坐到一起，并且在一次同场即席讲话中互称先生。相信与会记者们收获了多多的"新闻"。

会议还没有开始就进入了高潮，海内外学者为杨李同时出席会议、同坐一辆车欢欣鼓舞。我连夜写了"情况简报"向北京报告，都认为是大好消息。

杨振宁（左二）、李政道（左三）出席从化粒子物理理论讨论会顾问委员会，钱三强（右一）在会上讲话（左一为彭桓武、右二为周培源）

周光召让海外学者“惊讶”

广州粒子物理会共收到论文150篇（会上报告112篇），其中三分之二是国内学者的。论文分全体会和小组会两级报告。在杨振宁与邹祖德（合作）作了《强子碰撞的几何模型》、彭桓武作了《衰减中的谐振子的量子力学的处理》后，周光召1月6日向全体会议做报告，他的论文题目为《论封闭时间路程格林函数方法》。周报告后，许多海外学者感到“惊讶”，原来他并没有外界一直传说的早就“出事”了，而且他“失踪”二十年后还在做理论物理的最前沿工作……。

我负责写会议简报搜集到这些反映，曾经问过钱三强先生外边传周光召“出事”的事，钱先生说这类传闻不少，可能跟郭永怀飞机意外出事有些关系。

海外学者惊讶周光召“再现”，应该说事出有因。前面讲到，他在杜布纳发表一系列高水平有创见的论文后，先是日内瓦欧洲核子研究中心（CERN）邀请他去做学术访问，1964年美国举行国际高能物理会议，又指名邀请他出席并做报告，但都因为当时保密必须断绝一切外界联络，周光召没有对这些邀请作回复，如同石沉大海了无声息。这是违反学术界常规，甚至是很失礼的事，因而不得其解，便传开来周光召乘飞机出了意外的猜想。

邓小平喜见佼佼者周光召

1980 年 1 月 15 日，邓小平在北京人民大会堂会见并宴请出席广州粒子物理会议的海外学者。

会见前，钱三强和周培源向邓小平汇报情况，讲了国内学者的许多研究工作相当有水平，杨振宁、李政道给了很高评价。钱三强特别讲到周光召，说他当年服从需要放弃粒子理论研究，主动要求从苏联回来参加原子弹理论设计，做出了重要贡献，现在他的粒子物理研究又处在前沿，工作很出色。汇报还讲了李政道、杨振宁多年不和，这次坐到一起开了几天会影响很大，美国物理界和华人中当成喜事传播。邓小平听后说："你们开了一个好会。会议开得很成功嘛。"

那天席间，邓小平问左右两旁的杨振宁、李政道："我们国内这批中青年科学工作者怎么样？他们的水平呀，素质呀，同先进国家相比怎么样？你们在一起开会了，是同行，是自家人。我希望听听你们的评价，实事求是的评价。"

杨振宁说："国内粒子物理理论方面，有一大批 40 多岁的科学家，他们很能干。实事求是说，他们的能力很强。"

李政道补充说："有几位相当优秀，他们的研究水平是一流的。"

邓小平问钱三强："中青年科学家今天来了多少？"

"来了有半数。"钱三强回答后，立即从另桌找来周光召等几位，并一一向邓小平作简单情况介绍。在介绍周光召时钱说："他 50 年代在苏联和国内做出了很好的工作，起了关键作用（指在我国原子弹理论方面），可算是国内新一代理论物理方面的佼佼者。"

李政道接着插话："他不仅在国内同行中是佼佼者，包括我们在内在所从事的粒子物理理论领域，他也是佼佼者。"

邓小平听后欣喜，他起身和周光召等握手并举杯对大家说："你们辛苦了，你们为国家为人民做出了贡献，我敬你们一杯酒。预祝你们继续努力，把失去的时间抢回来，为国家的现代化建设做出新贡献，使我们国家和民族真正有希望。”[①]

后来知道，邓小平的喜悦心情，还带到了第二天的一个高层会议上。1月16日，中央在北京召集党政军干部会议，邓小平发表长篇讲话。在讲到培养专门人才时，联系广州粒子物理会议讲了一段话，他说：

> 我们需要越来越多的专门人才，但是，是不是说，我们现在就没有人才呢？不是，是我们的各级党委，特别是一些老同志，在这方面注意不够，没有去有意识地发现、选拔、培养、帮助一批专业的人才。前几天，在广州开了个粒子物理理论讨论会，有个消息很值得高兴，我们的粒子物理理论水平，大体上接近国际先进水平。就是说，我们已经有相当先进的水平，而且有一批由我国自己培养出来的取得了成就的年轻人，只是人数比一些先进国家少得多。这就说明，我们并不是没有人。好多人才没有被发现，他们的工作条件太差，待遇太低，他们的作用不能充分地发挥出来。……我看还是要开明一点。要从大局着眼，要从我们事业的前途着眼。有能干的人，要积极地去发现，发现了就要认真帮。我们要逐渐做到，包括各级党委在内，各级业务机构，都要由有专业知识的人来担任领导。[②]

邓小平的讲话，后来载入了《邓小平文选》，题目是《目前的形势和任务》。今天来看，邓小平当年重视基础研究和开展国际学术交流，力排分歧积极主张建造高能加速器，还有周光召能脱颖而出，顺利成为我国科学的领航者，这些跟广州粒子物理会议留给邓小平的深刻印象和形成的认识不无关系，所以说，1980年的广州粒子物理会议，是一次具有特殊性的重要会议。

---

① 参见：葛能全，《钱三强年谱长编》，科学出版社，2013年，第500页。

② 参见：邓小平，《邓小平文选》（第二卷），人民出版社，1993年，第264-265页。

■ 周光召重新崭露头角又被急召回国

广州粒子物理会后，周光召被国际物理界重新唤起记忆，许多海外同行看了他 20 年前发表的文章，理解了李政道、钱三强说的“佼佼者”的含义。美国物理界视他为中国理论物理领域的代表人物，接连有美国弗吉尼亚理工大学和加州大学邀作客座教授。这次，他不再隐姓埋名欣然接受邀请，并于 1980 年 8 月抵达美国，作了一年客座教授，用周光召自己的话说是“一边教一边学”。

特别要说的，周光召在美国享受了一次外国学者难得的殊荣，这就是国际著名高能物理学家、时任美国物理学会主席马夏克（Marshak），代表美国物理学界为周光召举办过一个以弱相互作用为主题的学术会议。学界知道，这件事很是不同寻常——美国物理学会主席亲自为一个外国科学家专门举办学术会议，实属罕见，对于中国科学家更是唯一。我在国内听说，那天许多国际知名物理学家到场并热情讲话，对周光召给予很高评价，同时表达同中国友好合作的意愿。还听说，那天有好几位诺贝尔奖获得者参加了周光召的学术会议。我想，周光召也肯定有讲话或报告，如果能采集到那次会议的一手材料，是非常重要的。

我知道，钱三强在北京得到消息后非常高兴，便以中国物理学会（时为理事长）和中国科学院名义致信马夏克表达谢意，并邀请他访华，后来（可能是 1981 年）还真成行了。

这时候，国内出现了新情况。党的十二大进入紧锣密鼓筹备，人事安排是重要之点，其中涉及科技界要有政治和业务好的中青年代表人物进“两委”（中央中共委员和中纪委委员）。钱三强得知李昌受胡耀邦委托参与人事安排工作，便向他谈了个人想法，讲到物理是科学院几大学科之一，优秀人才很多，应该有代表进到领导层，并且极力推荐了周光召，认为他政治和业务都很突出，是合适人选。李昌也熟悉周光召，1980 年 1 月他听到邓小平席间同李政道、杨振宁的谈话（李昌当时坐主桌）和第二天在干部会议上的讲话。他对钱三强表示了个人意向，但要经过组织考察和遴选。

钱三强按个人想法，把事情告诉了彭桓武和理论物理所党的负责人

（王迪），请所里在不泄漏内部消息的情况下先给周光召写信，让他不要在国外时间太长，先回来以后再去。据说，所里同志从 1982 年 2 月起陆续写信，希望他回国，但没有确切消息，而党的十二大已经临近了，钱三强作为十二大代表知道了可靠信息却还见不到周光召，他真的着急了。8 月初的一天，他亲自起草了一封以他个人署名的电报，让我交院外事局发驻美使馆，请他们联络到周光召并把电报转交他。电文不长但语气很坚决，意思必须尽快回国不可拖延。

很快，我驻美使馆回电说周光召已离开美国去了日内瓦核子中心讲学。钱先生让我参照前封电报意思再拟电报发驻日内瓦办事处，请他们派专人面交周光召。钱先生看了我写的电文可能口气不够硬，在后边加了一句“8 月间我们务必在北京见面”，这时，他看见办公桌上的报纸标题，又在电文中写了“北京市党代会已经开过了”。相信当时看了这句话的人，除了我明白其中用意，恐怕都丈二和尚摸不着头脑，不理解什么意思。

院士专家毛泽东故乡行，葛能全和周光召（左）摄于张家界（1992 年 10 月）

周光召终于 9 月初回来了。他到院部见钱三强那天比钱先生到机关早。我们两人在办公室先聊天，他接连问我：什么事那么急又不写明白，北京市党代会开过了是什么意思，跟我回来有什么关系。我说，那是三强同志在对外保密的情况下暗示你，党的十二大就要召开了，对你可能有新的安排。周说，有新安排也不事先征求本人意见？我随意说，一般情况，重用提拔人不一定事先征求本人意见，处分人会先谈话。周随口而出：是吗？我体会，这不是问我为什么这样，是他不经意间的心理反应，留给我印象很深。当时的直觉是，一个纯粹学者周光召，全部心思用于科学，而不在意个人得与失。同时也感觉到，他对于人事方面尤其高层人事一类行政事务，缺少经验，学究味道比较重。

接下来的情况是，在 1982 年 9 月党的第十二次全国代表大会上，周光召被选为中央候补委员。两年后（1984 年），钱三强辞去中国科学院副院长职务改任特邀顾问（还有许多社会兼职），周光召接任副院长，主管钱三强原来负责的工作。

顺便说个情况，可见钱三强对周光召的细心。一天，钱先生对我说：周光召同志不了解院里情况，不认识机关的人，为了他尽快熟悉情况，开展工作，让我再辛苦点兼做一段他的秘书工作。还说和光召商量过，他同意并认为这样安排也有利工作连续性。钱先生还交代我说，院机关房子紧张，可能一时腾不出办公室，让光召同志先用他的办公室。周光召到院上任后，就是按照钱三强的安排执行的，但时间不长。

1987 年 1 月，周光召升任中国科学院院长、党组书记，他开始写一篇领航中国科学的大文章。

勿图激扬　但求行实
——记中国工程院首任院长朱光亚先生[①]

朱光亚执行主席（左）主持中国工程院主席团会议，右为葛能全（1997年冬，陈丹摄）

说起朱光亚，科学技术界，特别是物理学界都知道他的特点和风格，这就是他基础扎实，处事严谨务实，不求浮华，与人共事有包容性。

也许正是因为这个缘故，在他年轻的时候便被慧眼相识，受到老一代物理学家的信任和举荐。

在中国近几十年的科学事件中，有两件是直接关系到朱光亚的。这里不妨提纲挈领地做一说明。

■ 风华正茂时被慧眼相识

一件事发生在新中国成立以前的1946年。自日本广岛、长崎遭受原子弹袭击后，世界各国几乎都开始做“原子梦”。其时，中国国民政府军政部（后改为国防部）也想筹划一个发展原子能计划，于是找到了西南

① 原载《朱光亚院士八十华诞文集》，转自《中华英才》2004年第14期。

朱光亚（1924～2011），核物理学家。“两弹一星功勋奖章”获得者。中国科学院院士、中国工程院院士，曾任中国工程院首任院长，国防科工委科技委主任，中国科学技术协会主席，全国政协副主席等。

联大物理教授吴大猷、化学教授曾昭抡和数学教授华罗庚，要他们各挑选两名青年学子去美国学习考察，做实施计划的准备。在人才济济的西南联大物理系里，吴大猷经过精挑细选，终于选了两个人，一个是刚毕业一年 22 岁的助教朱光亚，另一个则是刚由广西宜山浙江大学一年级转来的二年级学生、后来获得诺贝尔物理学奖的李政道。虽然那个计划后来流产了，但由此可见青年朱光亚的才学，以及他那些适合担当重任的潜质，已为人所识了。

另一件事是新中国原子能事业起步不久的 20 世纪 50 年代末。那时，我国核武器研制机构（即九所）急需一位负责最后产品的科学技术领导人，于是时任第二机械工业部部长宋任穷，委托副部长兼原子能研究所所长钱三强物色和推荐人选。钱三强经过反复思考、比较，郑重推荐了时任原子能所中子物理实验室的副主任朱光亚，并且很快被上级采纳。

朱光亚（右）、李政道（左）和杨振宁（中）在美国求学时合影

钱三强一直以此作为选拔“带头人”的成功事例。1983 年 5 月 12 日，他在《人民日报》发表文章谈如何培养选拔“带头人”时，就举了这个例子。钱三强这样写道：“他（指朱光亚）还属于当时科技界的‘中’字辈，仅三十五六岁，论资历不那么深，论名气没有那么大。那么为什么要选拔他，他有什么长处呢？第一，他具有较高的业务水平和判断事物的能力；第二，有较强的组织观念和科学组织能力；第三，能团结人，既与年长些的室主任合作得很好，又受到青年科技人员的尊重；第四，年富力强，精力旺盛。实践证明，他不仅把担子挑起来了，很好地完成了党和国家交给的任务，做出了重要贡献，而且现在已经成为我国国防科学技术工作的能干的组织者、领导者之一。现在他还不到 60

岁，还可以为发展科学技术事业和培养人才继续显身手。这是我了解并亲身经历过的一个例子。”

■ 众望所归　履职工程院首任院长

在工程院前期筹备时，朱光亚是筹备领导小组45名成员之一。因为他那时身兼全国政协副主席、中国科学技术协会主席、国防科工委科技委主任等许多实职、要职，工程院筹备工作他参与不多，主要由国务委员兼任筹备领导小组组长宋健，及副组长周光召、朱丽兰、师昌绪等一起进行领导和协调工作。工程院进入实质性筹备阶段以后，朱光亚在他自己不知不觉中，逐渐进入了一个最重要的角色。

那是1994年初，工程院筹备领导小组受党中央、国务院委托，按照规定的原则和步骤一丝不苟地紧张工作，经过提名、评审和无记名投票，首先遴选出96名首批中国工程院院士（其中30名是筹备领导小组委托中国科学院学部主席团，经过各学部酝酿、协商、审议、表决通过的工程技术背景比较强、具有一定代表性的中国科学院学部委员）。科学院学部委员朱光亚便在其中。紧接着，一个众所关注的问题提上了议程，就是首届工程院的领导班子，特别是院长由谁来担任。

所谓“众”所关注，是指不仅仅是全体院士，也不仅仅是全国工程科技界，就连国际上尤其许多著名华裔学者也在注目这件事。正因为这样，中央组织部负责组织推荐工作的武连元副部长布置考查小组时作了强调：工程院能不能开创一个好的局面，这届领导班子是很关键的，尤其院长人选，要大家能接受，国内外能接受，院士能接受，一定要把工作做好。

据我所知，考查小组的工作做得既民主，又细致周密，而且进展迅速，仅仅一个多月时间，经过全体院士两轮自由提名、个别访谈和开座谈会，到1994年4月初工程院首届领导班子便初步有了眉目，而朱光亚则出现在被大家推荐为院长人选的名单中。

可能是领导上考虑到某些因素，国务委员、筹备领导小组组长宋健1994年4月上旬出访瑞典前，交代我以工程院筹备领导小组办公室的名义，去看望朱光亚同志，通报一下有关情况，让他有点思想准备。4月9日上午，我如约到了爱民街一号朱光亚的办公室，在我汇报了有关情况后，他虽然毫无准备，还是明确表达了自己的想法。他首先说，从工程技术角度讲，他担任工程院院长不合适，他认为工程院院长应该由工程技术背景更强的院士担任。他还说，他时任主席的中国科协那边事情很多，精力和时间顾不过来，会耽误新建工程院的工作。听了他的一席话，我从心里受到感动，没有想到一位享誉海内外的大科学家，又是身居高位的领导人，竟然对一个晚辈和下级如此坦诚，毫不故作姿态。这件事让我至今难以忘怀。

后来，朱光亚依然被确定为院长人选。记得考查小组在1994年5月17日和18日先后召开了三个座谈会，征求在京院士对工程院领导班子的意见。许多院士发言认为，朱光亚作为首任院长的人选很合适，既有利于工程院在国内外树立威信，他又能挑得起这副担子。多位院士讲到：朱光亚做首任院长，是众望所归。接着，在6月初举行的中国工程院成立暨首届院士大会上，朱光亚全票当选为首任院长，朱高峰、师昌绪、潘家铮、卢良恕四位院士当选为副院长。我被任命为秘书长。

■ 不辱使命　带头艰苦创业

作为中国工程院党组书记和院长的朱光亚，比任何人都清楚地意识到肩上担子的分量。他思考最多的问题，就是如何发挥集体的智慧，把基础打好，在国内外树立起中国工程院的良好形象，不辜负党、政府和广大工程科技界的期望。

中国工程院一成立就面临十分繁重的任务，诸如要立即着手在全国范围内增选第一批院士，要筹建医药卫生领域的学部，要接受国家科技和综合部门委托的咨询任务，要开展国际学术交流，等等。而做这些工作，都必须首先要内部“制礼作乐”，有章可循。

然而，当时的工作条件十分艰苦，几乎什么物质基础都不具备，连固定的办公室也没有一间，以致首届院士大会结束后，大家不知道到哪里找工程院联系工作。记得6月18日第一次院长办公会议，是凭朱高峰副院长的个人关系借了位于西单邮电部的一间外宾接待室召开的。后来得到解放军总政治部领导支持，在军事博物馆后楼租了一层（大小 12 间）房子作为院部，总算挂出中国工程院的牌子了。

这里没有食堂，朱光亚院长和几位副院长同工作人员一起吃普通盒饭。冬天没有保温设备，饭菜送到时都已经凉了，朱光亚也是二话不说照样吃，因为没有午休的条件，吃完饭便接着工作。每当看到这种情况，年轻人都很受感动，尤其看到快 70 岁的朱光亚院长每次把吃不完的剩饭剩菜包好带回家时，受到深刻教育。那时，工程院人手少，任务重，经常加班加点，但谁也没有怨言。因为大家心里除了对事业的责任而外，还受到榜样的激励。同事们说，像光亚院长这样的知名科学家和高层领导人都能这样，我们还有什么可计较的。

就是在这样的工作条件下，朱光亚以他惯有的严谨、扎实的工作作风和团结协同精神，在不到一年时间内，领导完成了医药卫生学部的筹建，选出该学部的首批院士（30 名）；完成了其他 6 个学部增选第一批院士的工作。这次增选院士，首次遍及全国 30 个省、自治区、直辖市和 60 多个部委、直属机构、学术团体，以及解放军三总部，记得各方面推荐到工程院的有效候选人达 959 人，接收的材料堆积了满满两个大房间，包括朱光亚在内的 96 名首批院士，平均每人要审阅 10 名候选人的材料（不含论著）共约 10 多万字，还要小会大会介绍、讨论、评审、预投票和正式投票等复繁程序。首次增选院士，不仅工作量十分浩大，工作难度也很大，因此，院长朱光亚对此十分重视。他紧密依靠主席团和全体院士，精心组织，每到关键处都是亲自做工作。

我在朱光亚院长直接领导下工作的四年中，如果要概括他的工作特点，那就是务实而致远。

朱光亚在职四年间，是工程院增选院士次数最频繁，人数发展最快的一段时间，而且从无到有地建立起一套比较完善和规范的增选制度、原则和实施办法，保证了增选工作顺利、健康发展。在每轮评审会议上，他都要一次次地亲自向全体院士作说明，以便共同遵循。如 1997 年 7 月 14 日，在第一轮评审会议开始前，他就全面理解、准确把握、严格坚持院士标准条件讲了三点精神，既有原则性又便于理解掌握，收到了较好效果。他强调的三点精神即："一是要研究和注意切实用标准条件作为一个客观尺度来衡量所有候选人，在标准条件面前一视同仁；二是要研究和注意根据候选人工作的不同特点及其工作成果的不同表现形式，全面地、科学地评价他的科学成就和贡献，千万不能简单化、绝对化；三是要研究和注意标准条件的另一个重要内容，就是学风道德问题。"同时，他还提出了在坚持标准条件的前提下，应该注意候选人和新增院士年龄的合理结构，候选人的专业、学科及所在部门、地区的分布等。

■ 求真务实　注重院士自身建设

尽管中国工程院初创时院士人数少，学科专业涵盖不够广，后又忙于发展，工作千头万绪，但以朱光亚院长为首的主席团和院领导班子，丝毫没有放松工程院的重要使命：对国家重大工程技术决策、发展规划、计划方案及其实施提供咨询。据统计，仅在建院第一年，接受政府部门委托开展的咨询工作就有三次，如组织院士对《国家科技发展"九五"计划和2010年长期规划》进行认真研究、讨论，提出了系统的咨询意见，许多意见被采纳，产生了积极影响。与此同时，工程院还组织部分院士开展了一些主动咨询，如关于我国船舶工业的发展，关于国家以及广东省的电力发展，关于云贵川金三角资源的开发与利用等。

到1996年，咨询工作全面开展起来。除了继续接受委托做好各项咨询工作外，是年仅院及各学部开展的主动咨询项目达十几个，约有三分之二以上的院士积极参与其中，充分显示了中国工程院院士的集体智慧、全局精神和战略意识。特别是这些咨询项目，都是紧密围绕我国"九五"发展战略或国际科技发展的热点、难点问题提出而进行研究的，具有很强的实际意义。农业方面如"三个典型区域农业发展战略研究"，能源方面有"中国可持续发展战略研究"，交通运输方面如"高速水运及相关技术的发展能源战略研究"，材料科学方面如"中国材料发展现状及迈入新世纪对策的可行性研究"，资源开发方面如"攀西地区资源、能源综合开发研究"，信息技术方面如"中国微电子工业发展对策研究"，基建工程方面如"重要构筑物失效、破坏、修复与防治"，医药卫生方面如"我国医疗器械工业的发展战略与市场管理模式的研究”“发展我国医药工业，加速新药研制的战略探讨”，以及培养工程技术人才方面的“工程教育改革与发展战略研究”等。

朱光亚和主席团及各学部，在组织开展咨询工作时有一个很明确的指导思想，就是咨询项目不求多，关键是咨询意见的质量和起到的作用。

为便于中国工程院的工作更好地适应全面发展的形势，1996 年朱光亚主持制定了中国工程院第一个长远发展计划——《中国工程院“九五”工作计划及 2010 年发展若干初步设想》。在这个计划制定过程中，他先后两次主持院长办公会和一次主席团会议，进行专门讨论；初稿形成提请全体院士征求意见，共有五次易稿，而最后两稿是经过他亲自修改的。由于措施得力，针对性强，许多工作在较短时间内都有明显进展。

在许多基础工作中，加强学风道德建设，是朱光亚主持中国工程院工作几年中的另一项重点工作。

记得 1994 年 6 月 3 日，即朱光亚当选院长的当天，他向全体院士发表就职讲话。他说，作为中国工程院的首批院士，我们既感到十分光荣，同时也感到责任重大。我们要在整个科技界发扬科学精神和优良学风，树立高尚的职业道德，努力促进科技进步，攀登科技高峰，为经济、科技、社会的综合协调发展而努力奋斗。

在 1995 年工程院院士首次增选评审会议上，他语重心长地强调说：“国务院文件和《中国工程院章程》都做出明确规定，中国工程院院士是国家设立的工程技术方面的最高学术称号，为终身荣誉。因此，作为具有这样很高声誉的院士个人，理所应当在工程技术上有重要成就和贡献，同时也应该具有良好的学风道德，使得中国工程院院士这个集体，真正成为全国工程技术界的榜样。学风道德是科技界精神文明建设的一项重要内容，特别是近些年来大家对那些违反科学精神的行为非常厌恶，更普遍感到这个问题的重要，而且迫切需要各方面引起重视。”

1997 年 7 月 14 日，朱光亚亲自修改他在院士增选会议上的讲话稿，其中对学风道德问题又作了特别强调。他说，现在进行增选院士第一轮评审，要再讲讲学风道德问题，有两层意思：一层意思是，对候选人评审时，要注意结合考查他（她）的科学态度和学风道德表现，比如材料的真实性问题，对待合作者的态度问题等。另一层意思是，院士自身的社会主义精神文明建设。当前增选院士工作中的 科学道德建设，全体院士肩负很重的责任，首先是要做好表率，要自觉抵制各种不正之风对增选工作的影响，切实站在公正、客观的立场上做好评审工作。

他极力主张并主持设立了中国工程院科学道德建设委员会（简称“道德委员会”），为了发挥道德委员会的实际作用，他亲自向主席团推荐潘家铮、侯祥麟两位主席团成员为道德建设委员会的正副主任，规定各学部推选一位院士为成员。主席团明确规定道德委员会的职能，即弘扬科学精神，倡导优良学风，维护科学真理和科学道德，捍卫科学尊严，反对封建迷信和伪科学等。

科学道德建设委员会成立后，首先于 1997 年 7 月制定了第一个对院士在增选工作中提出明确要求的文件——《中国工程院院士增选工作中院士行为规范》，规定了全体院士必须遵守的 6 条行为规范；此后，在 1998 年 4 月工程院又制定了对院士提出全面要求的《中国工程院院士科学道德行为准则》，规定院士在科学道德方面必须做到 7 条行为准则，并且规定了如有违反以上准则的有关处理办法，其中包括在全院范围内通报批评，或向社会公布，直至撤销院士称号。

■ 廉洁奉公　捐出 100 万元港币不许张扬

朱光亚对自己要求严格，不张扬个人。对于这一点，在他到中国工程院工作之前大家已有所知晓。

多少年来，一直看不到写他的文章，据说不是没有人写，而是文章写了到他那里过不了“关”，不是被扣压下来，就是不同意发表而被退回。他总是说：“先写别人吧，我的以后再说。”

我本人经历过这样一件事。那是 1991 年 11 月初，钱三强撰写了一篇文章，题目为“我国核科学技术早期发展的回顾”，其中有关于 1946 年国民政府军政部派朱光亚、李政道等赴美学习考察，拟组建原子武器研究机构一节。为对史实进行核实补充，钱三强将稿件送给朱光亚审阅。朱光亚很负责任，他阅后于同年 11 月 12 日亲笔给钱三强写了两页纸的回信，说明前后情况并做了补充修正。在回信中，朱光亚对同行的其他几人一一作了介绍，但对自己一字未提。1994年中国工程院成立后的一次全体院士会议上，国务委员宋健在介绍首任院长情况时，也讲到1946年这件鲜为人知的事。有一次，在朱光亚办公室我问起这件往事，他三言两语一带而过，不多谈自己。

朱光亚到中国工程院工作以后，使人感受深刻的是他的克己奉公精神。这里我要讲一件未曾细说过的事：1996年10月，朱光亚获得了“何梁何利基金科学与技术成就奖”100万元港币奖金。颁奖头一天，他对我说，要把全部奖金捐给中国工程科技奖助基金（我是该基金的理事兼秘书长。该基金后更名为“光华工程科技奖”），并让我第二天代他去领取奖金支票。我虽然知道朱光亚这样做一定是经过考虑并且不容易改变的，但我还是不忍心他这样做，因为100万元港币对于任何个人来说都不是一个小数字，即使存在银行当时每年的利息少说也有10多万元，况且，据我所知他家的经济状况并不宽裕。

于是，我试探性地建议说：实在要捐的话，是不是拿出一部分，比如说50万，这也不少了。朱光亚回答十分平和，既没有犹豫的意思，也没有表白自己的话，坚持说：“就这样吧。”

第二天我拿到奖金支票后，又不由自主地向他重复了个人的想法，请他考虑，这时他讲了要这样做的原因。他说：“作为中国工程科技界的工程科技奖助基金，现在都是由台湾友好人士捐助的，如果我们也能出一点，虽然为数不很多，总是比较好一些。”乍听起来，原因非常一般，而认真领会一下，其中包含了一种真诚的心意，一种很高的境界。

尤其令人感动的是，他捐了100万元港币以后又反复叮嘱我，这件事不要宣传。我深知，不张扬自己是朱光亚的一贯风格，他是真心实意要求我这样做的。而且我从中也体会到，这件事他不让宣传，还有另一层意思，就是不希望以自己的举动对别人造成影响，如果宣传他这种做法给旁人造成了压力，我想他是于心不安的。因此，我完全尊重了他的意见，没有损害他那种出自内心而十分可贵的境界。

所以，很久一段时间，即便在中国工程院院士中，也很少有人知道朱光亚为中国工程科技奖助基金捐款这件事，社会上更是无人知晓。然而，就我个人感受而言，内心一直为此交织着矛盾。后来，我还是在两个场合说了这件事。

第一次是 1996 年末，在工程院英文版对外非正式刊物《中国工程院快讯》（The CAE Newsletter）上刊登的一则英文简讯中，在介绍中国工程院设立工程科技奖时，顺便说明了朱光亚捐款 100 万元港币作中国工程科技奖助基金一事。由于那是个纯粹对外的刊物（季刊），印数也很少，国内媒体从未见有转载报道。

第二次是 1998 年 3 月 19 日，在工程院党组民主生活会上，在检查领导干部反腐倡廉措施落实情况时，我讲到光亚同志把获得的何梁何利 100 万元港币奖金全部捐给了工程科技奖助基金，而且叮嘱不让宣传，这在机关党员中起到了很好的榜样作用。我是有准备要在这次会上讲的，一是因为机关一些党员有呼声，认为对朱光亚院长捐款的举动没有任何反应觉得不太好，甚至心里过意不去；二是这次党组民主生活会，中央组织部、中央纪律检查委员会和中央国家机关工委都派人来出席，我作为院党组的一员又兼任机关党委书记，有责任反映党员的意见，并向党的组织如实汇报情况；同时我还觉得，像朱光亚这种榜样的力量，是一种极好的无形鞭策，而这对于反腐倡廉实在是太重要、太及时了。

朱光亚是知名科学家，又是国家领导人，但他在中国工程院任院长几年中，始终按普通一员对待自己，不搞特殊化。无论 1996 年以前在军事博物馆租房办公的时候，还是搬进科技会堂以后，他的办公室条件和几位副院长是同样的，许多第一次到他办公室的人，几乎都要发出这样的感叹：如果不是亲眼所见，不能想象朱光亚院长就在这样的条件下工作。但朱光亚从未觉得条件与职务不符，相反，他一如既往严于律己，体谅主管单位的困难。由于工程院当时工作用房紧张，他不同意为他的警卫和司机在院里安排休息的房间，所以他们只好各处“打游击”，警卫员只好经常在走廊里值班。工程院机关搬到科技会堂后，中国科协领导曾提出请朱光亚和几位副院长到小餐厅用餐，朱光亚等谢绝了，坚持和大家一起吃份饭。1998 年 6 月朱光亚离开中国工程院领导岗位时，他办公室所有公费购买的书籍、资料，一册也不让带走，他交代身边工作人员要一件件整理好，做好移交。

朱光亚慷慨奉公，丝毫不作计较，但对于开销公款，哪怕不是大数目，他也经常放在心上掂量。比如公费宴请外宾，他在会上和会下多次说过，不要把规格搞得那么高，上那么多菜，既浪费钱，又花很多时间吃一餐饭，应该改革。他还说，其实外宾也不见得喜欢这样，他们请人吃饭都是很随便的。

听钱三强讲王大珩
——纪念王大珩院士诞辰九十周年[①]

2003年6月27日，在中国工程院举行的座谈会上，王大珩院士（左）同葛能全交谈

我仰识王大珩先生，是听钱三强先生讲故事开始的。二十多年过去了，这些故事至今记忆犹新，并且一直在对我起着教育作用。

钱三强和王大珩上小学时就在孔德学校同过学，后又在清华大学物理系同窗四年。毕业后先后出国留学，钱三强到巴黎居里实验室读博士从事核物理研究，王大珩去伦敦大学帝国学院专攻应用光学。他们目睹了日寇在中国的侵略行径，还同在欧洲亲历了二战灾难……。因此，他们之间的故事很多而且精彩。

钱三强最乐道的，是王大珩为了国家日后需要主动放弃在读博士学位改做光学玻璃实验师这件事，每回说到，他钦佩之情溢于言表。记得20世纪80年代初国家准备建立学位制，钱先生被任命为国务院学位委员会首届副主任委员。他很上心这个兼职，因为他认为建立学位制“实质上应该看作是在人才培养上消除半封建半殖民地痕迹的一个内容”。

---

① 本文节录自：宣明主编，《王大珩》，科学出版社，2005年。

王大珩（1915～2011），应用光学家。中国科学院院士、中国工程院院士。“两弹一星功勋奖章”获得者。

1982年2月，在一次学位工作座谈会上，钱三强感触颇深地讲起旧时中国知识界看待博士学位的心态，说当时在大学当教授的，非得有外国的博士学位不可，没有博士学位最多只能当到副教授，还让人看不起。钱先生举了刘半农作例子，说胡适经常流露出看不起“土包子”刘半农，刘为了争这口气，到法国去学语言学，两年得了文学博士学位，回国后学术界对他就刮目相看了。

接着，钱先生对比讲了王大珩先生，说他硬是主动放弃在读的博士研究，去昌司公司做光学玻璃实验师，因为光学玻璃生产技术对将来国家发展很需要，而当时没有旁人做。钱先生说：“大珩不是不知道没有博士学位对个人的不利影响，但他为了国家将来需要，做了与众不同的选择，在那个时候真是难得”。

钱先生还讲过战后和王先生重逢约定回国的经过。1945年二战刚结束，已经升任法国国家科研中心研究员的钱三强，被派往英国学习最新发明的核乳胶技术，同时接受中共旅法支部安排在伦敦见了邓发和陈家康，并且得到一份刊载毛泽东新作《论联合政府》的《解放日报》，读后，他“感到文字内容非常有气魄有远见，并且科学性非常之强，直觉的反应是‘孙中山第二’”。

兴奋的钱三强立刻乘火车去伯明翰，把好消息告诉王大珩，他们同游了莎士比亚的故乡斯特拉福镇，在湖面上他们荡桨畅谈，谈了莎翁的剧本，谈了斯诺的《西行漫记》，谈了毛泽东的《论联合政府》，从战争谈到了科学技术，分手时他们约定：做好回国准备，为将来建设一个强盛的国家效力。

他们说到做到。就在新中国诞生前夕（1948年），王大珩、钱三强、何泽慧、彭桓武漂洋渡海回到了阔别的祖国，此后的几十年中，无论遭遇什么境况，他们牢记约定，忠心耿耿，奋斗在各自岗位上，成为共和国的功臣。

战略科学家的成长经历[①]

（为《赤子丹心 中华之光——王大珩传》撰写的一章）

在王大珩从事科学事业73年暨95华诞时，中国科学院长春光学精密机械与物理研究所（简称长春光机所）编辑出版了《光耀人生——王大珩学术思想与创新贡献》（科学出版社，2011年版），书里第一篇综述性文章《赤子丹心 中华之光》，是由陈星旦院士根据多位院士（如母国光、杜祥琬、丁衡高、周炳琨、张钟华、周立伟、林尊琪）和专家提供意见统稿写成的，文中有一段很精彩的话，简明、客观而恰当地叙说了战略科学家王大珩的追求：

> 王大珩从事科学技术活动的领域是很广泛的，方式是多样的，贡献是多方面的。一个科学家，可以通过不同途径，从不同层次对社会的科技进步做出贡献。不少科学家，终生在自己的科研领域勤奋耕耘，著书立说，发明创造。他们的科学成就，打上了个人的标记，汇集在科学技术发展的历史长河中。也有一些科学家，特别是在一个国家的科学发展初期，他们是先行者。他们在国家的科学园地中披荆斩棘，给后来者开辟领域，指引道路。他们不一定直接从事耕耘，而是把自己的智慧和努力，融合在他人的科研成果中。基于王大珩所处的时代和经历，他既进行科学研究，密切结合实际，充分发挥自己的智慧和能力，而且常以远瞻的目光向国家提出重大的科学发展建议。王大珩早期作为科学专家，后来作为科学组织者和战略科学家，

① 本文节录自：胡晓菁著，《赤子丹心 中华之光——王大珩传》，第十三章，中国科学技术出版社、上海交通大学出版社，2016年。

在振兴祖国科学技术的宏伟事业中，走过了数十年奋进的道路，做出了卓越的贡献。

从专门委员到首批学部委员

1949 年 11 月 1 日，全国最高学术机构——中国科学院成立。初时规定它的基本任务是：确定科学研究的方向；培养和合理地分配科学研究人才；调整与充实科学研究机构。为了与其性质和任务相适应，科学院决议在全国聘任有特殊贡献的科学家为专门委员（原拟成立专门委员会未获准，只聘任顾问性质的专门委员），按学科性质分若干组研讨有关事项。从 1949 年 12 月至 1950 年 10 月，经过全国范围发函调查和推荐（被推荐者 800 余人），确定聘任 181 人（另有社会科学 60 人）为专门委员，时任大连大学应用物理系教授兼系主任的王大珩名列其中，他并且兼任应用物理组和工业实验组两个学科组的专门委员（兼任两组的专门委员，计 14 人）。

1951 年 3 月，政务院又发布指示，要求中国科学院负责计划与指导全国的科学研究事业，规定工业、农业、卫生、教育、国防各部门举行各专业会议时，应邀请中国科学院派人参加；各部门的科研计划和研究情况报告，要报送中国科学院。然而当时中国科学院本身的力量和组织状况，连对院属研究机构进行学术领导都难以做到，更无可能对全国科技事业的计划和指导了。

改变科学院自身的现状，以及如何改变现状，成为迫切问题。

其时科学院想到的办法之一，去向苏联老大哥学习，于是 1953 年 2 月组派庞大代表团赴苏访问。代表团的学科组成很齐全（19 个学科），有 26 位各学科知名专家（如数学家华罗庚、地球物理学家赵九章、动物学家朱洗、生物学家贝时璋、生理学家冯德培、建筑学家梁思成、天文学家张珏哲、地质学家张文佑、植物学家吴征镒、土木学家曹言行、机械工程学家于道文、电机工程学家陈荫壳，历史学家刘大年，语言学家吕叔湘等），由核物理学家钱三强担任团长，科学院党组书记张稼夫为支部书记，武衡任秘书长。代表团作了历时三个月的考察访问，回国后又多次召开科学家座谈会和院属研究所所长会议讨论，形成两个书面报告，一个是以科学院党组报党中央的《关于目前科学院工作的基本情况和今后工作任务的报告》；一个是以同样文题由郭沫若向政务院政务会议（1954 年 1 月 28 日）作的报告，并获得同次会议批准（党中央于 1954 年 3 月批准报告）。

中国科学院建立学部、在全国选聘学部委员，是当时从组织机构上加强学术领导的一条主要措施。科学院党组的报告写道："参照苏联科学工作的先进经验，科学院应分学部领导各所工作。"郭沫若的报告说：中国科学院"未能适当地组织国内优秀的科学家参加学术领导工作，而这对于加强科学院的学术领导，使科学院成为名副其实的全国科学研究工作的中心是具有决定意义的问题"。①

1954 年 4 月，拟出组建中国科学院学部的文件，送请科学家征求意见，一致认同建立学部的必要性，并就遴选学部委员的三个条件达成共识，就是：①对于本门科学有比较重要的贡献者；②对于本门科学在过去或现在起了推动作用者；③忠于人民事业者。

同年 5 月，先后分别召开地学、生物学、技术科学和数学、物理、化学方面科学家座谈会，讨论学部的工作任务；6 月，成立物理数学化学部、生物地学部、技术科学部和社会科学部的筹备机构；7 月，以院长郭沫若名义寄发 645 件信函，请全国有代表性的科学家按条件推荐学部委员候选人；11 月，收回 527 件信函，共推荐出 665 人，然后通过反复研究、协商，层层遴选，并经国务院全体会议（5 月 31 日）批准，由周恩来总理签发国务院令公布首批学部委员 233 人名单（含社科学部 61 人）。时任仪器馆代馆长的王大珩在其列，被选聘为技术科学部学部委员，他和马大猷（后转入数学物理学部）、钱令希，是本学部 40 名首批学部委员中的"年轻人"，也是自然科学方面 172 名首批学部委员中 9 名 40 岁及以下的最年轻者之一。②

---

① 参见《人民日报》，1954 年 3 月 6 日，第二版。

② 首批学部委员中9名40岁及以下者是：40岁（1915年生）5人，为王大珩、彭桓武、马大猷、卢嘉锡、王湘浩；39 岁（1916 年生）3 人，为胡宁、吴征镒、钱令希；36 岁（1919 年生）黄昆。

■ 荣誉与责任

那时，“学部委员”是个陌生的名称，加上还没有冠戴“最高学术称号”的副词（1984 年 1 月明确为“国家在科学技术方面的最高荣誉称号”），即便学术界也大都不知其所以，但当全部名单在《人民日报》一公布，又是周恩来总理亲笔签发的国务院令，“学部委员”具有的影响力和学术地位，很快在科学技术界普遍受到尊崇。

王大珩本人第一次感受学部委员的荣誉与责任，是在 1955 年 6 月。

是年 6 月 1 日，王大珩和全体首批学部委员（实到 199 人）一起，在北京饭店出席中国科学院学部成立大会，当他同众多熟识的和仅闻其名的师长辈、学长辈科学家聚集一堂时，心里顿时有一种光荣感油然而生；后来听了几位中央领导人的讲话，更是第一次知道了为什么要建立学部，以及国家对科技工作和科学家的重视态度。

先听了主管科技工作的副总理陈毅代表党中央、国务院致贺词：“今天的会议是科学院四个学部的成立大会。这是科学界的创举，是一件大事。我们相信通过这次会议把全国优秀科学家团结起来，使科学工作有计划、有效地进行，这对国家发展五年经济建设，对科学事业本身都是有重要意义的。”在学部联席会议上陈毅又说：“这次会议在中国学术历史上，对国家工业化有深远的影响。它的意义在全国科学的领导中心已经成立起来，虽然各方面还有缺点，还不完善，还是重大胜利。”①

6 月 7 日，王大珩第一次见到周恩来总理，并且听了他向学部委员作的谈心式的长篇讲话，备感亲切，心悦诚服。周恩来说：

> 现在科学院在组织上有所改变，即从国家机构变成学术机构。从宪法通过后，科学院已不是国家的组成机构，而成为独立的学术研究和领导机构。因为经过五年的改造，已有了这样的基础使科学院成为一个在科学上独立的工作和领导机构。但这不是说与国家机关完全脱离了，在行政上国家机关还是要进

① 陈毅副总理在1955年6月11日学部联席会议上的讲话，引自宋振能编著：《中国科学院院史拾零》，科学出版社，2011 年，第 54 页。

行指导的。

关于如何正确认识已选聘的首批学部委员和尚未入选者的问题（其时对此意见不少），周恩来讲了一席推心置腹的话。他说：

> 这次经过大家民主评议同意的学部委员，其条件已经公布过，首先要有学术，有著作，因为作为一个科学家首先要有这个条件；第二，对学术上有贡献；第三是政治条件，要立场清楚。我们五年来经过政治改造到思想改造，可以有条件提出这个名单。但不是除了233位以外就没有人合乎条件了，不是的，还有人是遗漏了。也还有些人学术研究条件够，但政治条件差一些，就等一等吧，政治条件也是具可变性的，现在政治立场模糊，以后清楚了，我们还是欢迎的。现在的233位（学部）委员是不是这三个条件都具备了，已是十全十美的呢？也不是。这样看法要背包袱，要会停滞不进，比起进步的就是落后了，落后了就要退伍，我们不应有此现象。整个世界是发展的，我们自己也应当日新月异地前进。[①]

学部成立后，做了几件对全国科技事业具有重大影响的事，诸如建立研究生制度；实行科学奖励制度；制定科学发展规划等。王大珩参与工作最多的，是制定12年科学远景规划，从1955年10月起到1956年8月，他相当一部分时间和精力集中在这项工作中。

王大珩先是和有关学部委员及院内专家（约360位）一起，分学部讨论与制定中国科学院的发展远景计划，而后，根据各学部提出的计划方案，参与综合平衡，参考苏联专家意见，在1956年3月提出了《中国科学院十二年内需要进行的重大科学研究项目（自然科学与技术科学部分）》（共53项）。紧接着，王大珩受国家科学规划委员会（主任聂荣臻）邀请，和400多位科学家共同讨论、制定全国的科学技术发展规划，到

① 周恩来总理在学部成立大会上的报告（1955年6月7日），引自宋振能编著：《中国科学院院史拾零》，科学出版社，2011年，第55页。

同年 8 月，《1956—1967 年科学技术发展远景规划纲要》（简称“十二年科学规划”）编制完成，规划从 13 个领域提出 57 个项目、600 多个研究课题（中国科学院早前提出的重大研究项目，大都被纳入国家十二年科学规划）。

特别要说的，在制定科学发展远景规划过程中，主要在技术科学的一些领域，如光学和应用光学、仪器和计量等，王大珩的许多前瞻性的思路和见解，在规划形成时起了重要作用，如配合国家重大工程建设的仪器制造方面，在王大珩等建议下，十二年规划列了“精密机械仪器、特种光学仪器与电子仪器”项目，计量方面列了“计量技术与计量基准”项目。在新技术领域实施“四大紧急措施”，集中力量加速发展无线电、自动化、半导体和计算技术，王大珩同样是积极倡议者和支持者。

但是好景不长。随着 1957 年“反右”和知识分子问题上左的思想和政策，集中全国优秀科学家组成的中国科学院学部，很快形同虚设，“文化大革命”中统统被彻底“砸烂”，学部委员几乎无人幸免地被诬为“反动学术权威”，受到批判斗争，王大珩在长春光机所遭遇的迫害，更是成为科技界的典型事件。

■ 在技术科学部主任岗位上

1978 年 3 月 18 日至 31 日，中共中央在北京召开 6000 多名科技工作者代表参加的全国科学大会，迎来了“科学的春天”。

3 月 18 日，王大珩作为 222 人组成的大会主席团成员在人民大会堂主席台就座，聆听邓小平的开幕讲话。邓小平讲道：“脑力劳动者的绝大多数已经是无产阶级自己的一部分”“四个现代化的关键是科学技术的现代化”“科学技术是生产力”。王大珩当时听了这些话的感觉是，“我的心里是热乎乎的。”时间过去 26 年后（2004 年），他还对邓小平的讲话留下美好的回忆：

> 我们科技工作者发自内心地感到邓小平同志是我们的好领导和知音。小平同志对科技工作者的鼓舞，使我们都怀着建设

祖国的热望，决心大干一场。[①]

一年后，被摧残的中国科学院学部，在科学的春天得以重生。1979年中央同意恢复学部活动，继而批准在全国增补学部委员，这是在中断了23年（1957年增补过18名学部委员，其中技术科学部增补2名）之后进行学部委员增补。这次增补学部委员面临种种特殊情况，使得原本不是学部常委的王大珩，提前成为技术科学部干事无名分的“常委”。

其时特殊情况之一是，历经二十几年沧桑，学部委员严重减员，学部常委会及学部主任、副主任遗缺不全，而且普遍年高不能正常工作。王大珩所在的技术科学部，原42名学部委员减员至26人，平均年龄超过75岁；原学部常委17名，减员至10人，平均年龄为76.5岁，原一正两副学部主任，剩下一正（严济慈，80岁）一副（茅以升，86岁）。

特殊情况之二是，本次增补学部委员总名额多（国务院批准增补330名），各方面推荐的候选人数量很大（实际有效候选人达到996人），学部委员评选任务重，而且本次增补学部委员第一次采用民主无记名投票选举，因而后来将“增补”改称为“增选”。王大珩所在的技术科学部的实际情形是，996名全部有效候选人中，有300多人属于本学部涵盖的学科专业范围，也就是说，技术科学部即便分组遴选，每位学部委员要审阅100多份候选人的推荐材料，不难想象，完成如此之大的工作量，这对于大多数年高七十几甚至八十几岁的老人而言，该是何等艰巨和辛劳。

当时还有一个情况，增选学部委员的所有工作，大到指导思想、原则、方案，小到选举程序、操作方法，都是以中国科学院讨论报经上级批准，或经科学院党组讨论决定，由副院长、党组成员钱三强负责主持实施。而那时技术科学部原有十名常委中，只有两人（严济慈和李薰）在科学院系统工作，其他院外常委连出席学部会议都难以保证，经常达不到过半数与会者，更不用说要承担组织协调工作了。因为这种种缘故，技术科学部原有学部委员中唯一在科学院系统工作、又比较年富力强而

① 王大珩，《美好的回忆和感受》，文载《春天长在丰碑永存——邓小平同志与中国科技事业》，科学技术出版社，2004年。

不是常委的王大珩，就自然地顶起了“常委”作用，用钱三强的幽默话说，王大珩被抓来当了“壮丁”。

后来的一段时间里，王大珩经常住在北京友谊宾馆北工字楼（此楼时由科学院包租用作开会和接待来京科学家），或参加院里和学部的会议，讨论问题，研究办法，或代表学部主任严济慈跟院外学部委员沟通情况，协调意见，直至 1980 年 11 月技术科学部选出 64 名新学部委员（四个学部共选出新学部委员 283 名，比原定增选人数少 47 人）。

王大珩院士（右）在中国科学院学部联合办公室同葛能全交谈（陈丹摄）

1981 年 5 月，在中国科学院第四次学部委员大会上（5 月 19 日上午），王大珩当选为中国科学院主席团（后改为学部主席团）成员，并参加第一次主席团会议推选院长、副院长；在技术科学部全体会议上，王大珩当选为学部常委和学部副主任，李薰为主任（副主任还有院外的张光斗、陈芳允）；1983 年 3 月李薰逝世后，王大珩接任技术科学部主任，直至 1994 年。

王大珩在任技术科学部主任十余年间，尽管相当长一段时间学部又处于不正常状态，学部委员又间隔十年没有增选，平均年龄又达到七十四五岁。但在困难环境中，王大珩领导技术科学部所做的工作，依然成效显著，特别在组织学部委员开展咨询方面，他首先提出变被动咨询（即接受政府决策部门委托咨询）为主动咨询，鼓励大家结合科学技术发展的关键问题，积极提供情况和建议，以便政府决策参考。

早在 1982 年 8 月，王大珩组织技术科学部相关学部委员提出两个咨询报告，提交国家计委、国家经委和国家科委，一个是《关于当前发展我国集成电路的建议》，一个是《关于发展我国计算机的建议》。据查证，这是科学院学部主动进行调查研究最先提交政府部门的咨询报告。后来，结合国际发展新态势，经过进一步研究，到20世纪80年代末期，王大珩和师昌绪领导技术科学部又完成6个主动咨询报告并汇编成《中国科学院学部委员咨询报告》，这就是:《以电力为中心，论我国的能源发展战略》《关于试行公开招聘重点工科院校学术带头人的建议》《按照市场经济规律改革我国通信管理体制的建议》《促进我国计算机发展的良性循环的研究》《促进我国集成电路产业进入良性循环的建议》《发展我国钢铁工业原料路线的建议》。这些报告上报后，国务院领导很快做出批示："请把科学院六个专题报告分送到计委和有关部委进行研究讨论，并在'八五'计划中适当采纳。"同时，国务院办公厅专函向报告主持者王大珩和师昌绪致谢："对你们关心国家社会主义现代化建设，以极大的热情向政府提出有意义的建议表示衷心的感谢，并通过你们向全体参加编制这些专题报告的科学家和科技工作者表示谢意。"①

王大珩重视总结学部开展咨询工作的经验，并使之制度化、科学化，1989年由他建议和主持制定了《关于学部委员咨询工作的暂行规定》，成为中国科学院学部开展咨询的第一个内部法规性文件。

组织学部委员评议研究所，是在20世纪80年代初科学院赋予各学部的任务之一，这是为了强化学术领导的一项重要措施。1981～1983年，王大珩先后与李薰、师昌绪共同组织，开展了对沈阳金属所、上海光机所、长春光机所、半导体所、电工所、上海冶金所、沈阳自动化所和上海技术物理所的评议。学部委员评议的内容很全面，包括：研究所的科研方向是否符合学科发展的趋势和中国国情；研究室的方向、任务是否明确；课题设置和选择是否恰当；科研队伍的水平、质量和建设情况如何；实验体系情况怎样；学术管理的水平和成效情况；科研成果的水平及其社会、经济效益；所长及主要学科带头人的水平、能力等。开展评议的程序很严谨：阅读材料、组织参观、汇报座谈、个别交谈、酝酿讨论，最后由评议组提出评议意见，报经科学院常务会议审议通过后，下达研究所执行。

① 参见：盛海涛、何锟汉、冯应章，《王大珩先生与技术科学部》，文载宣明主编《王大珩》，科学出版社，2005年，第85页。

不搞形式、不走过场、讲求实效，是王大珩组织评议活动的指导思想。1982年4月他带队评议上海光机所，除了集中光学方面的学部委员，邀请了相关研究所的同行专家和大学教授，还请来科学院和上海分院的管理官员，共有50余人。后来上海光机所写文章说："回忆当时评议的严肃、认真、科学的态度，是建所以来从未遇到过的。……王老亲自组织的这次评议，为上海光机所健康持续的发展指明了方向。"①具体说，就是按照王大珩主持形成的《评估报告》，使得上海光机所在此后的十多年时间里，相继建成了用于激光聚变研究的"神光"装置，用于激光分离同位素的激光和光学系统，开展了新型激光器件与技术、光存储技术和光学新材料的探索，在激光等离子体物理、X射线激光、量子光学、激光光谱学和非线性光学等基础研究领域，做出了一批具有国际前沿水平的研究成果，既强化和显示了这个研究所的实力，同时为我国激光发展及其应用做出了贡献。

接受委托复审全国自然科学奖项目，是王大珩担任技术科学部副主任后他和李薰共同组织做的第一项任务。1979年年底，国家决定设立自然科学奖，经过一年多时间各归口部门推荐、评选，初审出192项请奖项目，委托中国科学院各学部负责最后复审。其中由技术科学部复审的项目计14项（冶金及材料4项、电子4项、机械1项、土水建5项），先由学部委员和专家进行初审提出意见，然后召开学部常委会逐项审议、整体对比评议，形成复审意见。结果是：同意授奖5项（二等奖1项、三等奖1项、四等奖3项），不授奖4项，由于学术上尚存分歧，建议暂缓评奖2项，不属自然科学奖范围3项。

在此同时间，王大珩先和李薰后和师昌绪组织技术科学部学部委员还承担了许多工作，诸如：评定科学基金项目——1982年受理290项，评定110项，总资助经费569万元；1983年受理481项，评定242项，资助经费953万元。审定学位授予——1982年授予硕士学位336名，工科博士1名；1983年审议第二批申请硕士、博士授予单位及导师名单。评议审定科学院重点课题——1982年经过审议列为重点课题30项；

---

① 《我国激光事业发展的战略科学家——上海光机所在王老的指导、关爱下成长》，文载宣明主编《王大珩》，科学出版社，2005年，第91页。

1983年审定13项。

这里所列出的工作日程和数字，只是王大珩主持技术科学部工作的一部分，但也足以感受到他作为科学专家以外的那种精神、思想和风格。

■ 科技战略发展的尽责人

“战略科学家”这个称谓用于王大珩，在科学技术界大概不会有歧见，因为大家不认为这仅仅是一种形容，而是贴切事实的表达。

先看王大珩对自己经验的总结，他说：“作为一名现代的科技工作者，我从毕生的经历出发，总结了十六字的经验启示：面向需求，务实求是，传承辟新，寻优勇进。”[①] 王大珩得出的朴实无华的十六字经验，其实既有历史长度，又有思考和认识上的厚度。从他2003年在“人文论坛”作的报告《漫谈科学精神》[②] 中，可以很清晰地了解这一点。

王大珩认为正确的科学路线，就是严谨性。他说：“在认识过程上，由表及里，由浅入深，由简入繁，由中间向两头扩展，对真理的认识是可望而难以企及的。科学不承认没有事实依据的先验论，它的深入由低级到高级主要是理性认识的过程。这是科学的核心所在。但是，理性认识要经由实验、论证来确定。”

王大珩认为“科学与技术并行发展”，是提倡科学精神的一个要点。他说：“当前由于科学上的新发现应用于生产实践，导致现在高度的物质文明。特别是高新技术在改变当前社会经济面貌方面的作用，也帮助促进了人类思维的科学化。”

王大珩认为所需要的科学思想，第一是实事求是，第二是审时度势，第三是传承创新，第四是寻优勇进，有了创新的工作，让它在社会上起作用，还要找出实施这个措施的最优的途径，勇于使它实现。

正是基于这样丰富而独到的见地，加上王大珩总习惯从高远处看待事情的现在和未来，所以在许多关系国家重大科技发展方面，他往往会

---

① 王大珩，《我的自述》，文载宣明主编《王大珩》，科学出版社，2005年，第16页。

② 王大珩在“中国科学家人文论坛”主题报告会上的演讲《漫谈科学精神》，文载宣明主编《王大珩》，科学出版社，2005年，第23-30页。

“寻优勇进”地提出建议，并且卓有成效。

1986年3月，王大珩审度各国以高技术为核心的新的技术竞争趋势，及时与他人联名提出《关于跟踪研究外国战略性高技术发展的建议》，并且被中央采纳，结果经几百名专家调查论证，制定出我国的《高技术研究发展计划纲要》，这就是影响深远、成果丰硕、效益巨大的“863计划”。

王大珩从“科学与技术并行发展”的思想出发，认为提高工程技术和工程师的地位，对于加速我国基础工业建设，增强综合国力，提高国际竞争能力具有重要现实意义，他在参与多次呼吁无果的情况下，又于1992年与他人联名上书中央，建议早日建立中国工程院，直接促成了全国工程技术界的最高学术机构——中国工程院的成立，并且使得几十年难产的院士制度在我国开始实行。

关于激光单原子探测

以敏锐的洞察力扶持新学科、新技术，是王大珩的又一特点。20世纪80年代中期，当清华大学初建的我国第一个激光单原子探测实验室遇到困难时，王大珩先支持成立一个由20多位专家组成的学术委员会，他亲自担任主任，并多次主持学术讨论会或论坛，明确了发展的指导思想和学科定位，既使实验室摆脱了困境，又在全国“播下了种子”，推动这一新学科在全国的发展。随后，王大珩进而预见这一学科的发展前景，认为应该把它纳入国家科技发展战略，1993年12月15日他和陈芳允联名致信江泽民总书记。王大珩的亲笔信写道：

> 最近国际上出现将单个原子逐个“搬家”在固体表面上，形成分子尺度的用原子组合成的图形。这是从原子结构的认识走向直接操纵原子为我所用的一项重大突破，预见这项技术的发展，将对分子电子学，微观化学反应，生物分子工程以至微观型能量转换机制，都会产生重大的影响。世界各科技先进国家都已将发展这项技术列入优先发展规划。……我们深感我国也必须尽早开展这方面工作的迫切性，人家飞速发展，我们若

不尽快追上去，以后就会是望尘莫及。①

江泽民阅后对王大珩、陈芳允的信作出批示："关于基础研究、应用科学与开发的关系，我们的方针已定，即稳住一头，放开一片。当今科学技术发展十分迅速，我们对于前沿科技项目要有所赶、有所不赶。一旦突破可带动新产业革命的项目，就应该赶。王大珩、陈芳允二位学部委员的报告请认真研酌。"②

为了落实批示精神，王大珩等先后组织两次香山科学会议、三次学科发展研讨会，形成一份《将单原子、分子测控科学技术纳入国家基础性研究规划》，他联合8位院士于1996年3月报送时任中央书记处书记温家宝。温家宝批示指出："原子、分子级探测、操纵与控制是一项战略性的基础研究，也是一项可以带动新产业的关键技术，应当统筹规划、选择重点、集中力量、予以支持。"③这样，该项目被列为"九五"规划中"建立若干个基础性研究中心"的一项，并且强调称：此学科领域"势在必为，势在必赶，而且时不可待，在当今激烈的国际竞争中稍有延误，都可能形成落后，势难再赶上的局面。"

关于仪器仪表

王大珩心系仪器仪表事业，至今留下"有说不完的感人的故事"。这个领域的发展历史记得，1956年被纳入国家12年科学远景规划中的"关于发展我国仪器仪表事业规划"，主要执笔人是王大珩。1979年成立的中国仪器仪表学会，王大珩先任副理事长，后任理事长、名誉理事长，时间长达26年，而且他是做实事不挂虚名的。1983年4月，中国在上海举办首届"国际仪器仪表学术会议暨展览会"（MICONEX），王大珩担任大会学术委员会主任，并且向会议作了介绍我国仪器仪表事业发展、论述国际仪器仪表发展趋势的演讲，受到各国同行认同，从而扩大了我国仪器仪表事业的影响，提高了国际学术地位。

① 陈赓延，《王老与我国原子分子测控科学技术的发展》，文载宣明主编《王大珩》，科学出版社，2005年，第114页。

② 同①

③ 同①

这次会议本身还取得了意料之外的成功——以上海首届 MICONEX 为起始，后来 20 多年一直延续了下来，如今已成为这个领域的国际知名盛会。要说的是，这个意外成功，也是王大珩出的“点子”带来的结果。阅读王大珩生平年表会看到，他 1945 年获得英国科学仪器协会“第一届青年仪器发展奖”，就是在英国物理学会举办的展览会上展出自己的研制成果（V- 棱镜精密折射率测定装置）而被评定得到的。38 年后的 1983 年，他主持上海会议时就借鉴过来，在举行仪器仪表学会会议的同时，进行仪器仪表最新成果展览。就这样，王大珩的“点子”被通用为国际仪器仪表界的惯例。

为了我国仪器仪表事业的发展，王大珩也向国务院领导写过建议。他 85 岁那年，因为要掌握一手情况提出发展对策报告，亲自到上海、浙江、重庆进行调查研究，“一个下午参观 4 个企业，累得说话的力气都没有，回到北京便进了医院。”但王大珩没有就此放下心来，出院后，他组织调研组完成了《加快我国仪器仪表事业发展的对策与建议》报告。由于这份报告的科学性和战略目标、实施方案的详尽、可行，它已成为指导我国仪器仪表产业发展的重要文件。

关于颜色标准化

颜色标准化，乍一听可能感觉陌生，甚至想不到和科学技术有多少联系，其实不然，它是一项涉及从工业到日常接触中领域很广泛、科学内涵很丰富的事业。颜色科学在我国迅速发展起来，也有王大珩不可磨灭的功劳。

早在 1978 年，我国颜色领域第一本科学著作《色度学》即将出版时，王大珩独具慧眼给予支持。1988 年 5 月，他应允担任“全国颜色标准化技术委员会”主任委员，倡议开展中国颜色体系研究和建立中国颜色体系标准，并亲任课题负责人。在确定研究方向时，他提出做中国人眼颜色视觉实验，以便研究成果具有自主知识产权；在寻求立项和经费支持时，他或亲自出马，或写信，得到了国家科委、自然科学基金委和中国科学院的支持。为了研制中国颜色体系样册，他多次到天津工厂现场指导。1989 年 3 月，他出席全国政协会议讨论《国旗法》时，了解到不同厂家生产的国旗颜色不一致的情况，当即致信全国人大法律工作委员会，说明制定国旗技术标准和颜色标准的意义和必要性，受到重视，很快，GB12982—1991 国旗国家标准和 GB12983—1991 国旗颜色标准样品制定出台。2005 年，全国颜色标准化技术委员会撰文回忆说："所有这些工作，无不倾注王大珩先生的心血与智慧，大珩先生也因此当之无愧地成为我国颜色标准化事业的开创者和奠基人。"①

① 全国标准化技术委员会,《大珩先生与中国颜色标准化事业》，文载宣明主编《王大珩》，科学出版社，2005 年，第 116 页。

在中国工程院的历史性作用[①]

（为《师昌绪传》撰写的一章）

20世纪70年代末起，科技界就不断呼吁建立工程技术方面的国家最高学术机构（即后来的中国工程院），但是不见有进展；50年代中期开始，曾经几回酝酿在中国实行院士制度，次次都搁浅了。这样两件大的历史性事件，终于在1994年得以如愿以偿。查阅有关档案材料发现，在这两件事情的整个进程中，特别在许多关节点上，都能见到师昌绪的名字。

■ 积极呼吁

1978年3月，邓小平在全国科学大会上提出“科学技术是生产力”的论断；同年12月，中共党的十一届三中全会决定，把全党工作的着重点转移到社会主义现代化建设上来，以经济建设为中心，加之科学技术发展信息的国际交流背景等。在国内，以前受到冷落的工程技术，以及它将在国家经济建设中的作用，开始受到关注。面对我国工程技术水平低，队伍力量薄弱，研究、设计和建造能力落后的现状，一度引出许多话题，流行的调侃是：我们能把卫星送上天，抽水马桶漏水的问题却解决不了。

许多有识之士热烈议论之后，开始冷静思考，并且渐渐形成一种共识：从长远和全局着想，有必要建立一个以工程技术为主体的国家最高

① 原载：刘深、郝红会著，《师昌绪传》第十三章，人民出版社，2018年。

师昌绪（1918～2014），金属材料学家。中国科学院院士、中国工程院院士。倡议成立中国工程院并参与筹建，任中国工程院首届副院长。获得2010年度国家最高科学技术奖。

学术机构，以提高工程技术和工程师在国家建设中的地位，调动积极性，加强责任制，更好地发挥其整体优势。

据查阅历年全国政协委员提案和人大代表议案资料，1979 年就有提案和议案涉及以上内容。进入 80 年代，几乎年年都有科技界专家呼吁，要求重视工程技术和应用科学，建立与中国科学院并立的中国工程与技术科学院。师昌绪一直是其中的积极倡议者和推动者。

早在 1981 年，中国科学院技术科学部组成 4 人小组，就如何加强工程科技工作进行讨论，师昌绪是成员之一；次年 9 月 18 日，他和另外三位成员（张光斗、吴仲华、罗沛霖）在《光明日报》发表署名文章，标题很醒目:《实现“四化”必须发展工程科学技术》。这是第一篇将内部提案转为公开呼吁的破土之作——文章着重阐述了两个问题：

一是为什么必须大力发展工程科学技术。师昌绪四位学部委员认为，工程科学技术是发展工业、增加生产、提高产品质量和降低生产成本的关键，目前发达国家都十分重视发展工程技术，而许多关键技术特别强调保密，我们发展中国家必须更加重视这一点。只有依靠自己研究和试验，既要弄清楚“为什么”，又要研究“怎么做”，才能使我国工业飞速前进。

二是如何发展工程科学技术，文章就此提出许多见解。如：关于工程技术与经济、社会应协调发展的观点，认为工程技术的发展，必须把促进经济发展作为首要任务；关于重视基础工业的工程科技研究的观点，认为基础工业是国民经济的根本，我国基础工业薄弱，更应给予足够重视；关于各部门科研分工协作，避免重复的观点，认为发展工程技术必须结合国情，更好地使用人力、物力和财力，相互配合，全国一盘棋，组织起来攻关，等等。

这里要说到，师昌绪等四人文章原本有关于建议成立工程院的内容，但在技术科学部学部委员会议上讨论时，出现种种不同意见，这部分内容在发表时主动删掉了。

关于这件事的经过，当事者师昌绪和张光斗都有忆述文字。张光斗的记忆是这样的：“我在会上代表四人小组做‘建议成立工程院’的报告，说明成立工程院的意义和必要性。我们四人都主张成立工程院，但对模式有不同意见，吴仲华和师昌绪主张工程院是实体，把中国科学院技术科学部的研究所转入工程院，由国家给经费。我和罗沛霖主张是虚体，下面不设所，因为不可能把各部门的工程研究机构都转入工程院。我们二人的意见也稍有不同，我认为工程院以工程科技为主，罗认为以工程技术为主。当时会议上大部分学部委员反应不很积极，中国科学院的学部委员重视科学，对工程院兴趣不大，而且习惯于科学院实体，感到工程院搞虚体有困难。生产部门的学部委员对将来工程院可能干预生产部门的科研单位有顾虑，所以也不积极。高校的学部委员认为自己是搞科学的，与工程院关系不大，因此也不发言。”[①]

一份历史性的建议书

据青年史学工作者李飞对历年科技界人大代表和政协委员所提议案和提案的研究，所采集的材料表明：1980 年政协五届三次会议上，第一次有了关于成立中国工程科学院的提案，提案人是张光斗和俞宝传；从此以后的十数年里（至 1993 年），年年都有这种提案，有时一年几件，如 1992 年政协七届五次会议上，有 3 件关于成立中国工程院的提案；每件提案至少 2 人联署，最多的一件提案（1986 年）联署者达 83 人，历年参与过此类提案的政协委员、人大代表和工程科技专家不下 150 人（次）。[②]

然而，这些提案连同那些官样文字的承办意见，都被存入了公文档案。真正起到历史性关键作用的，是师昌绪和张光斗、王大珩、张维、侯祥麟、罗沛霖联合署名，不是作为提案的一份建议书。

1992 年春，这份 6 人联合署名的建议书，通过几个渠道送进中南海，登在了中央办公厅 5 月 8 日编印的《综合与摘报》（第 54 期）上，题目为《关于早日建立中国工程与技术科学院的建议》，署名者师昌绪等 6 人都是中国科学院学部委员（后称院士）。建议书体现了科学家的明快、率真风格，全文 1000 多字，没有空话、大话、套话，但眼界开阔，言之切切。

① 参见：张光斗，《我的人生之路》，清华大学出版社，2002 年，第 151-152 页。

② 参见：李飞，《科技界人大代表和政协委员及其提案的历史研究》，中国科学院研究生院 2012 年博士学位论文。

建议书首先简明讲述工程技术的发展历史，从被视为“雕虫小技”到与技术科学一起，已经发展成为对社会、经济、文化事业直接产生巨大作用的决定性因素；讲了世界各国对发展工程技术和工程技术队伍空前重视，采取许多新举措；讲了我国工程技术队伍薄弱，工程技术水平低，研究、设计、建造能力差，不适应发展需要的现状；而后提议建立以工程技术为主体的国家最高学术机构，并就这个机构的性质、任务，还有它与中国科学院（主要指技术科学部）的关系，也提出了构想。

师昌绪等 6 人建议书，对于中国工程院的建立和在中国实行院士制度，被认为起了历史性的关键作用，但其中有一个节骨眼环节，极少有人提及。那是 6 人建议书送进中南海之前，在一次江泽民总书记会见学部委员的场合，时任技术科学部主任王大珩抓住时机，代表建议人当面陈述了他们建议的主要内容，虽然讲得简明扼要，但反映呼声的效果显然达到了。

5 月 11，当江泽民看到登载 6 人建议书的《综合与摘报》，他就在上面写下批示给中央办公厅主任温家宝：“家宝同志：此事已提过不少次，看来要与有关方面交换意见研究决策。”

次日，温家宝向国务委员宋健、罗干和中科院院长周光召作了批示：“此事可否请中科院牵头，商有关方面提出意见。请酌。”接着，5 月 14 日宋健批：“送光召并罗干同志。建议加快进度。”5 月 18 日罗干批：“请周光召同志阅并提出意见（我随时可参与研究），以便尽快报党中央国务院决策。”①

■ 在前期筹备中

有人形容，中央最高领导人的批示，是成立中国工程院的尚方宝剑。但有了“尚方宝剑”，筹建工作也并非事事顺当。

据中国工程院院史资料《关于中国工程院的成立》记载，自中央领导的批件转到周光召手中起，工程院的筹备工作正式启动，全过程分为

① 参见：胡晓菁，《赤子丹心　中华之光——王大珩传》，中国科学技术出版社、上海交通大学出版社，2016 年，第 279-280 页。

两个阶段：前一阶段（1992 年 5 月～ 1993 年 3 月）由中国科学院牵头，主要是调查研究，听取意见，拟出初步方案，后一阶段（1993 年 4 月起）改由国家科委（即现科技部）牵头，主要负责建院的具体设想与操作。[①]

师昌绪在两个阶段的筹建中，都是重要参与者。

那时候，国内科技界一方面建院呼声很高，一方面又歧见层出。首先发生争论的，要不要在科学院之外再成立一个独立的工程院？反对的理由认为，两院并立会造成理工分家，不利于学科交叉、协同发展。至于建立一个什么样的工程院，是不设下属研究开发机构的虚体，还是像中科院一样的实体？甚至由哪个部门牵头负责筹建，也是意见纷纭。

中国工程院筹备初期，师昌绪（左）、王大珩（右）听取葛能全（中）关于筹备工作的情况汇报

为了解决分歧，使工程院筹建工作顺利推进，开始了紧张的内外调研，上下协调，民主讨论，酝酿方案。时任技术科学部主任的师昌绪和王大珩，接受科学院学部主席团执行主席周光召委托，他们由建议人很快转变为重要筹建者的角色。

师昌绪起先组织人员搜集编印《国外工程科学院简介》(分两册）发送有关学部委员和专家，向大家介绍瑞典、美国、英国、法国、澳大利亚、日本等十几个国家工程科学院的情况，对其成立背景、组织机构、院士选举、学部设置、工作内容和方式、经费来源，还有它与该国科学院的关系等，都有客观详尽说明，为了解情况，统一认识，起到了参考借鉴作用。

师昌绪和王大珩做的另一方面的工作，是在学部委员范围听取意见，他们多次主持召开技术科学部常委会，进行酝酿协商。

① 参见：《中国工程院年鉴》(1994—1997)，中国工程院编印，第 33 页。

有了初步工作和认识基础，1992年7月18日拟出了5条原则性意见，以周光召名义先报告党中央和国务院领导，这些意见包括：明确工程院是学术机构，而不应当成为一个行政机构；工程院的成员（即院士）应是在工程技术方面做出了重大贡献的科学家和工程师；工程院应当是一个虚体，不设立也不管辖研究、开发之类的研究机构；工程院组建方案的酝酿、讨论和提出，主要依靠科学家和工程技术专家来进行，并在广泛听取有关方面意见后，提请党中央和国务院决策；还有办事机构设置的意见。

到8月26日，以周光召名义呈送的5条原则意见，获得各位领导批示赞成。紧接着，为起草建立工程院的正式报告（实际是建院方案），开始了又一轮扩大范围调查研究和酝酿讨论。

在接下来的两三个月时间里，师昌绪和王大珩以召开座谈会、个别访谈方式，先后征求了200多位学部委员和有关专家意见；同时，他们还亲自走访了十多个产业部门和高校，听取意见，共同商讨筹建中的问题。对于两位科学老人而言，这样连续奔波，紧张工作，其身心劳苦已是可想而知的事。更有想象不到的是，他们有时还要忍受精神上的屈辱。

1993年元旦那天，师昌绪和王大珩一起出席某个国家机构召集的座谈会，讨论中国工程院的设置问题（这个机构一度想出面负责筹建工程院）。参加会议的有二三十人，要求发言者较多，主持人（一位副部级官员）宣布每人发言不超过10分钟，而实际上，现场并没有兑现规定的时间，一些和会议召集机构看法相同或相近的，发言都超时了，有的一人讲了20多分钟还要多。但当师昌绪举手要求发言，“讲到10分钟后，（主持人）毫不客气地发出‘制止令’”；接着，王大珩站起来发言，在讲到10分钟要求多讲几分钟时，主持人硬是冷下脸来不同意，并且让人强行拿走了王大珩手中的话筒。事后有人感叹，久已不再的“文化大革命”场景，居然又一次发生了。

中国科学院有位副秘书长陪同两位学部主任参加了那天的座谈会，会后讲起当时的情景依然怒气难消，说那种场面实在令人气愤，这样对待两位老科学家真是难以接受，说曾想一起退出会场。但为了顺利筹建工程院这件大事，师昌绪和王大珩压住火气，忍辱负重坐了下来，继续倾听意见，直到座谈会结束。

事过18年后（2011年），师昌绪忆及当时写道："我当时实感受到奚落，甚至有当时退出的想法，但是为了顾全大局，还是善始善终。"[①]

经过师昌绪、王大珩等这样全力工作，第一份关于建立中国工程院的请示报告，在1993年2月4日由中国科学院和国家科委联名呈报国务院并党中央。这件三千来字的请示，是经过近一年辛勤工作的初步成果，实际上是关于拟建工程院一个内容齐全的完整方案，除了200多字的开头语，分为三大部分陈述和请示：第一部分，关于建立中国工程院的必要性，主要讲了国际发展趋势和国内建设事业需要。第二部分，关于组建中国工程院的一些原则。第三部分，关于中国工程院的筹建工作及进度安排。

请示报告的实质性内容在第二部分，列出涉及的7个方面问题及考虑意见，分别是：

1. 关于机构名称。建议采用"中国工程院"，对外英文缩写"CAE"。

2. 关于中国工程院的性质和作用。建议定其为"中国工程技术界的最高荣誉性、咨询性学术机构。不具有行政的管理和决策职能。"

3. 关于中国工程院成员的称谓。建议称为"院士"，同时"中国科学院学部委员"，亦改称为"院士"。

4. 关于中国工程院与中国科学院（学部）的关系。建议互不隶属，独立存在，工作各有侧重。

5. 关于中国工程院院士的标准和条件。表述为"凡在工程技术领域作出重大的、创造性的成就和贡献，热爱祖国，学风正派的高级工程师、研究员、教授或同等职称的工程技术专家、学者，可被推荐当选为中国工程院院士"。

6. 关于中国工程院第一批院士的产生及增选制度。首批院

---

① 参见：《在人生道路上：师昌绪自传》，科学出版社，2011年，第187页。

士建议定为百名左右，经过提名、协商和遴选产生。首次院士大会后即在全国范围增选一批院士，尔后每两年增选一次，并建议实行名誉院士制度。

7. 关于中国工程院的领导体制及学部设置。工程院除了不设置和不管辖各类研究、设计、开发、生产等实体外，其性质和职能基本同于中科院和社科院，为国务院直属事业单位。设院长 1 人，副院长 2 ～ 3 名及秘书长 1 人，并组成主席团领导全院工作。

■ 后期筹建中的重要角色

根据国务院领导指示，工程院筹建的后一阶段工作改以国家科委牵头进行，由国务委员兼国家科委主任宋健任筹备领导小组组长，国家科委副主任朱丽兰任常务副组长，师昌绪作为倡议科学家唯一代表为 6 名副组长之一，主要起到情况沟通、上下内外协调作用，被认为是重要角色。

关于师昌绪担当这个角色，中国工程院院史资料记录有一则插曲：在调整筹备领导小组过程中，一次，一位领导人可能认为师昌绪不是正部长级别（其他几位皆是），便将师的名字从副组长位置勾到一般成员中，但宋健没有照此修改，他认为师不做副组长不合适，还说这么些副组长，没有一位倡议科学家代表不好办，将来筹建中的一些问题要靠他起协调作用。因此，师昌绪的副组长角色侥幸得以保留，并在后阶段的筹建中顺当发挥了作用。

中国工程院成立后与中国科学院技术科学部的关系，是后期议论比较集中的问题之一，其焦点实际上是要否继续保留技术科学部。师昌绪和许多学部委员交换意见后，本着实事求是的态度发表了意见，他认为依据我国情况，参考一些主要国家经验，在工程院成立后继续保留科学院的技术科学部是必要的，以后在两院院士中，可能有少数成员兼有两个称号，也无须放弃一方，这有利于两院工作交流合作。

关于工程院所包含的专业学科范围，国务院常务会议（1993 年 10 月 19 日）讨论提出，不宜铺得太大，不要无所不包。师昌绪和几位倡议人都表示赞成，还一起讨论了对原设想做出相应调整，他们的意见，后来归纳作为工程院学部设置的 3 条原则，就是：①要更加突出体现工程技术的特点；②要更加紧密结合我国国民经济发展的情况；③学科专业不宜划分太细太窄。

关于如何制定和掌握工程院院士遴选的标准和条件，在组织专家讨论时，气氛热烈，各抒己见。师昌绪既积极发表意见，又注意倾听其他专家的见解，很快达成基本共识，即与原科学院学部委员遴选标准相比较，工程院院士应更侧重在工程技术领域的实际贡献和应用成就。根据这一基本认识，后来形成文字写在请示报告里的几句话是：在某工程技术领域取得重要研究成果和重大发明创造者；或是在重大工程设计与建设中，创造性地解决工程技术问题有重大贡献者；或是某工程技术领域的奠基者和开拓者；或是在工程应用与实践方面，成绩卓著者。

这些精神，在 1994 年党中央和国务院批准建立中国工程院的文件中得到确认，并且成为工程院筹建和建院后的指导原则，起到了奠基性作用，这与师昌绪担当的协调角色有着密不可分的关系。

筹建进入后期，筹备领导小组几经扩大，成员中增加了不少新老部级领导干部，因此引起工程技术界议论纷纷，普遍担心的一点是，怕工程院将来成为“官员俱乐部”。

就在这时，师昌绪即时联合王大珩、张光斗、张维、侯祥麟，于 1993 年 11 月 8 日致信党中央和国务院领导，恳陈必须严格按照标准条件遴选工程院院士的心声。他们信中写道：中国工程院既然是一个工程科学技术界的最高学术机构，其成员享有国家工程技术界的最高学术称号，在遴选时就必须做到严格按标准条件办事。标准的文字表述，我们同意国家科委和中国科学院报告中的提法，即“在工程科学技术领域做出重大的、创造性的成就和贡献，热爱祖国，学风正派的工程技术专家，可被推荐当选为工程院院士”。我们最关心的是，中国工程院不能成为安排干部的一个机构，所有成员必须符合上述标准，否则有损中国工程院的威望，达不到建院的目的，在国际交往中也会造成困难。[①]

工程院材料记录中，没有见到中央领导人对师昌绪5人信件的直接批示，但工作进程中的事实证明，信中反映的意见受到重视，许多精神得到进一步体现。在紧接着以国家科委和中国科学院名义呈报的《关于建立中国工程院有关问题的请示的补充报告》，其中第四项关于严格掌握工程院院士人选的标准和条件，考虑工程技术界的普遍关切后，写了很长一段文字强调严格掌握标准条件做好候选人遴选工作，特别对首批院士遴选要起到好的导向作用。又如，其中第五项关于筹备领导小组调整，针对领导干部比较多的情况，在保留六位倡议学部委员基础上，增加了十几位工程技术背景比较强，又有代表性的专家，他们中多数已是科学院学部委员，另有一些产业部门有突出成就的总工程师，这样，使得“官员多”的状况有了一定改观。

师昌绪在筹建工程院工作中还表现出一个很突出的特点，这就是他凡事有顾全大局的精神。比如，筹备领导小组决定并经中央批准，中国工程院首批院士名额定为100名左右，其中30名委托中国科学院学部主席团在现有学部委员中遴选出建议名单，要求入选者工程技术背景比较强，并具有一定代表性。这样做，一是为了增强新建工程院的学术地位和知名度，以利于国际交流；同时便于工程院和科学院紧密联系，彼此协同。

2011年3月10日，葛能全（左）到国家自然科学基金委员会师昌绪先生办公室讨论他的自传《在人生道路上》书稿

① 参见：葛能全、陈丹，《关于中国工程院的成立》，“中国工程院院史资料”，中国工程院编印，2014年，第39页。

一件意外事发生在师昌绪所在的中国科学院技术科学部。该学部分到的名额比较多（21 名），遴选程序和规则也格外严密，经过酝酿产生预选名单后，再召开学部常委扩大会议进行无记名投票遴选。会前的酝酿和 1994 年 2 月 25 日的学部常委扩大会议，都由时任学部主任师昌绪主持进行，结果，事先认为应该入选的一位人选没有获得规定票数，大家对这位工程技术背景很强、又有一定国际影响的专家落选，都感到意外和遗憾。在 2 月 28 科学院学部主席团会议研究决定名单时，师昌绪主动表示，自己可以退出，让出一个名额给那位意外落选者。他的提议没有被主席团会议接受，讨论时一致认为师是最恰当人选，坚持他应列入 30 人名单（决议采用了另外替换方案）。

师昌绪从大局出发，为他人着想的精神，在科学技术界一直颇受信赖和尊敬，在筹建后期酝酿、协商工程院首届院领导班子时，他虽然存在年岁高（时 76 岁）的不利因素，还是被大家推荐为首届副院长候选人之一，并且在第一次全体院士大会上当选为中国工程院副院长。

■ 再创新功

按照院领导成员工作分工，师昌绪在工程院（其时在国家自然科学基金委员会和中国科学院还有任职）负责学术出版、宣传和学部调整调研两项工作。前者从零开始，在他亲自主持下很快打开了局面，对外的英文版《中国工程院快讯》（CAE Newsletter）首先问世，并得以定期正常出版，寄发几十个国家工程院和科学院，起到很好的学术交流、扩大影响作用。特别要说的是，师昌绪不是只动口不动手的领导，每期“快讯”的全部英文稿件，他都亲笔审改定稿，有时还亲自拟标题，更适应外国人的阅读习惯。接着，《中国工程院年报》的编撰出版工作，还有其他形式的出版宣传工作也相继多起来，并逐渐形成制度。

建院初期的学术出版重头戏，是《中国科学技术前沿》（中国工程院版）一书，它是由金国藩院士倡议，师昌绪亲自组织完成的一本学术著作，计有 23 位院士及 16 位专家参与撰稿，分列生命科学与技术、信息技术、农业科学技术、能源新技术、环境工程、化工与材料、资源利用、机械工程、钻探与地下工程、三峡工程、轻工技术、中国古代建筑等12个专题进行介绍和论述，共有50余万字。朱光亚院长为该书作序说："编写出版《中国科学技术前沿》，是为了从一些局部和侧面，以较通俗的语言展示我国工程科学技术工作和取得的成就，旨在广泛交流，相互学习，努力创新，共同提高。"这件浩繁的工作，在师昌绪组织下，只用了半年多时间，从筹备、组稿、审稿到联系出版社，便得以见书。从此以后，每年都有一本《中国科学技术前沿》出版，成为师昌绪为工程院开创学术出版工作的历史性业绩。

再说师昌绪分工负责的学部调整调研。这对于初创的工程院而言，可以说是一项难度极大的基础性工作。学部调整的难度，一是，当时的学部设置比较仓促，是遴选首批院士时按专业分组延续下来的，但又毕竟写进了《中国工程院章程》，形成了一定的组合、运行习惯；二是，由于院士们的专业背景不同，考虑问题角度的差异，对如何调整往往见仁见智，意见难以集中。但是，师昌绪没有畏难，从1995年2月起进行细致、周密的工作，一步一步往前推进。

首先，他征得各个学部常委会同意，组成了由21位院士参加的学部调整研究小组，就学部调整问题广泛听取院士意见，进行讨论，理出主要倾向性观点；接着，他召集学部调整研究小组会议研究讨论，提出学部设置和调整的几条原则扛扛，报请工程院主席团会议审议。这些原则是：

1. 学部的调整与划分，应以学科或专业为主，适当兼顾行业的特点；
2. 各学部内涵宜粗不宜细，一般在二级学科以上；
3. 学部调整和划分，应考虑我国历史情况和现状；
4. 各学部之间的规模，尽量相近，不宜过于悬殊。

几条原则得到主席团认可后，实际上在全体院士中起到了统一认识的作用，使得原本意见纷纭的一件事，大体上达成了共识。

师昌绪主持调研小组几次讨论，于1995年4月先提出了设立11个学部的建议方案讨论稿，这个方案稿是他亲笔书写而后打印提交讨论的；经过讨论，他于同年5月14日在前稿基础上，又亲自修改成一个征求意见稿，在7月召开的院士大会期间，印发全体院士征求意见；根据返回的意见，他进一步提出了学部设置的修订方案，次年3月又修改成第三次修订方案。尽管学部调整方案在师昌绪任职副院长（到1998年）期间，没有完全实施，但这项基础性、长远性、全局性的工作，对工程院的学部建设和日后学部调整打下了基础。

师昌绪在工程院初期的工作，远不止正式分工的范围，因为他各方面关系好，素有人望，加上热心做事的习惯，许多“额外”的工作他都有需必应，哪怕难度很大的事情。工程院建院20周年（2014年6月）编印的院史资料，其中有两件事最典型说明师昌绪的这种精神，现据以摘要记述于此。

第一件，关于明确工程院的行政级别问题。

起初，有关上级部门没有明确工程院的行政级别，配备什么干部就算什么级别，可大可小。学术机构不搞“官本位”的思路是对的，但在当时现实环境下，突然出现一个没有行政级别的国家工程院却事事难办，应该看的文件看不到，会议参加不了，甚至连订阅新华社的《国内动态清样》等内部刊物也不准……这些问题已经影响到工程院工作的正常开展。

一天，负责机关工作的秘书长葛能全向副院长师昌绪说起，希望借助他的影响，出面向国务院主管领导直接汇报一次情况，争取明确工程院的级别问题。师副院长一口答应并且说，主管中编办的国务委员李贵鲜在沈阳工作时曾经认识。于是1994年11月6日，经过事先联系，师昌绪和葛能全到中南海李贵鲜办公室，当面汇报了没有明确级别的种种实际困难，李听后表示理解，但需要写一个文字报告正式报批。11月8日，以朱光亚院长署名的报告报给中编办并李贵鲜、宋健国务委员。11月11日，宋健先批示：“今年1月6日中央常委会研究批准组建工程院时，常委们都认定，工程院与中科院、社科院级别一致（正部级），锦涛同志还正式肯定了这一结论。建议中编办研究确定，以适宜形式下发。”11 月 15 日，李贵鲜批：“赞成宋健同志意见。请锦涛同志阅示。”次日胡锦涛圈阅。

这样，在 1995 年 1 月 6 日国务院办公厅批复中国工程院机关机构编制方案中，行政级别问题终于得以明确，许多日常工作顺利开展起来。

第二件，中国工程院加入 CAETS 师昌绪起了关键性作用。

CAETS，是国际工程与技术科学院理事会的英文缩写。加入 CAETS 一直是中国工程科技界的愿望，从 1988 年起曾多次以中国科学院技术科学部名义提出申请，均以技术科学部不是独立机构为由未予获准；1994 年工程院成立后即申请加入，又以不够 5 年院龄和它的“政府性”被搁置——这其中都取决于主事者美国工程院（CAETS 总部设于此）的态度。

1995 年 9 月，师昌绪受委派率团（葛能全和刘效北）赴美，任务之一是同 CAETS 和美国工程院会谈，向主要执行官员介绍新成立的中国工程院，进行工作讨论。通过三个半天的交流，对方不仅对中国工程院有了充分的了解，同时由于他们知道师昌绪曾经是大名鼎鼎美国金属学权威柯恩（M.Cohen）的学生，进而更拉近了距离，彼此成了朋友。

一天下午，CAETS 副主席兼秘书长（美国人）邀请代表团到家中晚餐，进一步商谈加入 CAETS 的细节。结果，两个障碍取得理解，并顺利达成共识的口头协议：一个是 5 年院龄问题，对方同意从技术科学部 1988 年申请加入起计算；二是关于中国工程院的“政府性”（美国人总以中国学术机构的官方背景为借口）问题，在师昌绪等仔细介绍了《中国工程院章程》（英文本），特别说明院长、副院长由全体院士投票选举产生，以及选举院士的严格标准和程序以后，对方认为与美国工程院做法相同，于是所谓“政府性”问题，在这位主事的美国人印象中淡出了。

次年9月，在那位主事的美国秘书长组织下，CAETS的当任主席（瑞典皇家工程院院长）、候任主席（英国皇家工程院院长）和秘书长本人，组团来华访问考察。安排的日程尚未结束，CAETS秘书长便代表该组织的执行理事会，交给中国工程院一份书面信函称：CAETS执行理事会通过考察认为，中国工程院是一个非常优秀的（Outstanding）组织，现在就可以提出加入CAETS的正式书面申请，执行理事会支持中国的申请，并将提交下一年在英国爱丁堡举行的CAETS全体理事会议讨论。

1997年5月23日，CAETS爱丁堡全体理事会议经过表决，一致同意接纳中国工程院为其正式成员。中国工程科技界时近20年的争取和努力，终于得以实现。①

与师昌绪共过事的许多院士，还有在他领导下工作的同志，对他的工作态度、治学精神无不敬佩，无不感到心情舒畅。时至今日，大家说起记忆犹新：他关心人，不看亲疏，不分厚薄；他尊重人，不分长少，不论资历。他是大家心目中值得信任的好领导，好长辈，好朋友。1997年，年届78岁高龄的师昌绪，被推举为工程院唯一的党的十五大代表候选人，在中央国家机关党员代表大会差额选举中当选为正式代表，并出席中国共产党第十五次全国代表大会，成为本届大会最年长的党员代表。

① 参见：葛能全、陈丹，《关于中国工程院的成立》，“中国工程院院史资料”，中国工程院编印，2014年，第11-12页。

在不寻常的一九九〇年①
（为拟出版的《钱正英传》撰写章节之一）

■ 情真心切“自报奋勇”担大任

1990年是国际风云变幻之年。这一年，我国的知识分子工作，又一度经历思想认识上和政策实行中的困难期。

“今年三月全国政协七届三次会议上，对知识分子问题反映强烈”。这是1990年全国政协党组向党中央提交书面报告的第一句话，这句话，据实直陈了当时我国知识界的状况。

政协七届三次会议刚一闭幕，时任全国政协副主席钱正英，怀着怕“下次会议不好交代”的急切心情，就那个“反映强烈”的知识分子问题亲笔写下两页纸的信，郑重向政协主席李先念和常务副主席王任重提出自己的想法和建议。

钱正英信开宗明义先说了写信的缘由，她是这样写的：“先念、任重同志：这次政协会开得很成功。我感到会上最集中的呼声是两条：一是腐败，二是落实和改进对知识分子的政策。先念同志的讲话，说出了大家的心里话，得到热烈的掌声，是会议的极好总结。但是，在今后如何将这两个问题推动解决，还需很好地做工作，这样才能将会议造成的形势巩固发展，否则下次会议不好交代。”紧接着，钱正英提出了如下具体建议：

关于知识分子的政策，可否由几个有关的委员会如科技、

① 钱正英（1923—　），女，水利水电专家。中国工程院院士。曾任水利部部长、全国政协副主席等。

文教、医卫体等选派若干人，组成一个专题组，进行调查，提出报告，送主席会议审议。这个工作，由于医卫界的科学家在春节前提出此要求，在这次大会上，科技界做了大会发言，我征求钱学森同志（时任政协副主席兼科技委主任——注）的意见，他很同意我们两个委员会联合起来搞，如能由方毅同志（原国务院副总理、时任政协副主席——注）挂帅，三个委员会联合搞，那就更好了。我自报奋勇，可以承担具体的组织工作。

细数以上这段建议文字，只有一百五十几个字，而实际上是一个完备的实行方案，既体现建议人钱正英的深思熟虑、处事周全风格，又让人从中感触到她那一贯具有的担当精神。

钱正英的信是 1990 年 3 月 31 日写的，离政协七届三次会议闭幕（3 月 29 日）刚两天时间，足见她对解决关系国家稳定大局的知识分子问题，所抱持的心情之急切。同样，受信的两位政协主要领导也都有解决知识分子问题的紧迫感，在钱正英递交信件当天，王任重阅后先写下批语："我打算在下周召开一次党组会，大家商议。请先念同志批示。"两天后（4 月 2 日），李先念批示："赞成，请任重同志召集党组会议商议。"又过一天（4 月 3 日上午），全国政协党组第十四次会议讨论了钱正英的建议，会议由王任重主持，方毅、谷牧、杨静仁、马文瑞、胡绳、钱正英、司马义·艾买提出席（李先念、康克清、钱学森因事请假）。政协党组会经过讨论，做出了以下决议：

会议讨论了钱正英同志关于知识分子断层问题调查的建议，决定由方毅同志牵头，钱正英同志具体负责，组织教育、科技、医卫体三个委员会联合进行调查研究。从这三个委员会中各抽出二三名人员，组成一个小型调查组，进行深入的调查研究，并与有关部门沟通，然后向中央写一报告，提出切实可行的建议，争取切切实实解决一些知识分子工作条件、生活待遇等方面的具体问题。[①]

① 引自"中共全国政协党组第十四次会议纪要"，原件存政协办公厅档案室，据复印件。

其实，政协七届三次会议上反映强烈的另外一个问题——关于反腐败，钱正英 3 月 31 日信中也提出了建议，并且列在知识分子问题的前面作为第一项，她写道："反腐败方面，可否设想在常委会下增设一个廉政监督委员会一类的组织，开展相应的民主监督工作"。但鉴于增设机构的复杂性等原因，担心因此而影响知识分子问题建议的进行，她在信的末尾，特意说明自己对两项建议的处理态度："第一项（即反腐败）供参考，第二项（即知识分子政策调研）请核批。"后来的情况是，由于"第一项要慎重"的批示，政协党组第十四次会议未将反腐败列为议题讨论。

■"以小促大　以虚带实"专题调研

落实政协党组会议决议很是雷厉风行，仅几天时间，一个跨越多个领域的专题组，在钱正英的催促和紧锣密鼓张罗下顺利组成。全组共有 16 位政协委员和有关人士领命报到，他们来自科学技术、教育文化、医药卫生体育、经济、提案等五个专门委员会，钱正英出任组长，还有三位政协常委兼职三个专门委员会的副主任任副组长，他们是钱三强（科技委）、张文寿（教文卫委）、谢华（经济委）。

钱正英上任组长后，先想到给小组叫个合适的名称。如果叫"调查组"，按照以往的习惯做法，往往限于搜集一堆数据和情况就算完事，但这次不同，她 3 月 31 日信中和政协党组会议已经明确要"向党中央写一报告"，解决一些具体问题，那就不能仅停留于数据和情况，而应在深入调查掌握一手情况的基础上，经过认真分析研究，集大家智慧提出针对性的认识、主张和办法，供领导决策。根据这样的任务，由钱正英提议后经全组讨论，同意定名为"知识分子政策问题专题研讨组"（简称"专题研讨组"或"专题组"）。

专题研讨组的八字工作方针——"以小促大，以虚带实"，也是钱正英反复推敲概括出来的，大家认为很恰当很到位，能起到很好的指导作用。正如专题研讨组在总结半年工作时共同体会的："专题组确定'以小促大，以虚带实'的方针，研讨过程中既从宏观高度着眼，就贯彻落实知识分子政策的大政方针问题进行深入探讨，提出意见和建议，又注意随时解决调研过程中遇到的一些具体问题，大小结合，虚实相生。”[①]

钱正英不满足于这些，年近七旬的她仍身体力行亲自到知识分子比较集中的科研单位和高校，去作实地调查研究，问情况听意见出主意，如专题研讨组刚一成立，她就首先到中国科学院了解高端科技人才“断层”情况，并且主动出主意想办法，帮助解决了中断十年之久的学部委员增选难题（后节专述）；她还多次约请有关方面的政协委员和专家学者举行座谈会，直接听取对知识分子政策现状的意见和要求。

为了加快工作进度，尽早见到效果，钱正英和几位副组长商议后，决定改进大集体调研方式，将16位成员分成几个小组，侧重不同问题开展调研和情况分析，而后全组集中讨论，各抒己见，达成共识。专题组内部研讨的氛围和组长钱正英的民主作风，给大家留下了难以忘却的记忆，时过二十七年后，当时的专题组成员、现年届八十四岁的王佛松（化学家、中国科学院院士，时为全国政协委员——注），回想起来，还感触颇深，他说：“接触过不少领导人，像钱正英同志那样没有架子，能真正平等讨论问题，听得进意见的不多。”王佛松说，“钱大姐自己爱动脑子想问题，很有见解，但不以自己的意见压人。在她这样的民主作风下，专题组每次讨论会，气氛很轻松，大家畅所欲言没有顾虑，但又不是形不成共识，因为钱正英这位大姐能循循善诱，集大家意见做出总结，能服人。”[②]

副组长钱三强，通过和钱正英一段时间共事，曾经在专题组全组会议上讲过一段话，虽然记录下来很简短，同样具有说明性。他说：“在钱正英同志的领导下，我们小组在工作上以小促大，虚实结合，工作方针正确，方法对头，取得了较好的效果。”

■ 一份历史性的知识分子工作“送审稿”

工作节奏快，效率高，是钱正英领导专题研讨组的另一个特点。她

① 参见：《全国政协专门委员会简报》（知识分子政策问题专辑之六），1991年1月18日印，第2期。

② 2017年3月15日王佛松回忆当年电话记录稿（现存工程院土木水利与建筑学部办公室）。

经常向几位副组长讲，有时也在全组会议上说到：落实知识分子政策问题拖不得，要赶紧先出来一个东西，让大家有所遵循，安定人心。一段时间里，时年七十七岁的副组长钱三强“被逼”成大忙人，不是走访调查，就是开会研讨，还经常应约和组长钱正英通电话或由司机传递条子，他几乎顾不上身兼的科学院特邀顾问、中国科协副主席、中国自然科学名词审定委员会主任等这些工作了。钱三强交代秘书说：政协那边钱正英同志抓得很紧，别的事情能放的先放一放，能请假的就请假。但凡专题研讨组的会议他从不缺席。

就这样，专题研讨组从1990年5月中旬正式进入工作，仅一个来月时间就出了一个重要成果，这就是钱正英和政协党组主要领导非常看重的“送审稿”——实际上是代中央起草的一份关于知识分子政策问题的纲领性文件。

“送审稿”的起草过程情况，进行过多少次讨论修改，无法具体知晓，正式见到的排印清样是同年6月13日，当天作为“特急件”直接送达每位专题组成员，并随稿附有出席6月18日钱正英主持专题全体会议的通知，准备作最后一次讨论定稿呈交政协党组。钱三强拿到清样稿后连夜细读，一边看一边用钢笔点点划划，在他参加18日讨论会后又把稿子带回交秘书保存，现在成为一件难觅的史料。

最让钱正英和专题研讨组感到欣慰的是，党中央采纳他们的建议，于同年8月14日将“送审稿”改以中共中央文件（中发［1990］14号）印发全国。不仅标题一字未改——《中共中央关于进一步加强和改进知识分子工作的通知》，文件结构和主要内容，特别是一些基本观点和提法也都采纳了。对照6月13日清样稿，中央文件只是语气平和了一些，提法更准确简洁一些，全文由原来的五千多字减至四千多字，但仍然是一份不多见的中共中央发的长文通知。

中央“通知”完全依照“送审稿”结构分为九节，每节都有醒目的黑体字题目，这里据印发的中央通知逐一照引如下：

一、全党必须高度重视知识分子工作，把它放到重要日程上来

二、坚持党对知识分子队伍的基本估计和基本政策，是做好知识分子工作的立足点

三、深刻理解“知识分子是工人阶级的一部分”，正确把握党的知识分子政策

四、加强和改进知识分子工作的目的，在于充分发挥广大知识分子在现代化建设和改革开放中的重要作用

五、从中央到地方都要以积极负责的态度，努力改善知识分子的生活条件

六、积极引导广大知识分子走与实践相结合、与工农相结合的道路

七、要长期不懈地进行坚持四项基本原则，反对资产阶级自由化的教育

八、坚定不移地贯彻“百花齐放，百家争鸣”的方针，繁荣和发展科学文化事业

九、各级党委主要负责同志要亲自抓意识形态工作，领导干部要同知识分子广交朋友

中央通知末尾一段话，同样至关紧要：

中央要求，各省、自治区、直辖市党委和政府在近期内认真检查和总结一下知识分子工作情况，提出今后改进工作的主要措施，并于年底前向中央作出报告。今后，要把知识分子工作情况作为检验和考核党委和政府工作的重要内容，每年集中检查、总结一次，不断改进工作。

从以上，自然会感觉到钱正英和她主持的专题研讨组，在对待当时“反映强烈”的知识分子问题上所持的态度及所用的心思，同时还能体会到她为专题组确定“以小促大，以虚带实”工作方针的实际意义。比如，钱正英和专题组同志从回顾中华人民共和国成立的几十年历史深切认识到，能否坚持党对知识分子队伍的基本估计，是历史教训和现实问题之

源，必须观点鲜明地坚持这个正确的基本估计，不能动摇，动摇了就会发生大挫折。基于此，“送审稿”用两节加以突出强调：第一节，写“坚持党对我国知识分子的基本估计，是加强和改进知识分子工作的根本立足点。”接着第二节再写，“正确理解‘知识分子是工人阶级的一部分’，是把握党的知识分子政策，做好知识分子工作的关键。”联系到 1990 年所处的特殊环境条件，钱正英主持写出这样一份文件，尤其难能可贵，意义非常。

中央 14 号文件下发后，一时成为知识界的热门话题，中国科学院许多科学家听了传达比喻说“吃了定心丸”，又可以踏踏实实搞科学研究了。然而很少有人知道，这颗“定心丸”出自并不主管知识分子工作的全国政协，更想不到是由钱正英“自报奋勇”领导专题组为党中央写成的。

■ 关键是落到实处

对于中央 14 号文件，普遍反映好是一个方面，但另一方面，大家担心能不能落到实处。这种担心，在专题研讨组内部会议上明确表达出来，是科技界的代表人物钱三强。

那是中央文件下发不久的 1990 年 9 月 7 日，在钱正英主持专题研讨组各小组组长会议时，钱三强发言讲道：“最近参加了一系列关于知识分子问题的会议，总的印象应该说是很好的，对知识分子问题，多年没有这么重视过。但关键是落到实处，对此又有点担心。”[①] 他还特别列举了目前年轻人才缺乏，青黄不接，而短视行为普遍存在，把远期的东西忽视了，对教育与科技的经费投入严重不足等种种现状。钱三强的一席话，在专题组引起了共鸣，科技界的政协委员吴武封（原国家科委秘书长、专题组文件起草人之一——注）等也相继插话，表示对知识分子政策能否落到实处的担忧。

欣慰的是，组长钱正英和大家的心情一样，她并且早已把促使知识

① 参见：《全国政协专门委员会简报》（知识分子政策问题专题研讨简报之五），1990 年 9 月 26 日印，第 89 期。

分子政策落到实处作为专题研讨组的工作目标，而不仅仅满足于写出一份文件。她明确告诉全组同志："完成的工作只是我们这个组工作的一个阶段。落实知识分子政策，还有许多工作要做，我们还要继续努力。请同志们考虑一下，我们下一步如何开展工作。"①

经过讨论，专题组确定以科技界落实知识分子政策中存在的问题进行重点调查和研讨，提出切实可行的解决办法。其间，钱正英和专题组先后约请中央组织部、劳动部、人事部、财政部、国家计委等部门的负责同志进行座谈，沟通关于知识分子政策落实情况及存在的问题和困难；为了掌握科技人员工作和生活方面的一手情况，钱正英和专题组深入实地调研，重点了解了中国科学院、中国医学科学院、中国农业科学院、清华大学、北京大学、复旦大学、上海交通大学、西安交通大学的情况；还几次召开座谈会，直接听取部分政协委员、大学教授、科研院所专家的意见和要求。根据广泛了解的情况，钱正英主持专题组全体会议进行讨论，集思广益，写成《关于改进科技人员工作和生活条件的建议》，并于1990年11月24日以全国政协党组名义（全政党字11号，王任重签发）呈报党中央。

这份铅印长达16页8000余字的建议文件，既讲述原则性的问题，又提出许多当务之急改进科技人员工作和生活条件方面的具体措施，还附了两张简明的统计表格，这很能说明钱正英和专题组的认识高度、负责精神和工作态度。文件起草人之一吴武封后来向科技界介绍情况讲过，这份建议稿是由钱正英同志几经推敲、把关定稿的，她特别强调要写具体，不要泛泛的提。为了回顾和记取当年钱正英对"反映强烈"的知识分子问题"自报奋勇"做的工作，这里对《关于改进科技人员工作和生活条件的建议》作部分引述。

先读一段开头语：

党中央发出《关于进一步加强和改进知识分子工作的通知》后，专题组进行了认真学习，并组织了一系列座谈。大家认为，

---

① 参见:《全国政协专门委员会简报》(知识分子政策问题专辑之六）1991年1月18日印，第2期。

为了贯彻落实《通知》精神，必须抓紧解决一些实际问题。诸如，依靠本国科技力量不够，科技投入不足，大批科技人员无用武之地；工资待遇过低，住房严重不足，医疗保健工作跟不上，严重挫伤了知识分子的积极性和主动性。总的看，邓小平同志早在1977年就提出的“尊重知识，尊重人才”的思想很多方面还没有得到落实。近年来中央多次强调要重视知识分子问题，但由于很多实际问题长期得不到解决，知识分子对此信心不大，甚至持消极观望态度。长此以往，不仅不利于知识分子作用的发挥，而且可能成为影响我国经济和社会发展的消极因素，甚至会被国内外敌对势力所利用。同时，能否有效地防止人才流失和吸引留学国外的科技人员回国工作，关键也在于落实好国内知识分子政策，充分发挥国内知识分子的作用。关于高校教师队伍不稳定和“断层”的调查报告，已由全国政协机关党组呈报中央，现就如何逐步改进科技人员的工作和生活条件综合提出建议，希望在“八五”计划中考虑。[①]

“建议”接着写了四部分内容，即：一是坚持自力更生为主方针，重视发挥本国科技人员作用；二是增加科技投入，为科技人员献身四化创造更多更好的工作条件；三是贯彻按劳分配原则，切实改善科技人员的生活待遇；四是通过试点，推动全局。其中第三部分，就住房方面、工资方面、医疗保健方面，提出了一系列具体的逐步改进措施。

“建议”最后写道：“当前国际风云变幻，在争取尽可能长时间的和平环境来发展经济和科技的同时，不可没有随时应付突然事变的准备。必须使全党认识知识分子问题的紧迫性，同心同德，在国民经济‘八五’乃至今后的中长期规划中，深谋远虑，对落实知识分子政策中长期存在的实际问题做出必要的决策，并迅速付诸实施，打下坚实的基础，以期收效于他日……”

还要说的是，在“建议”写成上报中央时，全国政协主席李先念专

① 引自：《关于改进科技人员工作和生活条件的建议》（全政党字［1990］11号文），1990年11月24日。

门为此致信党中央总书记江泽民和国务院总理李鹏，希望抓好落实知识分子政策工作。信中写道："在这方面，不仅要看得准，而且要抓得狠。要统一规划，统一认识，切实加强领导，精心组织落实。不仅科技人员，整个知识分子问题都要处理好。要调动他们的积极性，吸引和鼓励他们同心同德、全力以赴搞社会主义建设。这是关系到国家的政治稳定和现代化事业发展的重大战略问题。"①

钱正英主持写成的《关于改进科技人员工作和生活条件的建议》，虽然没有像前次呈报的《关于进一步加强和改进知识分子工作的通知》那样由党中央全文转发，但它所强调的精神和意见，以及提到的许多改进措施，在后来制订国家"八五"计划中得到充分体现和采纳，为落实知识分子政策打开了新局面。

■ 助力解决中断十年的学部委员增选

先简要交代一点背景情况，以便有助于了解钱正英在实现学部委员增选制度化上，所起到的重要作用，还有它的后续影响及意义。

我国的学部委员（后称院士）制度，建立于 1955 年，时称中国科学院学部委员，实际上等同我国的最高学术称号。涵盖自然科学、技术科学和哲学社会科学各个领域的 233 名专家学者，被选聘为首批学部委员，名单由周恩来总理签署国务院令，于 1955 年 6 月 3 日公布。

第二年初，在党中央召开的知识分子问题会议上，周恩来代表党中央宣布：我国知识分子的绝大部分"已经是工人阶级的一部分"。② 这是我党历史上第一次对我国知识分子所作的基本估计。随后，毛泽东主席提出"百花齐放，百家争鸣"，并定其为党促进艺术发展和科学进步，促进社会主义文化繁荣基本性的同时也是长期性的方针，在全国贯彻实施，带来了学术界的新春气象。

在这样背景下，1957 年 5 月进行了首次学部委员增聘工作，自然科

---

① 参见：《李先念年谱》（第 6 卷），中央文献出版社，2011 年。

② 参见：周恩来，《关于知识分子问题的报告》，《周恩来选集》（下卷），1984 年，第 162 页。

学和技术科学方面增聘了 18 名学部委员（社会科学增聘 3 名），其中有回国不久的力学家钱学森、郭永怀、声学家汪德昭、高能物理学家张文裕、数学家吴文俊、工程热物理学家吴仲华等，与此同时，还有了增选学部委员今后要形成制度的设想。全国开展“反右”后，增选学部委员的设想就此中止，接踵而至的“文化大革命”，学部制度更是被批为“修正主义专家路线的产物”，遭到彻底“砸烂”，学部委员几无例外地被批为“反动学术权威”。

1978 年，邓小平在全国科学大会上重新提出“知识分子的绝大多数已经是工人阶级的一部分”，继而学部活动得以恢复，并于 1980 年在全国增选了 283 名学部委员，学部委员总人数达 400 余人，平均年龄由增选前的 74 岁降到 65 岁。

但自此以后，因为国际国内出现的一些新情况和党内思想认识上的问题，被形容为知识分子政策“晴雨表”的学部委员增选，又中断了，学部活动及所承担的咨询工作，处于停顿状态，焦虑和不理解、不稳定情绪，一度在科技界滋生与蔓延。有当时亲历者接受访谈时回忆说：“对于学部工作而言，那时又是一段艰难时期。”

过了整整十年到 1990 年，时任全国政协副主席钱正英初次接触到这一现实状况。那时，她正主持全国政协的“知识分子政策问题专题研讨组”，就落实我国知识分子尤其科技界知识分子政策中存在的问题及其解决办法等，进行调查与研讨，准备向中央写报告。协助她做调研工作的副组长钱三强，在一次小组会上讲了学部委员增选又十年停顿，造成高端人才“断层”的严峻情况，以及科技界为之忧虑的心情。

钱正英第一次听到学部委员增选又十年停顿，感到很惊讶。她会后问钱三强：“为什么会这样子，是科技界意见不一致还是什么原因？”

“增选学部委员大家看法是一致的，也多次报告过，但得不到明确指示，无法进行。”钱三强回答。

钱正英意识到，学部委员增选中断十年，可能关系到对知识分子的整体认识，是落实知识分子政策的一个现实问题，而且符合她给调研组确定的“以小促大，以虚带实”工作方针，应该想办法解决这个久拖不决、影响稳定的问题。

1990年5月初的一天，钱正英在钱三强陪同下来到中国科学院院部，先听了院长周光召和学部联合办公室负责人所做的有关情况介绍，而后她提出建议：要解决中断这么些年的学部委员增选，看来一份公文难以奏效，可以考虑请一位有影响的科学家，先以个人名义给李鹏总理写一封信。还说，我看三强同志很适合写这封信。她并且又自告奋勇承诺，这封信将由她负责转交。

钱三强当即表示愿意写这封信。他在交代秘书葛能全（时兼任学部联合办公室副主任）起草信稿时，特别根据钱正英的授意嘱咐葛："信要写得恳切，要有理有据有点个人情感，文字不能长。"

5月7日，钱三强亲自改定并签署给李鹏的信，只有千把字。

钱三强信是这样开头的："李鹏总理：我以科技界一个老兵的名义给您写这封信，反映科技界普遍关心的一个问题。"而后写道：

> 1955年学部成立时，学部委员年龄不过四五十岁，在科技界各个领域起着带头人作用。但目前现状却不同了，平均年龄超过75岁，现322位学部委员中，50岁以下的竟无一人，60岁以下的也仅有十几人。虽然大家具有强烈的爱国热忱，都很想再为科技繁荣、祖国富强多出把力，多数人毕竟年事已高，力难从心。我们自己也常常为此感到焦虑，希望能尽快改变这种"断层"状况。从多方面情况考虑，目前改变这种状况的办法，增选学部委员是比较可行的。
>
> 增选学部委员不仅是迫切需要和普遍要求，而且也完全具备条件。党的十一届三中全会以来，我国科学技术各个领域，全国各条战线，国家许多重大工程建设中，都涌现出一大批有学术造诣、有突出成就、有奉献精神的优秀中青年科学技术专家，他们在人民群众中和知识分子中有着很大的影响。可以相信，把这批优秀专家增选进学部，不仅可以大大增强学部工作活力，解决"断层"问题，有利于促进科学技术面向经济建设，同时也会进一步激励和团结广大科技人员同心同德，为社会主

义现代化建设努力奋斗。[①]

钱正英转交钱三强信后不久，李鹏总理6月2日在办公室约见周光召谈学部委员增选问题，钱正英自始至终参加谈话。最后，李鹏同意进行学部委员增选，让科学院正式写报告。6月20日科学院上报了增选学部委员的请示报告，并且很快获得国务院常务会议批准。这次经过近一年时间进行的增选工作，不仅顺利在全国范围增选了210名学部委员，分布在24个省市，27个部门，43所高校和114个研究机构，使得学部委员平均年龄下降了4岁，60岁以下的达到111人，50岁以下的也有12人当选，最年轻的只有42岁；而且明确了学部委员是国家在科学技术方面的最高学术荣誉称号，首次提出了明确具体的入选标准和条件，并实行了推荐、初选、评审和民主投票选举等程序性的规范操作。

还有很重要的一点，由于钱正英对学部委员增选中断原因，事先做了调查，情况了解得细，问题把握得准，所写报告要求提得明确，国务院在批准这次增选的同时，同意以后每两年增选一次，不再报批，从而实现了学部委员增选制度化，解除了大家担心再发生临时变故的后顾之忧。

正是有了制度化、规范化的现实需要，学部建立37年后（1992年），终于产生了第一个内部法规性文件——《中国科学院学部委员条例》（后改名“院士章程”），改变了长期无章可循的状况。也正因了这样一系列的工作基础，以及经验和认识的积累，为两年后（1994年）在我国实行几经周折的院士制度，创造了条件。

钱正英向来考虑问题、处理事情，习惯抓大也不放小，尤其关系落实知识分子政策方面的问题，想得周全和到位。在6月2日李鹏总理约谈的时候，钱正英还出乎意外帮助解决了一个被长期忽视的“文革”遗留问题，就是1955年开始实行而“文革”中被取消了的学部委员交通补贴（每月100元，俗称车马费）。那天谈话快结束时，钱正英主动向总理提出她了解到的学部委员补贴问题，认为这属于落实知识分子政策的遗留问题，应该予以恢复。李鹏过去不了解这个情况，他听后即表示同意

① 参见：葛能全，《钱三强年谱长编》，科学出版社，2013年，第716页。

恢复，并决定从下月（即7月）起由劳动人事部发放。

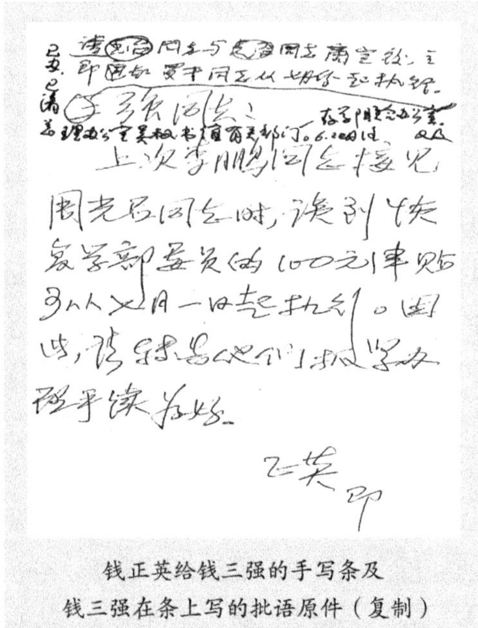

三强同志：

上次李鹏同志接见周光召同志时，谈到恢复学部委员的100元津贴可从七月一日起执行。因此，请转告他们抓紧办理手续为好。

正英即

钱正英给钱三强的手写条及钱三强在条上写的批语原件（复制）

钱正英担心事情被耽搁，她又特意（约6月中旬）交给钱三强一个手写条嘱咐催办，使学部委员每月100元津贴落到实处。钱正英的条子写道：

三强同志：

上次李鹏同志接见周光召同志时，谈到恢复学部委员的100元津贴可从七月一日起执行。因此，请转告他们抓紧办理手续为好。

正英即

学部委员津贴后改为院士津贴，实行至今。

倡导工程院讲真话

（为拟出版的《钱正英传》撰写章节之二）

钱正英与中国工程院的关系，以及她在工程院所发挥的作用，不单在她 1997 年当选院士以后，其实早在工程院筹建之初，她就以她一贯实事求是、敢于直言的风格，做出了难能可贵的贡献，而一直很少为人知晓。

■ 被多方推举进入工程院筹备领导小组

20 世纪 70 年代末 80 年代初，国内科技界开始有了要求重视工程技术和工程师的呼吁。最先明确提出成立国家工程院建议的，是 1980 年全国政协五届三次会议上的一件提案，此后，每年的人大、政协两会都有这类议案和提案，有时一年好几件，1986 年的一件提案多达 80 余人联署。但因尚未形成气候，这些提案都不曾有下文。

1992 年 4 月，由张光斗、王大珩、师昌绪、张维、侯祥麟、罗沛霖六位学部委员署名的《关于早日建立中国工程技术科学院的建议》，得到时任中共中央总书记江泽民亲笔写的“此事已提过不少次，看来要与各方面交换意见研究决策”[①]批示，以及中央其他领导人的支持，很快启动了中国工程院的筹备工作。筹备进程分为两个阶段：前段（1992 年 5 月至次年 3 月）由中国科学院牵头，主要进行调查研究，听取意见，统一认识，提出建院原则方案报告；后段由国家科委牵头，主要是建院的具体设计与操作。

在前段酝酿初步方案时，考虑先成立一个权威有效的领导小组，对

① 参见：《中国工程院年鉴》（1994—1997），2004 年 3 月编印，第 33 页。

国务院负责领导工程院的筹建工作，钱正英的名字即被列进这个领导小组的建议名单。起初，领导小组只有十几二十来人，建议由国务委员兼国家科委主任宋健任组长，钱正英为五名副组长之一。后来吸纳多方意见，搞平衡，领导小组一次次扩大，最后定为45人，副组长也增加至7名（有的是国务院主要领导亲笔加上的）。领导小组的任务也相应增加了一项，就是负责遴选出首批院士（不超过70名），不再另行组织专门的评审委员会进行遴选。

钱正英被列为工程院筹备领导小组副组长这件事，集中反映了科技界和工程界对她的信任与期望。据自始至终参与筹备工作的亲历者葛能全[①]多次谈话（如2016年8月12日、10月14日），还有宋健2016年11月25日[②]和钱正英本人2016年1月20日[③]接受访谈时，都讲到了这件事，综合起来大致有这样几个方面的情况：

一是，许多学部委员特别几位成立工程院的建议人，如师昌绪、王大珩等，还有当时牵头筹备工作的周光召院长，以及学部联合办公室两位负责人（张玉台和葛能全），早就对钱正英主动请缨抓落实科技界知识分子政策，并帮助学部委员增选走出十年停顿的困境，都心存好感，认为她既熟悉工程科技界的情况，又责任感很强，因而开始酝酿工程院筹备领导小组人选方案时，不约而同想到了钱正英。

顺便介绍另外一件事，同样说明周光召和科技界对钱正英的信任与好感。1994年3月，周光召接到瑞士自然科学院院长来信，要求中国提名1995年度乔拉法斯（Chorafas）自然科学奖候选人，条件为：在自然资源保护与管理，特别是能源、空气、水和原材料，包括对现有资源的有效循环和优化利用方面的重要贡献者。周光召联想到钱正英长期从事的工作和取得的成绩，认为是合适人选决定推荐她。鉴于钱正英时为国家领导人（全国政协副主席），便与水利部部长钮茂生商议后，联名（外交部姜恩柱会签）向国务院写了《关于提名钱正英同志为1995年乔拉法

① 葛能全，时为工程院筹备领导小组办公室主任，后任工程院党组成员，秘书长。

② 参见：宋健同葛能全、高中琪、吴晓东谈话记录（2016年11月25日）。

③ 参见：第五次采访钱正英记录（2016年1月20日）。

斯自然科学奖候选人人选有关问题的请示》(水办〔1994〕147号),[①] 并且附了钱正英的提名材料及瑞士科学院院长给周光召院长的信。虽然后来未能如愿获奖，但钱正英的工作成就和她为人为事的精神、风格，在国内科技界众所公认，印象良好。

二是，许多知情同行专家，如张光斗、潘家铮等通过长期工作接触，都非常钦佩钱正英敢于直言、讲真话的性格，他们积极推举她参加工程院筹备领导小组，认为有她参与，肯定会有助于筹建工作顺利进行。

三是，钱正英长期担任水利水电方面的领导职务，了解我国水利水电事业发展的历史，熟悉许多重大工程的决策、设计以至施工建设的全过程，与工程技术人员接触面广，了解情况细而且全面，对成就贡献判断最有发言权，能公正、客观对人对事，有关领导和水利工程界信任她。

■ 实事求是讲真话

查阅中国工程院年鉴和有关院史资料，筹备领导小组先后召开过两次全体会议和三次组长办公会，钱正英都出席了，虽然她不是全面工作的主要决策者，但她参加领导小组会议的几次简短发言，往往贴切要处，颇受认同，并对实际工作具有指导性。

如一次组长办公会研究首批院士遴选，钱正英发言说："中国工程院成立后的首批院士，一定会引起国内外关注，怎么样选好是很关键的事，像最近两次选举学部委员那样，大家是没什么可说的，尽管还有这样那样的遗憾。"[②] 正是根据大家认同的钱正英意见，筹备领导小组参照学部委员选举情况，制定了《关于首批中国工程院院士的提名、遴选、报批和聘任办法》，既有明确要求，如"必须严格掌握标准和条件，坚持公正、客观和实事求是的原则"，又有具体规定和操作落实措施，如先分组初选，再大会介绍、提问和讨论；还针对有的领导小组成员又是候选人的特殊情况，会议评审讨论时，特别规定了回避办法；最后严格实行差

---

① "请示"原件现存中国科学院档案馆。

② 中国工程院筹备领导小组正副组长会议记录，宋健主持，国务院小会议室，1994年1月11日上午。

额无记名投票选举，获得赞成票不超过半数不能当选，等等。从而保证了首批院士的遴选工作，得以在有序、公平、民主条件下进行。

钱正英所起到的作用，还有另一些方面，同样也是关键性、全局性的，为工程院的顺利筹建和健康发展，发挥了重要作用。

这里记述以下两件事。

一件事，她顶住个别人借成立中国工程院“争权”，排除了一大干扰。在钱正英参加了工程院筹备组并任副组长以后，有人（不止一人）登门去家里找她，来人说，当年他们从苏联学习回来晚了，那时科学院已经有了班底，因而进不到科学院的学部委员，现在成立工程院，正好应该由他们来掌握，一定要有他们。那位来者向钱正英交底说，已经跟上级组织部门谈好了，工程院成立后将由他来主政（当院长），他还跟钱正英当面讲条件，希望钱正英支持他们，说“你支持我们，我们也会支持你。口气很大。”钱正英听后“觉得好笑”，根本不屑答复理会他们。①

上面这节引述访谈钱正英记录的文字，对于许多人包括中国工程院的早期院士，可能是一段从未听说过的“秘闻”，除了几位当事者，再也不会有人知晓，但据葛能全（时为筹备领导小组办公室主任）看了钱正英谈话记录稿，他认为这是当时极小范围有过传闻的一个实证，说读后有点恍然大悟的感觉。

再一件事，发生在遴选首批工程院院士的时候。那是1994年3月1日至5日，筹备领导小组全体成员集中开会，分成六个专业组（即后来的学部）讨论和遴选首批院士候选人，钱正英分在土木水利建筑组。按规定程序，各组先按接收有效候选人80%比例，初选出向全体会议作介绍的候选人，逐一介绍其在工程科学技术方面的成就与贡献，进行提问和讨论，然后实行差额（20%）无记名投票，得票过半数者当选。

在一次全体会议上，当介绍一位水利工程组候选人（也是筹备组副组长，即曾到钱正英家的那位游说者）的成就贡献时，介绍人着重讲了他在葛洲坝工程建设上功劳很大，受到周恩来总理表彰，等等。

钱正英听后，感觉这是在“吹嘘”,“把工程搞坏了，结果说是成绩”,

① “2015年11月19日采访钱主席录音记录稿”和“2016年1月20日第五次采访钱主席录音记录稿”（原件存“钱正英传记组”）。

完全不顾事实，她只好“一个个把底子翻出来”，说明当年的真实情况：1971 年按这位候选人主持搞的方案，葛洲坝工程开了工，但因为设计不合理，交通部开始就反对，后来派人到现场检查，发现设计方面有严重问题，周总理听了几次汇报，决定停工，重新搞设计方案，并且成立九人（有钱正英，没有这位候选人）组成的葛洲坝工程技术委员会，负责重新制定设计方案和解决建设中的技术问题。1974 年按修改后的方案重新开工，又经过六年奋战，葛洲坝工程才顺利合龙建成。[①]

这样一讲，在场一些略知内情不便说话的专家，还有交通部参加筹备组的人，都以赞许的表情，认同钱正英说的才是葛洲坝工程的真相。

在同一次会议上，还介绍了另一位能源组候选人（也是筹备组成员）在龙羊峡工程上的贡献和功劳，也不实事求是，把错误说成成绩，钱正英同样据实当场予以指出，使与会者明白了事情的原本。

在接下来的无记名投票选举中，那两位候选人自认稳拿的院士称号，还有其中一位将要主政工程院的计划，也就不言自明了。

钱正英关于葛洲坝工程和龙羊峡工程的发言，尽管讲的是事实，也尽管因实行回避制度当事候选人不在场，但她讲真话的勇气和坚持原则、光明磊落的态度，给全体与会人员留下了抹不去的印象，为工程院树立了表率，在工程科学技术界口碑甚佳。许多人如周光召、张光斗、师昌绪、周干峙、张维、潘家铮等，以及工程院筹备工作人员，都从内心钦佩她，感谢她，时至今日，还时常成为回顾工程院建院历史的佳话。

■ 1997 年当选中国工程院院士

还要说的，钱正英坚持原则，讲真话，并不止于工程院筹建期间，在她 1997 年当选院士以后，更是践行不啻、发扬光大了。

钱正英本人“根本没有想过要当院士”，她在自己完全被动的情况下，由工程院几位同行院士自发写材料推荐，经过近一年时间前后两轮，无数次小组、大组和全学部讨论评审，一次次投票遴选，最后经由全学部（41 名）院士进行差额无记名投票选举，当选为中国工程院土木水利

---

① 参见“2015 年 10 月 20 日钱部长访谈”（打印稿）。

与建筑工程学部院士。据中国工程院年鉴记载，当年增选院士接收全部有效候选人 883 名，第一轮评审遴选后，有 216 人进入第二轮，三个月后再进行第二轮评审遴选，116 人最后当选院士（其中女性 6 名）。那年，土木、水利与建筑学部接收有效候选人为 95 名，经过第一轮评审，33 人进入第二轮评审，最后有 16 人当选，钱正英是该学部当选的唯一女院士。

关于钱正英当选院士的标准和条件（即工程科技方面的成就与贡献），中国工程院有一段对内对外介绍她的文字，被认为是权威、准确的概括，这里全文引录于此：

> 主持研究、制定了一系列关于我国水资源开发利用、管理与保护的方针政策和管理办法。主持编制了黄河、长江、淮河、海河等流域的治理、规划和全国水利建设长远发展纲要。主持完成了《中华人民共和国水法》、《中华人民共和国水土保持法》的起草工作。主持审定、决策了许多重大的水利水电工程建设项目，并具体参与研究解决建设中重大技术问题。主持领导了三峡工程的可行性论证工作。主编出版了《中国百科全书水利卷》、《中国水利》（中英文版）等。[①]

钱正英当选院士后（1998 年），亲笔写过一篇“自述”，其中写到她当选中国工程院院士获得最高学术称号的心情和态度，真是文如其人、言见其行。她是这样写的：

> 就我个人来说，从当初放弃专业参加革命到现在当选为中国工程院院士，确实是始料不及的。一方面感到莫大的荣幸，同时又感到万分惶恐。恐怕我是工程院中学历最低的院士，今后只有努力学习，努力工作，力求不辜负这个最珍贵的称号。[②]

① 参见：《中国工程院院士指南》，中国工程院编印，航空工业出版社，2000 年，第 199 页。

② “钱正英自述”，参见：《中国工程院院士自述》，中国工程院学部工作部编（主编葛能全），上海教育出版社，1998 年，第 615 页。

钱正英当选院士近二十年里，她主持过多个重大咨询研究项目，写成多篇高水平、有见地、起指导作用的研究报告，这些报告除了体现她的开阔思路、战略眼光、全局意识，同样也是她实事求是、讲真话的代表作。钱正英甚至讲过这样的话："如果工程院都不敢说真话，我们国家还有希望吗？"

科学家院士传记写作杂谈 *

最近学习习近平同志系列讲话，读到他前后三次讲了“历史是最好的教科书”这样的话，很有感触。他第一次是 2010 年 7 月 21 日在全国党史工作会议上讲的，第二次是 2013 年 3 月 1 日在中央党校建校 80 周年纪念会上讲的，第三次是 2013 年 6 月在中央政治局集体学习时讲的。习近平同志特别强调，各级领导干部要认真学习和研究党史、国史，要了解我们党和国家事业的来龙去脉，了解党和国家历史上的重大事件和重要人物。知史爱党，知史爱国。

古往今来的历史，是由两个基本要件构成的：一个是事件，一个是人物，而人物和事件又总是紧相交织、缠绕一起的。写人物传记当然离不开事件，没有一个一个大大小小的事件，这个人物就没有办法展现出来。我们今天讲的院士传记，就是如何集中写好这两个要素。

■ 首先讲，一本院士传记的大体构成

作为正规出版的院士传记，我想以下几个部分是不可缺少的。

第一部分，正文，也就是传文

不管一本院士传记字数多少，正文是全篇传记的主体部分。正文内容大致包括三个方面：

（1）详细、如实记述传主在他从事的科学技术领域的主要成就，及其对国家、对科技事业发展所作出的突出贡献。关于这一点，其实在传

---

* 本文根据葛能全在《中国工程院院士传记丛书》撰稿工作座谈会和《中国航天院士传记丛书》编写工作研讨会上的讲话录音整理，2014 年 10 月中国工程院印为《院士传记写作参考资料》，后多次重印。

主当选院士时他的“提名书”就有比较全面而准确的概述，建议作为重要参考，但全面撰写传主的主要成就和贡献，需要进一步扩充材料，同时要注意用比较通俗易懂的语言叙述很专业的成果，以及他取得成果的具体情况和工作过程。比如，成果是什么（论文、著作、设计等），传主起了何种作用，解决了什么关键问题，是参与还是主持、或独立完成，成果的意义、评价等，这些关节点都应客观、充分地写出来，而且特别要注意凭事实说话，恰如其分地记述。

（2）叙述传主的成长道路，特别是有关学术成长经历、治学态度、献身精神、价值观念、爱国情怀等这些内在的精神风貌，最好有些实例，生动故事更好。写好这部分，整篇传记就增强了思想性，也会产生感染力。

（3）关于传主的家世、求学和影响环境，以及个人性格特点、兴趣爱好、亲情等，也应该入传，缺了这些，科学家人物传记会少了些生动和活力。

就以上三个方面，可以这样说，既是表现外在，同时也体现内在。所谓外在，即院士的科技成果和对科技事业做出的贡献；内在，即传主为人为事的思想品德和精神风貌。这两者在传文中，应该很真实、很自然地得到展现。

经常看到一些传稿在写院士的成就贡献时，往往出现两种情况：要么照引一堆干巴巴的原始材料，通篇都是外行人看不懂的专业名词和数据，无法让普通读者理解成就和贡献的科学内涵及其意义；另一种情况，则是缺少具体材料和基本事实支持，空洞讲一通意义，甚至用一些惯用的夸张词句，这也同样无法让读者理解真实的科学意义。所以，写院士传记，先应该通过大量阅读材料、请教专家，弄懂代表性成果的一些基本事实，诸如立题意义及经过、国内外研究背景等，然后着笔叙述，再现传主。

请注意，写传主的工作过程很重要，包括工作中的挫折、失误甚至失败，因为一项重要的研究实验、工程设计，往往要经历反复以至受挫才可能找到正确的路子，最后获得成功。如果撇开挫折只写成功，一是不真实，二是内容显得枯燥、公式化，形成众人一面的模式。反之，如果我们注意写了具体过程，肯定传主经历会各不相同而且丰富多彩，自然就能避免那种刻板情况。

我本人有体会。我在写《钱三强传》时就如实写了他一些学术成长中的挫折，如1936年在清华大学作毕业论文时的失败——他的毕业论文是研究金属钠对真空度的影响，老师吴有训让他自己制作设备做实验，他吹制成一套玻璃系统，然后用一台真空泵开始抽真空做实验，刚一启动，整个系统炸裂了，泵中水银流了一地，万幸人没有受伤。检查原因是吹制玻璃技术不到家，后来重学重做才完成实验，最后他的毕业论文得了90分；还写了钱三强1937年考法国居里实验室的研究生，文言文作文写得不好，差一点断送出国留学的机会；刚到法国，一次他和导师一起做完实验在暗室冲洗实验拍的乳胶底片，不经意间他把显影液和定影液的位置放颠倒了，结果使实验底片全部报废，只好重新再做实验。这样写出来，还了历史原貌，不仅传记真实有了看头，得到方方面面评价也很好，更没有因此损害传主的形象。

第二部分，传主的原始图照

这部分内容不能忽视，它是体现传主成长历程和工作成就及其活动必不可少的组成部分。一本二三十万字的传记，一般附随文照片四五十件。选择图表和人物照片请注意两点：一是史料价值，二是纪念意义。每件图照都应有简洁准确的说明文字，以第三人称写，注明年代、内容和传主及其他重要人士的图中位次。这样图文兼具，可以起到相互映衬、加深印象的效果，还使得版面活泼生动一些。

第三部分，两个附录

附录一是传主的“生平大事年表”，附录二是传主的“主要论文著作目录”。注意理解两个词，前一个是“大事”，就是重要经历；后一个是“主要”，即指代表性论著。两个附录占的篇幅，既不能过简，也不能太繁冗，这得由出版组织方统一要求。出版院士传记，我以为这两个附录是不能缺少的，是体现学术性、史料性的重要因素。最近有一位著名科学家的传记出版，全书50多万字，但没有主要论著目录，生平年表也过简，有读者反映说，这是科学家传记不应有的缺憾。我觉得，宁可正文中的不紧要文字缩减一两万字，也应列出两个附录，弥补这样的缺憾。

关于生平大事年表，我体会做好这件事，对写作院士传记非常有价值，可以说是写好传记应做的一项基本功。着笔写传之前，一般先应该列出传主的生平年表，开始因掌握情况有限可能是粗线条的，逐渐由粗而细，到了正式列作附录时，可能又要由细而粗（适当提选）。有了年表，就大致能理出脉络，就可以设计出整篇传记的架构，甚至可以拟出章和节的题目设想，哪些内容、事件详述，哪些简略，哪些只作为写传的“底料”，并不一定直接出现。如果对所写传主没有一个总体的把握，各个时段的主要活动和求学、工作情况不清楚，就很难形成符合实际的写作思路，没有思路和反映传主实际的事先设计，就容易发生想起什么写什么、想到哪里写哪里的情况，这就势必出现主次难分、详略不当等情况。我写《钱三强传》，就是先花时间搜集钱先生的材料，整理出一篇接近五万字关于他的“重要活动纪事（1913—1992）”，有了这个“纪事”，再写他的传记就顺利多了。

一本传记除了以上三个部分，我觉得有一个“作者后记”是必要的。“后记”不必再把传主的成就和经历重述一番（许多后记是这样的），主要交代一下写作背景和经过，以及作者从中的感想。还有，写作过程中得到过重要帮助，参考了他人的著述等，可在后记中致谢，我觉得这是院士传记作者应该有的一种态度。

■ 再谈谈怎样写好科学家院士传记

从内容上说，科学家传记不像一般社会名人、明星的传记那样，没有严格的主题和中心，甚至为了满足部分读者（粉丝吧）的某种心理需求，刻意猎奇取悦，随意编造故事。科学家传记尤其院士传记不能这样写。出版院士传记是有确定目的和主题的，尽管不是作为一般宣传材料，但它肩负有真实记录历史的责任，同时也应有现实教化、激发正能量这样的社会功能。

从写作方法上说，院士传记不同于一篇人物通讯，也不像报告文学作品那样可以随意而发，材料零散。院士传记则要求比较系统而又有重点地叙述传主一生的主要经历和追求，因此，院士传记应该以事实为依据，用比较严谨、准确、生动的文字来叙说传主。我理解，一本院士传记佳作可以用四个字概括出来，这就是：可信可读。

怎样达到可信可读？我想谈几点个人体会和认识，同大家一起探讨。

第一点，写好院士传记的关键是掌握材料

有真实可信的材料，是写好传记的前提。没有材料，再有文才的作者也写不出一部好的院士传记，巧妇难为无米之炊嘛！

材料怎样获得，我认为以下两个途径是主要来源：

一是，查阅已有的关于传主的各种文字材料。包括传主的著作、文献、笔记、日记、发言记录、讲话稿等，还有他人对传主的回忆和评介性文章；从历史档案中采集材料，也是一个重要方面，比如传主工作单位的业务档案，考评、晋职档案，还有求学时（尤其读大学、研究生）的学业档案等，总之，有关传主的直接和间接的文字材料都在应查阅范围之内。

这里还提醒一点，应尽可能争取看看传主的个人档案，那里边有许多对写传记非常必要的资料，其中有些能够起到证实或证伪作用。那些已故或高龄传主，许多重要的事情往往是通过后来回忆知道的，但即使记忆力很好的人，若干年后讲自己的亲历也难免有误。举个例子说，钱三强和何泽慧 1946 年 11 月 22 日在法国发现世界首例“四分裂”，这是多么重要的事情！可是钱先生 1989 年发表回忆文章，却把发现时间误记为 1946 年 12 月 20 日，与相关史料发生矛盾，弄得科学史家疑惑了二十多年。直到 2011 年，我找到一张保留在法国居里纪念馆当时记有发现时间的“四分裂”老照片，钱先生的记忆误差才得以订正。

更何况，回忆不可能把几十年所经历的事情全部重述一遍，难免会留下许多历史空白，而查阅传主个人档案，可以解决很大一部分情况不明的困难。以我经过申请到中组部查阅钱三强的档案作例子，就因为查阅到他 1954 年入党前亲笔写的一份“自传”，把他 1937 年到法国留学 11 年，在那里经历整个“二战”，怎样在异国逃难，怎样在希特勒占领困境中继续搞科学研究，怎样接触中共旅法党组织受到进步思想影响等许多事情都写到了，而且有好多历史细节，比后来的回忆材料都真实可信，这自然对写好他的传记帮助很大。我建议传记作者，应该想办法争取看看你所写传主的个人档案，当然要遵守有关的组织纪律和规定。

掌握材料的途径之二是访谈。访谈的面应尽可能广一些，除了传主本人（如果健在的话），他的亲属、学生、朋友，以及各个工作阶段的同事等，重要些的都应争取作访谈。为了达到访谈的好效果，避免泛泛而谈没有实质性内容，每次访谈之前，可根据不同对象拟定一个采访提纲，或者提前送交给受访者参考，以便有所准备，有的不愿意或者工作忙，那就临时提问最想知道的事情。访谈时最好现场录音，不要埋头一字一句作记录，拘泥于字句表面，因为你集中精力记录，没有心思注意谈话者的种种神情，要知道，讲话时的神情或者语气，往往会透出某种话里蕴含，这是作者深层熟悉和把握传主情况需要的。再就是，访谈时要特别注意了解细节和事情的关节点，这对真实叙述传主的经历至关重要。

我本人有这样的深刻体会：有细节的历史才生动有力。近几年时间里，我作为《中国工程院院士传记丛书》的审稿人，前后细读过几十本传稿，无论从科学技术知识方面，还是为人道德方面，都受益匪浅！有的传记确实写得很精彩，很耐读，很感人，真是读着读着不禁让你动情，这其中尤其几位院士亲自写的自传，至今深深留在记忆里。我从中得出一个认识，凡是写得好的传记，都是材料充实而且有细节不空泛，因而你读到的内容——包括人和事是活鲜的，是深入印象记得住的，所以具有感染力。也不讳言，确有一些传稿起初写得不大成功，洋洋几十万字，留下深刻印象的不多，读完感觉空落落的，记不住，原因就在于缺少细节，多是一般性的概念描述和空泛叙说。细节对于纪实传真，真的很重要！很重要！

掌握了材料是第一步，接下来要对材料进行鉴别、梳理和分析，做出取舍，而后决定怎么用、用在哪里、说明什么问题。使用材料先要准确理解材料，这是写好传记的又一重要环节。材料怎么用，是原文引用，还是取其意综述；是简述，还是详述；是一般引用，还是就题发挥作点很到位的议论，都取决于作者对材料的正确分析和认识。

第二点，用什么文体写院士传记好

我个人体会，院士传记以纪实性写法好。文学色彩比较浓的报告文学类体裁不大适合写院士传记，因为原本真实的人、真实的事，一经艺术加工就可能有损可信度，而可信这一点，可以说是院士传记的本质因素，不能失此而求其他。

纪实性写院士传记，并不排斥文采。相反，好的文化修养、文字功底，以及优雅的文辞和清晰、富有艺术性的文思，对于一部称得上佳作的院士传记，这些同样是成功的重要因素。

举中国工程院第一部院士传记《于维汉传》为例，这是一部用报告文学体裁写的传记佳作。传主是哈尔滨医科大学教授，一生从事克山病研究和医治，由于克山病都在严寒冬季肆虐，每年这时于维汉总在病区抢救病人，从 1953 年到 1965 年，他只在家里过过一个大年初一。凭借他的精湛医术和极端责任心，救活过许多人；有些村子地处偏僻，交通不便，赶到时间晚了，死人的惨况他也见了很多，每当这时，于维汉就蹲在地上有时跪在死者面前痛哭，老百姓说他是拯救苍生的大医。《于维汉传》的作者贾宏图先生，是黑龙江省作家协会名誉主席、省新闻工作者协会主席，他阅读了传主的各种文字材料，访问了一百多人，于维汉生前救过人的病区他都去了，而且选在当年于维汉赶往病区同样的寒冬去的，遍地大雪覆盖，零下二十几摄氏度，听亲历者讲于维汉院士。这些亲历者，有的是于维汉从死神那里夺回生命的，有的是死去亲人的家属，尽管过去了几十年时间，接受访问的人讲述过程中都是情真意切，感念不忘，讲的事情就像发生在眼前。作者感同身受等于见证了传主当年的幕幕经历，他把这些记录下来，然后用精到的文学表现力再现给读者，感人至深。三十几万字的传记稿子，我细读了两遍，许多章节是流着眼泪读的，其他阅读者也都有同感。我当时审稿意见开头是这样写的：用报告文学体裁写科学家传记鲜有成功的，《于维汉传》例外。

但是，《于维汉传》的成功不具普遍性，其中有两个特殊性的条件：一是传主于维汉是从事地方病研究和救治的医学家，是一位医术和医德兼优的大医，他本身的事迹非常生动、感人；二是作者贾宏图具有良好的文学修养和思想修养，加上他那种少有的写作态度，由他写给读者看到的于维汉更具有艺术感染力。这是两个特殊条件相结合达到的效果，但这样的情况并不多，所以我建议，写院士传记还是慎用或不采用文学色彩很浓的报告文学体裁较好。

第三点，科学家传记可不可以虚构事实

我的体会和认识是，不仅院士传记，就是一般现代科学家的人物传记，所写事实都不能虚构。写古人，比如写元代女纺织技术改革家黄道婆，关于她的历史资料本来传世很少，不虚构没得可写，再说作者虚构了，也没有人能够证伪说写的是假的。写今人尤其院士科学家就不一样，他们经历的事情尽管也过去了许多年，但发生那些事情的环境与现实有种种联系，那时环境条件下承载的种种信息还存在，有的记录在案，有的留在人们记忆里，这些随时都有可能出现，而产生或证实或证伪的作用。如果院士传记里出现某件事被证伪是假的，是作者虚构的，那整篇传记的可信度就大打折扣，甚至可能会给传主和出版单位造成麻烦。

我从这几年阅读院士传稿的体会角度，又从写过科学家传记的实践角度，就“虚构”问题进一步说说个人意见，提供参考。

事实不能虚构，就是说不能“无中生有”，这是应该遵循的基本立场。但在某种特殊情况下，比如传主离世早、历史资料因故缺失、现实资料无法采集等，对某个事件中的某些缺失情节可不可以作必要“填充”？（不是无中生有虚构事实）我认为应该可以接受，但要设定几个条件：第一，填充的某些情节，必须与前后关系、时代背景、人物性格及行为方式相吻合，具备一定的合理性；第二，有比较可信的外围材料支持，说明填充的情节是有可能发生的；第三，全传中这类的填充情况不宜过多，只能是偶尔的和必要的。这三个条件，可以概括为六个字：有理、有据、有节。

第四点，防止套路思维或想当然、捡现成的帽子

按照套路思维理解院士成才和写院士传记，以为传主成长为大科学家必定与众不同，从小学到中学、大学一定是聪敏超群，门门功课都是最好的，所以差不多落笔就写“优异成绩考取”，“第一名成绩毕业”之类，简直成为众口一词的定式用语，似乎不这样写就有损院士称号。其实情况不都是这样子，举两个例子：

一个是钱伟长先生，著名力学家，中国科学院1955年的第一批院士（时称学部委员）。他1931年考入清华大学时，数理化三科成绩加在一起不到100分（别的考生都在200分以上），这是不及格的成绩呀！他英文也考得不好。他所以被清华录取，因为他的作文写得好。他的作文题目为“梦游清华园”，写的是一篇不到500字的赋，判卷老师无法挑剔给了100分，中文系杨树达教授看中了指名要他；他的历史考得也很好，有一道考题要求写出二十四史的名称、卷数、作者和注者，他全答对了，历史系也争着要他。但那时钱伟长受“九一八”事变刺激，立志“科学救国”，想弃文史进物理系，在再三恳请之下，物理系主任吴有训破例收了他，条件是第一学年结束时，物理和微积分成绩都得超过70分，他做到了，这样便成就了后来的钱伟长。

再一个例子是大数学家华罗庚先生，也是中国科学院第一批院士。他1910年出生于江苏金坛，小时候说话不利落，少言寡欢，显得有些呆头呆脑，大家叫他“罗呆子”；他在金坛仁劬上小学，由于成绩不好，只得到一张修业证书，接着又辍学了；后来在金坛读初中，一年级时他的数学是补考及格的，全班6人毕业，他是第二名成绩，并且进了职业学校。

试想，如果依照习以为常的定式思维写钱伟长，写华罗庚，他们的传记会是什么样子？所幸，以上两位的真实成长经历，已经有文字记之于史了，前者是钱伟长先生本人1997年写的回忆文章《怀念我的老师吴有训教授》（文载《吴有训百年诞辰纪念文集》，中国科学技术出版社），后者是华罗庚先生的弟子王元院士撰写的《华罗庚》（江西教育出版社）。这都是实事求是的范本。写传主青少年求学，同样应力求真实，是什么成绩就把分数写出来，不知道具体成绩可以不写，不能想当然，否则会闹笑话。

不切实际的夸张、形容、比喻，也是院士传记比较忌讳的，而在所见的不少传稿中，这类用语却相当普遍，现成的帽子随意戴，不管合适不合适，不分析历史和现实，也不考虑传主是否接受。眼下这种情况真是有点滥！比如“之父”这个词，差不多各个专业领域都在用，甚至同一个领域用于多人，像“中国原子弹之父”至少见之于三四位科学家的传记（《钱三强传》没有用）。一个很权威、很厚重的词，被这么一滥用，变得像广告语言不值得信了。

我接触过许多老一辈科学家，其实科学家本人并不喜欢那些溢美之词。如我接触很多的钱三强先生，中国第一颗原子弹成功爆炸后，最先是国外报刊称他为中国原子弹之父，后来国内这样称他更多了。但他一看到就删掉，并亲笔写信告诉这样赞誉他的记者，说：“对我有些过奖了，‘过’则‘不实’。我提了一些‘还我原来面貌’的意见，多数已用铅笔改了。”钱先生还讲过这样的话：外国人往往看重个人的价值，喜欢用“之父”这类的形容词，我们中国人还是多讲点集体主义好，多讲点默默无闻好。又如，我熟悉的著名光学家王大珩院士，有人写他为“中国光学之父”，他反问道：我是光学之父，那我的老师是什么？！以上表达的这种态度，可以说是院士科学家的共同心声，很值得院士传记作者下笔时认真领会，这也是对传主的尊重。

第五点，写院士传记加注释很必要

院士传记往往引征很多，尤其关系到科技成果的叙述和评价，作者不可能不引用传主原著或他人文章、讲话等材料，而这些重要引文、引语出自何人何时的著述（包括出版者和提供者），必须加注明确无误地告知读者，这也算尊重知识产权。注释不仅体现作者的严谨态度和对读者应负的责任，为阅读和研究的人们提供方便，同时还可以增强院士传记的科学性和史料价值。

没有注释的院士传记，科学技术界很不认同，因为其中许多重要材料和观点无法查考，再引用更不足为据。最近有一本 50 多万字的院士传记出版，通篇没有一条注释，有人看了打电话提出意见，认为是科学家传记的很大缺陷。

我自己这方面也有过教训。2003 年为纪念钱三强先生 90 诞辰，赶着出版了《钱三强传》（山东友谊出版社），这本传记在国内科技界评价不错，同年获得“科学时报读书杯”（由北京大学、清华大学、上海交通大学、中国科学技术信息研究所、中国科学技术史学会共同发起，科学时报主办）最佳传记奖；2004年一些科学家又推荐给由两岸组成评委会共同评审的"吴大猷科学普及著作奖"，大陆评委一致推荐《钱三强传》评该奖第二届"金钥匙奖"，2004年7月9日在台北总评委评审时，总评委会主委杨振宁先生针对《钱三强传》发表意见说："这本书的缺点在于，作者的一些言论和资料没有标明出处，分不清哪些是作者的观点，哪些是别人的观点"（这话后来登在当年7月15日《科学时报》上）。结果《钱三强传》没有评上每届评一个的"金钥匙奖"，只获得单项奖。有的大陆评委为《钱三强传》抱不平，认为作为科学家传记，这本书的注释并不少，但杨先生从更严谨的角度按学术著作来要求，而他的意见是权威的。应该说，杨先生的意见是客观的。那时大陆科学家传记多是由报告文学作品转变而来，极少见研究性传记，大家没有注释习惯；《钱三强传》虽然有注释，但相对还是偏少，而且当时我注释方式不规范，都是在正文里边加括号作注，字体也未加区别，这就显不出注释的作用。去年钱先生百年诞辰时，《钱三强传》出了修订版，吸取教训，注释多了，也规范了，作者心里更踏实了。

第六点，写作中注意处理好几个关系

一是传主和合作者的关系。这是一个非常重要的问题。作者在叙述传主成就和贡献时，特别要注意处理好同合作者的关系，包括传主的助手和学生，不能只注意突出传主而忽视或抹杀他人（包括前人及非直接合作者）的工作，遇有异议时可以照实写清楚。掌握的原则是：尊重历史，尊重事实。

二是叙事和论说的关系。看过许多传记稿，普遍存在论说过多的情况，而且许多论说较浅薄不够深厚，这不仅缺乏启迪和感染力量，还会直接弱化传记内容的可信力。传记不是论说文，主要通过叙事写出传主并体现意义，只是在必要时发一发很到位而不是说教式的议论，这样的论说，往往起到画龙点睛、深化意涵的作用，效果一定会好。

三是大背景和小背景的关系。有些传记特别擅长写公共的大背景（因为有现成材料吧），历史沿革拉得很长，人和事涉及很多，过程写得很细，但一具体到读者最期待看到有关传主成长的个体小背景时，要么内容空泛言之无物，要么寥寥几句话一带而过。如有的写传主在某著名学校求学，关于学校的历史沿革、出过哪些名人（一一介绍）、甚至连学校的标志性建筑都细写，而传主在学校的情况，篇幅则很少，有的整节一千多字写大背景而不见传主，传主的名字只是在最后出现一两行字，至于生动反映传主的具体事情更是鲜见。显然，两者的关系在院士传记里应该倒过来，着重点应是与传主关系紧密的小背景，即个人经历的历史事件，要具体，必要的大背景只是起到某种衬托作用，不应成为主体。传主的个人情况写不具体，说明材料掌握得不够。

还讲一点，院士传记可不可以写传主的缺点

根据前面讲到的实事求是基本原则，回答当然是肯定的，但实际情况远比答案复杂。首先，“缺点”指什么？依我的理解，大概不是指日常生活琐事，多半是指言行方面发生过的有一定影响的问题或过失。其次，不是作者得到“可以写”的答案就一定能够做到的，还可能要考虑或者遇到其他因素，如传主本人或亲属的态度，以及某些习惯性的忌讳等。其三，对于作者而言，更重要的是“怎么写法”，这一点很关键，特别要求作者把握好、处理好。

我个人的体会和认识是，对于传主的“缺点”，不必刻意去挖掘，也不应故意一概回避；而且在写到传主“缺点”的同时，应据实说明传主对待“缺点”的态度。还是以《钱三强传》为例讲个人体会，书中除了写到钱三强书生气重、说话直率且比较激烈，因而造成过人际关系紧张（他本人形容“遭众怒”）的一些缺点而外，还写了他1958年“大跃进”时的一个严重过失，这就是在中央“大家办原子能”“全民办铀矿”的口号下，他一反保守常态，建议各省市都建一个反应堆和一个加速器，获得批准后，他并且和二机部其他领导一起到各地去动员去落实，结果热闹了一阵子很快又下马。作为一位核物理学家提出这样脱离实际的建议，应该算是一个严重过失，如果传记回避不写就不是实事求是态度。我如实写了，同时把钱先生长时间为此不安的心情，还有他不掩盖过失就这件事写的书面检查，都据实写在传记里。

事实证明，这样写的结果并没有损害传主，反而获得了公众理解和尊敬。正如周光召（时任中国科学院院长）在一篇文章里说的："这些发生过的缺点和失误，丝毫不影响对钱三强先生的认识，相反，他对待缺点和失误的那种光明磊落态度，更加受人尊重和爱戴，值得后人学习"。

由此看来，院士传记写传主的缺点（尤其一些有社会影响的事情），不能成为也不应视为消极暴露，而应抱着积极的、负责任的精神来理解，既是还原历史，也是澄清传主。

最后一点，院士传记中怎样写"文化大革命"

"文革"是一场全民大灾难，涉及的人很多，影响深远。院士传记可能都涉及"文革"，还可能都是受害者角色，但怎么写法值得探讨。个人提供几点意见：①与传主无直接关系的"文革"大背景事件（如"五一六"通知、扫"四旧"等），似可不必写；②传主所在单位的一般"文革"情况不必详写；③如无特殊必要，尽可能不出现人名（指一般不良者）；④引述原文中出现被点名者，可作适当技术处理，方式是或省或避或删。这样做，我想应该看作是作者的一种社会责任感。在一本传之于世的院士传记里，白纸黑字点出好多在那不正常年代一般说了错话、做了错事的人的名字，即使这些人已经离世不会产生直接人际麻烦，但他们都有后人，看到后会是什么感觉！我们作为传记作者，在写好传主的同时，还要顾及某些其他责任，不能由兴而发。

据我所知，院士传主都是有全局观，有历史观，对人很包容的。比如，师昌绪院士现在96岁高龄，正病情危重住在北京医院（后于2014年11月10日谢世——注），他的传记初稿里引用师老本人曾经写的回忆材料，名姓齐全点了研究所一些人在"文革"中的不良言行。前不久，我和工程院二局高中琪、吴晓东同志去医院看望师老，他尽管说话已经很费力，当我提到传记里写到一些人名字时，师老郑重、清晰地对我们说："不要写了！不要写了！这件事由你做主。"完全可以肯定地说，师老的态度，代表了所有院士科学家那种善良和厚道，是我们为人为事的榜样。

第六编

科技史研习拾零

作者的话

我对科学技术史产生兴趣，间接说，可能跟年轻时不甘无知，喜欢看书、坐得住有些关系，而且我一直有兴博览；直接的缘起，应该是20世纪80年代初通读了三大本《辞海》以后，几千张读书卡片引发我随兴入门，继续努力，并幸而得到众多师友相助，编撰成一本近50万字的《科学技术发现发明纵览》，1986年由科学出版社出版，后又出版了两次修订版，即《人类科学发现发明词典》（百花文艺出版社，2005年）和《科学技术发现发明要览》（北京联合出版公司，2013年）。但充其数，只能算得上一名科技史研究的“票友”。

1986年科学出版社版

2005年百花文艺出版社版

2013年北京联合出版公司版

《科学技术发现发明纵览》初版序言

科学技术对于人类社会发展、进步具有革命性的推动作用，这是毋庸置疑的。然而，人类是怎样开始进行科学技术的创造活动的？从古至今科学技术各个领域都有哪些发现和发明？各个国家在人类历史进程中为科学技术发展做出过哪些贡献？科学本身又发生过什么变化？对这些饶有兴味的问题，也许人们并不易于系统了解。编写《科学技术发现发明纵览》一书的目的，就是想给读者提供一些这方面的知识。

本书不是科技史论著，也不同于一般“年表”，就其全部内容和体例而言，它是一部适用范围广泛的分学科编年史性的发现发明资料索引。它按照历史发展的脉络，收录了自有文字历史起（有的部分更早）至 20 世纪 80 年代初，世界各国科学技术各领域的发现、发明和首创性的科学技术成就。条目取舍力求公允。每条记述的繁简，主要视其重要程度、影响大小、诠释难易及现有资料多寡而定，难能一律。条目内容一般包括：发现发明的时间，主要成就及其意义，作者姓名（本名和译名）、国别、生卒年代；必要和可能时，简要介绍其研究过程，以有助于读者对每项发现发明得到尽可能完全的了解。

本书中的条目按学科分别列出。这样既能反映出不同学科各自形成、发展的过程，又比较便于了解它们彼此间的历史关系。基础科学按数、理、化、天、地、生（含医）的顺序排列。鉴于技术发展史往往被忽视，全面、系统的研究材料至今见之甚少；而且考虑到在未来发展中，特别是在迎接新的技术革命时代，工程技术所处的重要地位，本书在六类基础学科之后，专列有“工程技术”部分。书尾附有西汉、俄汉和汉字三部分人名索引。

中国古代科学技术有过光辉灿烂的篇章。近代科学技术虽然在我国兴起较晚，但其进步速度和已经取得的成就，仍是十分可喜的。然而，在以往的许多著作中，除了对古时的几大发明有所提及而外，其余的，尤其是关于我国近代的科学技术成就几乎不见经传，这不能不说是一种不公允的现象。本书努力弥补这一缺点，在世界科技发展的背景之下，注意较充分而恰当地记述我国几千年来，特别是新中国成立以后的主要科技发现、发明和首创性的工作。这样，便于看到我国科学技术历史状况与成就，也易于找出与世界先进水平的差距，从而激励我们努力发奋，振兴中华。

在本书编写过程中，除去大量参考和广泛引用中外学者的现成著作和文献外，每一学科部分都请教过不少专家。他们热情指点，惠然相助，给予了极大鼓励和支持；尤其令人深为感动的是，几位著名科学家不顾自己的健康状况欠佳和学事繁忙，亲自审改了有关部分的书稿。钱三强教授审阅物理学部分的书稿，是在住院期间抱病进行的。他除了提出修改意见、纠正内容与文字错误外，还亲自查找资料补充某些重要条目；直至发稿前，他还多次写来字条指出书稿中需要斟酌的条目。张文佑教授在病重的情况下，签署了他对地学部分的审稿意见，此情此景，实难忘怀。王绶琯教授热情审改了天文学部分的书稿后，特意寄来一册《八十年代天文学和天体物理学》，供改稿时参考。吴文俊教授审阅了数学部分书稿，并改正了其中的某些错处。自然科学史研究所李佩珊同志两次审阅生物学与医学部分的书稿，从收录范围、内容取舍以至文字表述等方面都提出不少有益的见解，对这部分书稿进行了修改。中国科学院管理学组汪敏熙同志在繁忙的工作中，挤出时间审阅化学部分书稿，热情提供参考资料。自然科学史研究所吴熙敬同志在酷暑之际细致审改工程技术部分书稿，并对一些条目内容作了增删。此外，中国科学院地质研究所陆德复同志，北京天文台卞毓麟、蔡贤德同志，系统科学研究所胡作玄同志，理论物理研究所何祚庥教授，数学研究所陆启铿教授等，也都费心审改过有关部分书稿，提出了很好的意见。本书的帮助者和支持者还有许多，借此机会，谨向所有诚挚相助的良师益友一并致以由衷的感谢。

由于业余编撰，更限于本人的知识水平和判断能力，书中缺点错误和不当之处想必还有不少，敬希读者批评指正。

葛能全

一九八四年十二月于北京

修订版《科学技术发现发明要览》前言

本书较其初版《科学技术发现发明纵览》，主要做了三方面的修订：一是所收录的发现发明成果增进到2010年，如近二十多年获得诺贝尔科学奖及其他重大发现发明，都已编录其中；二是根据科学技术的最新进展和学界的新共识，对原有一些条目内容，做出更切历史的调整和修改，增强科学性；三是在某些文字条目间，插配了展示重大成就的实景和人物图照，计有600余幅，达到图文兼具，增加全书的史料性。

没有想到的是，当再投入其中，发觉难度及工作量之大，并不易于当年书稿初成时。其原因是，所延展的这些年，正是各科学技术门类发展的迅速期，发明创造目不暇接，又不像古代于史界较有定论，因而如何取舍亦成为难题；加之原编录条目，在以历史发展观重新审视检查后，存在一些欠妥之处，或文字表述不适当不全面，或标注年代有误，或作者国别、生卒年出现差错，需要据实进行修改和补正；当然，更多的是补充初成时的遗缺，这方面，工程技术和医学、农学卷增补的条目量更大。

本书仍按七大学科门类分卷排列，依次为：数学卷，物理学卷，化学卷，天文学卷，地学卷，生物学、医学、农学卷，工程技术卷；各卷后附西文、俄文、汉字人名索引；书后附1901～2012年诺贝尔科学奖全录。这样分类，既便于系统反映本学科门类的全貌，以及各自形成发展的轨迹，也方便不同需要的读者阅读查考。

本书成书过程中，我的同事陈丹同志帮助查找资料和复制照片；宋佩谦女士做了很好的责任编辑工作；北京联合出版公司唐学雷先生和刘凯先生，对这本非热销的史料性工具书抱着重视支持态度，令人钦佩。在此一并谨致谢忱。

书中缺点和不当之处想必还有，诚望读者和专家指正。

想到几位先生当年亲笔书写的审稿意见和建议文字，特别是他们对于研究科学史的见解，是难得的珍贵史料，现于书前原文刊布，以飨读者，同时借以表达对他们的诚挚谢意和深切怀念。

葛能全

二〇一二年秋于中关村

附

《科学技术发现发明纵览》初版
院士专家审稿意见

吴文俊院士审阅数学稿意见

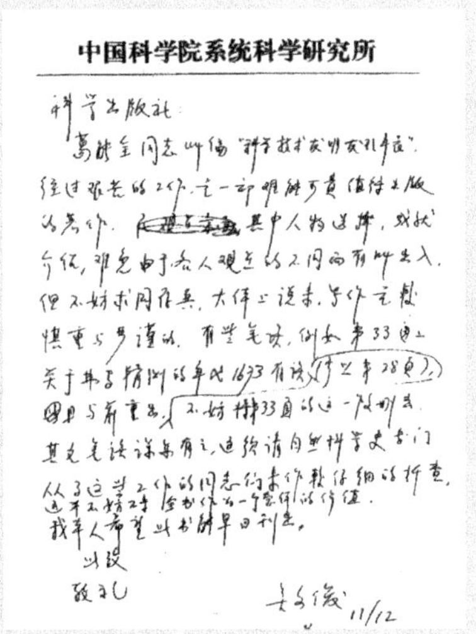

中国科学院系统科学研究所

吴文俊审稿意见原件

科学出版社：

葛能全同志所编“科学技术发明发现年表”，经过艰苦的工作，是一部难能可贵值得出版的著作。其中人物选择，成就介绍，难免由于各人观点的不同而有所出入，但不妨求同存异，大体上说来，写作是较慎重与严谨的。有些笔误，例如第33页上关于费马猜测的年代1673有误，且与前重出（参照第28页），不妨将第33页的这一段删去，其他笔误谅亦有之，这须请自然科学史专门从事这些工作的同志们来做较仔细的检查，这并不妨碍全书作为一个整体的价值。我本人希望此书能早日刊出。

此致

敬礼

吴文俊

11/12

钱三强院士审阅物理学稿意见

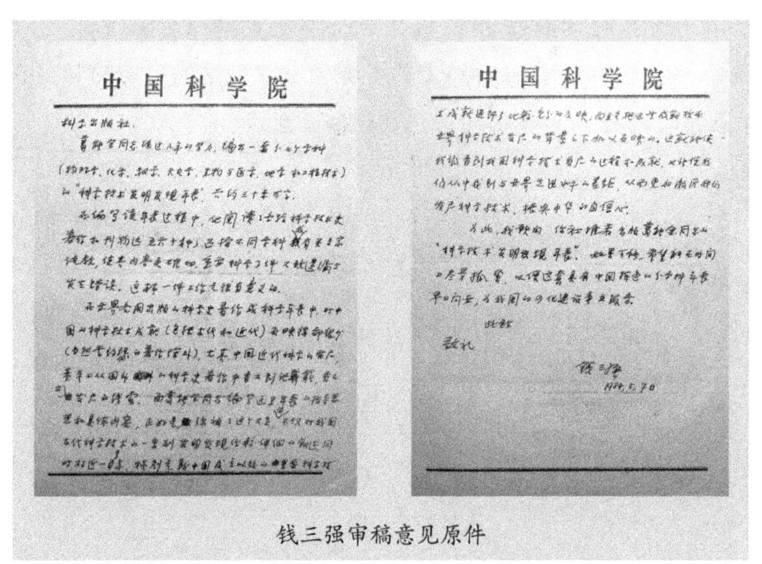

钱三强审稿意见原件

科学出版社：

葛能全同志经过几年的努力，编出一套分七个学科（物理学、化学、数学、天文学、生物与医学、地学和工程技术）的科学技术发明发现年表，共约三十来万字。

在编写该年表过程中，他阅读了各种科学技术史著作和刊物达五六十种；还按不同学科找有关专家请教，使其内容更确切，重要科学事件不致遗漏与发生错误。这样一件工作是很有意义的。在世界各国出版的科学史著作或科学年表中，对中国的科学技术成就（包括古代和近代）反映得都很少（当然李约瑟的著作除外），尤其中国近代科学的发展，基本上从国外的科学史著作中看不到记载，看不出发展的线索。而葛能全同志编写这部年表的指导思想和具体内容，正好是弥补了这个不足，它不仅对我国古代科学技术的一系列发明发现作较详细的叙述，同时对近一百多年，特别是新中国成立以后的重要科学技术成就进行了比较充分的反映；而且是把这些成就放在世界科学技术发展的背景之下加以反映的。这就能使我们看到我国科学技术发展的过程和成就，也能使我们从中找到与世界先进水平的差距，从而更加激励我们发展科学技术、振兴中华的自信心。

为此，我愿向你社推荐出版葛能全同志的“科学技术发明发现年表”。如果可能，希望能在时间上尽量抓紧，以便这套具有中国特色的分学科年表早日问世，为我国的四化建设事业服务。

此致

敬礼

钱三强

1984.5.7

王绶琯院士审阅天文学稿意见

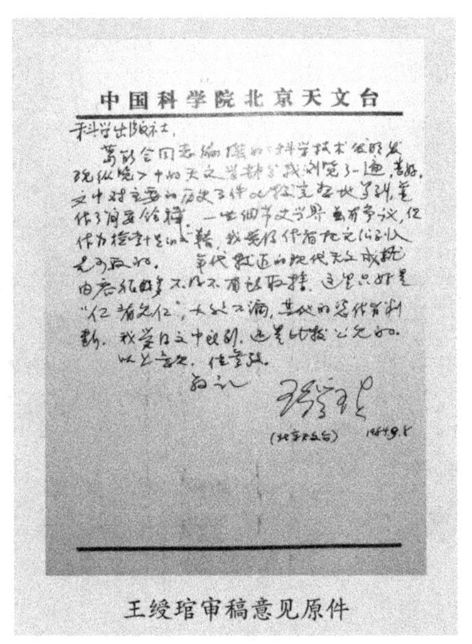
中国科学院北京天文台

王绶琯审稿意见原件

科学出版社：

葛能全同志编撰的“科学技术发明发现纵览”中的天文学部分我浏览了一遍，甚好。文中对主要的历史事件比较完整地罗列，并做了简要诠释。一些细节史学界有争议，但作为检索性的书籍，我觉得作者把它们列入是可取的。年代较近的现代天文成就内容很多，不得不有所取舍，这里只好是“仁者见仁”，大处不漏，其他的凭作者判断，我觉得文中所列，还是比较公允的。

以上意见，供参考。

敬礼

王绶琯

（北京天文台）1984.9.8

张文佑院士审阅地学稿意见

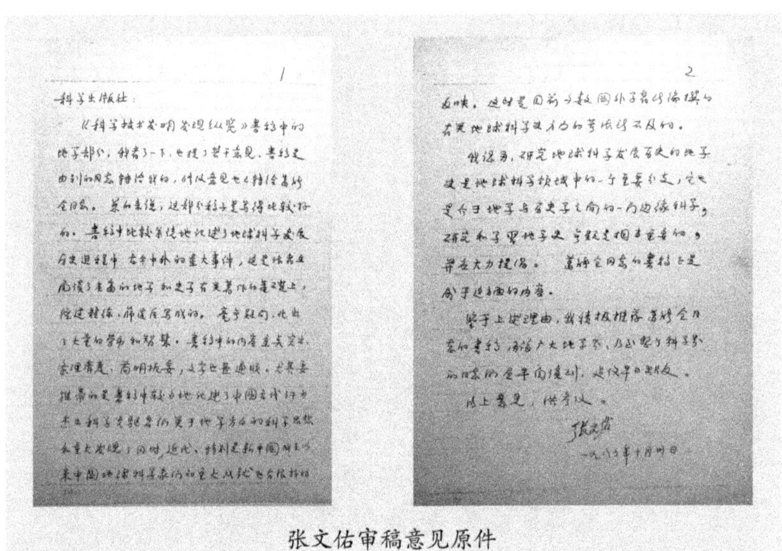

张文佑审稿意见原件

科学出版社：

《科学技术发明发现纵览》书稿中的地学部分，我看了一下，也提了若干意见。书稿是由别的同志转给我的，修改意见也已转给葛能全同志。总的来说，这部分稿子是写得比较好的。书稿中比较系统地记述了地球科学发展历史进程中古今中外的重大事件，这是作者在阅读了丰富的地学和史学有关著作的基础上，经过精练筛选后写成的。毫无疑问，花费了大量的劳动和智慧。书稿中的内容重点突出，条理清楚，简明扼要，文字也甚通顺。尤其要推崇的是书稿中较多地记述中国古代许多杰出科学先驱者们关于地学方面的科学思想和重大发现；同时，近代，特别是新中国成立以来中国地球科学家们的重大成就也有很好的反映。这些是目前多数国外学者所编撰的有关地球科学史方面的著作所不及的。

我认为，研究地球科学发展历史的地学史是地球科学领域中的一个重要分支，它也是介于地学与历史学之间的一门边缘科学，研究和学习地学史无疑是相当重要的，并应大力提倡。葛能全同志的书稿正是属于这方面的内容。

鉴于上述理由，我积极推荐葛能全同志的书稿，为让广大地学界乃至整个科学界的同志们尽早阅读到，建议早日出版。

以上意见，供参考。

张文佑

一九八四年十月卅日

汪敏熙研究员审阅化学稿意见

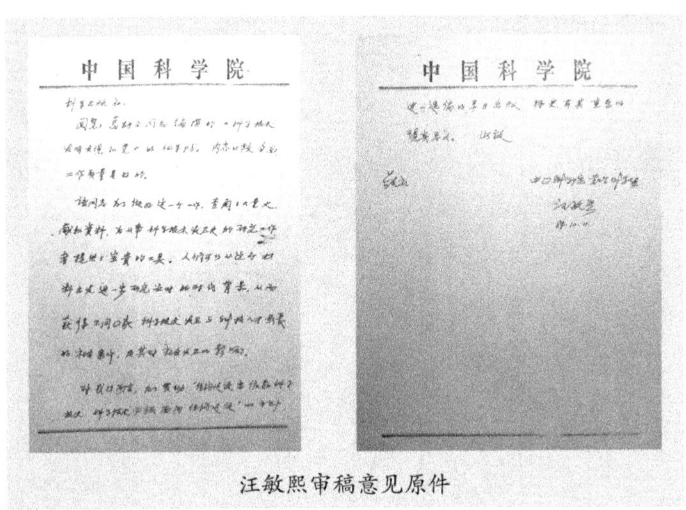

汪敏熙审稿意见原件

科学出版社：

阅览了葛能全同志编撰的《科学技术发现发明纵览》的化学部分。内容比较全面，工作质量是好的。

该同志为了做好这一个工作，查阅了大量文献和资料，为从事科学技术发展史的研究工作者提供了宝贵的工具。人们可以从这个材料出发，进一步研究当时的时代背景，从而获得不同国家科学技术发展与科技人才成长的社会条件，及其对社会发展的影响。

对我国而言，为了贯彻“经济建设要依靠科学技术，科学技术必须面向经济建设”的方针，这一选编的早日出版，将更有其重要的现实意义。

此致

敬礼

中国科学院管理学组

汪敏熙

84.10.11

李佩珊研究员审阅生物医学稿意见

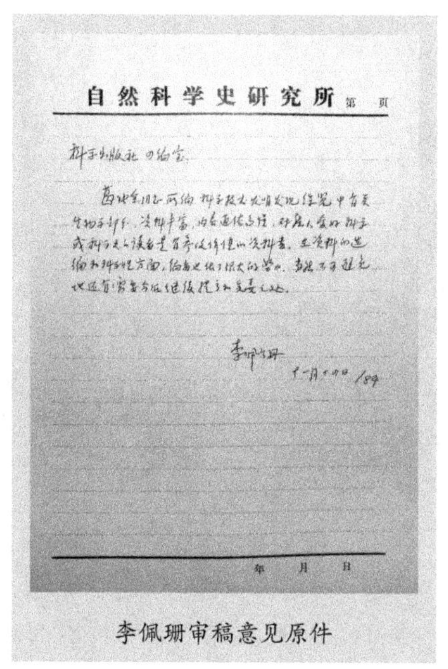
自然科学史研究所 第　页

年　月　日

李佩珊审稿意见原件

科学出版社：

葛能全同志所编“科学技术发明发现纵览”中有关生物学部分，资料丰富，内容通俗易懂，对广大爱好科学或科学史的读者是有参考价值的资料书。在资料的选编和科学性方面，编者也做了很大的努力，当然不可避免地还有需要今后继续提高和完善之处。

李佩珊

十一月十四日 /84

吴熙敬研究员审阅工程技术稿意见

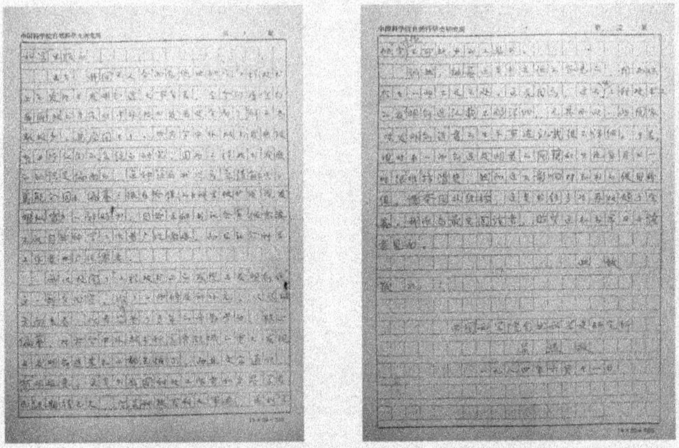

吴熙敬审稿意见原件

科学出版社：

过去，我国无人全面系统地研究“工程技术上的发现与发明创造”大事年表，至今仍属，我国技术史家对中外技术发展史全面了解的也为数极少。其原因在于：对古今中外技术发展没有进行纵向的系统的研究，因而工程技术发展的知识是片面的，这种落后状况应亟待解决。葛能全同志编纂了很有价值的“科学技术发现发明纵览”一部好书，目前这种书社会上很需要，不仅自然科学工作者广泛需要，而且社会科学工作者也广泛需要。

我仅校阅了“工程技术上的发现与发明创造”这一部分内容，作了一些修改和补充。从总的方面来看，作者花费了多年的辛勤劳动，精心编纂，对古今中外技术科学各领域的重大发现与发明创造基本上都包括了，而且文字通顺，简明扼要。这类书我国科技工作者和各界学者已经期待已久。它是科技百科大事典，是科学研究工作不可缺少的工具书。

诚然，编纂这类书是很不容易的，因而还存在一些不足之处。这是因为，过去对工程技术上的发明创造记载不够详细，尤其西欧一些国家对发明创造者的生平事迹记载很不详细。于是，现对有一些创造发明者的国籍和生卒年一时很难搞清楚，然而这不影响对本书的使用价值。借鉴国外经验，这类书经多次再版趋于完善。我作为最先阅读者，盼望这本书早日与读者见面。

此致

敬礼

中国科学院自然科学史研究所

吴熙敬

一九八四年六月十一日

“百家争鸣”方针与几起科学事件①

引　言

“诸子百家”这一词语，生发于约公元一世纪，其为战国时期先秦到汉代初年各学派的总称，分开说，“百家”指各学派，“诸子”指各学派的代表人物及著作。《汉书・艺文志・诸子略》中，把先秦至汉初各学派分为儒家、道家、阴阳家、法家、名家、墨家、纵横家、杂家、农家、小说家十家，又著录了各家的代表性著作，所谓“凡诸子有百八十九家，四千三百二十四篇”。

“百家争鸣”四个字，用以概括战国时期各学派互相辩争的风气。其时诸子蜂起，议论纷纭，产生了各种学派，提出各种主张，如天道观、认知论、名实关系、社会伦理、礼法制度等。那种各家自由辩争的盛况，一直为后代学人称羡。

“百家争鸣”，在20世纪50年代中被借用并且和“百花齐放”组合，确定为党在科学文化工作中的一条基本方针，考察历史知道，跟当时及此前发生的几起事件颇有关系。

以下分列专题记述这些事件。

① 节录自《“百花齐放，百家争鸣”方针提出的前前后后》(该研究项目获中国科学技术协会主持的“老科学家学术成长采集工程”支持)，完稿于2014年7月，2016年3月修订。

风行社会主义阵营的“李森科事件”

借助政治发迹的李森科及其学说

李森科是苏联的一个农业科学工作者，他打着米丘林的旗帜，自称发展了“米丘林生物科学”，并以此反对遗传学理论，20 世纪 30 年代末借助政治和欺骗发了迹。

1948 年在全苏列宁农业科学会议上，李森科又采用“通天术”把自己的报告稿《论生物学的状况》，送给斯大林审阅，然后借助斯大林的权势，以政治干预科学，压制批评意见，强行确立起李森科倡导的所谓“米丘林学说”的绝对统治地位，而把魏斯曼、孟德尔、摩尔根的遗传学统统称之为“反动的”“资产阶级的”“唯心主义的”“形而上学的”。李森科这篇胡编滥造的报告，像苏共中央文件一样，除了各级报刊刊载，还印刷了几十万册单行本发至全国，他本人跃升为全苏列宁农业科学院院长，并被授予列宁勋章。更令人啼笑皆非的，在这位科学红人刚届知天命之年，苏联政府专为他举行了盛大的生日庆典……

在苏联，那些不同意李森科“米丘林学说”的科学家、教授，统统惨遭厄运，即使是很权威的学者也无一幸免。如苏联遗传学界的代表人物、原全苏列宁农业科学院院长瓦维诺夫，因秉持科学良知，不愿做依附权势的顺民，竟被定为“科学上的反动派”遭到逮捕，最后死于狱中。

然而，科学精神永不泯灭。斯大林逝世后的 1955 年底，300 多名苏联科学家联名上书最高当局，要求撤销李森科的职务。次年 2 月随着苏共二十大召开，苏联意识形态开始解冻，李森科被迫辞职，斯大林时期因李森科问题被处理的一批科学家得以恢复名誉（李森科后又投靠赫鲁晓夫得宠，此文不赘）。

李森科的“米丘林学说”，一直成为苏联反对西方意识形态的样板。他 1948 年经斯大林修改的那篇《论生物学的状况》报告，被各社会主义国家译成本国文字，作为必须学习推广的教材；李森科及其追随者被请到各国去教学或演讲；各国大学中原有的遗传学，以至细胞学都从课堂和实验中取消，让位给李森科的“米丘林学说”了；达尔文的进化论课程，必须按照李森科改造过的内容来讲；在捷克斯洛伐克的布尔诺（原属奥地利孟德尔的故乡布隆，二战后划归捷克改名），原有一座孟德尔的雕塑像，被埋入了地下……

“李森科学说”对中国生物学和农业科学的影响

李森科的所谓“米丘林生物科学”，是当作社会主义国家的以马克思主义为指导彻底批判“资产阶级遗传学”而成长起来的“无产阶级的生物学”，被认为是最先进的科学而传入中国的。

早在延安时期，李森科的学术观点就开始流行。1941 年延安的《中国文化》第三期曾刊登文章宣传李森科学说、批判孟德尔-摩尔根遗传学，成为全中国之先。

新中国成立后，在“一边倒”和“学习苏联”的指导方针下，加以从 1951 年开始于 1952 年结束的知识分子思想改造运动中，进而把对苏联的态度作为思想检查的主要内容之一，上升到政治立场问题。这样，中国的学术思想不能独立，一度出现唯苏联之是而是，以苏联之非而非的倾向；更严重的是把苏联政治干预学术，哲学代替科学的错误做法，当作实现党的领导，实现马克思主义指导的正面经验照搬过来，而且一时成为强势潮流。

仅自然科学领域，凡是苏联出现的批判西方所谓“资产阶级”学说的文章，在中国就会及时翻译和介绍，号召大家学习，跟进。诸如，苏联对现代遗传学的批判、对化学中共振论和中介论的批判、对相对论和“量子力学中的唯心主义”的批判等，在中国都成为轰烈一时的重点。这其中，尤以强制推行李森科理论，对遗传学开展的批判，声势最为浩大，影响尤为恶劣。

在新中国成立伊始的 1949 年，李森科那篇借助斯大林政治干预学术的代表作《论生物科学状况》，中国的许多报纸和刊物已全文刊登，并由天下图书公司印成小册子大量发行，成为大学生物系和农业院校等部门的必读文件。为了造成声势，学有实效，由政府出面请来一批批名为专家实为李森科理论的追随者，到各大学和科研机构讲学。

1949 年 12 月，苏联季米里亚捷夫农学院院长、苏联科学院遗传研究所副所长、李森科派的主要代表人物斯托列夫，被邀在北京农业大学作关于“米丘林学说”与“生物科学中论战”的讲演。接着，苏联科学院遗传研究所教授、李森科派主将努日金在北京农业大学和全国各地发表多场演讲，出版了《努日金博士演讲集》，供作李森科理论的学习材料。1950 年 8 月，北京农业大学请来苏联专家绥吉纳开办“达尔文主义讲习班”，系统介绍所谓“创造性的达尔文主义——米丘林学说”，参加这个讲习班的学员，主要来自全国各地的农业院校和师范院校的教师和科研人员，目的是在中国培养“米丘林学说”的骨干。

1952 年 10 月至 1953 年 2 月，国家农业部在北京举办“米丘林农业植物选种及良种繁育讲习班”，请苏联专家伊万诺夫和杜伯罗维娜等轮流讲授“新学说”。讲习班规模很大有 1000 多人，都是从全国选派来的。该讲习班一结束，各地又相继办起类似讲习班，如：1954 年华东农业科学研究所举办了“米丘林农业植物选种与良种繁育讲习会”，同年，沈阳农学院举办了“米丘林遗传选种讲习班”；1955 年，济南科联举办了“米丘林学说系统座谈”，又同年，广东省农业厅举办了两期“米丘林学说讲习班”，等等。一个“学习米丘林学说”的群众运动，在全国有声有势掀了起来。

在李森科标榜的理论在中国科学界涌动大潮中，苏联那套政治干预学术的经验同时被搬借了过来，并频频付诸实施。

1952 年 4 至 6 月间，政务院文教委员会和中国科学院根据有关指示在北京召开三次生物科学工作座谈会，议题是：批判北京农业大学校务委员会主任委员乐天宇思想上的“很大毛病”（后文专述），讨论国内生物科学的状况，并对今后工作交换意见。参加座谈会的，除主办单位的领导外，有北京大学和清华大学生物系、北京农业大学、华北农业科学研究所、农业部及中国科学院有关研究单位的教学、科研人员。座谈会的基本思想，不是通过批乐天宇以总结政治干预学术的教训，而是动用行政权威来进一步发动推行“米丘林学说”，打压摩尔根学派。

根据座谈会的结论，6 月 29 日《人民日报》发表一万余字的官方文章《为坚持生物科学的米丘林方向而斗争》。党报文章坚决要求全面系统地贯彻“米丘林生物科学”，公开给摩尔根遗传学定性并号召对它彻底系统地批判，这对在我国进一步推行“米丘林学说”，打压摩尔根学派，起到了广泛的推动作用。

中国的生物科学特别是遗传学和农业科学，其工作基础和学科领域多是曾经留学英、美的学者开创的，学科代表人物也多是这些人，有些学者在摩尔根的实验室里从事过学习和研究，他们回国后，无论从事研究或教学，都是以孟德尔-摩尔根学说为依据。新中国成立后，我国大学的生物系或农学院所开设的遗传学和育种学课程，也都是以孟德尔-摩尔根学术思想为主的；学生毕业后从事科学研究或教学，自然也都如此。但在汹涌其来的政治压力下，局面发生了“一边倒”：以往教授的遗传学课程，被称之为“旧遗传学”加以贬诋，被迫停开，李森科的“米丘林学说”，被冠以“新遗传学”大行其道，成为一统天下，而一些不俯首听从新遗传学的生物学家，有的被取消教学资格，痛苦之下愤然携眷去国（如北京农业大学的李景均教授）；有的被指名公开作检讨，接受批判（如植物分类学家胡先骕）。一些有影响的摩尔根学派的遗传学家（如谈家桢、戴松恩等）被迫作了违心的公开检讨。

北京农业大学的“乐天宇事件”

“李森科学说”在中国的最早推行者

乐天宇（1901—1984），早年参加革命，1942年加入中国共产党，1941年任延安中国农学会首届主任委员，1948年任华北大学农学院院长，1949年任北京农业大学校务委员会主任委员。他是“米丘林学说”在中国最早的提倡者和积极推行者，1952年政务院文教委员会和中国科学院召开的生物科学工作者座谈会上，对乐天宇这方面的“过去工作”有较详列举：

1941年“米丘林学说”开始传入解放区，他在同年延安出版的《中国文化》第三期上发表《遗传正确应用之商讨》一文，这是在中国宣传米丘林-李森科学说，批判孟德尔-摩尔根学派的第一篇文章。

1949年8月，他在新华广播电台的演讲中说：自从1941年发表了他的那篇文章以后，“解放区的各地区，已经再没有摩尔根等唯心论学派的技术设施。”（此时乐为华北大学农学院院长）

1949年，乐天宇在华北大学农学院和华北农场（石家庄）组织中国米丘林学会，“它的性质是‘在米丘林-李森科理论领导之下，来挽救生物科学危机的一个组织’。”

乐天宇和他组织的中国米丘林学会在批判孟德尔、摩尔根学说，提倡米丘林学说方面的主要活动有：

在1949年5月中国米丘林学会所发行的《农讯月刊》上登载了李森科1948年在全苏列宁农业科学院会议上所做的《生物科学现状》的报告译文。……在1949年8月《农讯月刊》中，米丘林学会编译部在一个《新遗传学原理》出版启事中说：为了彻底推翻旧遗传学，免除广大的浪费，特编译各种农业生物学丛书。

在1950年米丘林学会会刊《中国米丘林学会概况介绍》的文章中说，“米丘林学会并认为课程的内容（即教材）应以唯物辩证的观点，重新加以检查，而将其中唯心的、有毒的，为资产阶级效劳的所谓科学理论彻底根除。最明显的如孟德尔-摩尔根的形式遗传学、育种学，……丝毫不应在新民主主义的农业科学中再保留下来，而完全应以米丘林、李森科的农业生物科学的理论来重新武装我们的农业工作者们。”又说：“同时米丘林学会反对与旧遗传学、旧育种学相符合的繁琐而错误的研究方法，像纯系育种、杆行试验、田间设计、生物统计等一套有害的设施”。1949 年乐天宇在农业大学取消了田间设计和生物统计这两门课程。①

因“思想作风毛病”挨批

乐天宇在北京农业大学期间，把“唯心的”“反动的”“为资产服务的”“法西斯的”等当作口头禅，随意给那些不听从他观点的生物学家和农学家扣上，弄得人人自危。典型的是留美归国的群体遗传学家、农学院农学系主任李景均。李 1946 年应聘至北京大学农学院（该院与清华大学农学院及华北大学农学院 1949 年 10 月合并为北京农业大学）任教并任农学系主任兼农业试验场场长。1949 年上半年，一次乐天宇到北大农学院演讲，大讲米丘林-李森科理论并骂了一通旧遗传学和育种学，会后李景均在师生会上说了乐天宇的讲话“不科学”的话，引起乐愤怒，不久就在《农讯月刊》上刊文批判李景均的“群体遗传学”为荒谬，并利用手中权力先把李的这门课停开了；1950 年初，乐天宇又决定停开李景均主讲的另外两门课——生物统计学和田间设计。这样，李景均无课可授被晾在那里，同时还生出谣言，说“李景均骂苏联是赤色帝国主义”等，无奈之下他于 1950 年 3 月愤然离开北京农业大学去了香港，一年后由诺贝尔奖获得者穆勒（H. J. Muller）推荐受聘于美国匹兹堡大学公共卫生研究院，直至 1983 年在该校退休。

乐天宇的粗暴作风，在北京农业大学造成了党和知识分子关系紧张，特别是李景均被迫离校去港事件，引起了有关领导机构和中央高层的关注。1950 年 4 月，教育部副部长钱俊瑞写信给乐天宇，指出学术思想和

① 参见：薛攀皋、季楚卿、宋振能编，《中国科学院生物学发展史事要览》（1949—1956），中国科学院院史文物资料征集办公室印，1993 年。

政治要严格区分开来；5 月，胡乔木找乐天宇谈话，当面批评他执行知识分子政策的错误。

同年 6 月 5 日，乐天宇写出题为《由米丘林莫尔干学说到团结问题的情况报告》送交刘少奇，材料中写道："自从毛主席在延安号召生产运动起，我们自然而然地走入了米丘林生物科学的路线"，"感觉米丘林的工作及其理论能够解决生产工作中任何的困难问题，因此对莫尔干（即摩尔根）的学说一天一天的证明为荒谬，毫无补于实际"。7 月 5 日，刘少奇将乐天宇的报告转给毛泽东、朱德、周恩来及中央宣传部和教育部的负责人传阅。7 月 16 日，毛泽东在报告上批写："这个报告里所表现的作风是不健全的"，"这个同志思想中似有很大毛病。"

在此同时，北京农业大学森林系助教马骥写了一封信，揭发乐天宇的粗暴行为，以及李景均出走的真相。这封信后来转到中央统战部李维汉手里，他报送给周恩来，周阅批后送毛泽东、刘少奇和陆定一。周恩来在信上批写："可考虑乐天宇是否适宜继续担任农大主委。"毛泽东在批阅乐天宇报告的同一天（7 月 16 日）看到周恩来转的信和写的话，毛泽东即在信上批示："必须彻查农大领导，并作适当处理。"①

随后，派出 7 人工作组去北京农业大学调查，由中国科学院植物分类研究所副所长吴征镒任调查组组长，另有 3 三位农业专家，一位土壤专家，一位棉花专家。调查后做出处理，1951 年 3 月解除了乐天宇的农业大学校务委员会主任委员职务，同年 6 月被任命为新批准成立的中国科学院遗传选种实验馆（与农大同一级别）馆长。

推行李森科学说继续受到组织支持

乐天宇由于对待知识分子的粗暴作风挨了批，被撤了北京农大的职务，但这些不是针对的他利用权力强制推行"米丘林学说"本身，因而他到了中国科学院以后依然故我，还是与持不同认识的科学家格格不入，以至领导上交代又要批评处分他。1952 年 4 至 5 月，中国科学院党支部开了多次批评他的会，最后支部大会认为，乐天宇所犯错误的性质是属于严重的无组织无纪律，严重的脱离群众的学阀作风，以及学术工作上

① 参见：龚育之，《科学·哲学·社会》，光明日报出版社，1987年，第338页。

的严重的非马克思主义倾向，决议给予他留党察看一年处分。5月31日宣布撤销乐天宇的馆长职务。随后乐天宇离开科学院去了华南农垦局工作；再后，其调到中国林业科学院，在该院定为一级研究员。

就在高层领导批评、处理乐天宇的同一时间即4至6月间，政务院文化教育委员会计划局科学卫生处会同中国科学院计划局先后召开三次生物科学工作座谈会，参会的有中科院、文委、农业部、北京大学、清华大学、北京农业大学、华北农业科学研究所等单位有关领导和专家30余人。座谈会的结论以《为坚持生物科学米丘林方向和斗争》为题发表于同年6月29日的《人民日报》，内容有以下三部分：一是对乐天宇工作中所犯错误的分析和批判；二是中国生物科学的现状及其问题；三是必须坚持米丘林生物科学方向，系统批判摩尔根主义，用米丘林生物科学彻底改造旧生物科学。

文章所写第二部分内容中，列举我国生物学界对米丘林生物科学的态度，如反对的，认为只是“一家之言”的，把它与摩尔根遗传学等量齐观、予以调和的等，并对这些现象逐一进行批判后写道：“大学中生物科学各部门甚至课本上原封不动，旧生物学的观点仍然贯穿在课程的各方面，米丘林生物科学只是一个‘学期课程’。……在中学生物学教科书中，米丘林生物科学只占一个章节。”结论说：“上述情况说明，我国生物科学的现况已经到了不能容忍的地步，如果长此以往，‘生物科学为国家建设事业服务’，只是一句空谈。”

第三部分内容更是文章的重点，用了几乎五分之三的篇幅极高地评价米丘林生物科学。如说，“米丘林生物科学是自觉而彻底地将马克思主义应用于生物科学的伟大成就”，“它把生物科学发展到了全新的、更高的阶段”，“米丘林生物科学完全改变了生物科学的面貌”，“米丘林生物科学绝不是生物科学中的‘一个部门’，而是生物科学的根本变革”云云。文章号召：“我国生物学界应该发动一个广泛深入的学习运动，学习米丘林生物科学。”“要从旧生物学、旧遗传学的工作中来学习米丘林生物科学。大学生物学系，应把各种课程彻底地加以改革；要认真地把纯系理论加以彻底批判，生物统计、生态学等部门中的有害部分也要予以批判。”

在《为坚持生物科学的米丘林方向而斗争》这篇官方权威文章的震慑与政治压力下，一些摩尔根学派的遗传学家、农学家被迫作检讨。如时在浙江大学任教的谈家桢违心地写了《批判我对米丘林生物科学的错误看法》。[①] 细胞遗传学家戴松恩在“党和群众的帮助下”写出一篇“自我批判”，题目是《我对米丘林生物科学采取了错误的态度》，领导认为这篇文章写得好，要作为典型推广，先后在《农业科学通讯》、《科学通报》、《生物学通报》和《农业学报》登出。农大作物栽培教研组主任、植物细胞遗传学与玉米育种专家李竞雄，被领导“动员”写了《加强学习苏联先进的米丘林生物科学》文章应付。文章被登在《光明日报》上，而他本人在实际工作中还是采用的摩尔根育种方法，并在20世纪50年代末选育出首批农大号玉米双交种，在生产上得到大面积推广应用；20世纪70年代中期又育成多抗丰产玉米杂交种“中单2号”。农大选种组主任、小麦遗传育种学家蔡旭，被迫在农学系全体师生大会上作“检查报告”，他们的违心检查被刊于《北农大校刊》。

而在北京农业大学，《人民日报》文章如同在燃烧的旺火中加了干柴，推行“米丘林学说”更加热火朝天，请来一批一批米丘林李森科学派的“苏联专家”，又是讲学授课，又是接二连三举办讲习班，以北农大为重点一直推广到全国。

就在乐天宇的材料在中央领导手中传来批去并受到处理，而强制推行“米丘林学说”毫不减热的当儿，1953年进而有人提出向苏联学习“技术一边倒”的口号。胡乔木听了认为所谓“技术一边倒”口号是错误的，便以中宣部名义起草了《关于纠正“技术一边倒”口号提法的错误的指示》，并经党中央批发全国，“指示”指出：“在大规模建设时期，我们正是要提倡重视技术”，“技术问题和政治问题不同，并没有阶级和阵营的区别，技术本身是能够同样地为各个阶级和各种制度服务的。在技术上并不存在不是倒向这边就一定倒向那边的问题。”[②]

乐天宇事件结束了，但紧跟苏联、违反科学的事情还在延续。

---

① 参见：《科学通报》，1952年第8期，第562页。

② 参见：龚育之，《中国共产党为科学而奋斗的历史篇章》，《红旗》，1981年第15期。

政治干预科学的“胡先骕事件”

胡先骕（1894—1968），字步曾，是享誉国内外的植物分类学家。他有不少开创性的建树：1922年他同秉志一起创办中国第一个生物学研究机构——中国科学社生物研究所；1934年他创办庐山森林植物园（即后来的庐山植物园），为发展我国植物分类学创造了条件；1945年他和郑万钧共同发现被称为活化石的“水杉”，并以他们的名字命名，被誉为“水杉之父”；1948年他当选为第一批中央研究院院士。胡先骕毕生致力于植物分类学、古植物学和经济植物学研究，发表科学论文140余篇，出版学术著作20多部。

一本学术著作招来一场政治围攻

《植物分类学简编》（下称《简编》），是胡先骕1955年3月出版的一部纯学术专著，全书430页，附插图114幅。《简编》在“植物分类学的原理”一章（第十二章第三节“分类的方案与范畴”），主要介绍已经沿用数百年的古典分类学的种的概念，同时也提到近年出现的一些“种的新概念”，说明这些新概念分别以生物学某些分支学科或育种学的成就或方法为基础，总的目的在于使生物的种的概念变得更加客观、更有广阔事实为依据，使人更清楚了解种的自然单位是怎样深化而成的。指出这些新概念、新方法目前只应用于较少的植物类群的分类上，能否普遍应用有待进一步深入研究，“不要为似是而非的‘新概念’‘新见解’所迷惑。”同时提到，“‘李森科关于生物学种的新见解’在初发表的时候，由于政治力量的支持，一时颇为风行。接着便有若干植物学工作者发表论文来支持他的学说。……但不久即引起了苏联植物学界广泛的批评”，“这场争论在近代生物学史上十分重视。我国的生物学工作者，尤其是植物分类学工作者必须有深刻的认识，才不致被引入迷途。”

《简编》出版后不久，当时在教育部工作的苏联专家就此书提出“严重抗议”，说“这是对苏联在政治上的污蔑”。①

6月间，北京农业大学6名讲师和助教联名写信给出版《简编》的高等教育出版社，信写得很长，批评很尖锐。信指《简编》“是一本具有严重政治性错误，并鼓吹唯心主义思想的著作”。认为“胡先骕诋毁苏联共产党和政府，反对共产党领导科学”。“在生物学上，他也是个唯心的形而上学的孟德尔-摩尔根主义者。”

信中写道：“读了胡先骕的这本书之后，我们认为不能容忍这本书继续毒害青年，贻误学界。我们建议立即停止出版胡先骕的著作，收回已售出的书。审查并公开揭发这本书的政治错误与学术错误。我们更建议有关当局要帮助胡先骕彻底检查，真正下决心改正”；“高教出版社出版了这本书，表现工作中有很大缺点，应当深刻地进行检查，吸取教训。”信中批评中国科学院：“胡先骕是中国科学院植物研究所的研究员，出版了这样反动的一本书，这说明中国科学院在政治思想教育和学术思想批判上进行得很不够，今后应当加强，才能领导我国科学界前进。”②

这件事正好发生在筹备米丘林百年诞辰纪念会之时（7月成立筹备委员会，10月28日将举行纪念大会），而中国科学院既是纪念会的主办者之一，又是胡先骕的主管上级，这使得科学院领导感到巨大压力。党组书记、副院长张稼夫和主管副院长、生物地学部主任竺可桢商议后，决定先派植物研究所两位副所长林镕和吴征镒去找胡先骕谈话，希望他自己检查改正。竺可桢日记写道：“10月15日下午，和张副院长、林镕、吴征镒谈胡步曾（胡先骕——注）所著《植物分类学简编》书中关于批评李森科事，343页说李森科学说由于政治力量支持得以风行，引起了各方面的批评，决定请林、吴两人于今日下午即去步曾处说服他，能自动改正……”

10月23日，竺可桢又登门找学部委员、动物学家秉志商谈让胡先骕作自我检讨。秉志认为，要胡先骕作检讨不现实，而且无需要。竺可桢记下了他们这天谈话的情况：“下午2点至中关村晤农山（秉志——

① 参见：李佩珊，《百家争鸣——科学发展的必由之路》，商务印书馆，1985年，第6页。

② 参见：薛攀皋，《科苑前尘往事》，科学出版社，2011年，第155页。

注）谈步曾《植物分类简编》事，农山认为要步曾检讨不但不现实，而且无需要。他对于李森科的科学造诣有意见，认为许多人是盲从了；同时，他也批评步曾作风。以后，我告诉他院中拟乘间以公平眼光对步曾书中说法加以批评。但最重要的是争取步曾移至中关村或植物所居住，使他不致深闭，因拒不与人接触。他赞同。"

《人民日报》不点名批判

10 月 28 ～ 31 日，中国科学院和中华全国自然科学专门学会联合会经过 3 个月的筹备，在北京举行"伟大的自然改造者伊·弗·米丘林诞生一百周年纪念会"。出席人员以北京为主，适当邀请外地学习米丘林学说有成绩的科学家，共约 300 人，开幕大会和闭幕大会扩大到 1000 余人；然后分组学术论文报告、讨论和大会发言，按学会分为 4 个组即：动物、畜牧兽医、昆虫学会组；植物、植物病理、林学会组；农学、土壤学会组；园艺学会组。

几天的大会和分组会上，胡先骕和他的《简编》成为批判的对象。

28 日在政协礼堂举行开幕大会，除了郭沫若致开幕词，陈毅讲话，苏联选种专家普鲁茨可夫作"米丘林科学在苏联的成就"介绍，童第周代表筹备委员会作的主题报告，题为《创造性地研究和运用米丘林学说为我国社会主义建设服务》。报告中不点名批判胡先骕：①

"在生物学界中也还有一些人坚持孟德尔-摩尔根主义，对米丘林学说采取盲目反对的态度。个别的人，在他的研究工作中，完全忽视米丘林学说，在他的生物学著作中一字不提米丘林，又不以科学家的态度来进行学术论争，却别有用心地利用苏联科学家们对物种问题的学术争论，利用苏联一些生物学家在物种问题上对李森科持有不同的学术见解，来贬低米丘林学说的意义，歪曲苏联共产党对科学事业的正确的政策，说什么李森科关于物种的新见解在初发表的时候，由于政治力量的支持而风行一时，但不久就引起了学术界的批评，大部分否定了李森科的论点云云。十分明显，这种论调是完全不符合事实。"报告借用《简编》中的话批判胡先骕同时告诫大家："我国的生物学工作者必须对此有十分深

① 参见：《人民日报》，1955 年 11 月 1 日刊出的童第周报告。

刻的认识，才不致被引入迷途。”“宣传什么共产党支持错误的理论，宣传什么科学家如果尊重共产党的领导，就要被引入‘迷途’，是完全违反科学家应有的实事求是的态度的。”“这种思想的错误性质是极其严重的，……因此，我们在这里仍要提请大家注意加以批判。”

开幕大会结束后举行的几天各小组会中，按照会议确定的议题和议程都对胡先骕的观点进行了尖锐批判。在31日晚举行的闭幕大会上，学部委员张景钺代表各小组作了开展学术思想批判的发言，其中讲道：“一致热烈地批判了个别科学工作者在著作中别有用心地歪曲和贬低米丘林学说的意义，歪曲共产党对科学事业的正确的政策。”

竺可桢代表纪念大会主席团作总结报告。总结共有三部分内容：第一部分介绍会议的简要经过和收获；第二部分对会上报告的内容提出几点总的看法；第三部分提出几点方向性的意见。关于对胡先骕的批判是在报告第一部分里讲的。他说：“首先是这次纪念会肯定了在我国学习米丘林学说的方向。……通过论文报告和讨论，……指明了学习和运用米丘林学说是成功的道路……。其次，在纪念会中开展了学术思想的批判，特别是对胡先骕先生在《植物分类学简编》一书上的错误思想进行了一次深刻的批评。会上一致指出，胡先生在政治上的错误，污蔑苏联共产党支持错误的思想，暗示科学应该脱离政治，脱离党的领导。另一方面他又漠视祖国的文化遗产，低估了我国劳动人民创造性的力量，轻视新中国在科学上的巨大发展和成就，而把帝国主义的侵略行为，说成是我国植物分类学上的第一个阶段的工作。在学术思想上他系统的宣传唯心主义反对米丘林学说，这种错误引起了科学工作人员的愤怒一致加以严格地批判。同时大家仍希望胡先生改变错误的立场，改造思想，做一个爱国的科学工作者。在此我作为科学院的一同人应该首先自我检讨没有做好工作给胡先生以必要的帮助使胡先骕先生能提高认识改变立场。院里边同人尤其是植物研究所同人也没有尽他们责任，经这次大家的批评给我们以当头棒喝，应该使我们在麻痹大意中清醒过来，要大家以切磋琢磨地方式来给胡先生以帮助。”

《植物分类学简编》被销毁

几天会议批判胡先骕的内容被不指名地登在11月1日《人民日报》上。《简编》被全部销毁。“此后一段时间，我国的生物学家都不敢再公开发表不同于李森科的学术见解。”①

4天后，1955年11月5日是个周末。竺可桢为了兑现“以切磋琢磨方式帮助胡先生能提高认识改变立场”的冀望，他约了植物研究所副所长张肇骞一同前往胡先骕住处和先到的党组书记张稼夫及生物地学部秘书过兴先一起做胡的思想工作，终于取得令张、竺满意的结果。

这天的《竺可桢日记》有详述：“下午2点至第二宿舍（西直门），晤张肇骞，渠方于今日自广州回……。下午3点，和张肇骞赴石驸马大街83号晤胡步曾。适张稼夫副院长和过兴先已先在，谈胡著《植物分类学简编》中胡犯错误事，步曾已自己承认对于批评苏联以政治势力推行学说语的不妥当，决定由他写一篇关于学习米丘林一文，述他对于物种成功的见解，同时批评自己立场的错误，稼夫认为满意。我和肇骞劝他要迁移至西郊中关村，可与农山、叔群、仁昌等一起，较目前闭关自守与外人隔绝为好。但他总以为身体不好为词，后据张云其夫人脾气古怪，不易讲通……。”②

肇发“胡先骕事件”的1955年过去了，人被批了书被焚了，而对胡先骕和《简编》的责骂并未就此停止。1956年2月，北京农业大学在第二次科学讨论会上，胡先骕和他的《简编》被作为“反面典型”继续受到批判，一些信奉“米丘林学说”的教授发言还在指责胡先骕在书中“以公开的及隐蔽的方式或用改头换面手法来宣传反动的唯心的魏斯曼、摩尔根主义”。尔后，北农大还举办专题的“批判胡先骕思想讨论会”，系统批判胡先骕和他的《简编》。

---

① 参见：李佩珊，《百家争鸣——发展科学的必由之路》，商务印书馆，1985年，第7页。

② 参见：《竺可桢日记》（Ⅲ），科学出版社，1989年，第613页。

郭沫若–范文澜历史分期之争

毛泽东首先借用“百家争鸣”

1953年前后，为了给苏联大百科全书提供一个综述中国历史的稿子，中宣部委请历史学家翦伯赞、邵循正、胡华三人合作写了一本《中国历史概要》小册子，其中涉及古代史分期郭沫若、范文澜等一些有争论的见解，遂请示毛泽东如何解决这些有争议的问题，得到的回答是：把稿子印发给历史学家讨论。

不久，中央要中宣部就中国历史问题研究、文字改革研究和语文教学研究，组织3个委员会进行专题研究。1953年7月26日，中宣部提出组成历史研究委员会的人员名单，8月5日获得批准。鉴于历史研究的复杂性和特殊性，同时也因为陈伯达早时了解一些历史研究及其论争情况，这个委员会的主任一职落到了他头上。甫任历史研究委员会主任的陈伯达，8月10日登门请示毛泽东对研究工作的方针，主要是郭沫若、范文澜的历史分期关于中国奴隶制和封建制的不同主张等问题。深谙中国文史经典的毛泽东勾起了对战国时代诸子百家蜂起辩争那种局面的联想，他告诉陈伯达4个字：“百家争鸣”。当时，这4个字的直接对象只是针对历史研究而讲的。

历史研究委员会成员刘大年记得：1953年10月（胡新民撰文称9月21日），陈伯达在文津街科学院召开历史研究委员会[①]会议，他先传达毛泽东的指示精神：“学术问题在各所讨论。由郭沫若（时任史学会会长）、范文澜同志共同组织讨论会。”陈伯达主持这次会议，明确历史研究委员会的工作就从增设历史研究所（拟设三个研究所）、办刊物、出一批资料书做起，并决定出版《历史研究》杂志，组织一个编委会，由郭沫若作召集人，具体工作指定刘大年和尹达负责。陈伯达说：办刊物必

① 历史研究委员会成员有：陈伯达、郭沫若、范文澜、吴玉章、胡绳、杜国庠、吕振羽、侯外庐、刘大年、尹达等。

须“百家争鸣”，这是一个方针问题。刊物要照这个方针去办。陈伯达传达的“百家争鸣”的方针，实际上是毛泽东对创办《历史研究》杂志的指示。[①]

中共中央特别是毛泽东如此关注中国古代史分期的争论，原因之一恐怕要归到这场争论的几员代表人物：一个是“战国封建论”的掌门人郭沫若，另者则是“西周封建论”的两员主将范文澜、翦伯赞。除此而外，可能还有一个因素，那就是历史分期争论的某种国际影响，那时候，苏联科学院有的历史学家关注甚至开始介入到中国历史分期的争论中来。有过这样一件事：1953 年春，中国科学院组派庞大的科学家代表团（钱三强任团长）赴苏全面学习和考察，团中有一批顶尖的自然科学和工程技术专家（如华罗庚、赵九章、朱冼、梁思成、张钰哲、张文佑、贝时璋、冯德培等），还有历史学家刘大年和语言学家吕叔湘。年初，苏联科学院在制订接待计划（代表团访苏近 3 个月）报请审批时，斯大林特别就中国历史分期问题交代苏联科学院：尊重中国同志的意见，对于一些学术方面的问题，如对历史分期等问题，不要介入中国人的争论。[②]

郭范之争起始及沿革

其实，郭、范及更多人参与、更广泛内容的历史分期之争，不是始于新中国成立后的 50 年代。它的初期论战还要早，而且大大超出一般“学术”的含义，如在十年内战时期，关于中国社会史论战的问题之一中国历史上有没有奴隶社会阶段，这涉及马克思主义关于社会发展的学说是否适用于中国这样的根本原则问题。那时期，中国共产党所领导的革命斗争，也是在政治的、经济的和理论的三条战线上同时展开的，毛泽东在《新民主主义论》中说过，这个时期“有两种反革命的‘围剿’：军事‘围剿’和文化‘围剿’。也有两种革命深入：农村革命深入和文化革命深入”。那时许多由于大革命失败而彷徨苦闷的知识分子，开始吸取马克思主义营养，探讨社会发展的规律来认识中国的前途。

① 参见：刘大年,《历史研究的创刊与“百家争鸣”方针的提出》,《历史研究》,1986 年第 4 期。

② 参见：张稼夫,《我与中国科学院》,《院史资料与研究》，1991 年第 2 期第 2 页。

如 1928 年郭沫若在被国民政府通缉流亡日本后，开始尝试运用马克思主义的社会经济形态理论和历史唯物主义、辩证唯物主义观点研究中国古代历史，他以甲骨卜辞和青铜器铭文这些第一手资料作论证，先后发表了《中国社会之历史的发展阶段》《卜辞中之古代社会》《周金中的社会史观》《诗书时代的社会变革与其思想上之反映》和《周易时代的社会生活》等论文。1930 年集成这些论文出版了《中国古代社会研究》一书，第一次把帝国主义入侵以前的中国历史，叙述为原始社会、奴隶社会、封建社会几种生产方式有规律交替的社会发展史。以郭沫若为代表的马克思主义史学家（如吕振羽等）、哲学家（如翦伯赞等），把社会发展的根本原因归结为生产方式的变化，把社会经济形态的发展看作是自然历史过程，在论战中有力地回击了一批人以共产主义不适合中国国情为目的而鼓吹的“中国封建社会早已崩坏”，只有“封建势力”而没有“封建制度”这一类的论调。

《中国古代社会研究》，被公认为是当时中国社会史论战中最具影响的一部著作。郭沫若在《中国古代社会研究》一书中，初时曾把中国奴隶制向封建制过渡定在西周与东周之间，后自己不断研究又不断改变。但歧见也一直伴随，甚至非专业历史学家周恩来曾对此提出过商榷，如他 1942 年 3 月 7 日读了郭沫若写的《屈原研究》从延安写信给郭，信中肯定郭关于古代社会变革的两大思潮——“德政”和“刑政”的分析，认为“很有趣”，“解释仁义二字的基本精神很好”。但信中对我国奴隶制与封建制分期、屈原为“革命思想家”等，提出了商榷意见。①

在延安，自 1940 年范文澜到达并领导延安研究院历史研究室后，开始集体编写《中国通史简编》。这虽是一本要求“简明通俗”的普及性著作，但书中对古代历史分期问题提出了明确的主张。其认为，中国的历史应该从黄帝开始，从黄帝到禹的社会制度是原始公社制，商代是奴隶社会，西周则是封建社会的开始。范文澜 1940 年 5 月在延安《中国文化》发表《关于上古历史阶段的商榷》一文，对殷周社会的性质提出了比较系统的看法，他根据斯大林 1938 年发表的《辩证唯物主义和历史唯物主

① 参见：中央文献研究室编，《周恩来年谱》（1898—1949）（下），中央文献出版社，2007 年，第 540 页。

义》关于人类社会五种生产方式的学说和奴隶占有制与封建占有制生产关系的基本特征，以及与此相适应的生产力状况，论证殷代是奴隶社会，西周是封建社会，因而成为中国古代历史分期中“西周封建论”的代表性观点。

就在范文澜的文章发表后，他领导的《中国通史简编》编写组内先有不同看法，如从事考古的历史学家尹达在1940年9月的《中国文化》第二期上发表文章《关于殷商社会性质争论中的几个问题》，他不同意范文澜对殷商社会性质论述的观点，其结语写道：“殷代后期的社会是在崩溃过程中的氏族社会，是没落的氏族社会走向坟墓里去的前夜。”在延安引出的这场争论一时很活跃，但讨论只局限于殷商社会性质，而未涉及西周和周以后的时代。①

据可见材料所反映出的一个情况是，延安这次论争表现出许多非学术成分，如多搬用马克思等人的话然后引用一些中国的材料发表空论，史料考证、研究不足，存在教条主义、公式化的毛病。某种意义上说，论战的政治意义大于学术意义。

到了新中国成立之初，特别是郭沫若的《奴隶制时代》1952年出版后，他经过采取“地下之实物与纸上之遗文互相辩证”，对中国古代社会性质和历史分期进行补订和论述得出研究结论：我国夏、商、周三代的生产方式只能是奴隶制度，奴隶制度的下限在春秋与战国之交。这就是中国历史分期的另一代表性主张——“战国封建论”。

毛泽东对郭范主张所持态度前后不同

毛泽东对郭沫若和范文澜都是熟悉的，并且对他们在历史方面的研究早就有过称羡，如1940年9月5日，毛泽东在读了范文澜在延安新哲学会年会上作的关于中国经学简史讲演提纲后致信范说：“提纲读了，十分高兴，倘能写出来，必有大益，因为用马克思主义清算经学这是头一次，因为目前大地主大资产阶级的复古反动十分猖獗，目前思想斗争的第一任务就是反对这种反动。你的历史学工作继续下去，对这斗争必有

① 参见：张海燕，《延安时代古史分期的学术争鸣评述》，文载《上饶师范学院学报》，2009年第2期。

大的影响。第三次演讲因病没有听到，不知对康梁章胡（指康有为、梁启超、章炳麟、胡适——引注）的错误一面有所批判否？不知涉及廖平吴虞叶德辉等人否？越对这些近人有所批判，越能在学术界发生影响。我对历史完全无研究，倘能因你的研究学得一点，深为幸事。”[①]

1944 年 11 月 21 日，毛泽东收到郭沫若从重庆写的信和读了《甲申三百年祭》后致信郭沫若：“大示读悉。奖饰过分，十分不敢当；但当努力学习，以副故人期望。武昌分手后，成天在工作堆里，没有读书钻研机会，故对于你的成就，觉得羡慕。你的《甲申三百年祭》，我们把它当作整风文件看待。小胜即骄傲，大胜更骄傲，一次又一次吃亏，如何避免此种毛病，实在值得注意。倘能经过大手笔写一篇太平军经验，会是很有益的；但不敢作正式提议，恐怕太累你。最近看了《反正前后》，和我那时在湖南经历的，几乎一模一样，不成熟的资产阶级革命，那样的结局是不可避免的。此次抗日战争，应该是成熟了的罢，国际条件是很好的，国内靠我们努力。我虽然兢兢业业，生怕出岔子，但说不定岔子从什么地方跑来；你看到了什么错误缺点，希望随时示知。你的史论、史剧有大益于中国人民，只嫌其少，不嫌其多，精神决不会白费的，希望继续努力。恩来同志到后，此间近情当已获悉，兹不一一。我们大家都想和你见面，不知有此机会否？谨祝健康、愉快与精神焕发！”[②]

毛泽东本人对于郭沫若、范文澜两人的历史分期主张持何种态度？有没有自己的倾向意见？干预过这场论争没有？史料可以明证，毛泽东曾经介入过郭范之争，情形是这样的：

毛泽东最早介入历史分期问题是 1939 年冬。其时，他在延安与几个人合写一个课本——《中国革命和中国共产党》，其中第一章“中国社会”先由李维汉起草，陈伯达作了修改，毛泽东最后改定，本章第一节“古代的封建社会”中写道：“中国自从脱离奴隶制度进到封建制度以后，其经济、政治、文化的发展，就长期地陷在发展迟缓的状态中。这个封建制度，自周秦以来一直延续了三千年左右。”这段话提出的分期主张是“周

① 参见：《毛泽东书信选集》，中国人民解放军出版社重印，1984年，第163页。

② 参见：《毛泽东书信选集》，中国人民解放军出版社重印，1984年，第241-242 页。

秦以来中国社会为封建社会"，对郭沫若的"战国封建说"持否定态度。

毛泽东的以上论点接着又写进了他的《新民主主义论》，并于 1940 年 1 月发表于《中国文化》杂志的创刊号，文字是这样写的："自周秦以来，中国是一个封建社会，其政治是封建的政治，其经济是封建的经济。而为这种政治和经济之反映的占统治地位的文化，则是封建的文化。"这似乎支持了范文澜的主张。但实际上，毛泽东的这个论点不是"支持"了范文澜，而是"影响"了范文澜，因为从时间节点上，范文澜提出"西周封建论"质疑郭沫若"战国封建论"的第一篇文章《关于上古历史阶段的商榷》，发表于 1940 年 5 月的《中国文化》杂志，比毛泽东的《新民主主义论》晚了 4 个月。材料还说明一点，毛泽东是"被"陈伯达"介入"了历史分期论争的。陈伯达到延安之前曾研究古代哲学，他在《老子的哲学思想》《孔子的哲学思想》文章中所持的，就是"西周还是处在封建社会的第一时期"这样的观点。[①]

毛泽东主动表达自己对郭、范分期之争的倾向态度是 1953 年，即陈伯达请示他历史研究方针的谈话中，他交代要像春秋战国诸子百家辩争一样"百家争鸣"这些话的时候，讲到他比较赞成郭沫若的主张。毛泽东对陈伯达说："郭老有实物根据，他掌握那么多甲骨文。"[②]毛泽东的这话其时未见文字，亦未传达，因而对历史分期的讨论尚不造成干预作用。

论争不失风范

郭沫若和范文澜、翦伯赞等的历史分期之争，自 20 世纪 40 年代初起延续了三四十年（1968 年翦伯赞谢世），可贵的是他们不失大家风范，彼此之间的学术友谊却一直贯穿于论争始终。他们虽见解不同却互相尊重，早年范文澜发表与郭沫若不同观点的文章《关于古历史阶段的商榷》，毫不抹煞和贬低郭沫若的成就，文中写道："他用历史唯物观的方法来研究中国古代历史，其功甚伟，其影响亦甚大"，故被人誉为"世界著名的考证家和历史学家。"而郭沫若在和翦伯赞学术之争时，从未间断

---

① 参见：张海燕，《延安时代古史分期的学术争鸣评述》，文载《上饶师范学院学报》，2009 年第 2 期。

② 参见：中央文献研究室编，《毛泽东传》（1949—1976）（上），中央文献出版社，2003 年，第 487 页注①。

过书信和诗词往来，据《郭沫若与翦伯赞的学术友谊》（作者张传玺）一文所载，“我遍拣劫馀残烬，得郭沫若致翦书信三十封，诗词八首”。足可窥一斑。

20 世纪 50 年代末，中国历史博物馆在北京建成，馆内“中国通史陈列”分为原始社会、奴隶社会、封建社会和半殖民地半封建社会四大部分，但前三者按照哪种历史分期来布设成了难题，组织专家讨论也都发表意见很慎重，因为是在国家级博物馆陈列，采用哪种分期理论体系，无疑对它的认可度及其传播都是有利的。当时，范文澜和翦伯赞也参加了讨论，他们态度通达，主动提议按照“战国封建论”的观点布展，并得以采纳，解决了大难题。成为史学界的佳话。

卫生部王斌轻视中医事件

王斌（1909—1992），1932 年毕业于四川医学专门学校，1935 年加入中国共产党，参加了长征，曾任中央军委卫生部副部长兼中国医科大学校长，新中国成立后任卫生部副部长。1950 年他任东北人民政府卫生部部长时，在东北第四次卫生会议上作了题为《在一定政治经济基础上产生一定的医药卫生组织形式与思想作风》的报告，实际是一篇理论性和指导性很强的议论文。王斌报告中代表性的论点是：中医是封建社会的“封建医”，我国旧有的西医是资本主义社会的“资本主义医”。

关于中医是“封建医”，王斌报告所持论据是：一是，中医没有实际治病的效力，“他们只能在农民面前起到精神上有医生治疗的安慰作用”。二是，中医不科学。他说：“以科学知识来衡量，（中医）都是不合格的”；人民相信中医，是因为“缺乏科学知识”；“从单纯科学医学来看，取消他们是为了人民”。三是，鉴于中医是“封建医”，反映的是封建思想作风，应当随着消灭封建社会而取消中医，“停止其今后招收学徒”。

关于西医，王斌报告在论述我国旧有的西医是“资本主义医”的论点时，罗列了其具有的“占有性”“商品化”“利润观点”“私有性”“殖民地性”“官僚化”“垄断居奇”“投机”等 13 项资本主义特征，认为这种“资本主义医”是脱离群众的资产阶级作风，应当抛弃。

由于王斌所处的特殊地位，他的《在一定政治经济基础上产生一定的医药卫生组织形式与思想作风》报告，迅即（1950 年）在《东北卫生》杂志第一卷第九期全文发表，后又编入《医务工作者的道路》专册，作为“卫生人员思想学习文件”和“政治教材”，在东北地区及全国其他地区的医务人员和卫生工作干部中组织学习；同时，《东北卫生》杂志还配发了《进一步学习王斌部长的论文》的评论，称其为“马克思主义的”“辩证唯物的”，“具有阶级性和实践性”的“政策性论文”的“典范”。

很快，王斌的论点（主要是轻视中医的论点）引发了一场大讨论，而且引起国家高层关注，批评卫生部轻视中医的医务政策，违背了毛主席“团结新老中医各部分医药卫生工作人员，组织巩固的统一战线，为开展人民卫生工作而奋斗”[①]的号召。

最先见诸公开批评王斌的错误观点，是中共中央宣传部的党内刊物《宣教动态》，由该部科学处龚育之、李佩珊写的文章，题为《轻视和歧视中医的错误思想》。后根据领导意见，龚和李又写了一篇《批判王斌在医学和卫生工作中的资产阶级思想》的文章，发表于1955年8月22日的《人民日报》，进而开展了中医是否是一种民族文化遗产与科学遗产的大讨论。[②]

这场批评和讨论，导致卫生部的领导层进行改组，除了王斌本人被撤职，实际主持卫生部工作的党组书记、副部长贺诚调离了卫生部（部长李德全时为民主人士、社会活动家，未涉及）。无论从开展广泛的学术讨论方面，以及在思想上和组织上，王斌轻视中医的论点，可以看作是建国伊始一桩比较有影响的事件，而且某种意义上是不同观点争鸣的先声。

① 1950年8月，毛泽东为第一届全国卫生会议题词。

② 参见:《龚育之自述》“回忆中宣部科学处”，中央文献出版社，2009年，第188-190页。

《科学的荣辱》选录

按：刚一入门，本以为枯燥无趣的科学技术及其发展历史，原来也是一片大千世界，丰富多彩，既光鲜丽亮、贤哲辈出，也不乏险诈诡异、卑劣肮脏之事和人。遂由兴而发，选集近现代科学史上50余例不大为人知悉的真事真人，编撰成具有可读性的《科学的荣辱》——分列荣耀篇、幸运篇、遗憾篇、世俗篇、灾难篇、耻辱篇一书（黑龙江教育出版社，2001年）。付梓之前，征得同意将书稿呈请吴阶平[①]先生指教，他阅读后对其中一些医学事件尤感兴趣，并于2000年10月14日亲笔回信，称："《科学的荣辱》不但选题好，而且有重大现实意义，确有启发、教育的作用。承允出版后给我一本，甚感，预致谢忱。希望能有面晤的机会。"吴老还命笔题写了书名横竖各一件，借这次作选录的机会一并刊出，以表达感念之情。

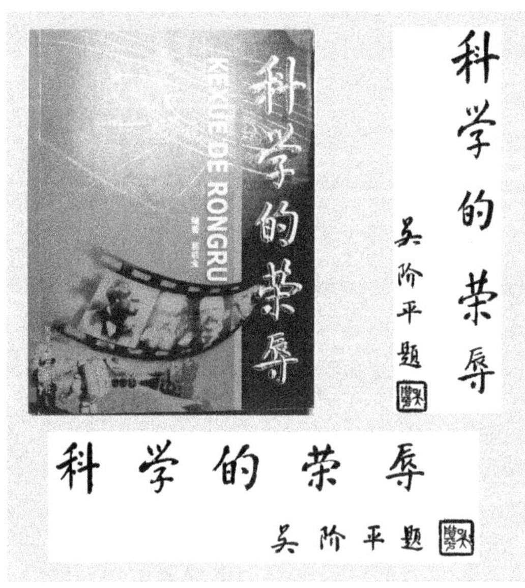

① 吴阶平（1917～2011），泌尿外科学家。中国科学院院士、中国工程院院士，国际外科学会、国际泌尿外科学会会员。曾任中国协和医科大学校长、中华医学学会会长，时任全国人大常委会副委员长。

■ 原序言（节录）

在科学发展的历史长河中，有无数科学家留下他们闪光的名字。他们都忠诚于科学事业，致力于对真理的追求。他们默默地工作着、奉献着，消耗着青春和才智。外面有多彩的世界，一如既往的嘈杂、喧闹，人们各自过着或愁苦，或欢乐，或饥寒交迫，或醉生梦死的生活。而科学家们却独独醉心于自己的事业，他们的工作可能不为人所理解，但是改变人们生活的却也恰恰是这些工作的成果。科学发展史上，闪光的名字有很多，法拉第、达尔文、牛顿、居里夫人、爱因斯坦，等等，不胜枚举。正是有了他们，才有了我们今天的生活。这些人都为科学的发展做出了巨大的贡献，他们是伟大的，但他们的伟大又不仅在于此，高尚的人格是他们打动我们的另一重要方面。谦虚、诚恳、友善、鼓励并帮助后来者，关心人类的命运，这些美好的品质使我们肃然起敬。

然而，任何事情都不是尽善尽美的。在科学界也一直存在着另一面。有少数的科学家自私自利，嫉贤妒能，做出了一些很不光彩的事情。更有一些学术骗子时而混入科学队伍，招摇过市，妄图获得名利，他们是我们所不齿的。

当然，我们不能任由这些害群之马在科学的殿堂中肆意胡为。正义人们的眼睛是雪亮的。事实证明，凡是那些在科学发展的历史中从事罪恶勾当的人最终都会被历史所唾弃。为了使科学活动健康、有序地进行，我们一般用科学道德和社会一般道德对科学家和科学活动进行约束。这种约束的结晶就是科学精神，即既对自己负责又对科学负责，既富于创造的激情，又具有一往无前的意志。

这一方面是由于科学领域的特殊性，一方面则是由于科学家的社会性。在此基础上，进一步进行科学工作的规范化、法制化工作，就一定能使科学工作走入良性发展的轨道。

《科学的荣辱》一书向我们介绍了近现代科学史上一些科学家的事迹。这里既有通过自己不懈努力逐步取得成就直至成为科学巨人的科学家，又有胸怀广大、积极发现、培养人才的大学者；从中我们既能看到科学工作的艰辛，又能看到一些艰辛基础上的幸运；既能看到科学界的公平、正义，又能看到其媚俗的一面；我们还能看到科学家或科学界因种种原因所遭受的灾难，能看到使科学蒙耻的人和事等。

在我国的魏晋六朝时期，有一部志人小说叫《世说新语》，此书共有三十六门，分门别类地向我们介绍了当时士族知识分子的精神风貌和他们的生活情况。鲁迅先生说它“差不多就可以看作一部名士底教科书”。《科学的荣辱》一书采取的也是这种方式，它对科学史上某些代表性的人物、事件进行分类叙述，条清缕析，有异曲同工之妙。我们也可以把它看成是近现代科学家的教科书。通过此书，我们能够对近现代科学的发展，对于近现代科学家、对于科学史上的事件有一些了解。这些人和事，无论是正面的还是反面的，都能够给我们，尤其是给有志于科学事业的青少年朋友们一些有益的启迪。

建成①

2001 年 12 月

① 序者为出版社所约，作者不知详情。

【正文选录】

荣耀篇之

谦让优先权

通过5年环球考察，经历20年漫长探索，博物学家达尔文（C. R. Darwin）冲破“上帝造物”神话，建立了伟大的科学理论——物种通过自然选择进化。几乎同时，另一位博物学家华莱士（A. R. Wallace）也提出了与达尔文相同的结论。“进化论”的优先权应该属于谁？两位博物学家胸怀博大，互相谦让，表现了崇高的科学道德和精神境界。

■ 脑袋里装满奇观异景

1831年12月27日，英国朴次茅斯港阳光明媚，“贝格尔”号军舰从这里起锚作环球科学勘探旅行。船上有一位22岁的青年学者担任随行博物学家，他就是达尔文。他没有料到这次旅行竟然花了5年时间，更没有想到5年中要经历那么多难以忍受的晕船、热病、伤寒等疾病的折磨和旅途险情。他们渡过了大西洋、太平洋、印度洋，再返大西洋，航行25 000海里，至于船靠岸后在陆地上考察行走的路程，累计起来也许比海上航行更长，经历更为奇特和惊险。5年中，达尔文获得了成吨重的生物地质标本，记录了丰富多彩的旅行日记，并且及时把它寄回英国。

1832年2月28日，当达尔文在巴西的巴伊亚第一次登上神奇的南美洲大陆时，他兴奋地深入热带雨林，在连羊肠小径也没有的原始森林里，一会儿追捕五彩蝴蝶，一会儿采摘奇花异果。正当他卧地观察爬行昆虫时，不料靠近毒蛇险些被咬伤。一天下来，他收获满囊。令他更高兴的是林中夜晚的景象：各种虫子张嘴唱自己的歌，组成了一支交响乐队。达尔文风趣地说："我真希望把这支'乐队'中的每一种昆虫都逮住一只，作为标本。"

疾病威胁是达尔文5年科学考察中的家常便饭。1834年9月在智利的瓦尔帕莱索，为了采集更多的标本，达尔文在一个肮脏的土棚里过了夜。在他蒙眬入睡后，一只软体的虫子爬到他身上，吸了一肚子的血，谁知这就是可怕的携带南美锥虫病菌的"勃猎蝽"昆虫！第二天他染上了伤寒，接连几天卧床不起，一个噩梦接着一个噩梦，同伴们以为达尔文回不了英国了，准备一旦他停止呼吸就进行海葬。伤寒未愈，达尔文心中萌生了强烈的思乡之情。可这时环球航行刚过一半，怎么能半途而废呢？他躺在病床上喃喃自语地说："如果错过这个机会，我在坟墓中也不会得到安息的。"

"贝格尔"号按着既定目标继续向前驶去，1836年10月2日才回到英国。回国3天后，家人看见满脸胡须的达尔文不禁惊讶起来："你的脑袋怎么变了形状？"达尔文风趣地说："我往脑袋里塞进了那么多奇观异景，它怎么能不变呢？现在的问题是，我是否掌握了打开这个宝库的钥匙；而且，在我把这些宝藏从脑袋里提取出来以后，我又该用它们做些什么。"

■ 疏远上帝的学说

达尔文曾经熟读过《圣经》，他对《圣经》上讲述的上帝用7天时间造就万物的故事记忆犹新。故事说，上帝第一天造出了光，有了光明和黑暗交替就出现了白昼和黑夜；第二天上帝把水分成上下两面，在这之间造出了空气，于是有了天和地；第三天造出了大海和陆地，并让陆地长出青草、蔬菜和树木；第四天造出日月星辰，挂在天上；第五天造出了鱼及水中的动物和飞鸟；第六天造出野兽、牲畜和昆虫，还按照自己的形象造出了人，并让人来管理水中的鱼、空中的鸟和地上走的兽与昆虫；第七天，上帝脸上露出满意的笑容，衣袖一拂，到看不见的天宫歇息去了……然而，5 年环球科学考察回来后，达尔文对这个故事的荒谬感到可笑："如果世界上的万事万物是上帝创造出来的，为什么在不同地方的物种这样千差万别？"

当他沿着南美洲的海岸航行考察时，他觉察到物种在一点一点地发生变化。1835 年秋，"贝格尔"号到达太平洋赤道上的"加拉帕戈斯"（西班牙文"海龟"）群岛后，经过 5 个星期对十几个小岛的考察，发现各岛都有硕大的海龟，而它们的龟甲却大有区别，有的颜色不同，有的厚度有异，有的甲拱高低不一。他还发现群岛上有 14 种燕雀彼此都有亲缘关系，但是，在不同的岛上，燕雀嘴的长短和粗细各不相同，他仔细观察后，认为这是为了适应不同的生物环境而形成的；更神奇的是，即使同一个岛上的物种，也在利用不同的生物小环境，如一些鸟专以啄食籽粒为生，它们的嘴也因此长得与众不同。于是，达尔文在加拉帕戈斯群岛产生了第一个明确的科学概念，并把它写在日记中："当我看到想到这些情况时，我不能不做出这样的推断：它们只不过是一些变种……这类事实是会驳倒物种不变的观点的。"

一个世纪以后，人们在这个偏僻的加拉帕戈斯群岛上矗立起一座达尔文铜像，纪念一个伟大学说曾经在这里埋下基石。

回到英国后，达尔文意识到，仅仅说明物种的变化还不够，还必须探求物种如何形成、演变的结论。他开始了艰苦而漫长的研究、观察和思索，他研究了家鸽，研究了短角牛、大白猪、细毛羊、特种乳牛、长颈鹿和孔雀，研究了甜菜新品种、高产的小麦、早熟的马铃薯……从而形成了"人工选择"的思想。

有意思的是，达尔文的思想和 40 年前马尔萨斯的名著《人口原理》（1798 年出版）偶然相遇了，而且马尔萨斯的思想还成了新种产生学说的重要线索。马尔萨斯认为：人口是按几何级数（1、2、4、8、16……）增长的，而食物则是按算术级数（1、2、3、4、5……）增长的，这就必然会出现"人口过剩"，最终只有通过饥饿、瘟疫甚至战争手段来解决"过剩"。这使达尔文受到启发："1838 年 10 月，我为了消遣，偶然读了马尔萨斯的《论人口的原理》。我长期不断地观察过动植物的生活情况，对于到处进行的生存竞争有深切的了解，我因此立刻就想到，在这些情况下，适于环境的变种将会保存下来，不适的必归消灭。其结果则为新种的形成。这样在进行工作时，我就有了一个理论可以凭恃。”

达尔文联想到其他生命形式的物种也应如马尔萨斯的人口理论所言，而且“过剩”的那部分中首先被淘汰的，一定是在争夺食物过程中处于不利地位的那一部分，自然界也是这样来选择某一部分而淘汰另一部分，正是通过这种“自然选择”，生物将扩增出无限的品种，在各个特定的环境中，适者取代劣者。

达尔文是一个追求完美的学者，他总是孜孜不倦地进行资料的搜集、研究，又进行多次实验，以平静的心境验证着自己的假设。他说：“我不断地努力以保持心无拘执，任何心爱的假设（我对每一问题都要建立一个假说），只要证明与事实不符合，我都可以立刻放弃。”因此，达尔文迟迟没有着手撰写自己的著作。他的好朋友地质学家赖尔、植物学家胡克和美国动物学家格雷，都多次建议他把自己的研究成果尽快见诸文字发表，以防别人抢了先，他却总是说：“我不屑于为了取得优先权而匆忙发表不够成熟的理论。”

直到 1842 年达尔文才写出一份论文提纲，两年后对提纲进行了修改寄给胡克看。而他自己为了进一步弄清物种的变异和“物种”与“变种”的区别，又集中精力去研究一种变化多端和难以分类的物种群——蔓足类动物（俗称“藤壶”），把提纲整整搁置了 8 年。后来，在胡克和赖尔的再三催促下，达尔文终于开始着手撰写关于物种自然选择进化的书稿，但是进展仍然缓慢，因为他想达到至善至美，总是不断扩充实例和最新研究得出的认识。加之，他这时的健康每况愈下——正如他的传记作者描述的：“就在那些藤壶标本一个接着一个从他的显微镜下通过的同时，达尔文的腰背渐渐变驼，头顶越来越光秃，脸上的皱纹一天天增多和变深。”

就在达尔文的书稿接近完成的时候，1858 年 6 月 18 日他突然收到一份寄自马来群岛的论文《论变种无限偏离原始类型的倾向》手稿，论文作者是正在婆罗洲作科学考察的华莱士。他和达尔文有相同的经历，他曾作为博物学家随船到了亚马孙流域、东印度群岛和马来群岛，收集了十二万五千余种标本，并且对亚洲和澳大利亚动物物种间的差异做了深入研究，得出的关于物种演变的印象和研究结论，和达尔文的见解不谋而合。更巧的是，华莱士在形成自然选择进化的认识时，也同样受到了马尔萨斯人口论的启发。两人所不同的是，达尔文花了 20 年漫长的过程来完成早已发现的学说，而华莱士只用 3 年形成认识，在考察途中花 3 天写成了论文手稿。华莱士完成手稿后，决意先寄给一位最能理解他的学说、最有真知灼见的博物学家征求意见，于是他选中了达尔文。

达尔文看过华莱士的手稿后，深感震惊，手稿中所表达的思想，同自己长期思考和所要表达的几乎字吻句合般一致，他从心里钦佩手稿的作者——华莱士，但同时，他内心生出一种难以名状的失落感，就像做了一个残破了的梦。

■ 光彩的学者

达尔文面对华莱士的论文手稿，沉思了许久，他决定帮助这位比自己小 14 岁的晚辈。他给两位朋友赖尔和胡克写信，向他们郑重推荐华莱士的论文，请他们设法尽快发表它，以便让这个迟迟秘而未宣的学说顺利面世。两位朋友由衷敬佩达尔文的豁达胸怀和无私品德，但他们不赞成他采取完全舍弃自己顾全别人的办法，那样是极不公平的。

赖尔和胡克同时赶来面见达尔文，提出一个两全其美的方案，即同时发表 4 篇有关文件：一篇是华莱士的论文，一篇是达尔文于 1844 年改定并送交胡克看过的论文提纲，另一篇是达尔文 1857 年写给美国动物学家格雷的信，还有一篇是赖尔和胡克的一封联名信，这封信的主要内容是说明达尔文和华莱士的这些文件同时发表的原因。这样，有“提纲”和“信件”为证，达尔文仍可继续完成书稿并发表，同样享有优先权，也不侵犯华莱士的权利。经过赖尔和胡克的周密计划和苦苦劝说，达尔文默不作声地接受了这个方案，毕竟他为此付出了 20 年的心血啊！

可是，几天后达尔文反悔了。他在诚实和名利之间反复思量后，心灵受到震动，暗暗警告自己不要做那种为名利而失去诚实的人，于是他急速给赖尔写去一封信，信中说：“我可以极老实地说，而且可以证明，我并没有抄袭华莱士的任何东西。现在我很想把我的一般观点的概要用十几页的篇幅予以发表，但我以为这样做是不光彩的。我本来没有发表任何概要，现在因为华莱士把他的学说的概要寄给了我，我就想发表我的概要了，这样做是不是不光明正大呢？我宁愿把我的那本书全部烧掉，也不愿使他或别人说我的行为是卑鄙的。他把这份原稿寄给我，等于绑着了我的手……"

华莱士得到赖尔转达的消息后，他被达尔文的谦让精神所感动，并且也同样不失科学家的风范，诚恳地表示说："当我还是一个匆忙急躁的少年的时候，达尔文已经是一个耐心的、下苦功的研究者了。他勤勤恳恳地搜集证据来证明他发现的真理，不肯为争名而提早发表他的理论。我量度过自己的能力，不能完成创立进化论的事业，只有达尔文是能最终完成这一伟业的人。"

赖尔和胡克坚持原计划不变，他们以坚定的口气给达尔文回了信："你已经把这个问题交给我们了，你便应当照着我们所说的去做。我们决不愿意任何一方受损。"

1858 年 7 月 1 日，达尔文和华莱士共同的成果在林奈学会会议上正式宣读了。胡克在宣读完有关文件后总结说："两位先生在各自独立和互不知道的情况下，构想出一种完全相同的、有独创见解的结论，以解释地球上的变种和物种诸类型的出现和永续性。他们在这一重要的研究领域内，可以被公平地视为同样有功的立论者。"

不久，会议上宣读的 4 个文件全文发表于林奈学会会刊第三卷上。一年后，达尔文忍受着丧子的悲伤和疾病折磨，以极大的毅力坚持写作，终于使一部远离上帝的惊世之作——《物种起源》(全名为《依靠自然选择的物种起源或生存斗争中的良种保存》)同世人见面了。华莱士兴奋地把进化理论称之为"达尔文主义"，而称自己是一个"达尔文主义者"。

进化论学说的问世，为生物学发展揭开了崭新的一页，而达尔文和华莱士崇高的科学道德和精神境界，如同他们创立的学说一样永远闪烁着光彩。

荣耀篇之

科学家的原则

中国细菌学家汤飞凡自己确定了一个原则："如果科学研究需要用人做实验，科学研究人员就要首先从自己做起。"他实践这一原则，在世界上首先分离出沙眼衣原体，被国际沙眼防治组织授予金质奖章，英国学者李约瑟赞誉他是"科学的公仆"，"人类的朋友"。

■ 少年时代的印记

汤飞凡的名字，可能听来比较陌生，因为他早于1958年9月逝世了，那时他只有61岁。但是，汤飞凡在中国和世界微生物学界，是一个永远不会被忘记的名字——是他在世界上首先分离出沙眼病毒（后改称沙眼衣原体），为沙眼病患者带来了福音。

汤飞凡1897年出生于湖南省醴陵市一个偏僻的乡村。全家人除了父亲教私塾，别无其他产业，他从小过着节衣缩食的日子。少年时母亲过世，使他遭受人生第一个沉痛打击，自立精神也从此逐渐培养起来。他热爱家乡的山水，热爱勤劳善良的父老乡亲，然而那时的家乡土地贫瘠，自然灾害频发，三年两头不是遭干旱，就是发洪水。乡亲们除了生活贫困，还要忍受种种传染病的折磨。

那时，沙眼病流行最广，有时全家、甚至全村的人轮流着患眼病。汤飞凡亲眼见到患沙眼病的乡亲，个个痛苦不堪，许多患者为了减轻一时的疼痛，上山采艾蒿煎水冲洗眼睛，但不久又依然如故。这些情景从此深深留在了汤飞凡的记忆中，他想长大后学医，将来为民众消除疾病痛苦。

1910年，汤飞凡进入省城长沙中路师范，后转入省立甲等工业学校，17岁（1914年）考入美国教会学校湘雅医学院，先读预科再上本科。7年中，奇特的微生物世界最令汤飞凡神往，因而显微镜成了他最好的朋友。毕业后，到北京协和医学院当助教，并在美籍德国细菌学教授C.田伯鲁指导下，开始从事细菌学研究。由于汤飞凡的出色表现，特别是他良好的实验技能，受到田伯鲁的器重。到协和不久，他就能在显微镜下把单个细胞分离出来，并进行培养。这使田伯鲁意识到，汤飞凡具有不同于一般青年研究人员的能力，而且也不像其他人不屑于实验室的基础工作。因此，田伯鲁认为他应该有更好的发展环境。

1925年，田伯鲁把汤飞凡推荐给美国哈佛大学著名细菌学家H.秦瑟。秦瑟有过不少重要成就，尤以抗体一元论著称，还以读书多、学识渊博出名。他培养研究人才，主要让学生广泛阅读本学科及与本学科相关的科学论文，定期召开读书会，大家发表体会和见解，进行学术讨论，然后重点指导。这样的研究方式，汤飞凡如鱼得水，每次读书会上，他的广征博引和深刻见解，使秦瑟和同事感到惊讶。一次，极少表扬下属的秦瑟教授，竟当着众人的面巧妙地称赞汤飞凡，他说："当今世界上真正认真读书的人，除了我，你可以算一个。"

在秦瑟的指导下，汤飞凡的研究工作大有进展。3年中，他先后在美国《实验医学》《细菌学》《免疫学》等科学杂志上，围绕疱疹性病毒和脑炎、牛痘病毒、狂犬病病毒等发表了十来篇研究论文，受到美国同行的重视，秦瑟教授邀留他在哈佛长期从事微生物学研究。汤飞凡谢绝了邀请，他向导师说明了自己的想法："我所以到国外专攻微生物学，是因为我从小就产生一种责任感，要为中国的民众服务。中国太需要科学了。"

1929年，汤飞凡回到祖国，担任上海中央大学医学院和雷氏德医学研究院教授，兼细菌学系主任。

■ 向沙眼病原挺进

那时，中国的微生物学简直是一片荒野，要做的工作千头万绪。经过再三考虑，汤飞凡决定集中精力研究沙眼病原。原因就如他曾经在一篇文章里言明的："从给人类的危害和造成的经济损失来看，沙眼在全世界，特别是在中国，已经成为一个大问题。"

沙眼，是结膜的一种传染性病症。临床表现为怕光、疼痛、分泌大量眼泪。沙眼病患者很痛苦，严重的会造成失明。沙眼的病原是各国细菌学家和医学界关注的热门课题，但进展曲折而艰难。

19 世纪末，德国微生物学创始人之一 H. H. R. 科赫等提出沙眼的"细菌病原说"，认为凡是在沙眼里发现的细菌（如葡萄球菌、淋球菌、肺炎球菌、流行性感冒杆菌等）都是沙眼的病原菌；20 世纪 20 年代，法国生物学家尼考勒证明沙眼材料经过砂棒过滤，除去细菌后仍能感染，推翻了"细菌病原说"，首先提出了"病毒病原说"，但是，沙眼病毒没有被分离出来；1928 年，日本学者野口称自己从沙眼中分离出一种细菌——"沙眼杆菌"，因而，"细菌病原说"又重新提了出来……沙眼病原的学术争论很活跃，但由于没有分离和培养出病毒株，长期以来医学界对沙眼病的传染、诊断、预防、治疗以及免疫等束手无策。有的研究者动摇了继续探索的信心，有的改行去研究别的病原。

汤飞凡就是在这种情况下选择沙眼病原作为主攻方向。而那时，中国正遭受日本帝国主义侵略，研究工作不能正常进行；他还接受一项新任务——去昆明重建中央卫生防疫处。在大西南，条件十分艰苦，他工作却做得很出色，为世界科学界所瞩目。英国著名科学家李约瑟曾在《自然》杂志发表文章，高度赞扬汤飞凡主持昆明卫生防疫处的工作，他写道："中央卫生防疫处，由中国最有才干的细菌学家汤飞凡医生主持……去年在这里生产了 500 万支伤寒疫苗。还生产了天花、白喉疫苗、破伤风类毒素和许多其他药品，包括诊断伤寒用的肥达氏试验和梅毒的康氏试验所需的抗原。他们正在生产斑疹伤寒疫苗，并有一试验性小工厂生产青霉素。汤医生是英国和美国的细菌学家、免疫学家和热带病专家所熟知的。尽管缺乏自来水，他的工厂仍保持高标准的洁净。仅有的一个锅炉还漏水，每晚用完后都要修补。这个所现在向远东的盟国部队和中国部队供应血清。"李约瑟说，关于这里的故事，"本身就是一部史诗"。

在这里，汤飞凡根据多年对立克次体、支原体等微生物的研究，曾经设想过："沙眼病原可能是一种类似立克次体的大病毒。因为立克次体介于细菌和病毒之间，在显微镜下观察，呈多种形状；不能在一般培养基上生长，只能在代谢不旺的活细胞内生长繁殖；在自然界中，它们多寄生在啮齿类动物体内，一般以节肢动物如虱子、跳蚤等为传播媒介，造成人类和动物的疾病。后来，实验证明立克次体也不是沙眼病原。"

沙眼病原到底是什么？汤飞凡又全力开动智慧机器，继续寻求答案。

■ 这是科学家的原则

新中国成立后，汤飞凡有了施展抱负的条件。他急人民之所急，把沙眼病原列为自己的第一研究课题，并和北京同仁医院张晓楼教授进行密切合作。一天，他和同事们讨论问题，突然产生一个想法，沙眼病原体长期未能分离成功，问题会不会是做试验时使用了青霉素和链霉素的缘故？根据临床经验，青霉素可以抑制革兰氏阳性细菌生长，链霉素可以抑制革兰氏阴性细菌生长。病毒学家都认为，各种病毒对所有抗菌素都不感染，因此，那时各国科学家分离病毒有一个习以为常的做法，都使用青霉素和链霉素。根据这个常规，所以科学家在把沙眼病人的结膜材料接种到鸡胚上时，无一例外地要加入青霉素和链霉素，为的是控制眼结膜里夹杂的细菌发生感染。

提出问题只是开始，解答问题需要实验证实。汤飞凡先广泛查阅中外文献，全面了解国内外应用青霉素和链霉素治疗沙眼的实际数据进行综合分析后，形成初步印象：链霉素对治疗沙眼基本无效，说明它对沙眼病毒不造成伤害。青霉素对治疗沙眼有无效果，没有明确说法，但在一本英文医学著作《人的病毒病》中，有一段论述指出：青霉素可以控制沙眼症状的发展。于是，汤飞凡下一步的工作重点，确定在青霉素与沙眼病毒的关系上。

1956 年 6 月 12 日，在汤飞凡主持下，进行了第一次不同常规的实验：将沙眼结膜材料进行接种后，只注射原用量五分之一的青霉素，以便获取沙眼病毒株。结果，这一反常规实验获得了世界上第一株沙眼病毒！同年 7 月，汤飞凡采取完全不使用青霉素，而把链霉素用量加大一倍，又成功地取得了第二株沙眼病毒。8 月初，分离出第三株。

分离出沙眼病毒无疑是巨大成功，但汤飞凡认为，科学不能有丝毫马虎，尤其是关系人体健康的医学科学，一定要有百分之百的把握。他想到，分离出的沙眼病毒，只有在人眼内得到验证才能最后确认。他决定在自己的眼内做实验验证。许多青年学者实在不忍心年逾花甲的老师再冒危险和受折磨，争着要在自己的眼内做试验。

1958 年元旦过后第二天，北京的气候很寒冷。在天坛生物制品研究所的实验室里，年届六旬的汤飞凡不声不响做完一切准备后，静静地坐了下来，摘掉眼镜，吩咐助手黄元桐给他眼内注入沙眼病毒，然后开始渐渐自我感觉症状的发生：怕光、疼痛、大量分泌眼泪……“没错，没错，典型的沙眼症状！”汤飞凡忘记了一切痛苦，高兴地喊了起来。

为了观察病理全过程，汤飞凡拒绝同事和学生给药，忍着疼痛，红肿着眼睛，坚持了四十多天后才接受治疗。用自身作试验，这在汤飞凡已经习以为常了。几十年中，他一直给自己规定了这样的原则：“如果科学研究需要用人做试验，科学研究人员就要首先从自己做起。”

早在 1933 年，汤飞凡和眼科专家周城浒合作进行沙眼病原研究时，除了进行大量动物实验，他还将“沙眼杆菌”注入自己眼内亲身试验，结果以可靠的第一手材料，否定了日本学者野口的错误观点。还有，我国黄热病毒活疫苗研制成功、鼠疫活菌疫苗试验成功，都是由汤飞凡在自己身上做的第一个试验……而他将这种献身科学的做法视为平常。

■ 人类的朋友

汤飞凡等成功分离沙眼病毒的消息报道后，在世界微生物学界和医学界产生强烈反响。此后不久，英国、沙特阿拉伯、以色列、越南、苏联、澳大利亚、埃及、美国、突尼斯、南斯拉夫等国，先后用汤飞凡的分离法分离出沙眼病毒，汤飞凡的研究成果被广泛引征，甚至写入教科书。争论了半个世纪的沙眼病原之谜终于解开了。人们称沙眼病毒为“汤氏病毒”，并被列为 1958 年世界十大医学事件之一。

正当汤飞凡准备向另一个病毒领域——肝炎病毒开始攻坚的时候，1958 年 9 月 30 日他与世长辞了。一年前，经过无记名投票选举，汤飞凡被增聘为中国科学院学部委员（后称院士）。

英国皇家学会会员李约瑟发表对汤飞凡的悼词，其中写道：

> 我高兴地回顾我荣幸地结识了这样一位杰出的科学的公仆。汤医生真是如英国 18 世纪谚语所说的那样一位“人类的朋友”。他热爱中国人民，是预防医学基础领域的勇猛战士。
>
> 我和在这里的所有朋友一起，向他致敬。
>
> 在中国，汤飞凡是永远不会被忘记的。

在世界，汤飞凡也没有被忘记。在汤飞凡逝世 23 年后的 1981 年 5 月 11 日，国际沙眼防治组织在巴黎举行隆重仪式，授予他和合作者张晓楼教授金质奖章。

幸运篇之

心灵的启示

荷兰生理学家爱因特霍芬（W. Einthoven），在其中国保姆冯妈妈因心脏病猝死的刺激下，决意献身医学，终于发明绳带电流计，取得心电图首创大功，获得 1924 年最高科学奖——诺贝尔生理学或医学奖。

■ 冯妈妈的猝然死亡

生理常识告诉人们，心脏是使体内血液循环的器官，其作用如同一个泵。因而医学上有一种完全无异议的说法，维持生命有赖于心脏功能。也许正是这个缘故，很久以来人们把心脏停止跳动作为判断死亡的主要标志。

根据统计的数据，心血管疾病一直属于死亡率最高的一种疾病。由于其他传染病逐渐得到控制，以及随着生活水平提高，特别在中老年人群中心血管疾病患者还有增长的趋势。即使在癌症严重殃及人类健康的当今社会，心血管疾病仍然高居首位。

然而在 21 世纪以前，心血管疾病对人类的危害，却是无法知晓的，因为没有一种科学手段能够检查和诊断它，当然更谈不上进行医治和预防了。到了 20 世纪初，由于荷兰生理学家爱因特霍芬发明了绳带电流计，用以记录某一瞬间的心电图，并提出了心脏活动障碍能引起心电图发生变化的论断，从而使人们对心脏的活动方式有了深刻的认识。

爱因特霍芬 1860 年出生。当时，他的父母居住在印度尼西亚。父亲是驻印度尼西亚的荷兰军医，退役后在当地教区行医。爱因特霍芬 4 岁时，随家人迁居中国上海，他的少年时代是在上海度过的。这里给爱因特霍芬留下了许多美好的印象。他有过一位善良、勤劳的中国保姆冯妈妈，两人相处十分融洽。他曾经跟随冯妈妈到老家广东新会住过一段时间，学会了不少广东童谣，因此爱因特霍芬对冯妈妈感情深厚，如同生母般亲近。1866 年父亲因病去世后，冯妈妈更是他难舍难分的亲人。4 年后，冯妈妈随同爱因特霍芬全家迁回了荷兰，定居在乌得勒支。

1878 年，一向身体健康的冯妈妈患心脏病突然去世，这使 18 岁的爱因特霍芬内心悲痛不已，同时也使他对心脏病感到迷惑不解。于是，他决心继承父业献身医学，并且立志专门研究心脏病。

第二年，爱因特霍芬考入荷兰一流的尤以医学著称的乌得勒支大学。他在著名生理学家和眼科专家杜德指导下，选学心血管病理专业，先后取得了学士和博士学位。但他的博士论文并不是关于心血管的，而是有关颜色分辨和立体镜的，原因是杜德这位医学院院长，一向要求学生特别是日后有望成就事业的学生，必须先具备广泛的知识，然后再去专攻某个领域的艰深难题。杜德很赏识爱因特霍芬的才华，在他取得博士学位后，决定把自己多年对心脏病研究所取得的心得传授给他。杜德针对当时研究心脏病既是热门又彼此重复的情况告诫他：迄今为止，人类对心脏病的了解仍然十分肤浅，必须开辟新的研究思路。同年，爱因特霍芬辞别老师到了荷兰西部的莱顿大学，第二年被任命为生理学教授。

■ 研制成心电图仪

1891 年，31 岁的爱因特霍芬开始对心脏病进行研究，他选择的研究课题，是关于心脏动作电流及其记录。

心电是组成心脏的心肌细胞按一定次序产生的动作电流或电位变化的总和。由于心脏周围组织和体液都有导电性，人体是一个有长、宽、厚三度空间的容积导体，所以与心脏活动相伴的电流变化可以反映到身体表面，并且在体表两点之间有着电位差。当时许多心脏病研究者，都试图采用某种仪器来记录心脏的电位变化，以确诊心脏是否发生病态。

早在 1887 年，英国生理学家沃勒曾用毛细管静电计来记录心动电流的波动，但由于仪器的惰性大，灵敏度不高，致使获得的记录变形有误差，必须经过繁杂的数学处理，才能展现心电本身的波动。因此，沃勒发明的毛细管静电计记录心电，由于不实用未获成功。

正在苦心探索的爱因特霍芬，从沃勒的毛细管静电计想到，如果改用电来作为心电记录器，也许会有比较好的效果。但他对于电学知识一窍不通，便又临时钻研电学，经过一年多的努力，他掌握了一定的电学知识，而且有了明确的应用目标。从 1896 年开始，在动圈式电流计的基础上，经过几年艰苦试验，最后采用直径只有 0.002 毫米镀银石英丝代替笨重的电圈和反射镜，研制成第一台绳带电流计。因为绳线十分纤细，重量极轻，惰性很小，反应灵敏，它可以记录到每秒 10 000 次的声波，因而成为记录心电图的良好仪器。

爱因特霍芬进而提出假设：心脏的收缩使其在心肌里的传播如同一个波，其波形一部分是由心脏收缩冲动的起点决定的，一部分是由冲动在通过心脏时所经过的路线决定的。后来，经过 1906—1921 年的不断改进和完善，他在以往的仪器中放置了两块磁铁，在两块磁铁之间挂一根细长包银的石英丝，各导联中如有一导联电位发生变化，则能传到石英丝上（右手至左手为Ⅰ导，右手至左脚为Ⅱ导，左手至左脚为Ⅲ导）。因为磁极之间磁铁的引力，石英丝根据通过它的电流强度产生不同程度的摆动，然后将石英丝的偏离放大并加以记录。改进后的这种仪器，可以准确地测量心脏收缩所产生的电位变化并将其记录成图形，不同的心脏病患者得出的是不同的图形，爱因特霍芬首先将这种记录到的图形称为“心电图”。

根据爱因特霍芬的解释，心电图中的第一个波（即 P 波），是兴奋经过心房时引起的；接着出现的 Q、R、S 波群，代表兴奋在心室壁中传播的状况；T 波反映心脏兴奋后的恢复过程。不久，爱因特霍芬发明的这种心电图仪及其发现的心电图机理，广泛应用于临床诊断，轰动医学界，为千千万万心脏病人带来福音。

■ 破了惯例的诺贝尔奖

爱因特霍芬的发明，引起了斯德哥尔摩诺贝尔奖委员会的极大关注，他们把爱因特霍芬的发明提交委员会进行讨论，准备授予生理学或医学奖。但是，讨论没有取得一致意见，原因是有人认为，对于一种仪器发明给以奖赏，不应该属于生理学或医学范围，而应该列为物理学方面，而物理学领域又难以判断其意义，结果搁置了下来。

随着爱因特霍芬的发明在临床应用中产生的巨大实用价值，以及医学界的呼吁，后来诺贝尔奖委员会终于取得一致意见，决定打破惯例，将1924年的诺贝尔生理学或医学奖授予心电图机理发明者爱因特霍芬。宣布获奖决定时，爱因特霍芬正在美国访问做讲演，他谦虚地对祝贺的同行们说："贡献比我大的人大有人在，由我领受这项科学大奖，深感受之有愧。"

爱因特霍芬后来在回顾自己的科学生涯时，还清楚地忆起中国保姆冯妈妈对他的爱抚和影响。爱因特霍芬1927年去世后，他在莱顿大学居住了近四十年的住宅，改建成了心脏病研究实验中心，他的手稿和实验时亲手制作的心电图仪等遗物都珍藏于内，以供后人瞻仰并作永久纪念。

幸运篇之

不合时宜的发现

美国女遗传学家巴巴拉·麦克林托克（B·McClintock），从年轻时起采用经典遗传学方法，甘受寂寞，独辟蹊径，发现一种不符合流行见解的新理论——“可移动的遗传基因”，被冷落 40 年后，她 81 岁时（1983 年）获得诺贝尔生理学或医学奖。

■ 乡间实验室

20 世纪初叶，美国有一个坐落在纽约长岛的著名生物实验室——冷泉港卡内基实验室。这里人才济济，聚集着来自全美各地的名流学者和许多名牌大学的毕业生。这里有既先进又齐全的仪器设备，研究的都是有关生物学特别是遗传学领域的前沿课题；研究中又都是采用最时兴的研究方法，如对病毒和细菌的基因进行拼接、剪切、重组，等等。但是，实验室有一位被称为“怪人”的年轻女科学家却与众不同，她名叫巴巴拉·麦克林托克。

麦克林托克 1902 年生于美国康涅狄格州哈特福德镇，1927 年在康奈尔大学修完生物学并获得博士学位。她从事科学研究异常专心，总喜爱在没有任何干扰的环境中做事，不希望有旁人、杂事来占用时间和精力。因此，尽管她工作单位换了好几个，一直没有考虑个人婚姻，直到年届 39 岁来到卡内基实验室，她仍是独身一人。不过，同事们称她为“怪人”，还不是因为这些方面，而是指她在开展研究工作中那种不赶潮流、甘受寂寞的态度。

麦克林托克一到卡内基后，就把自己的实验室安扎在乡间。在那里，就像当年奥地利修道士孟德尔通过植物杂交育种创立遗传学理论一样，她找了一块空地进行作物育种和杂交试验，她所采用的方法和一百多年前孟德尔的方法毫无二致。所不同的是，孟德尔从事植物杂交育种研究，是在修道院的花园里，种植的是自花授粉植物豌豆，而麦克林托克种植的是经典遗传学研究的另一个理想的供试对象——玉米。她所以选种玉米，是因为玉米的籽粒和叶子会发生颜色变化，她正是要通过观察一代一代的颜色变化，研究其内在机制，了解玉米染色体的断裂和重组情况，试图从中选择出某些含有遗传变异秘密的玉米。染色体的断裂和重组，是麦克林托克借以从细胞中获得遗传变异信息的唯一迹象。

乡间实验室是麦克林托克的工作间，也是她的家。她日复一日、年复一年生活在这里，工作在这里，一代一代玉米杂交试验在她手中不间断地进行着。她为了有效利用时间，杜绝应酬，远离喧嚣，甚至连电话也不安装。

40 岁那年，麦克林托克在一些杂交后的玉米籽粒中发现玉米色素显现出一种与以往概念不同的现象。以往生物学家都以为生物细胞内的遗传物质比较稳定，不太容易发生变化；遗传基因以一定顺序在染色体上作直线排列，彼此间距离也较稳定。而麦克林托克发现玉米籽粒颜色的遗传并不稳定，甚至有的在籽粒上还出现斑斑点点。

这是什么缘故呢？不解开谜团便不罢休，这是麦克林托克的一贯风格。于是，她继续在玉米地里一丝不苟地进行试验，细心地观察和分析玉米粒和玉米叶的颜色一代一代所发生的细微而复杂的变化情况。3 年后的一个冬天，她又发现少数玉米株心颜色呈现的图案与以往观察到的也不同。这些本容易被忽略的现象，在麦克林托克全神贯注的眼皮底下一丁点也逃不过去。她进而把这些看起来零散而杂乱无序的自然现象加以合理想象，开始理出一些新的认识：玉米籽粒能不能着色形成色素，看来除了与形成色素的结构基因 C 有关外，还与一个称为解离激活系统有关——正是该系统具有解离和激活两种作用不同的因子。解离因子可引起附近位置的染色体发生断裂，并抑制其邻近基因的作用；激活因子则可对解离因子产生制约作用。当解离因子转移到形成色素的结构基因

C 邻近时，结构基因受抑制而不能形成色素，此时玉米籽粒便是白色的；若玉米籽粒形成前，解离因子从结构基因 C 旁转移到别处，结构基因 C 便能发挥其功能，使玉米长出有色籽粒；若解离因子在籽粒形成过程中转移的话，籽粒就会带有色斑。

实验激发了新认识，新的认识必须回到实验中验证。这样，在大量实验研究的基础上，麦克林托克于 1951 年正式提出了“可移动的遗传基因”学说，认为遗传基因可以发生转移，它从染色体的一个位置跳到另一个位置，甚至从一条染色体跳到另一条染色体——该学说的意义有助于说明植物和动物的某些先天性特征。如何能够从染色体的一个位置转移到另一个位置，或者从一个染色体转移到另一个染色体，对医学和生物学都有意义，特别对研究基因进化与癌变的关系等，提供了进一步的线索。

麦克林托克把这种自发转移的遗传基因称为“转座基因”，后来人们习惯称之为“跳跃基因”。

■ 学界的冷漠

麦克林托克提出的“可移动的遗传基因”学说，与当时占主导地位的染色体遗传学理论恰好大相径庭，因而，她和它的命运自然不佳。在卡内基实验室里，几乎没有一个同事理解和支持麦克林托克的见解，她一度连继续进行试验的经费来源也发生了困难。即使这样，麦克林托克也设法使她的乡间实验室继续运作，玉米杂交育种研究仍在艰难中进行。

1951 年在冷泉港有一个生物学专题学术会议。麦克林托克抱着极大热情向会议递交了关于“可移动的遗传基因”的文章，借此机会向生物学界同行报告自己的研究结果。遗憾的是，面对麦克林托克提出的不合时宜的遗传学观点，受传统观念支配的学术界不能理解，根本不相信也难以想象遗传基因还能跳跃。因此，在麦克林托克的报告结束后，听者反应冷淡，连提问的人也没有。她的报告被收进冷泉港会议论文集发表后，同样遭遇普遍的怀疑和冷漠，有人甚至讥讽她是“百分之百的疯子”。

麦克林托克记得十分清楚，从1951年她的论文发表到1973年的22年中，总共只有3个人向她索取过论文，没有一次被引用。对于一位忘我工作的科学家，特别是一位把自己的一切献给事业的女科学家来说，成果遭到这样的冷遇，不能不说是件令人寒心和痛苦的事情。在这种境况下，麦克林托克彷徨过，失望过……但是，她的顽强毅力和孜孜不倦的工作精神，从无改变。她曾经自信地说："假如你认为自己迈开的步伐正确，并且已经掌握了专门的知识，那么，任何人都阻挠不了你，不必理会人们的非难和评头论足。"

时光默默地过去10年。1961年，在巴黎巴斯德研究所工作的两位法国科学家雅各布和莫诺，宣布了一项重要发现，轰动了各国生物学界。他们在进行雌性突变型细菌和正常雄性细菌的结合实验时，为了解释诱导作用超过结构作用这一现象，提出了两个重要概念：信使核糖核酸（即mRNA）和操纵子。前者导致遗传密码破译的研究和发展，后者解释了细菌在酶合成调节方面的许多困难（二人因此项发现获得1965年诺贝尔生理学或医学奖）。这项发现对了解麦克林托克的"可移动的遗传基因"学说有启示作用，所以她借机又一次公开提出了自己的理论，希望得到学术界的理解。结果，学术界的冷漠态度依然如故。

到20世纪60年代中期，各国生物学家关于遗传物质的研究都有了新的进展，有的科学家在实验中发现了细菌的转化和转导现象。但是，麦克林托克一再提出的"可移动的遗传基因"理论，科学界却仍然视而不见、充耳不闻。她对此实在难以理解，以至于在布鲁海文一次学术会议上大声疾呼："我们已经接受了转导作用和转化作用的概念，用转位作用有什么错？"

■ 迟到的奖赏

科学真理总有放光彩的时日。

对于麦克林托克及其发现的"转座基因"理论来说，1973年是一个由冷落向幸运转折的黄金年。这一年，德国科隆大学和英国剑桥大学的乔迪、赛格和爱皮诺，先后在大肠杆菌中发现了转座子，从而使"转座因子”这个生物学上的新概念，首先在细菌中得到证实。麦克林托克这位长期遭冷遇而鲜为人知的老人，也随之名声大振。各地都邀请她去演讲和座谈，许多杂志约她写文章，同行们向她索取论文稿和玉米种子，过去无人问津的乡间实验室成了人们参观的景点，成天车水马龙、门庭若市。历来与她无缘的种种荣誉，一时间接踵而至，仅 1981 年她就获得了 8 项奖金，其中有在美国荣誉和声望最高的医学奖——阿普拉斯卡基础医学研究奖，有麦克阿瑟基金会授予的每年 6 万美元免税的终身奖，以酬谢麦克林托克为“革新遗传学”所建立的功勋。

尽管荣誉加身，麦克林托克却依然故我，她的作风、性格、工作态度，都和她受冷遇时一样，显得不合“名人”时宜。她与崇尚金钱的风气相反，她把自己所得的一系列奖金视为烦恼，她说：“我不在乎金钱，我不喜欢聚积个人财物。”她与夸夸其谈、追求名望的世风格格不入，她在一群群新闻记者面前，总是沉默寡语，甚至显出有些局促不安。当有人问她成功后有什么想法时，麦克林托克执着而平淡地回答道：“我不喜欢宣扬，我想的只是隐退到实验室里一处安静的地方。”

1983 年，81 岁高龄的麦克林托克，她的声誉和荣耀达到了顶峰——斯德哥尔摩诺贝尔奖委员会决定把当年的诺贝尔生理学或医学奖颁发给这位老妇人。她听到这个决定是这年的 10 月 10 日。那天清晨，麦克林托克按习惯起床后打开了收音机，在一则新闻广播中意外地听到自己的名字，是诺贝尔奖委员会的决定，宣布她为诺贝尔奖获奖人。对于任何一个科学家来说，这该是何等激动人心的消息啊！然而，麦克林托克听完广播后，只是情不自禁地“啊”了一声，又如同往日一样，蹒跚地步入庭园，去呼吸新鲜空气去了。

遗憾篇之

因权力而独占荣誉

20 世纪 60 年代，英国剑桥大学射电天文小组女研究生乔丝琳·贝尔（J·Bell）首先发现了脉冲星，并最早确认脉冲星实质上就是恒星产物，但在发表发现脉冲星的论文时，组长安东尼·休伊什（A·Hewish）的大名却列到首位，他还由于“在发现脉冲星过程中起了决定性作用”，而被授予 1974 年诺贝尔物理学奖……因为他是导师。

■ 相遇未相识

随着大质量、高温度的白矮星被发现，科学家曾经提出设想：白矮星上的亚原子粒子在一定条件下能够结合成一种不再发生变化的粒子（即“中子”），在力的作用下，中子紧密地挤压在一起形成高密度的中子星。苏联物理学家朗道、德国天文学家巴德和瑞士天文学家茨维基，在“中子”发现后不久，根据星体平衡和稳定的理论，在 1932 年和 1934 年先后提出了中子星是超新星爆发的产物的假设。他们认为：“超新星代表着普通恒星向中子星的过渡阶段，中子星在其最后阶段是由紧密挤在一起的中子组成的。”1939 年，著名科学家奥本海默运用广义相对论对中子星的结构进行理论计算，并根据计算结果建立了第一个中子星模型。在该模型中，中子星的直径只有几十公里，而其密度比白矮星要高一亿倍以上。

这样不可思议的高密度天体，在当时简直就像天方夜谭，令人难以置信。许多人对奥本海默的计算结果不以为然，有人甚至加以讽刺、讥笑；也有人抱着半信半疑的态度，进行试探性的搜寻，看看是否能找到存在这种“中子星”的证据。搜寻目标主要集中在蟹状星云上，因为他们认为，形成蟹状星云时发生的那次巨大爆炸所遗留下来的，可能不是一颗致密的白矮星，说不定是一颗超致密的中子星。因此，搜寻者曾不惜工本发射火箭到大气层外，去专门记录蟹状星云的X射线辐射，结果，搜寻者们所希望的证据没有出现。

其实，在近三十年的不断搜寻中，天文学家有时也遇到过中子星的一些蛛丝马迹。例如，天文学家在用射电望远镜观测丰富多彩的星际射电时，就曾记录到脉冲星辐射的强脉冲信号，但由于人们往往忽视了其中的某些奇特之处，而不加区别地把接收到的这些脉冲信号，都认作是地上工作的电机、电焊、放电、汽车发动机点火等产生的干扰；加之，当时的观测仪器缺少短时间响应和重复观测程序，难以确切判别这些零散信号中哪些信号是来自地上的干扰，哪些信号则是来自持续的天体射电源，因而奇特的中子星经常同搜寻它的天文学家擦肩而过，相遇不相识。

■ 发现的真相

20世纪60年代，英国剑桥大学射电天文小组在观测星际闪烁现象时，从快速闪烁的脉冲信号中，发现了以极快速度又非常精确地发射无线电波的一个新的星类——当时被称作脉动射电星，即“脉冲星”。很快，理论天文学家和理论物理学家根据发现的脉冲星快速而稳定的脉冲信号判断，它们是快速自转的“中子星”。

进行天文观测，良好的观测仪器是必不可少的。1967年，剑桥天文学家自己研制成一种波长3.7米的接收天线和一架对微弱射电源灵敏度高的射电望远镜，目的是用来研究太阳发出的无线电波是怎样影响地球上所看到的闪烁的星星的。同年7月望远镜安装完毕后，由女研究生乔丝琳·贝尔一手操作。她参加望远镜的研制和安装已有两年，正需要使用望远镜获得充分的资料，并通过分析所得数据撰写博士论文。

观测和分析数据是异常艰苦和细致的。望远镜每天要产生30米长、画有 3 道轨迹的记录图纸，而对整个天空巡视一遍需要 4 天时间。这就是说，乔丝琳每分析一次天空的记录，必须用眼睛逐一查看近 120 米长的图纸。在查看记录图纸过程中，她要高度集中精力寻找真正从闪烁的无线电源发出的信号，并一一把它标识出来；同时要删除那些诸如电视台、飞机高度表、电机、电焊等人为电源发出的干扰信号。对于粗心大意和缺乏经验的观测者来说，区别这些信号并不是一件容易的事。

1967 年 10 月的一天，乔丝琳在查看冗长的记录图表中，发现了一种难以区别的小信号。它既不像星光闪烁，也不是人为干扰，每隔 23 小时 56 分钟出现一次，这正好与恒星的运动同步（称为“恒星时”）。乔丝琳想起，这个“小不点儿”曾经在天空的同一方位出现过，于是她又回头查看以前的记录图纸，果然查到了“小不点儿”第一次出现的时间，是在同年的 8 月 6 日。乔丝琳立即向导师休伊什报告了自己的第一次发现，并共同讨论了这些信号，决定用快速记录器再对信号进行观察。乔丝琳每天坚持用快速记录器进行查看，连续查看了几个星期，结果什么也没有看到，原因是信号本身太微弱，而且总在变化，记录器上显示不出来。

休伊什对这次的发现信心不足了，他对乔丝琳说：“那是一颗没被我们发现的耀斑恒星。”乔丝琳不肯就此罢休，她继续坚持观察，终于在 120 米长的最后 1.27 厘米记录图表中，捉住了“小不点儿”，发现了一系列信号，它们每隔 1.5 秒出现一次。乔丝琳又连忙用电话向休伊什作了报告，休伊什听后马上予以否定，他说：“哦，这样一来，问题就解决了，这一定是人为的。”导师做这样的结论，是因为他知道最快的变星的间隔时间是 8 小时，怎么会有间隔只有 1.5 秒的星呢。第二天，休伊什亲自到天文台查看了乔丝琳做的记录，信号清楚得几乎可以画出一条脉冲系列，证明不可能是人为的。于是，休伊什又提出可能是从月球上反射回来的雷达信号，或者是特殊轨道上运行的卫星等假设。由于同事实对不上号，这些假设自然被排除了。在这种情况下，又出来了“小绿人”理论，认为这些脉冲信号可能是外星人发出的信号。一时间，“小绿人”把整个剑桥大学搞得沸沸扬扬。

乔丝琳毫不懈怠地继续观测。就在她准备离开剑桥回家过圣诞节的前一天，即 1967 年 12 月 19 日，又一颗脉冲星闯进了她的视线，她把新发现写在日记中，这篇日记用了一个既形象又颇有先见之明的标题——“人行横道指示灯”（意为有规则的闪烁）。这次新发现的情景，在她的日记中清晰可见：“晚上，我在分析一张图表。我看到一样东西，非常像我们正在研究的那个小不点儿，它在望远镜很难观察到的一小块天空中。有足够的证据证明，它就是那个小不点儿。清晨一点钟的时候，那一块天空正好有一束射束穿过。那天晚上非常冷，而那台望远镜一到冷天运转就不灵。我在上面呵气，发牢骚诅咒这台该死的机器，总算让它工作了五分钟。这是多么及时的五分钟啊，安排真是巧妙极了。射电源发出了一连串的脉冲信号，但间隔与第一次发现的不同，这次的间隔大约是 1 秒。”一月中旬的一个深夜，休伊什亲自做了一次观察记录，证实了乔丝琳第二次发现的射电源。

接着，乔丝琳又发现了两次这样的脉冲信号，其中脉冲周期最短的一次是蟹状星云内发出的射电脉冲源，只有 0.033 秒，即每秒钟发出 30 个脉冲。至此，剑桥大学射电天文组以研究生乔丝琳为主发现了 4 个新型射电源，他们把这些射电源称为“脉冲星”（即“中子星”）。

■ 荣誉随权力而至

1968 年 1 月，乔丝琳最后发现两颗脉冲星后，她便立即着手写自己的博士论文，并且把发现脉冲星的文件作为附录收进了论文中。但是一个月后，当宣布发现脉冲星的文章在《自然》杂志发表时，5 位署名作者排第一位的是导师休伊什，乔丝琳排到了第二位。按照发表科学成果的规则，这样的署名次序等于向公众宣告了一个事实：脉冲星的发现者或主要发现者是休伊什，其他 4 人是协助他工作的研究组成员。然而，就发现脉冲星而言，这是一个被权力和习惯曲解了的事实。也许这种不正常的曲解在科学界并不十分稀少，大家也就见怪不怪、习以为常了——长时间没有人出来说明脉冲星被发现的真相，这又使得休伊什后来独占更高荣誉成为理所当然。

发现脉冲星是近代天文学史上的重大事件。在当时，这个消息震动了整个天文学界和物理学界。受此鼓舞，世界各地的大型射电望远镜一下子几乎都瞄向这些陌生的天体。据统计，此后10年时间内，全世界发现的脉冲星已经达到300余颗。正因为脉冲星发现具有重大意义，瑞典斯德哥尔摩诺贝尔奖委员会决定将1974年的诺贝尔物理学奖授给休伊什，奖励他“在发现脉冲星中起的决定性作用”。

正是这项不公平的诺贝尔奖，促使沉默的人们开始关心发现脉冲星的真相。首先站出来说话的是理论天文学家弗雷德·霍尔，他毫不客气地批评这次授奖是一件“丑闻”。颁奖第二年他给《泰晤士报》写信，信中说：“对于乔丝琳小姐取得的成就，有一种曲解的倾向。因为这项成就听起来是这样的简单，好像只是从大量的记录中找一找就行了，其实，这些成就是她愿意把以往所有的经验都认为是不可能发生的现象加以认真考虑的结果……”

休伊什马上进行辩护，他也给《泰晤士报》写信，声明自己应居发现脉冲星首功的理由有几点：一是乔丝琳的观测是在他的提议和指导下进行的；二是乔丝琳观测所使用的望远镜是他的；此外，他还有一点更不诚实的说法，说把发现的脉冲星误认为是外星人的问题，也是在他的指导下弄清的。

许多知情的英国天文学家，认为休伊什的辩护实际上是不打自招，所以很快都站到了霍尔一边，赞成他对休伊什的指控。那些不知内情的别国天文学家，则只好根据双方发表的信件和以往的资料来做出评判了。美国康乃尔大学一位曾经对脉冲星的物理性质做过解释的理论天文学家托马斯·戈尔德发表评论讲道：“不错，望远镜是休伊什的，但他并没有告诉乔丝琳用望远镜去寻找脉冲星。他指示乔丝琳寻找的是一种完全不同的现象——去测定闪烁的射电源的位置，但她注意到了另外一种信号，并按照自己的方法进行了跟踪。”

基于以上事实，天文学界从公正角度曾试图做出以下说明：发现脉冲星是一项共同的成果，乔丝琳的功劳在于她第一个发现了脉冲星信号，并锲而不舍地进行追踪；休伊什的功劳在于他是她的导师，并为她提供了必要的设备。可是休伊什不接受这种观点，还继续发表贬低乔丝琳的言辞，他说：“乔丝琳是个非常好的姑娘，但她不过在干她自己分内的工作，她注意到这个射电源，所以才做了这些工作。如果她没有注意到，射电源也一定会被错过。”

争论持续了好些年，除了一些科学家道义上的同情，并没有任何结果，对因此而获得了最高科学奖的休伊什丝毫无损，他仍然是一位挂着金质招牌的权威。然而，乔丝琳·贝尔首先发现脉冲星，这是不可抹去的历史事实。正如著名天文学家曼彻斯特和泰勒在1977年出版的《脉冲星》一书的扉页上写道：“献给乔丝琳·贝尔，没有她的聪慧和百折不挠，我们是无法分享到研究脉冲星的幸运的。”

遗憾篇之

发明权酿成大悲剧

麻醉药发明以前，一切外科手术即使是拔掉一颗坏牙，都如同对犯人施刑，使患者疼痛得难以忍受。麻醉剂的最后发明者莫顿（W.T.G. Morton）、朗（C.W.Long）和杰克逊（Jackson），为病人消除了疼痛，却给自己的人生酿成了苦果。

■ 迷幻的启示

英国化学家戴维在给药剂师当学徒的时候，就经常和化学反应打交道。1798 年起，他开始在内科医生贝多斯的研究所从事气体研究，试验用气体给人治病。戴维习惯用自己的亲身体验来求得真知，在进行毒性气体实验时，他几次险些丢掉性命。

1800 年，戴维开始研究一氧化氮的特性。按照美国哥伦比亚大学权威化学家米切尔的结论，一氧化氮一旦吸入人的呼吸器官，就会造成严重疾病。但戴维亲身体验后的结果表明，这种气体对人体并无害，于是他提取了大量的一氧化氮气体，分别装在玻璃器皿中准备做进一步实验。

一天，所长贝多斯走进实验室，不小心碰倒了一个铁架子，砸碎了装一氧化氮的玻璃瓶，在场的所长和戴维由于吸入了这种气体，顿时产生一种眩眩晕晕的陶醉感觉，身心舒畅，不由自主地发笑和叫喊，而且难以止住。这一偶然事故给一氧化氮气体留下了一个好听的名称——“笑气”。“笑气”发现后，当时一些穷极无聊、无所事事的人们，常常用它取乐，笑气游戏、笑气晚会便一时风靡起来，有人也把它当成迷幻药，以解脱忧愁和苦闷。

美国牙科医生韦尔斯读到戴维的有关文章，看了不少笑气表演，一次他从笑气巡回表演中，注意到吸了笑气的人有的碰破了头而不知疼痛，这引起他的浓厚兴趣，便想，如果用它来止痛拔牙不是很好吗。1844年，韦尔斯决定先在自己身上做试验，他吸了笑气之后让助手来拔牙，果然拔掉了牙而没觉出疼痛。“笑气”的麻醉作用从而得到初步证实。第二年1月，韦尔斯获准在波士顿马萨诸塞州总医院进行笑气止痛拔牙表演，但由于患者吸入的笑气量不足，拔牙时竟疼痛不堪，表演宣告失败，韦尔斯当场受到医院院长和现场观摩者的一片讥讽和嘲笑。

■ 辉煌的成就

在参观韦尔斯笑气止痛拔牙的人士中，有一位在波士顿开牙科诊所的年轻牙科医生莫顿。他从韦尔斯的失败试验中受到启发，决心另辟途径寻找一种更理想的止痛麻醉办法，甚至考虑过使用催眠术来拔牙，结果自然是失败。当年，莫顿去向比自己大14岁的医生兼化学家杰克逊请教。杰克逊是一位兴趣很广的学者，他对医药、化学和地质学都有研究。他从获得哈佛大学医学学位起，就开始从事麻醉实验。杰克逊向莫顿介绍了几种实验情况，其中在谈到1841年他用乙醚做实验时，一次因吸入量过多完全失去知觉，险些造成危险。

这一情况开启了莫顿的思路，产生了适当控制乙醚吸入量以发生麻醉作用的想法。经过两年的试验研究，1846年9月30日，莫顿第一次使用乙醚麻醉给一名患者拔牙，并且获得成功。一个月后，莫顿准备用乙醚作麻醉剂为一名面部肿瘤患者施行切除手术。很有趣的是，这次手术正巧安排在韦尔斯使用笑气止痛拔牙而失败的同一地点，前来观摩的人比前次更多，结果会不会像上次那样惨呢？大家都悬着一颗忐忑不安的心。莫顿有长期试验的经验，对乙醚的麻醉作用坚信无疑，问题是不要出现别的差错。手术终于成功了，担任切除肿瘤手术的大夫兴奋地向参观的人们欢呼：“先生们，这可不是吹牛！”从此，麻醉法成为外科手术不可或缺的手段。

无独有偶。在美国的另一城市——佐治亚州杰斐逊，有一个自己开业行医名叫朗的外科医师。他从一个“乙醚晚会”的情景得到启发，也在对乙醚的麻醉作用进行研究。那是一次由学生们举行的晚会，参加者都吸入一定量的乙醚使自己如醉如痴，东倒西跌，许多人当场碰得头破血流却无疼痛的感觉，仍然兴致不减。朗看到这种现象引发起职业上的联想：如果将乙醚应用于外科手术作麻醉，不是可以解决长期存在的难题吗？他产生的这种想法和进行的试验，比莫顿要早，他应用乙醚麻醉手术获得成功也比莫顿早。那是 1842 年 3 月 30 日，他用乙醚麻醉成功地为一名颈部肿瘤患者做了切除手术，这是外科手术中应用麻醉成功的首例记录，但是朗没有把他的成功手术对外报道。此后几年中，朗又成功地应用乙醚麻醉做了 8 例手术，但直到 1849 年他才发表自己的成果，而莫顿则在手术成功的当时（即 1846 年）就做了报道。

■ 可悲的结局

随着麻醉剂应用成功，一场争夺发明权的斗争开始了。

莫顿认为自己是应用乙醚进行麻醉手术的发明者，向美国政府申请专利权。老资格的杰克逊首先对此提出异议，他向专利机构宣称自己早于莫顿两三年就发现了乙醚的麻醉作用，莫顿后来的试验和手术是受他的介绍而做成的，并且指控莫顿是不讲道德的科学骗子，他进而向司法机关提起诉讼。

就在杰克逊和莫顿争战正酣的时候，另一个争执的对立面朗也出现了。他既否定莫顿的发明权，也反对杰克逊享此荣誉，朗认为只有他自己才真正是应用乙醚麻醉的发明者，他的成功手术进行得最早。莫顿为应付发生的这场论战，不得不放弃医业和研究工作全力以赴打官司。杰克逊出于爱争执和易于狂躁的癖性，他开动心计试图联合朗以对付莫顿，他说自己首先发现了乙醚的麻醉作用，而朗是第一个将其付诸实践并获得成功者，两人共同享有发明权。但朗拒绝了杰克逊的意见，坚持认为自己是无可争辩的唯一发明者，反对与他人共同享有。杰克逊在朗不予配合后，转而采取另一办法，撤回过去的诉讼，不再对麻醉的发明权提出要求，但他公开声明朗是该项发明权的享有者，借以挑动莫顿与朗的对立。

杰克逊的不择手段，使莫顿面临极大困难。英国政府曾提出要给莫顿一大笔赠款，作为对他发明麻醉法的奖赏。杰克逊闻讯后大肆发难，到处写信表示反对，结果该项赠款只得撤销了事。法国医学科学院批准一笔款项，用于分别奖励莫顿和杰克逊，莫顿又坚持不肯受理。美国国会曾提出一项法案，建议拨款 10 万美元给予莫顿，作为对他的奖励。由于同样的原因，在 1852 年、1853 年和 1854 年连续三年国会审议时，均未获得通过……

结果，几位发明者为了争夺发明权，耗费了各自的全部时间和大量钱财进行无休止的论战，而在输赢尚未见分晓的时候，他们却一个个可悲地离开了人世。莫顿因为长期应付争论，精神过度紧张，患了高血压病，1868 年 7 月 15 日在贫困交加中因脑出血死亡。10 年后，即 1878 年 6 月 16 日，外科医生朗也带着终生遗憾逝去。医生兼化学家杰克逊，由于一向的嫉妒心和偏激，在与莫顿争论的同时，又为争夺电报机的发明权与莫尔斯争执不休，导致身患严重的偏执狂症，于 1873 年成为一个疯人住进了精神病医院，并在此度过余生，1880 年 8 月 28 日死于医院中。

另一位牙科医生韦尔斯，虽然没有直接参加麻醉发明权的争执，但由于他长期致力于一氧化氮、乙醚、氯仿等化学物质的研究和经常进行自身试验，吸入了过量的化学药品毒气，致使他晚年发生严重的人格变化，完全失去自我控制能力。有一次，因为他在纽约大街上无缘无故向过路人抛洒酸类化学物品，结果被以危害他人安全罪遭到警察逮捕监禁。1848 年 1 月 24 日，他在牢房自杀身亡。

在所有争论方离开人世之后，关于乙醚麻醉发明权终于有了结论。美国官方和法国巴黎医学学会承认韦尔斯和朗是该项麻醉剂的发明者和最早使用者，而莫顿则于 1920 年被选入美国伟人纪念馆。

世俗篇之

陈腐观念下的几例奇案

科学面前人人平等，这是大家公认的原则。然而，在科学进步的历史过程中，往往有另一类情况：许多重大科学发现或发明，由于发现发明者的地位、资历、名气等原因，不仅得不到一视同仁的待遇，而且遭遇怀疑、抵制和排斥。此处列出几例。

■ 埋没40年的星云说

有史以来最伟大的天才牛顿，在科学的许多领域中做出了巨大贡献。后人在他的墓碑上刻有这样的碑铭："他是人类的真正骄傲，让我们为之欢呼吧！"然而伟人不是完人，由于受形而上学思维方式的束缚，牛顿在天体起源问题上，却有过一个错误而影响深远的认识。按照他对天体起源的解释，在上帝创世之初，宇宙已安排好了日月星辰，它们依靠万有引力联系在一起；恒星永远固定在一个位置，而行星、卫星、彗星则由于上帝的"第一推动"，永远沿着固定轨道运转。

无独有偶。几乎能与牛顿齐名的另一位被称为自然科学发展第一个时期的标志者——瑞典植物学家林奈，在他奠定现代分类学基础的同时，则错误地认识和解释了地球上的生物起源，他顽固地抵制生物进化理论。他在他的划时代的著作——《自然系统》中写道："造物主一开始创造了多少不同的形式，现在就存在多少物种"，"新种是没有的"，也没有任何物种灭绝过。这就是林奈的所谓"物种不变论"。

在此前后，科学界、哲学界围绕天体起源和生物起源，有过长期的激烈争论，曾经出现过许多更为荒唐的见解。随着科学的进步，这些陈腐的自然观常常被击得千疮百孔，穷途末路，但是，它依然长时间占据着统治地位。

按照恩格斯的分析，“在这个僵化的自然观上打开第一个缺口的，不是自然科学家，而是一个哲学家。”这个哲学家就是康德（I. Kant）。

康德 1724 年出身于德国柯尼斯堡的一个手工业者家庭。1740 年进入柯尼斯堡大学攻读数学和物理学，1746 年起担任家庭教师 9 年，1755 年完成大学学业得到医学学位，并取得编外老师教职。在他 80 年的生涯中，除了最远到达过离家乡 60 英里的地方旅游外，他从未离开过乡土。但他是一位知识渊博的哲学家，是启蒙运动最重要的思想家。

31 岁时（1755 年），康德出版了科学著作《自然通史和天体论》（亦译《宇宙发展史概论》），首先提出关于太阳系起源的星云假说。他从自发的唯物主义观点出发，第一次提出天体是演化的，地球及整个太阳系都表现为某种在时间进程中逐渐形成的东西。这样，牛顿的“第一推动”和林奈的“物种不变”被取消了。康德解释说，天体从最原始的星云状态形成时，靠的不是造物主的力量，而是自然界本身的力量所发生的作用。他认为，排斥和吸引的相互斗争，是“自然界的永恒生命”，既是天体形成的原因，也是天体运动的原因，既是天体的起源，也是天体运动的起源。他还预言，宇宙间的天体在不断生成，同时又不断毁灭，千千万万太阳在不断燃烧，又在不断熄灭。康德进而断言，地球以外的行星上，可能也居住着人类。

这是何等大胆而进步的见解啊！后来恩格斯对此曾给以高度评价，他说：“康德关于目前所有的天体都从旋转的星云团产生的学说，是从哥白尼以来天文学取得的最大进步。”还说，“康德的发现中包含着一切继续进步的起点。”

但是，康德的进步学说，却遭到当时科学界、哲学界形而上学思想的顽固蔑视和抵制，甚至威胁，致使康德在出版自己的著作时，不得不采用匿名的方式。《自然通史和天体论》虽然在 1755 年就问世了，但由于内容和观点不合时流，初版印数少得可怜。他的卓越见解不仅不为国际学术界所知晓，就连德国本土的读者也寥若晨星。

岁月如流，年轻的康德变成了年迈老人，他的星云说仍然被僵化的自然观严密地封堵着，整整埋没了41个年头。

幸运终于在康德风烛残年之际到来了。那是1796年，47岁的法国数学家、物理学家拉普拉斯（P·S·Laplace）出版了一本完全没有数学公式的科学普及读物《宇宙体系论》。在这本书的附录里，拉普拉斯独立于康德提出了太阳系起源的星云假说。他猜测，太阳可能起源于一团旋转的巨大星云，由于引力作用，星云气体不断收缩，外围的星云因离心力作用保持在外轨道上绕中心转动，并且自身继续在引力作用下收缩成行星，星云的核心便收缩成太阳。这些观点与康德在《自然通史和天体论》中的基本观点相类似，不同的是康德40年前的论述更为详细和彻底。拉普拉斯比康德小25岁，他既没有听说过康德的星云说，更没有阅读过康德的著作，却不约而同地继康德之后提出了又一个星云假说，因而后人称之为“康德-拉普拉斯星云说”。

很幸运，拉普拉斯的星云假说，出乎意料地引起法国和法国以外的学术界广泛注目，特别在青年学者中形成热门话题。正是拉普拉斯星云说的普及，勾起了一些人模糊记忆中更早读过的康德的《自然通史和天体论》，星云说从而很快在世界范围内广为传播，并且在科学上和哲学上都显示出它的伟大力量。

然而，星云说被埋没的时间太长了，否则，就如恩格斯所说：“如果地球是某种逐渐生成的东西，那么它现在的地质的、地理的、气候的状况，它的植物和动物，也一定是某种逐渐生成的东西，它一定不仅有在空间中互相邻近的历史，而且还有在时间上前后相继的历史。如果立即沿着这个方向坚决地继续研究下去，那么自然科学就会进步得多。”“那么他们一定会从康德的这个天才发现中得出结论，免得走无穷无尽的弯路，并节省在错误方向下浪费掉的无法计算的时间和劳动。”

■ 冷落半个世纪的分子学说

在现代化学教科书中，有一个人们熟悉的分子理论，简言之就是：一切同体积的气体，在温度相同、压力相同的条件下，所包含的气体分子总数目是同等的。这个理论是由意大利物理化学家阿伏伽德罗（A. Avogadro）创立的，因此人们习惯称其为阿伏伽德罗分子学说。

令人惊奇的是，阿伏伽德罗这一重要的分子学说，是在被冷落了半个世纪之后才引起人们重视的。回顾这一事件的始末，我们不能不说这是科学史上的又一奇案。

18世纪末19世纪初，是现代化学雄才辈出、飞速发展的年代。两位卓有成就的著名化学家——英国的道尔顿和法国的盖吕萨克关于原子学说的激烈争论就发生在这个时候，几乎整个学界都介入其中。争论的焦点是关于原子和分子的关系，争论双方实际上都是在试图寻找到一把钥匙，来开启化学科学重大发展中蕴藏的诸多矛盾。

1811年，都灵科学院通讯院士、35岁的意大利物理化学家阿伏伽德罗从争论中受到启发，发表了一篇关于原子量和化学式问题的研究论文《原子相对质量的测定方法及原子进入化合物时数目比例的确定》，首次把“分子”概念引入化学中，从而把分子和原子区别开来，并定义为：分子是气体能够独立存在的最小微粒。

这是化学史上的一篇经典性论文，是解决争论矛盾的一把钥匙。阿伏伽德罗没有用耸人听闻的口气来表达自己的见解，而是以谦和的态度探讨科学理论。他在论文中写道：“盖吕萨克在他的论文里曾经说，气体化合的时候，它们的体积是按简单的比例化合的。如果所得的产物也是气体的话，其体积也是简单的比例。这就说明，在这些体积之中，它们所用的分子数是基本相同的，只有这样才能解释。所以我认为，对于任何气体来讲，等量体积的分子数是和气体体积成正比例的，否则就不能解释了。”同时，他对道尔顿的观点也做了解释：气体元素的最小粒子不一定是单原子，很可能是由多个原子结合成的单一分子。就是说，阿伏伽德罗以盖吕萨克的实验为基础，进行合理推理，引入了分子概念，并且把分子概念和原子概念区别开来，又联系起来，从而建立起化学和物理学中一个新的基本学说，即“一切气体在同等体积中含有相等数目的分子”。

阿伏伽德罗的新学说，虽然解决了道尔顿和盖吕萨克之间的争论，却和当时化学界占统治地位的柏济里乌斯关于分子构成的电化二元论发生了矛盾。柏济里乌斯认为，化合物中不同元素的原子带相反电荷，它们靠静电吸引力相互吸引，因此相同的原子不可能结合成分子。柏济里乌斯本人激烈反对阿伏伽德罗的学说，这就形成了阿伏伽德罗学说遭遇长期冷落的一个特殊背景。

柏济里乌斯是瑞典的一位科学权威，在化学界享有顶尖声望。人们的习惯心理，都是迷信权威的。当阿伏伽德罗的学说与柏济里乌斯的理论发生矛盾时，人们自然会站到维护科学权威的立场上。这些人的思维方式很简单：信任权威就等于信任科学真理，因为真理总在权威手中。阿伏伽德罗不是权威，他提出的理论当然是不值得信任的。无论在英国、法国，还是德国、瑞典，许多人都抱着这样的想法，尽管阿伏伽德罗除了懂本国语言，还懂得法文、英文和德文，并且同时用几种文字发表了自己的论文，而他创立的分子学说还是逃不脱被顽强排斥的厄运。

22 年后的 1833 年，阿伏伽德罗的分子学说在法国曾经出现过一线希望。那时有一位名叫高丁的学者，在一个偶然机会读到阿伏伽德罗的论文，感到惊讶，经过研究和进一步理解后，他发表了一篇介绍分子学说的文章。但是，在顽固的习惯势力面前，普通学者高丁的介绍文章好比向大海投进一颗小石子，没有引起任何反响，分子学说遭受冷遇的状况仍无改变。

又 27 年后的 1860 年 9 月，欧洲各国化学家云集德国卡尔斯鲁厄参加国际化学会议。会议讨论的是原子量问题。讨论进行得很热烈，大家各抒己见，众说纷纭，无法达成共识。到了会议快结束的时候，意大利化学家坎尼札罗散发了他两年前发表的一篇短文《化学哲学教程概要》，这篇文章的重要内容之一，就是重新提起阿伏伽德罗的分子学说。文章散发到与会者手中，有的草草一读，有的塞进了会议资料袋中，几乎无人在意它。

幸运发生在散会后的归途中。德国青年化学家迈耶尔在返回德国的火车上翻阅会议文件时，无意中看到了坎尼札罗散发的文章。在仔细阅读后，他认为这是一个了不起的理论，如果接受阿伏伽德罗的化学式问题和原子量问题学说，长期争论的问题就迎刃而解了。迈耶尔有相见恨晚之感，他决心把这一学说重新传播给化学界。1864 年，迈耶尔出版自己的著作《近代化学理论》时，详细介绍并推荐了分子学说。人们正是从迈耶尔的著作中开始了解和接受阿伏伽德罗的分子学说，并把它当作化学领域的著名定律，冷落半个世纪之久的一桩科学奇案终于得到了结。这时，阿伏伽德罗已经离世八年了。

■ 孟德尔定律被忘却 35 年

孟德尔（G. J. Mendel）被誉为“遗传学之父”，是因为他奠定了现代遗传学的基础，创立了划时代的遗传学两个基本定律，即“分离定律”和“自由组合定律”，后称孟德尔定律。不过，孟德尔定律从提出到被人们接受，却经历了 35 年！

孟德尔是农民的儿子。少年时贫穷艰辛，没有条件接受良好教育，只得为庄园主当童工，看管庄园的果树。19 岁时（1841 年），妹妹变卖了全部嫁妆作为他的学费，孟德尔才得以进入奥尔米茨地方大学学哲学。后因生活所迫，中途辍学，到修道院当见习修士，取名为格里戈。后来，他取得神职，被提升为神父。从此，人们习惯称他为“仁慈的神父”。

孟德尔成为一个生物学家，所走过的道路特别曲折。他起步于业余爱好。在修道院当见习修士时，他一方面钻研枯燥无味的神学，一方面在菜园里种植一些显花植物，进行观察和欣赏，时日一久便产生了研究植物的兴趣。爱好和兴趣只是成长的起点，真正使孟德尔的科学生涯发生转折的，是在 1851 年他被修道院输送到维也纳大学担任数学和自然科学教学工作，在那里受到植物生理学家翁格尔的影响和指导，才真正进入科学之门。

翁格尔是进化论的先驱者之一，他在教学或闲聊时，经常向学生讲解生物变异和进化的思想，还尽力说服大家今后要按照这种思想去做研究，特别鼓励学生进行植物杂交实验。孟德尔和其他学生一样，很快接受了翁格尔的思想；但和许多学生不同的是，他不囿于老师讲的现成概念，而是注意遵循必要原则，亲自做实验，取得一手数据，确立自己的见解。

5 年后（1856 年），孟德尔又回到修道院的菜园里，专心致志地进行植物杂交实验。他选用的是自花授粉的豌豆，共收集了 34 个株系的豌豆品种，把修道院内不到2400平方英尺的菜园子，完全变成了一个科学实验基地。他细心地同时进行植株的自花授粉（即同一品种自我生殖）和人工杂交授粉（即用不同品种杂交生育），然后把它们包扎起来，以免再发生意外的昆虫授粉。下一代生长成后，再进行同样的授粉实验。孟德尔采用这种实验方法，可以仔细研究子代与亲本之间的遗传关系。

艰辛的实验，是对科学家意志的考验，多嘴闲人说三道四更加激发了孟德尔的热情。有人说他不务正业，成天沉醉于花花草草，还有人说他是以科学实验为名，图个人消遣，等等。孟德尔对事业充满着自信，又有足够的耐心，所以他把所有闲言碎语当作耳边风，一个劲儿地潜心做实验。经过整整8年的辛劳，孟德尔亲手栽培了数以千万计的植株，进行了成千上万次的授粉实验，掌握了大量的实验数据，得出许多规律性的认识，终于写出了《植物杂交试验》论文，提出了遗传基因学说。论文指出：植物种子内存在稳定的遗传因子（现称“基因”），它控制着物种的性状，每一性状由来自父本和母本的一对遗传因子所控制，它们只有一方表现出来，另一方不表现出，不表现的一方并不消失，它在下一代会以四分之一的比例重新表现出来。遗憾的是，孟德尔没有把自己的理论立即公之于世。因为他开始意识到，自己的理论和当时流行的融合性遗传理论不相吻合，他有些犹豫了。

气象学家耐塞尔给予孟德尔以有力的支持。耐塞尔虽然和孟德尔不是同行，也不完全理解孟德尔实验的意义，但他是布尔诺自然科学协会主席，有责任鼓励新的科学思想。经过耐塞尔的推荐，1865年2月，孟德尔在布尔诺自然科学协会大会上，第一次报告了自己的遗传理论。由于那时做杂交实验的人很多，听者不以为然，同时也由于孟德尔的实验采用了数学方法，做得非常新颖，听者不大理解报告的内容，因而会上反应冷淡，连提问题的人也没有。第二年，孟德尔的报告发表在布尔诺自然科学协会会刊上，并赠送给了国内外一百二十多个科学机构和大学。许多人读了报告，对新理论却熟视无睹，原因之一是既懂数学又懂植物学的人太少了，而孟德尔则是开了用数学方法研究植物学的先河。

对于另外一类人，更重要的原因是，认为孟德尔太没有名气，也没有什么资历，只是一个代理中学教师的神父，于是从世俗偏见出发，根本不屑阅读孟德尔的文章。他们主观断定，像孟德尔这样身份卑微的人，不可能做出有水平的研究；如果提出什么学说的话，一定是站不住脚的。

孟德尔意识到了这一点，觉得自己需要有大人物赏识和提携。1865年12月31日，他抱着最后一线希望，把论文副本寄给了德国植物学权威耐格里。孟德尔曾经从耐格里的细胞种质学说中受到过启发，他认为豌豆育种实验正好可以证明耐格里的细胞种质学说。耐格里一看到孟德尔的文章，就对文中繁杂的数学计算感到厌烦，根本没有他感兴趣的那种恢宏的体系和富有哲理的思辨，怎么可能洞察这样重要的遗传学问题呢？他始终对孟德尔的实验抱着怀疑和冷漠的态度。最明显的是，耐格里在一系列著作中，从未提及过孟德尔的工作。在耐格里心目中，孟德尔只是一位仁慈的神父，而不是一个训练有素的生物学家。他曾经说过："有机体的起源问题，是植物生理学中一门高超的学问，只有那些在最模糊专业领域能够做出正确判断的人，才能探究这个问题。"问题更在于，耐格里的观点已经成为生物学界的一种职业偏见。

偏见不仅排斥真理，也给孟德尔带来了精神上的郁闷和忧伤，加之他终身未娶，环境孤独寂寞，他患了心脏病，于1884年1月6日独自坐在沙发里溘然长逝。

科学真理不可能永远湮没无闻。1900年年初，荷兰的德弗里斯、德国的柯灵斯和奥地利的丘歇马克，通过各自的实验研究，分别证实并且重新发现了孟德尔35年前发现的遗传学的两个基本定律，终于证实了孟德尔的学说。

为了纪念孟德尔这位艰辛的遗传学之父，1910年世界各国的一百五十余名著名学者倡议并募捐，在布尔诺孟德尔逝世地建立起一座孟德尔纪念碑，碑文写道：

研究者G.孟德尔神父
1822—1884
科学界的朋友
1910年敬立

■ 产褥热多猖獗了30年

产褥热不知道夺去了多少母亲和婴儿的生命。有统计，19世纪在欧洲每年有10%～30%的产妇死于产褥热。

产褥热致病原因很简单，由于链球菌等病菌侵入分娩妇女体内，引起子宫炎症或败血症，造成病人高热恶寒，从而导致死亡。长时间内，人们对这种病束手无策，久而久之，产褥热被看成是产科病房中无法避免的现象，染上染不上产褥热只好听天由命了。

其实，预防产褥热病的方法也同样简单，只要为产妇检查和接生的医生们用漂白粉溶液洗洗手，达到消毒杀菌，就可以消除产褥热，或把产褥热的死亡率降到极低。这一有效方法，是匈牙利医生塞麦尔维斯在19世纪上半叶发明的，可是那时的医学界却无动于衷，没有人相信和采纳这个新发现。

塞麦尔维斯1818年出生于布达佩斯。他本打算学法律，因偶然陪一个朋友听了解剖学讲演，便改变初衷学医。1844年，在维也纳大学（匈牙利当时属于奥地利帝国）取得医学学位后，他便到维也纳总医院做了克莱因教授的助手。

当时，欧洲各国产科医院产褥热病十分猖獗。奇怪的是，在家中生产由无专业知识的产婆接生，却反而很少发生产褥热病。这种司空见惯的现象引起了塞麦尔维斯的浓厚兴趣，但男性医生研究产褥热违反世俗传统观念，他工作尚未着手进行，种种非议就出现了。

塞麦尔维斯打破传统观念束缚，开始寻找产褥热的致病原因。维也纳总医院的产科分为甲乙两部，设备和技术条件分不出高低，而甲部因产褥热病造成死亡的人数却高于乙部几倍甚至更多。原来甲部的医生要进病理解剖室，接触因病死亡的产妇尸体，而乙部的医生没有这项任务。塞麦尔维斯开始意识到，产褥热可能是医生从解剖室通过不干净的手把病菌带给健康产妇造成的。

从1847年起，塞麦尔维斯规定他手下的医生、助产士，在给分娩产妇检查和接生之前，必须用漂白粉溶液洗手消毒。结果很快见了效，当年的产褥热死亡率从18%下降到1%。到第二年，塞麦尔维斯所在科室的产科医生都严格实行了洗手消毒，而那里的产妇竟没有一人死于产褥热。

但是，这一经过实践证明而行之有效的方法，由于保守势力的抵制却推广不开。首先是接生医生们对此反感，他们不能接受这样的事实：是医生的手造成了产褥热。因而他们以愤怒的情绪抵制塞麦尔维斯主张让医生洗手消毒的做法，认为这亵渎了引以为自豪的医生职业。更大的阻力，来自塞麦尔维斯的顶头上司克莱因教授。一开始他就执意反对塞麦尔维斯去关注产褥热，后来塞麦尔维斯的工作有了进展，他又不顾事实一概加以否定。在维也纳总医院，克莱因成为洗手消毒反对者的“总后台”。这样，消毒法在维也纳总医院一降生就夭折了，塞麦尔维斯也成了医生们讨厌的人。

更不幸的是，塞麦尔维斯受到政治迫害。1849 年，匈牙利人举行起义反抗奥地利的统治（未能成功），维也纳的医生们对匈牙利人进行报复，赶走了塞麦尔维斯这位不受他们欢迎的人。

回到布达佩斯后，塞麦尔维斯在他工作的医院积极推行用漂白粉洗手和消毒器械，使因产褥热造成死亡的情况大为改观。在他主管的 6 年中，产褥热死亡率平均不到 1%。后来，消毒法在布达佩斯普遍推广，那里的产褥热几乎绝了迹。而在欧洲其他地方情况却大不相同。在布拉格，1861 年由于产褥热，有 4% 的产妇和 22.5% 的婴儿死亡；在斯德哥尔摩，1860 年有 40% 的产妇染上产褥热，其中 16% 的人死亡；在塞麦尔维斯原先工作过的维也纳总医院的产科病房，1860 年秋，有 101 人患产褥热，其中 35 人死亡……

这些使人心惊肉跳的数字，依然无法唤醒那些自命高贵的医生们的良知。塞麦尔维斯把总结多年研究和大量临床实验的文章《产褥热的病原、实质和预防》散发到欧洲各国，欧洲医学界再一次表示了冷漠、不理睬的态度，有人甚至说产褥热是一种先天性疾病，洗手消毒根本无济于事。

无奈之下，塞麦尔维斯于 1862 年写了一封致产科教授的措辞强烈的公开信。他写道：“如果产科教授们不立即用我的主张指导学生的话……我就直接告诉那些毫无办法的群众说：‘你，一家之父，你知道把产科医生或助产士请到你妻子面前意味着什么吗？……那就等于把你的妻子和未出世的孩子置于死亡的危险之中。如果你不愿成为一个鳏夫，不愿让你未出生的孩子染上致命的细菌，不愿让你的儿女失掉母亲，那么就去买一块钱漂白粉，把它溶在水中，如果产科医生和助产士不当着你的面用漂白粉溶液洗手，就不让他检查你的妻子，你还要摸摸他们的手，确认他们的手洗得能感到滑润才行，否则也不能让他们做体内检查。’”

3 年后，塞麦尔维斯出现神经错乱，被骗进了疯人院。两个星期后即 1865 年 8 月 13 日，塞麦尔维斯死于疯人院。

后来，英国外科医生李斯忒援引巴斯德的细菌学说，创立了化学灭菌法，并首先试用石碳酸作消毒剂取得成功。再后来，在巴斯德权威力量的推荐和说服下，产科医生们才逐渐接受了要他们在为产妇检查和接生之前，必须洗手消毒的道理。令人难以置信的是，这个简单而又有效救护生灵的方法，却被延误了近三十年。这期间，被产褥热无辜夺去生命的婴儿和产妇难计其数。

世俗篇之

比男人更多挫折的女性科学家

19世纪的德国数学家高斯（J. C. F. Gauss）说过这样的话："一个人仅仅因为是女人，囿于习俗和偏见，她要踏上布满荆棘的科学研究之途，就必然会遭到比男人更多的挫折。然而，她们却能克服这些障碍，并且专心致志于数学中最艰涩的部分。毋庸置疑，她们必将拥有最高的胆略，非凡的才干和超人的禀赋。"生活在不同国度、不同时期的三位女科学家索菲娅·柯瓦列夫斯卡娅（C. B. Ковалевская）、玛丽·居里（M. S. Curie）和吴健雄，她们的科学之旅，确实遭受了比男人更多的挫折。

■ 习俗禁锢下的数学天才索菲娅

索菲娅1850年出生在莫斯科一个贵族家庭。由于受到身为数学家的祖父和外祖父的熏陶，她从小便对数学有着特别的兴趣和天赋。14岁时，她曾独立推导出一个三角公式，一鸣惊人，被誉为"新帕斯卡"（法国17世纪天才数学家帕斯卡，16岁时出版了一本论圆锥曲线的几何学的书，19岁时发明了一种用齿轮制作的、可运算加减法的计算机。他只活了39岁）。17岁时，她随父亲迁居彼得堡。父母本想让索菲娅按照贵族小姐的道路安排自己的生活，可索菲娅对这些没有任何兴趣。她最愿意花时间的只有数学，决心成为一个女数学家。可是，索菲娅哪里会想到，她选择的是一条崎岖不平、布满荆棘的道路。

俄国各大学特别是名气大的大学，都有一条约定俗成的规定：不接受女生入学。索菲娅抱着侥幸心理，四处奔波，以为能寻找到破例良机，结果证明此路不通。无奈之下，她只好另谋他途——出国去求学。没想到在沙俄上流社会，女人出国也有一条必须遵守的规矩：除非已婚，否则，非但出国不成，还会弄个身败名裂。索菲娅为了达到目的，经过深思熟虑并征得了对方同意，她决定采取手段来摆脱父母和世俗的监督，于1868年秋和志同道合的恋人生物学家奥·乌·柯瓦列夫斯基举行“结婚”仪式，但不真的结婚。从此，索菲娅的全名为索菲娅·柯瓦列夫斯卡娅。她终于跨越第一道障碍远走高飞到了德国，进入海德堡大学，在数学家哥尼斯伯格指导下攻读数学，同时兼听物理学家亥姆霍兹和基尔霍夫的课。

一年后，索菲娅抱着对分析数学的满腔热情想转到哥廷根大学，投奔到分析数学之父维尔斯特拉斯（K. Weierstrass）的门下。出乎意料的是，哥廷根大学规定不招收女数学研究生。索菲娅亲自去找了维尔斯特拉斯教授，教授摇摇头遗憾地表示，他也认为女性确实难以做出出色的科学工作，尤其不适合从事数学研究。教授好心劝告索菲娅，如果真有志于科学工作，最好改学数学以外的其他学科，到别的学校去碰碰运气。对于这位数学大师来说，讲出这样的话已经是很客气了。而对于索菲娅来说，教授的忠告就像当头浇下一盆凉水。

生性倔强的索菲娅把科学追求看作如同生命一样珍贵，紧紧地呵护着它。两天后，她鼓起勇气再次登门拜访维尔斯特拉斯，言辞恳切地表述了渴望献身数学的心情和自己从小对数学的特殊爱好。55岁的教授被眼前这个20岁的女青年的执着精神和真诚态度打动了，他有意留下她，但不知她数学功底如何，便随手取出一组为高才生准备的偏微分方程，让索菲娅当场试解。结果，索菲娅不仅解出了这些方程，而且以解题方法的独到让教授倍觉新奇。爱才心切的维尔斯特拉斯便主动向学校评议会提出请求，破例录取索菲娅听他的课。但是，死板的校评议会不仅没有同意维尔斯特拉斯的请求，而且指责那是一个荒唐的主意，是不可思议的。教授想出了一个既不违反校方关于女生不能进课堂听课的规定，又不埋没数学人才的两全办法，决定用业余时间来指导索菲娅。

此后4年中，除了寒暑假和生病，每星期日下午，索菲娅不是在听维尔斯特拉斯讲课，就是师生二人进行专题讨论。索菲娅在完成研究生全部课程的同时，在维尔斯特拉斯指导下，还撰写并发表了三篇研究论文：一篇是研究偏微分方程，改进了法国数学家柯西的理论；一篇是研究积分学，改进了挪威数学家阿贝尔的理论；一篇是用数学方法研究土星光环，改进了法国数学家拉普拉斯和英国数学物理学家麦克斯韦的理论。由于索菲娅数学成就非同寻常，虽然她没在哥廷根大学正式跟班听课，校方不得不破例授予她数学博士学位。索菲娅成了数学史上第一个女博士。

同年，索菲娅与柯瓦列夫斯基在德国完婚，并一起回到了俄国。

六年后的俄国社会环境和过去一个样，落后保守的习俗和偏见处处紧跟着索菲娅。因为她是女人，即使是在国外学成回国，仍不能到大学去当教授，甚至连找一个谋生的职业也到处碰壁，竟成了失业妇女。后来，索菲娅的数学才华和勤奋精神不断结出硕果，她在对光线在晶体中的折射方面所取得的成果尤其突出，但在俄国仍无人理会她。经过几番周折，斯德哥尔摩大学聘任她为终身教授。后来，她还当选为瑞典科学院院士。

1888年，巴黎科学院公布了震动世界数学界的设奖征文公告：如有哪位数学家能解决一百多年来未能解决的刚体旋转问题，就可以获得奖金3000法郎。同时规定，所有作者都必须匿名，以便于公正、客观地评审。索菲娅过去没有研究过刚体问题，但她有兴趣试一试。不久，她写出一篇题为《关于刚体在重力作用下绕定点的转动》的论文参加应征。她还按组织者的要求，附上了自己的座右铭："说你知道的话，办你应该办的事，做你想做的人。"

索菲娅的应征论文，用超椭圆函数的积分解决了刚体转动的非对称的比较一般情形，开辟了近代力学中应用数学分析的新方向，因而获得论文评审委员们的高度评价。最后评审委员会决定把征文奖授予该论文的作者，同时决定将奖金数额由原来的3000法郎提高到5000法郎。

几天后，巴黎科学院举行隆重的征文揭晓暨颁奖大会。当评委会宣读完获奖的论文题目和作者座右铭时，全场爆发出热烈的掌声和欢呼声……可是顷刻之间，全场的热烈气氛突然冷却下来，取而代之的是一片惊讶的嘘声。原来走上领奖台的是一位女性——索菲娅·柯瓦列夫斯卡娅。这样的事实让评委们深感意外。面对索菲娅，人们脸上挂着复杂的表情，有惊奇的，有羡慕的，有无所谓的，但更多的是表示怀疑，心里在嘀咕：获奖的论文是出自她的手吗？会不会是冒名顶替或是抄袭他人的成果呢？……然而，事实终归是事实，索菲娅又一次跨越了陈腐的性别习俗和偏见。

■ 居里夫人不是法国科学院院士

回顾近代科学历史时，人们自然会想到原子时代开创者之一的玛丽·居里（习惯称居里夫人）。作为一位杰出的科学家，居里夫人的卓越成就早已为历史所公认，她是全世界第一个两次诺贝尔奖的获得者；作为一位伟大的女性，她赢得了世界各国妇女的同情、支持和敬仰。同时，也因为她是女性科学家，她一生中遭遇了比男人更多的艰辛和磨难。

玛丽·居里 1867 年出生于被沙俄占领的波兰教师家庭，亡国痛深深印在她幼嫩的心灵里。民族压迫、社会冷遇和生活贫困等多重压迫，激发了少年玛丽的爱国热情和进取精神。她立志努力学习，用知识武装自己，为祖国争光。但是，愿望很快变为失望。因为华沙大学不招收女生，她中学毕业后，面临既无书可读又无业可就的局面，不得不去给人当家庭教师，每天干 7 小时正式工作外加 2 小时义务活，整整饱尝了 6 年这样的劳苦和任人发号施令的辛酸。

1891 年，24 岁的玛丽依靠自己当家庭教师的积蓄，踏上了去巴黎求学的道路。在那里，经过比常人加倍的努力，4 年中她先后获得了物理学和数学学士学位。1895 年，她结识了居里先生，为科学献身的理想，把他们永远地联系在一起。

居里夫妇第一个共同奋斗的成果产生于 1898 年。这时，居里夫人生下长女伊莱娜后身体刚刚复原。法国物理学家贝克勒尔发现射线的实验，强烈地吸引着她的探索热情，她不顾产后身体虚弱，和丈夫一起进行了大量的实验和研究。在解开了放射作用是铀原子的一种特性这一谜团以后，仍不满足，继续寻根究底，终于在1898年发现了一个未知的新元素，并决定用祖国“波兰”（Poland）把它命名为“钋”（Polonium）。7月18日，居里先生在向法国科学院报告发现新元素时说：“如果这种新元素的发现将来能够证实的话，我们提议把它命名为钋，这个字来源于我俩之一的祖国的国名。”

从此，居里夫人继续废寝忘食地探索未知世界。几个月后，她和居里从沥青铀矿中发现了另一个新的放射性元素。它的放射强度，比纯铀还要强900倍之多。这个新元素就是镭。圣诞节过后一天即1898年12月26日，居里夫妇又向法国科学院宣读了发现镭的报告。然而，科学院的那些主流派科学家对此表示怀疑，一些人以藐视的口气说：“镭？镭在哪里？拿镭出来给我们看看。”一位权威化学家断然说：“没有原子量，就没有镭。”

面对权威的挑战，居里夫人没有退缩，她决心用事实来回敬轻蔑。但是，“拿出镭来”谈何容易。几个问题使他们感到忧虑：首先，纯镭需要从铀矿石中提炼，而它在铀矿中含量极少极少，必须有非常大量的沥青铀矿物，这种矿物价格很昂贵，找不到也买不起；再就是，在什么地方进行提炼？居里先生只是巴黎理化专门学校的一名普通教授，没有研究经费和实验室，而居里夫人只是居里先生的一名无报酬的工作助手……钱又从哪里来？

这些物质上的困难并没有难住居里夫妇。他们几乎用光了所有的积蓄，还变卖或典当了所有值钱的东西，想方设法从奥地利买到廉价的沥青铀矿废渣。他们在理化学校租了一间“上漏下潮的既像马厩，又像是贮存土豆的仓库”的破旧工棚作为实验室。这里没有一件像样的仪器设备，甚至连排除有害气体的排风扇也无钱安装。就是在这样的条件下，居里夫人的工作时间还大大超过法国议会规定的女工至多每天工作11小时的限度，夜以继日，坚持提炼。历经了整整45个月的艰辛，经过数以万次计的溶解、蒸发、分离、提纯，到1902年，又怀有身孕的居里夫人和丈夫一起，终于从几十吨沥青铀矿废渣中，提炼出了十分之一克的纯氯化镭，并测定了镭的原子量为225。这是人类第一次认识了镭，它预示着原子时代的到来。

1903年12月10日，居里夫人的成就得到了公认（获得第一个诺贝尔奖）。但作为女人，她依然遭受挫折和不公平对待。就在她获得荣誉的同时，精神创伤不断降临到她身上。暑假时居里夫人生下一个不足月的早产儿，几小时后夭折了。人们以为是太劳累的缘故，其实是在提炼镭时受到了放射性伤害。她刚刚恢复常态，父亲又突然在波兰不幸去世，在她赶到时，遗体已入殓，她久久跪在棺前，悲痛至极。一回到巴黎，她患了严重流感，本已虚弱的身体被折磨得骨瘦如柴，就连接受诺贝尔奖的仪式也无法前往。居里先生只得给瑞典皇家科学院写信，建议推迟颁奖，信中说："每年这个时候，我们都不能离开各自担负的教职。否则，教学工作会受到很大干扰。还有，居里夫人今夏患病，尚未完全康复。"

镭成了明星。英国皇家学会邀请居里先生去做"星期五晚上的演说"。这是最杰出科学家做最出色科学普及讲演的场所。皇家学会请居里先生在这里向英国公众介绍镭，而同是镭的发现者的玛丽·居里没有受到邀请，只是作为夫人随行，不在报告的正式场合出面。在居里先生发表讲演那天，当居里夫人和丈夫同时登上讲台并坐到了主持人旁边时，皇家学会的官员们顿时惊慌失措，心里很不痛快，认为没有阻止居里夫人登上讲台是安排上出了纰漏。第二年6月，居里夫妇前往斯德哥尔摩接受诺贝尔奖，按照规定，得奖人演说也是安排由居里先生做，而居里夫人却坐在大厅里作听众。

在法国，居里夫人仍然没有自己的教席，没有工作室，更得不到科学研究经费，摆脱不了"女人，即使是最出色的女人，也是丈夫的配角"的地位。发现镭并获得诺贝尔奖后，居里先生成了公众满足好奇心的目标，他要应付没完没了的应酬、接待、访问。居里先生和居里夫人很厌恶这些慕名行为，尤其厌恶这些行为所表现的世俗和偏见。无论居里夫人以何种精神追求科学和取得怎样的科学成就，在社会上及科学界的世俗观点看来，她总是被作为"配角"出现的。法国《祖国报》发表过一篇"访问记"，说居里夫人为丈夫的成功感到高兴，而她作为妻子唯一的愿望，就是对丈夫的研究给予帮助。这个"访问记"被居里夫人断然否认，她致信《祖国报》说："我从未同贵报任何人说过话，也没有对其他任何人表达过那些意思。”

居里夫人没有为个人的需要提过任何要求，但她朝思暮想有一个她和居里共同的实验室，她不止一次为之大声疾呼。她明确表示，这不是满足个人的享受和贪婪，这是法国的需要，是科学事业的需要。她曾恳切地向法国当局写信呼吁：“镭的发现固然是在穷困的情况下完成的，但绝不是成功的条件和理由，只不过弄得我们精疲力竭而已。为科学进步，为人类谋幸福，除禀赋的聪明与意志的虔诚外，还得有相当的设备。”然而，在当时法国的世俗风气下，居里夫人长期经受着不被承认的痛苦，她的呼吁每每如同石沉大海，直至居里先生 47 岁 1906 年因车祸丧生后，企盼已久的愿望才变成现实——这就是 1914 年建成的居里实验室。

居里逝世后，居里夫人多了一个称呼——“著名的孀妇”。她孤立无援地撑起被不幸搅乱了的家，她要负起赡养老人和教育两个年幼孩子的责任。有的朋友建议请求公众捐助，救济处于困境中的居里夫人，她拒绝了。法国政府援引巴斯德遗孀的先例，准备给居里夫人以遗孀困难补助，她也拒绝了。她说：“我能工作。”

她欣然接受了巴黎大学的任命，接替居里的教席担任授课教师。一个伟大的女性终于进入了课堂。有些人为此向居里夫人表示祝贺，居里夫人心里则鄙视这些人，称他们是“蠢家伙”。

居里夫人的伟大逐渐被公众所了解，人们称她为“无尚荣光的女人”。但在法国科学界，不平等并没有远离居里夫人。

1910 年，她接受朋友的劝说，同意参加下一年度的法国科学院院士竞选。这本不是她的意愿。7 年前丈夫第一次落选的事实，使她认识到，那个地方不适合她。在那里，有科学成就不是有利条件，科学成就往往成为被人嫉妒和挑剔的把柄。按照早已形成的习惯礼仪，要想选为院士，候选人必须对院士呼朋引类，登门参拜，曲意逢迎，争得好感，以便得到应有的票数。居里夫人视此为卑劣行径，她不可能为达到当选院士的目的去登楼、按门铃，更不用说借此机会去向别人献媚，去对别人炫耀自己的资历和成就。她认为，这些都是科学家的耻辱。更何况，作为女人，她要竞选院士的消息，已经引起了广泛争论，教育界、科学界、大报小报、自由派、女权人士、教会等都介入其中，唇枪舌战，空前激烈。

虽然许多著名科学家主张打破法国科学院的惯例，支持居里夫人当选，但公正的呼声却被顽固的偏见所淹没。有些人为了抵制居里夫人当选院士，不惜无中生有，竭尽挑拨之能事。他们在天主教徒面前，说居里夫人是犹太女子，不要投她的票；同时，又有人对自由派说，居里夫人是天主教徒；顽固的"卫道者"甚至在选举会上高喊："不让女人进到科学院来！"1911 年 1 月底，法国科学院院士投票表决中，居里夫人以 28 票对另一位男候选人的 30 票而落选。

一个标榜平等、自由、博爱的国家的堂堂科学院，始终对居里夫人紧关着大门，因为她是一个女人！同年底，居里夫人又一次荣获了诺贝尔化学奖，成为世界上第一个两次获得诺贝尔奖的科学家。

居里夫人一生追求科学，无私奉献，淡泊名利，鄙视世俗，从不被荣誉腐蚀。正如爱因斯坦说过的那样："在所有的著名人物中，居里夫人是唯一不被荣誉腐蚀的人。"但她却是一个遭遇更多磨难的人。

■ 吴健雄实验证明宇称不守恒 却没有和理论物理学家同获诺贝尔奖

1997 年 2 月 16 日，被誉为东方的居里夫人式的杰出女物理学家吴健雄与世长辞了。诺贝尔奖得主李政道教授发表悼词写道："她是本世纪最杰出的物理学家之一，在实验物理研究上取得了伟大成就，对当代物理学的发展起了极重要的推进作用。……我作为曾经与她长期合作的同道，更是悲痛难抑……"

40 年前的 1957 年，是中国人在现代科学历史上，不可忘记的一年。这一年，两位中国年轻学者杨振宁、李政道，因为发现宇称不守恒定律，导致了有关基本粒子的重大发现，共同获得了诺贝尔物理学奖。他们获奖时的国籍登记为中国，中国学者终于登上了至高的科学地位。同样不能忘记的是，首先从实验中验证了这一伟大理论的另一位中国女学者吴健雄，本应同时获奖却被拒之诺贝尔奖之外，这不能不使人感到惋惜。有人称，这是科学史上无法弥补的又一件不公平的憾事。

杨振宁、李政道和吴健雄合作经过

传统物理学的观点认为，时间和空间是对称的。到了 20 世纪，物理学家进一步了解到动量和能量守恒定律是建立在空间和时间对称的基础上的。再到了讨论比原子更小的粒子的量子力学以后，便引入了宇称守恒概念。“宇称守恒”是说，物理定律在最深层次上，是不分左右的，左边和右边都是相同的。20 世纪 50 年代初，物理学家发现了一些奇异粒子，这些奇异粒子在实验中呈现出原理论不可解的现象，引起对宇称守恒定律的许多质疑，但没有更多的人去做深入探讨。

杨振宁和李政道对此做了专门研究，并首先向宇称守恒原理提出挑战，其中一个关键性的想法，是把弱相互作用中的宇称守恒和强相互作用的宇称守恒加以分别看待。经过长时间的讨论，他们首先提出了在弱相互作用过程中宇称不守恒的假设。

假设需要实验结果验证。于是杨振宁、李政道想到了研究弱相互作用的权威专家吴健雄。三人多次讨论后，吴健雄建议最好用 Co 作为 β 衰变放射源来检验宇称守恒定律。杨、李分别对 β 衰变进行了繁杂的计算，结果发现宇称守恒与 β 衰变没有关系，也就是说 β 衰变不能证明宇称守恒定律。因此，他们完成了最后的论文《在弱相互作用中宇称是守恒的吗？》，并于 1956 年 6 月 22 日将论文寄给了权威杂志《物理评论》。编辑部认为标题不宜用疑问式，遂改为《对弱相互作用中宇称守恒的质疑》，于同年 10 月 1 日刊出。这篇划时代的推翻宇称定律的论文得到了公认，论文作者杨振宁、李政道因此获得科学最高奖。

用实验证明宇称不守恒原理居首功的是吴健雄。她首先决定用最先进的原子核实验技术和低温物理技术做实验。由于仪器设备方面的原因，做低温物理技术实验时，她邀请位于华盛顿的国家标准局的安伯勒一起进行。起初，安伯勒这位来自牛津大学的学者没有理解实验的重要性，他决定要休假，这出乎吴健雄的意料，她只好利用安伯勒休假的两周时间再做更充分的实验准备。

实验开始后，在国家标准局又遇到了困难，有的物理学家公然认为吴健雄的实验是在浪费时间。吴健雄却坚持不懈做下去，从实验设计、实验方法和具体操作，她样样去干，而且她还要经常独自一人奔波于华盛顿和纽约之间。在实验取得进展时，安伯勒的顶头上司，也是来自牛津大学的哈德森又参加了进来。更使吴健雄不可理解的是，实验过程中他们那种漫不经心的态度，居然饭后打桥牌，谁也不在乎一个正紧张做实验的女人。

在克服了种种不愉快之后，到1956年圣诞节前夕，杨振宁、李政道的假设，在实验中基本得到证实。但严谨的吴健雄，认为宣布结果之前还想在圣诞节过后再做一次验证，以求完全准确无误。在回到纽约度圣诞假时，吴健雄把最新实验结果告诉了杨振宁和李政道，并要他们暂时不向外透露。

这时，又一件节外生枝的事情发生了。1957年1月4日，是哥伦比亚大学常例的“星期五午餐聚会”，李政道将吴健雄实验的结果告诉了与会者。其中哥伦比亚大学实验物理学家李德曼听了李政道通报的消息后，立即花4天时间抢先用另一种实验证明宇称不守恒。1月8日清晨6时，他在电话中告诉李政道说：“宇称定律死了。”

过完圣诞即1月2日，吴健雄按原计划回到华盛顿并做了最后一次验证实验。1月9日凌晨两点钟，终于将验证实验全部做完，结果使大家感到兴奋，不约而同地说：“好了，β 衰变中的宇称定律已经死了！”

接踵而至的伤害

然而，困难和痛苦往往伴随着成功到来。在获得结果的当天，实验人员在一起讨论实验论文。当吴健雄拿出已写好的论文稿进行讨论时，国家标准局的几位同事当即表示出不乐意，认为本是共同合作的实验，却成了以吴健雄女士为主的实验，而标准局的几个男人成了给她帮忙的了，心里很不舒服。同时，他们对论文的写法也大为不满，认为吴健雄起草的论文报告稿只讲了杨、李的论文，以及吴和杨、李进行的讨论，而没有提到国家标准局的人。此外，关于论文的署名顺序也发生了分歧，有人策略地主张按英文字母顺序排列，安伯勒居首，吴健雄排最后。当吴表示出不同意见后，安伯勒出来打圆场，他建议吴居首位，其他4人按字母顺序排列。分歧算解决了，但彼此的关系弄得很糟，而吴健雄心理上受到的损害，更觉苦不堪言。

麻烦事一件接着一件。匈牙利籍物理学家泰勒格蒂，差不多和吴健雄同时开始做验证弱相互作用中的宇称守恒实验，后来他赴欧洲奔丧。当他从欧洲回到美国，知道了吴健雄等人的结果后，便匆匆忙忙赶完了实验并抢先向《物理评论》送出论文。没想到反而弄巧成拙，因为论文实验统计数据不足，被退稿补充，结果其论文在《物理评论》刊出的时间，比吴健雄等人的文章晚了一期（即两个星期）。泰勒格蒂对此大为不满，指责《物理评论》受了非科学因素的影响，是“哥大帮”捣了鬼，并扬言要退出美国物理学会，要离开物理工作，以示抗议，一时又闹得满城风雨。

1957年1月31日，美国物理学会在纽约大饭店举行年会，参加人数超过三千人，创了新纪录，原因之一是大家对宇称不守恒的新发现抱着莫大兴趣。在最后一天的特别讨论会上，杨振宁做了理论假设的报告，吴健雄报告了实验验证结果，同时也安排李德曼、泰勒格蒂做了报告。尽管这样，此后几个月里，吴健雄单独受到许多大学和科学机构的邀请，请她去报告成功的实验。而且，她还被邀请到瑞士、法国、意大利、以色列等地做讲演访问，受到各国科学界的瞩目。

但是，同年10月，斯德哥尔摩决定该年度的诺贝尔物理学奖授予宇称不守恒定律的发现者，而获奖者中却没有成功验证该定律居首功的吴健雄。

不平与疑惑

最早得知消息的是时任普林斯顿高等研究所所长的奥本海默。他为吴健雄未能列入获奖名单感到惊异，特意打电话告诉正在纽约北部讲课的吴健雄，并专门安排了一次有杨振宁、李政道、吴健雄等参加的晚宴，表示庆贺。晚宴前，奥本海默做了简短讲话，其中讲到，这次宇称不守恒的工作，有三个人功劳最大，除了杨振宁、李政道之外，就是吴健雄。奥本海默特别强调不可忽视吴健雄的贡献。

吴健雄被排除在诺贝尔奖之外的消息传开后，科学界议论纷纷，许多人对此不满，特别是一些有名望的大科学家对瑞典科学院的决定表示失望和疑惑。哥伦比亚大学物理学家斯坦伯格（1988年获得诺贝尔奖）

公开认为，1957年的诺贝尔奖没有同时颁给吴健雄，是诺贝尔奖委员会的最大失误，理由是宇称不守恒的构想虽然是杨振宁、李政道提出的，但它却是由吴健雄做实验证实的。

要说到的是，权威的美国《科学》杂志也出来打抱不平。20世纪80年代末，《科学》杂志在报道哥伦比亚大学20世纪40年代末到60年代初15年间所获的6次诺贝尔奖时，讲出了许多人的相同观点，报道认为，吴健雄应该是1957年诺贝尔奖的共同获奖人。

应该获诺贝尔奖的吴健雄没有获奖，成了科学界难解的疑团。要彻底解开疑团，即使等到颁奖50年遴选档案材料解禁后，也难以见出分晓，因为不公平不是都有文字材料可查的，它往往藏在根深蒂固的意识和观念中。倒是有些好奇的人，根据捕捉到的蛛丝马迹，提出了一些线索，其中对女性的世俗偏见是原因之一。

吴健雄除了遭遇世俗偏见之外，有迹象表明，问题发生在吴健雄的一些合作者，主要是以安伯勒为代表的牛津低温物理学者方面。安伯勒出自牛津大学低温物理实验室，他在与吴健雄进行实验过程中，合作态度一直不好。开始时若无其事，并提出休假；实验中，漫不经心，常常与同事玩桥牌；成功后，鼓动争名次，他后来虽然建议吴健雄排在了论文的首位，那是因为吴健雄在美国物理学界名声太大，不得已而为之，其实他心中一直耿耿于怀，总以为少了国家标准局和他，实验是搞不成的。

分析人士认为，问题还在于牛津大学的一些科学家完全支持安伯勒的观点，他们甚至对把实验成功的功劳主要归于吴健雄表示愤怒。如安伯勒和哈德森的牛津老师、著名低温物理实验先驱柯提，就对他门下的两位低温物理学家没有得到居首功的荣誉公开表示不满。1958年3月，他在《今日物理》发表文章，特别讲到在宇称不守恒实验中，低温物理学家不可或缺而且是关键性的角色，但不幸地被忽视了。科学上的门户之见跃然纸上。

加之，科学界普遍认为，英国科学界和斯德哥尔摩诺贝尔奖委员会一向关系紧密，因而认为英国科学家的意见，可能会对决定获奖者产生影响。

吴健雄本人并不计较个人名利，二十多年里她从未对自己没有获得诺贝尔奖发表过意见，但她的内心一直在受着沉重的伤害。1989 年 1 月，吴健雄在回复诺贝尔奖得主斯坦伯格对她的赞誉和抱不平时写道："像你这样一位近代物理的伟大批评者，给予我这样一个罕有的称赞，比任何我所期望或重视的科学奖，还要更有价值。我的一生，全然投身于弱相互作用方面的研究，也乐在其中。尽管我从来没有为了得奖而去做研究工作，但是，当我的工作因为某种原因而被人忽视，依然是深深地伤害了我。"

遗憾的是，历史再也无法弥补对吴健雄的伤害了。

灾难篇之

科学被宗教践踏

哥白尼（N. Copernicus）创立日心说，揭开科学革命的序幕——布鲁诺（G. Bruno）英勇殉道——伽利略（G. Galilei）创用望远镜观测天体，敲响宗教神权统治的丧钟。

■ 地球是宇宙的中心吗

日、月、星辰每天东升西落，月亮阴阳圆缺周而复始，这些都是极为平常的天体运动现象；人类生活的地球，并不是处在宇宙的中心，它和其他行星一样，都以同一方向环绕着太阳运转……，现在已经成为人们熟知的常识。可是，在距今四百多年以前，围绕着到底太阳是宇宙的中心，还是地球是宇宙的中心，以及地球转动不转动这些问题，发生过一场决战。

早在公元 2 世纪，希腊（一说埃及）天文学家托勒密总结、综合前人和旁人的天文学成果，系统地参考和运用了比他早 300 年的希腊天文学家伊巴谷的工作成就，发表了称为时代巨著的《伟大之至》（Almagest），得出对宇宙的系统认识，这个系统后来以他自己的名字命名，称为托勒密体系。托勒密体系的内容，可概括为以下四点：

第一，天是球形的，而且像球一样转动着；

第二，地也是球形的；

第三，地球处于宇宙的中心；

第四，地球是静止的，它不做任何运动。

托勒密体系的核心思想是：地球是宇宙的中心，包括太阳、月亮在内的各种行星，都围绕着地球转动，所以人们把这个学说称为地心体系，或称地心学说。

科学真理是要通过艰苦探索、不断追求而获得的。在探索未知、追求真理的过程中，出现认识上或判断上的错误，都不足为奇。托勒密学说作为一项科学研究成果，发生错误不难理解。用历史的观点加以考察，也应该这样去认识托勒密学说：他虽然把宇宙之谜猜错了，而作为综合了当时天文学最高成就的科学体系，在天文学发展史上的地位，是不能否定的。问题在于错误的地心学说，为什么曾经独霸天文学界一千三百多年而不被摒弃？

原因自然是多方面的，其中最基本的一个原因，是宗教神权的极力利用和疯狂庇护。

■ 地心说钻进宗教的怀抱

在中世纪，欧洲的整个思想文化领域由教会和神学统治着。教会的教义同时就是最高标准的政治信条，《圣经》上的每一句话，在各种法规中都有法律效力；在精神上，对所谓世俗学问，都采取仇视的态度，谁要是传播同《圣经》相违背的观点，便被扣上“异端邪说”的大帽子，轻则坐牢、软禁，重则被处死刑。那时的自然科学根本没有地位，人们在自然知识方面愚昧得可怜，而只有人民大众愚昧无知，神权统治才能得以延续。那时的哲学虽然允许存在，但只是作为神学的“婢女”，只能无条件地、不折不扣地为神权服务。总而言之，那时的欧洲，允许什么存在，让什么流传于世，唯一的标准就看它是否符合神学教义和《圣经》。

托勒密的地心学说，在教会看来正可为其所用，便赋予它宗教意义，作为教会的正统理论加以利用和宣传，使其深入人心，以便抵制科学思想，维护宗教统治。

托勒密的地球处于宇宙中心的思想，被神学解释后，完全是一派宗教教义的说教。教会宣传说：人类及人类居住的地球，处在上帝的怀抱之中，它无时无刻无所不包地沐浴着上帝的光辉，享受着圣恩的温暖，上帝至高无上，它处于宇宙的外层，推动和掌握着宇宙的运行，注视着人类的一举一动。还说，人们生活在地球之中，有上帝的保护是无比安稳的，就像胎儿处在母亲的腹中一样，从母体吸收着营养。

托勒密体系中关于宇宙构成的观点，被宗教利用来解释人间的等级结构，认为天上高贵，地下卑贱，人要不断高升就要修炼，越往高处，就能进入神圣美妙的境地，经过月球天、水星天、金星天、太阳天、火星天、木星天、土星天、恒星天，最后到达水晶天，在那里可以见到上帝，将沉浸在美妙无比的幸福之中。

在那时，由宗教、神学统治的欧洲，教会是上帝的化身，神权至高无上，不容怀疑，不容违背。托勒密地心说被教义奉为正统后，它则与上帝同在，同样是不能怀疑和动摇的。怀疑它、动摇它，就是“对教皇的最大冒犯”，而与地心说不同的一切学说，统统被视为洪水猛兽加以排斥和镇压。从这个意义上看，托勒密科学体系，实际上长期起着阻碍科学发展和社会进步的消极作用。

一切违反科学的东西，注定是要被历史否定的，地心说必将被正确的理论所代替，从而推动科学前进。欧洲科学界在孕育着一场革命，这场革命必将是以攻占天文学新理论高峰为突破口。

■ 革命旗手哥白尼

哥白尼 1473 年出生于波兰维斯杜纳河畔的托伦城。他原名“戈毕尼格”，意思是“谦卑”。10 岁时，父亲因染上瘟疫去世后，他和哥哥、姐姐一起由舅父抚养。舅父是主教大公，但思想开明，学识渊博，特别是家中丰富的藏书，使小哥白尼洞开眼界，激发了他强烈的求知欲望。18 岁时，哥白尼进入波兰文化中心——克拉科夫大学，学习数学和医学。他爱好天文学，常常深夜爬到教堂房顶观察天象，认识星星。他对占星术鼓吹的“每个人都有一颗命星在天上，它预示着人的吉凶祸福”之类的说教，根本不相信，认为是用来骗人的。

1496 年，23 岁的哥白尼来到文艺复兴的策源地意大利，攻读法律、医学和神学，亲身感受了文艺复兴带来的新思想、新主张的活跃气氛。在哲学家、天文学家德·诺瓦纳的影响下，哥白尼六年中广泛涉猎古今哲学和天文学著作。当他发现曾有人持大地是动的见解时，他深受启发："……当我从这里觉得有这种可能的时候，我自己也开始思考大地的运动了。"在哥白尼天文学理论和观测经验有长足进步以后，他萌发了要纠正托勒密理论的勇气。他根据自己的初步观测开始体会到：如果太阳是在宇宙的中心，而不是地球在宇宙的中心，那么计算行星位置的图表会容易得多。

哥白尼并不是第一个提出这种想法的人。最早在公元前280年，古希腊天文学家阿利斯塔克曾经提出过类似的假设，他在他的著作中还计算过月亮和太阳的大小及距离，虽然计算很不准确，但凭直观经验得出过简单结论：月亮的直径比地球小，地球的直径比太阳小。根据这样的结论，太阳绕地球转动是不合乎逻辑的，应该是小物体围绕着大物体运转。德国红衣主教、哲学家尼古拉斯在1440年出版的著作中，也认为地球在地轴上旋转，并环绕太阳运行，他还认为宇宙间既没有"上"，也没有"下"。

先辈们的这些合理见解，为什么不能使更多的人相信？问题在于以前的这些见解没有详细的观测、科学的计算和严格的理论作基础。哥白尼意识到这一点，认为科学探索不能仅停留在提出见解的阶段。同时，他也清醒地意识到，自己是在走一条离经叛道的路，前面必将充满荆棘、坎坷和危险。但他满怀信心，坚定不移，就连舅父苦苦劝他放弃天文学研究以避免不幸，他都没有动摇建立新学说的信念。哥白尼对待科学的态度是严密而谨慎的。一次，罗马的朋友们邀请他做一次日心说的讲演，走上讲台时，他突然宣布不讲了，理由是他做的研究还不够深入，还需要有更充实的论据。

■ 科学的宣言

1506年，刚过而立之年的哥白尼，放弃了罗马大学教授的职位，回到阔别10年的祖国。他曾经动情地对朋友们说："没有任何职责比对祖国的职责更神圣。”他决心用自己所学的医学知识为同胞们服务，同时他还要在自己的国家完成日心说的研究。

三年后，经过大量的观测和艰苦的计算，哥白尼写成一篇题为《概要》的关于日心体系的手稿，先送给要好的朋友传阅。这一方面体现了他的严谨态度，为了听取意见再做修改；另一个更重要的原因，他觉得这个理论太具有革命性，不能贸然公之于世。

1539 年，哥白尼终于完成了代表日心地动学说的伟大著作《天体运行论》。书稿完成后，哥白尼并不急于出版，其原因正如他自己所说："不是怕自己的学说被人分享，而是担心费尽千辛万苦才获得的宝贵研究成果遭到轻蔑。因为有这样一班庸人，除非是有利可图，从不关心任何科学研究；或者虽然被人鼓励和依照先例而去做哲学的探求，但智力又很笨拙，就像蜜蜂中的雄蜂一样，懒惰而又愚蠢。而我的理论又很新奇和难以理解。于是，担心遭到轻蔑的思想几乎使我放弃了自己的打算。"

后在朋友们的规劝下，特别是德国青年数学家雷提库斯的强烈要求，哥白尼动了出版念头，但只同意由雷提库斯先写一本小册子，介绍他的日心地动学说。雷提库斯照做了，于第二年以《哥白尼〈天体运行论〉提纲》为题出版了。这本小册子立即引起天文学和哲学界的广泛兴趣，但又为小册子过于简单感到遗憾，大家把心愿寄托在阅读原著上。热情的雷提库斯又从德国来到波兰，极力劝说哥白尼出版《天体运行论》。1540 年，67 岁的哥白尼老人接受了劝说，并且委托雷提库斯负责一切出版事宜。不久，因雷提库斯卷进一场教义纠纷，把出版《天体运行论》的事宜转托给天文学家奥西安德尔负责。

奥西安德尔是一个新教徒，还是马丁·路德教派的教长。他知道新教领袖马丁·路德对哥白尼学说的态度，不是赞成而是坚决反对，因而他害怕出版哥白尼学说的著作对教会刺激太大，会给自己带来严重后果，便自作主张在书中加了一个题为"关于本书的假设告读者"的前言。这个"前言"的中心意思是说，哥白尼通过研究构造了一个关于宇宙的数学模型，是为了计算上的方便，并不是对实在世界的真实描述。

这样，《天体运行论》本来赋予的革命意义大大减弱，所向锋芒被隐藏起来了。更令人遗憾的是，"前言"还使哥白尼蒙受了半个多世纪的不白之冤，因为几乎所有阅读过《天体运行论》的读者，都以为书中的前言出自作者哥白尼。其实这是一个历史的误会，哥白尼对“前言”完全一无所知。奥西安德尔事先根本没有向哥白尼提起过要写前言，更没有说明要写这样意思的前言，前言写好后也没有送给哥白尼过目，只是在《天体运行论》第一本样书印出的那天即 1543 年 5 月 24 日，奥西安德尔拿着样书赶到病床前送给作者看，而这时的哥白尼因患中风病已经处于气息奄奄、神志不清的垂危状态，他什么没有看也没有说，便与世长辞了。

哥白尼蒙受的这桩冤案，是德国天文学家开普勒详细研究了哥白尼死前 4 个星期的全部记录材料后，于 1609 年加以澄清的，而到这时，哥白尼已经离开人世 66 个春秋了。

尽管《天体运行论》的出版遭遇了种种厄运，然而哥白尼学说一经问世，它就开始教人用新的眼光去观察世界，去审视目前的现实，就像一道曙光划破天空，照亮了沉睡的欧洲科学界，同时也刺痛了反动而虚弱的神权统治的神经，新旧教派惊慌失措，如临大敌，狂加攻击。新教领袖马丁·路德亲自出马进行煽动和谩骂：“人们正在注意一个突然发迹的天文学家，他力图证明是地球在旋转，而不是日、月、辰诸天在旋转。……这个蠢材竟然想把整个天文学连底都翻过来，可是《圣经》明明白白写着，约书亚喝令停止不动的是地球，而不是太阳。”于是，新旧教会断然行动，立即将《天体运行论》列为禁书，妄图阻止伟大科学真理的传播。

一些愚昧无知的人们，也对哥白尼学说提出责难和怀疑，说如果地球是快速运转的，为何球体不发生碰撞，地球上的人和物体为何不被抛到后面？甚至有人编讽刺剧、写长诗，嘲笑哥白尼是“怪人”“疯人”……

哥白尼学说拉开了一场决战的序幕，而不是决战的结束，这场决战还会是残酷而持久的。

■ 布鲁诺殉道

在宗教神权统治最严密、最顽固的意大利，曾经发生过惊天动地的一幕。那里有一个蔑视宗教神权的人物，这个人就是青年哲学家布鲁诺，他为了宣传和捍卫哥白尼学说英勇殉道。

《天体运行论》出版后第五年即1548年，布鲁诺出生在那不勒斯附近的诺拉镇。由于家境贫寒，从小没有接受良好教育的条件，全凭自己顽强自学，广泛获取知识。17岁进入圣多米尼克修道院后，他博览群书，勤于思考，很快成为知识渊博的青年学者。布鲁诺性格的最大特点是，思想开放、无拘无束、敢说敢为、大胆无畏。他是一个热忱的泛神论者，公开怀疑和攻击一切正统的信条。在他身上似乎有一种天生的叛逆精神，蔑视传统观念，对宗教神权的一切鼓吹都持怀疑态度；加之他能说善写，特别是他那富有鼓动性的演讲才华，不断地惹出一些麻烦来。

布鲁诺第一次读《天体运行论》，他心中马上燃起了火一般的热情，成为最坚定的拥护者和宣传者。他不仅积极宣扬日心地动学说，而且以哲学家的思辨能力广泛吸取科学见解，进而宣扬宇宙无限的思想。这使教会更感到恐惧和恼怒，立即动用教廷的权威，宣布要逮捕布鲁诺，迫使他就范。

1576年，28岁的布鲁诺不得不改名更姓逃出修道院，开始了长期的流亡生活。他先后去过罗马、日内瓦和巴黎，1582年逃到了英国牛津，他宣扬宇宙无限思想的著作《论无限的宇宙和多世界》，就是在牛津完稿并出版的（1584年）。布鲁诺的著作认为，宇宙是无限的，太阳系之外还有无限多个世界，太阳并不是宇宙的中心，无限的宇宙根本没有中心。这本著作中有一首诗，简明朴素地表明了布鲁诺的思想。翻译成中文，诗句表达的内容是：

展翅高飞信心满
晶空对我非遮拦
戳破晶空入无限
穿过一天又一天
以太万里真无边
银河茫茫遗人间

面对这样激进的思想和离经叛道的学说，教会暴跳如雷、惊恐万状。在一次次派人捕捉布鲁诺一次次扑了空之后，1592 年教会使出阴谋诡计，收买人把布鲁诺骗到设下了圈套的威尼斯。同年 5 月 23 日布鲁诺在威尼斯被捕，后被押解到罗马，囚禁在宗教裁判所的监狱里。在长达 7 年的监狱生活中，教廷对布鲁诺进行了无数次审讯，一次次以酷刑相威胁，迫使他放弃自己的观点，服从教义。但是，教廷的一切计划都落了空，布鲁诺软硬不吃，他坚持真理，捍卫科学，宁死不屈。他从内心对自己发出呼唤：坚持到底！不要灰心丧气，不要退却，哪怕那笨拙无知、拥有重权的高级法庭用种种阴谋来陷害你，哪怕它妄图使用一切手段来抵制那美好的意图，抵制你那种种著作的胜利。黔驴技穷的教会终于撕去了一切伪装的面纱，露出了狰狞的面目，最后宣判对布鲁诺处以火刑。刑期定在 1600 年 2 月 17 日。

这天，罗马城上空阴云密布，人们三三两两无言地走向繁花广场，广场上堆架了干柴，布鲁诺昂首挺胸站立在柴堆中央，丝毫没有惧色。在最后时刻，宗教裁判所的执行官再次向布鲁诺递过去十字架，只要他忏悔便可立即免刑释放。布鲁诺则一如既往，毫不犹豫地拒绝了，并轻蔑地对教廷说："在宣布对我的判决时，你们比我要恐惧得多。"

熊熊烈火吞没了布鲁诺的生命。然而，科学真理是战无不胜的，哥白尼、布鲁诺的大无畏精神和不屈不挠的意志，成为追求真理、创立科学的光辉旗帜。

■ 伽利略敲响丧钟

哥白尼学说要取得对神权斗争的彻底胜利，有赖于获得更多、更有力的有关天体及其运行的科学实证，迫切需要掌握更新的观测手段。

1608 年，荷兰一个眼镜工匠里普塞偶然间发明了一种用透镜制成的镜筒，可以将远处的物体加以放大，使之清晰可辨。这是望远镜的首创。第二年，消息传到意大利，引起了伽利略的极大兴趣。他从事天文学和物理学研究已经卓有成就，一直注重精确的观察和测量，动手制作仪器（如发明气体温度计）是他的习惯。受到里普塞的启发后，伽利略用了半年时间，经过反复设计、试验，制成了一种放大倍数为32倍的放大镜，既可以用作显微镜观察昆虫，又可以作为望远镜观察天体。当伽利略第一次把望远镜的观察目标对着耀眼的太阳和闪烁的夜空时，他眼前出现了从未见过的新奇景象，从此，神秘的宇宙大门向人们敞开了，哥白尼学说开始了大步前进。

伽利略发现月亮的表面呈现出斑斑点点，有山脉、有谷地，证明教义历来宣传的月亮光滑而无瑕疵的论据是不成立的；他发现太阳上有黑子，而且通过跟踪黑子，证明太阳绕轴自转一周需要27天，甚至以此确定了自转轴的取向；他观察恒星时，即使是很亮的恒星，在望远镜中只是些小小光点，而行星却像小球，他据此推断，恒星一定比行星远，宇宙可能是无穷大；更为新奇的发现，是他观察到木星周围有4个伴随的星体，这些星体有规律地绕木星运转，这证明小星体绕大星体运转的观点是合理的，同时也说明教义的正统观点即所有天体都围绕地球运转是错误的……

这一系列事实使伽利略兴奋不已，请听他当时说的话："现在多谢有了望远镜，我已经能使天体离我们比离亚里士多德近三四十倍，因此能够辨别出天体上的许多事情，都是亚里士多德所没有看见的；别的不讲，单是这些太阳黑子就是他绝对看不到的。所以我们要比亚里士多德更有把握地对待天体和太阳。"但是，科学事实并没有使顽固的教会认输休战，他们正寻找机会把心中的惶恐和愤怒发泄到伽利略身上。

伽利略在1610年的《星际使者》中发表了一系列新发现。1611年他抵达罗马时受到了隆重而热烈的欢迎，甚至宫廷中的达官贵人们也抑制不住对他的热情，成群地拥去参观他发明的望远镜，好奇地对着天空观察。教会和神学家则认为这是扰乱人心，公开同教义作对，必须加以制裁。1615年，先是罗马宗教法庭传讯伽利略，威逼他发表声明，宣布同哥白尼学说决裂。第二年2月，教皇对伽利略下达命令，再次宣布哥白尼学说为异端邪说，无论在讲演或写作中，都不能把哥白尼学说说成是科学事实，否则，将会得到与布鲁诺同样的下场。

面对威胁，伽利略没有放弃对科学真理的追求。他回到佛罗伦萨后，以充沛的精力从事观测和计算，花了整整5年时间，用他惯用的辩论文体完成了杰作《关于两种世界体系对话》，书中写了 3 个人物，由两个人分别代表托勒密观点和哥白尼观点，他们在一个愚钝的门外汉面前展开辩论。辩论进行了 4 天，第一天是关于亚里士多德自然哲学的基本原则和月亮的表面特征；第二天是关于地球的自转；第三天是关于地球绕太阳的公转；第四天是关于地球运动与潮汐。辩论的结果，哥白尼观点获得胜利。

伽利略以“对话”为掩护，用犀利的嘲讽和令人信服的逻辑相结合的方法，来抨击托勒密学说和宣传哥白尼学说，是受一位遭受过教会迫害的朋友的建议而精心安排的。正是采取这种策略，《关于两种世界体系对话》通过了宗教法官的正式许可，于 1632 年 2 月出版。

随之而来的则是伽利略灾难临头。不久，罗马宗教法庭识破用意，认为是以“对话”为名嘲弄教皇，煽动反对神权，于是同年 6 月 22 日，70 高龄的伽利略被以异端罪推上法庭受到制裁：第一，《关于两种世界体系对话》为禁书，不准翻印，不准传阅。已经印出的全部销毁；第二，判伽利略背诵 3 年赞美诗，每天背诵一次，向主请罪；第三，伽利略将无限期地监禁在佛罗伦萨附近的一个村舍里，直至主教团认为其确实悔改为止。

伽利略在囚禁中度过了 9 个春秋，在风烛残年之际被送回阿塞提。就在如此艰难的岁月里，在残忍的迫害面前，伽利略仍为追求科学真理而忘我工作。1637 年，他做出最后的天文发现，即月球在转动时发生缓慢摆动（称为天平动），完成了又一部关于材料力学和运动力学的著作《两门新科学》。遗憾的是，这部著作也躲不过宗教法庭的查禁，书稿只好辗转到荷兰，于 1638 年出版。而这时的伽利略老人已经双目失明，没有看到自己用最后的生命写成的书。同年，英国著名诗人弥尔顿拜访了伽利略，留有一段文字记述：“……在那里，我找到了伽利略的人居处，并拜访了他。老人已老迈，又因在天文学方面持有与御用学者不同的见解，成了宗教法庭的犯人。”

1642 年 1 月 8 日，伟大的伽利略逝世。

两个世纪后的 1835 年，伽利略的著作《关于两种世界体系对话》和哥白尼的著作《天体运行论》，从天主教会禁书中删除；三个多世纪后的

1979 年 11 月 10 日，罗马教皇在公开集会上承认：伽利略在 17 世纪 30 年代由于坚持“地动说”而受到教廷的审判是不公正的；1980 年 10 月，教皇在梵蒂冈举行的世界主教会议上宣布，要重新审理伽利略这件冤案。虽然这些“平反昭雪”来得太迟，但历史再一次证实：科学真理必将战胜强权和无知。

灾难篇之

氯元素被用作杀人武器

现代工业兴起后，氯元素被几代化学家发现并发挥了巨大效益。对于它的有害性，科学家们曾经冒着危险做过亲身实验，以期警示人们，避免伤害。然而，魔盒终于打开，氯气被罪恶利用，成了杀人的武器。

■ 迟迟识真容

18 世纪 70 年代起，由于冶金工业的发展，化学家们开始把注意力集中于各种矿物的研究。药剂师出身的瑞典化学家舍勒，对矿物抱有浓厚的兴趣，在化学元素氯、锰、铁、钼、钨、氮及氢的发现过程中，都有他的巨大贡献。但遗憾的是，他没有得到任何一种元素的无可争议的荣誉——因为有的发现别人同时做成了，有的是自己没有做到最后一步，结果功败垂成。1771 ～ 1774 年，舍勒在研究软锰矿过程中，当把盐酸加到矿粉中时，冒出一种黄绿色气体，发出特殊的茴香气味，闻了后马上感觉到肺部难受，令人窒息。经过种种试验后，他掌握了这种气体的许多特性：它可溶于水，并具有漂白作用，能使蓝色变成白色；它能腐蚀金属铁；它能杀菌，各种昆虫和细菌一接近它就立刻死去；让它靠近火，火就马上熄灭……实际上这就是元素氯的最早发现，但由于舍勒是燃素说的虔诚信奉者，便误认为是二氧化碳从盐酸中脱去了燃素后而产生的一种气体，称其为“脱燃素盐酸”，没有想到它是一种元素。

11 年后即 1785 年，法国化学家贝托雷在研究氯气时，发现氯水置于日光下可以分解，产生盐酸，放出氧气。他把这种变化当作氯气的简单分解，仅仅认为这种气体是盐酸与“维持生命的空气”（氧）之间“联结松弛的化合物”。

1809年，法国大化学家盖吕萨克和泰纳将纯净氯气与氢气混合后，发现无论静置多日，或稍做加热处理，或敞露于日光下，都会生成盐酸气，并发现反应中没有任何水分产生。但因为他们受着前人拉瓦锡“凡酸皆含有氧”认识的约束，同样没有认识到氯是一种元素，而认为是一种氧化物。

经过一系列认识上的失败之后，1810年，英国一位年仅30岁的青年化学家戴维，别出心裁地用电池将木炭烧至白热，想借以分解出氯气来，试验宣告失败。但是，正是这次失败，使他对氯中含有氧的说法产生了怀疑。他勇敢地冲破前人不正确认识的束缚，首次意识到只有认为氯是一种元素，那么所有有关的实验才能得到合理的解释。同年11月，戴维在英国皇家学会宣读研究论文，正式提出了氯是一种元素的见解，并纠正了拉瓦锡关于“凡酸皆含有氧”的不正确认识，证实酸的主要成分不是氧，而是氢。

至此，一种出现了36年而身份不明的气体，才真正有了自己的名字——“氯”。这个名字也是戴维建议采用的，它出自希腊文，原意是“绿色的”。

■ 有益的朋友

氯元素发现以后，人们很快根据它的特性加以利用，带来了制氯工业的兴起。

氯的漂白作用应用于棉麻纤维和纸浆漂白处理，大大促进了纺织业的发展。此前，各国对纺织品进行漂白的方法，大致是，将布料放进石灰水中浸泡，然后置于太阳下暴晒再用变了质的牛奶浸泡，如此重复数次才可收到效果。1754年以后，变质牛奶改用稀硫酸代替，这是英国化学家霍姆研究实验的成果。后来，人们感到用太阳暴晒方式进行漂白处理，花费的时间太多，有碍纺织业发展。到了1785年，法国国立染织厂的技师贝尔特勒，开始把氯气用于布料漂白，发现效果极佳。但在漂白工序中，使用气体氯很不方便，使用过程中容易发生种种麻烦。人们从实践中意识到，如果能够把氯气制成固体化合物，使用上的麻烦就解决了，于是，科学家和工程师们开始寻求氯气的最好漂白方法。

1799 年，英国一个名叫梯南特的漂白工厂厂主，冒着危险做了许多大胆的实验，终于找到了一种好方法。他的实验是，将氯气通入熟石灰中，使熟石灰大量吸收氯后，再将其与水化合，制成白色团块即漂白粉（次氯酸钙）。从此，纺织工业开始广泛应用漂白粉，并得以迅速发展。同时，纺织业发展后，对漂白粉的需求量急速增长，随之制氯工业也开始兴旺起来。

制氯工业兴旺的另一个原因，是制碱工业造成的。1788 年，法国化学家卢布兰发明了以氯化钠为原料的制碱技术，该技术分为两步：先将食盐和硫酸一起加热，制得氯化氢和硫酸钠；再将硫酸钠和煤粉、石灰一起加热，形成硫化钙和碳酸钠，用水溶解碳酸钠，结晶后便制成碱。当时，由于战争原因，卢布兰制碱法没有得到及时推广。后来在英国和法国，这种制碱法日益广泛采用，制碱工业很快发展了起来。

在用卢布兰法制碱时，大量氯化氢气体都作为废物处理，因为那时还没有找到应用的方法和途径。但是，氯化氢是有毒气体，排放到大气中会造成危害，于是政府在 1865 年正式颁发了禁止排放氯化氢的命令。这样，工厂就开始把作为废物的氯化氢气体收集起来，溶解到水中制成盐酸，并且着手研究盐酸的用途。两年后，发明了利用氯化氢制成的盐酸再提取氯的技术；1890 年，德国又发明了电解食盐水提取氯的技术，不仅降低了氯的生产成本，促进了漂白粉的生产和销售，而且在德国首先建起了既生产氯又生产盐酸的联合企业。在现代工业化生产中，电解食盐水制取氯已成为生产氯的主要方法。

随着氯的作用被更多地了解，其应用范围也越来越广泛，涉及冶金、纺织、食品、医药卫生和农业等各个领域。比如：氯化氢，是塑料——聚氯乙烯的主要原料；氯化钠（食盐），是工业制氯和制盐酸的原料；氯化钾，是重要的钾肥；氯化钙，是常用的干燥剂；氯化银，是生产照相纸和胶片的重要感光材料；氯化锌可用作防腐剂……至于氯的化合物，更是多不胜举，如农药六六六、滴滴涕、敌百虫、乐果等，都是含氯的有机化合物；三氯甲烷，是医院不可少的环境消毒剂；四氯化碳，是常用的灭火剂。在人体中也缺少不了氯，胃里有适当浓度的盐酸，能杀死病菌，促进食物消化；日常饮用的自来水中加进适量的氯或漂白粉，可起到消毒作用，等等。由此可见，氯元素的发现，犹如人类找到了一个有益的朋友。

■ 魔盒在一战被打开

在氯元素的发现和研究过程中，它的有毒性质一直是科学家熟知的，以至于对氯气释放出的味道都有过试验记录，他们冒着生命危险亲自尝试有毒气体，是为了求得真知，警示后人，避免无辜伤害。然而，科学家的努力却被个人利益和战争所利用，氯气终于成了杀人的毒气。

氯气作为杀人武器大规模使用，是第一次世界大战时最先由德国干的。

大战爆发后第二年，德军西线进攻遭遇英法联军的顽强抵抗，在伊布尔镇形成对峙状态，长达数月，德军上下心急火燎。就在这时，德国化学工业联合企业老板杜伊斯贝，向最高统帅部提出用化学武器进攻联军的建议。因为他一心想发战争财，建议提得很具体："如果使用一种毒气借助风力飘向敌军阵地，再坚固的工事也挡不住毒气，联军就会不攻自溃。"关于使用何种毒气及毒气用什么工具灌装和运输问题，化学家哈柏帮助出了主意。因为氯的毒性大，杀伤力强，他建议用钢瓶灌装液氯。哈柏的建议正合杜伊斯贝的心意，他的工厂库存有大量液氯一下了可以变成大笔财富。

德军最高统帅部为了取得战争胜利，自然不择手段，不仅接受了建议，还把工兵团改编为"毒气施放团"，决心大干一场。很快，6000 只装满液氯的大钢瓶和 24 000 只小钢瓶，运到了前线并在 8 公里宽的前沿阵地埋设下来，近 2 万千克氯气正等候刮起北风飘向联军阵地。在等候风向的日子里，英法联军从俘虏和叛逃者口中，得知了德军准备施放毒气的情报，但联军方面缺乏化学武器知识，想象不出毒气的严重后果，因而未采取任何防备措施。

1915 年 4 月 22 日下午 6 时许，在一番猛烈炮火攻击过后，戴着防毒面具的德军一齐开启了钢瓶，顿时一大片黄绿色烟云从德军阵地前沿升起，随着徐徐刮起的北风形成滚滚浪涛飘向英法联军阵地，而联军士兵只是用好奇的眼光注视着云烟飘来，开始闻到气味只觉得有些窒息感，顷刻就喘不过气，倒在地上痛苦地死去。由于氯气比空气重近 3 倍，它直接坠入战壕，毒气所到之处，毫无防备的联军士兵成堆成片地倒下。幸存者用手抓住喉咙，发出令人毛骨悚然的惨叫，弃械四散逃命。备有防毒面具的德军趁联军慌乱之际大举进攻，在不到一个小时时间内，向联军阵地纵深推进了 4 公里。毒气的作用，同样也出乎德军的预料，否则，可以准备更多的兵力，一举突击到英吉利海峡。

伊布尔首次毒气战，留下了一组触目惊心的数字：英法联军 15 000 人中毒，其中 5000 余人当场死亡；有 2400 余人被俘，其中大多后来也成为德军的刀下鬼。

■ 以牙还牙

伊布尔战役惨败后，英法联军立下誓言：要以同样的方式进行反击，让德国人付出更大的代价！

英国调动全国所有一流化学家和研究机构，为研制化学武器服务。全英 33 个化学实验室投入了这次紧急行动，试验了数万种已知的有机和无机化合物，从中筛选出最具毒性的毒剂用于战争。英军当局先后组建了 12 个毒气战斗中队，并选定位于西线中部的阿图瓦镇，作为向德军进行化学反击战的突破口。英法联军在阿图瓦战场 12 公里长的正面战线，部署了 32 个师的兵力和 2500 门火炮，埋设了 5500 只钢筒，共装着 150 吨氯气，正等待时机施放。

1915 年 9 月 25 日清晨，英法联军在发起连续几天的炮火攻击后，数千只钢筒一齐打开，如同长龙般的烟雾涌向德军防线。虽然德国人在伊布尔施放过毒气，但参加阿图瓦战役的德国官兵，都没有经历过这种场面，既缺乏防备，还有些好奇，因而 5 个月前伊布尔悲剧又一次重演，不过这次是轮到德国人遭殃了。有一名英国士兵在完成毒气突袭任务后写信给家人说："星期六清晨5时45分，我们向德军施放毒气——出现了十分可怕的景象……战壕里到处都堆满了尸体，足有三英尺高，都是被毒死的。"英军指挥部接到来自前线的报告称："在第二道和第三道防线也有很多尸体，在通讯战壕里有很多争抢退路时死去的德国士兵的尸体。我们目睹了毒气的致命威力。"

据后来的资料证实，阿图瓦战役中，英法联军施放毒气，造成德军上万人死亡，而英军由于施放毒气操作不熟练或步兵过早进入毒雾区，也有一千余人中毒，有的当场死亡。

从此，化学毒气成为战争武器，你来我往，使用频繁。仅1915年共施放毒剂达1900余吨。1916年开始，化学武器更是花样翻新。法国首先发明将毒气装入炮弹，生产出毒气弹，德国紧跟其后，也生产了大量毒气弹。毒气弹无须等候风向，也不用人工开启钢瓶或钢筒，而且用火炮射击准确性高，在火炮射程范围内可随心所欲地选择地点制造毒源，造成更大伤亡。如1916年6月，法德两军在争夺杜奥蒙炮台和沃都炮台战役中，互相发射毒气弹，双方各有70%的兵员遭受损失，成为战争史上令人恐怖的化学武器消耗战。

在施放毒气方式翻新的同时，毒气种类越用越多，毒性一种比一种剧烈。第一次世界大战中，使用的毒气共有几十种，如法国发明了以碳酰氯为原料的"光气"，其沸点低，发挥度好，即使在较低温的环境下，也易于产生很高的染毒浓度。这种光气弹的弹头上标着绿色"十"字。1916年，第一次对德国军队使用光气弹，使德军蒙受惨重损失。为了以牙还牙，德国很快研制成一种新的毒气——芥子气，其毒性作用在数小时以上，是一种持久性糜烂毒剂，只要稍有触及，皮肤就被灼伤，起泡糜烂；眼睛发炎、红肿以至失明。这种毒气弹的弹头上标着黄色"十"字，被称为"毒气之王"。1917年，德国第一次用黄色"十"字弹袭击英国军队，造成英军2500余人中毒死亡或致残。此外，三氯硝基甲烷、苯乙酮、氢氰酸等，都被用来制成毒气使用。这些毒气，在1917年7月～1918年11月一年多时间内，都使用过，交战双方共使用各类毒气达几万吨，占到一战期间毒气用量的83%，造成难以计数的人员伤亡，许多战争场面惨不忍睹。

■ 二战登峰造极

化学武器一经出现，就像希腊神话中打开瓶盖冒出来的魔鬼，逞凶于一战中的各个战场。到了第二次世界大战，更是达到登峰造极的地步。1939 年二战爆发后，希特勒采用种种法西斯暴行，对被占领国的犹太人、共产党人、战争俘虏和其他无辜者，不论男女老幼，进行大肆搜捕，残酷屠杀，本已穷凶极恶，令人发指。但希特勒还嫌枪杀、砍头、活埋之类的杀人方法落后，创造出一种新的杀人术——用毒气“最后解决”。

发生在奥斯威辛集中营的悲剧，就是其中触目惊心的一幕。

奥斯威辛是波兰一个有着悠久历史的小工业城市，那里森林茂密，河流清澈，是人们旅游，娱乐的好去处。1942 年德军占领奥斯威辛后，在这里建了一座集中营，先是专门关押波兰囚犯、政治犯和抵抗组织成员，后来随着希特勒反犹、排犹、灭犹计划的实施，欧洲各国的犹太人被赶出家园，许多都被集中到奥斯威辛做“最后解决”，解决的方法是用毒气“洗浴”。集中营内建有 4 个毒气“浴室”，每个毒气室可同时容纳 2000 人，不远处配设有火葬场和炼人炉。4 个毒气室互相进行杀人速度竞赛，最高速时创造过一天毒死 16 000 人的记录。

奥斯威辛火车站每天挤满了人，都是从各地押运来的犹太人、战俘和劳工。他们不分男女老少，排着长队，脱光衣服，按着顺序走进写有“浴室”字样的毒气室。刽子手们为了创造轻松欢快的气氛，一边演奏着音乐。等到各毒气室塞满了人，厚重的铁门被关上并密封起来，一声令下，党卫军把早已准备好的结晶状毒剂——氢氰酸（又名“齐克隆 B”）灌进室内，几分钟后，室内传出惨叫声和哭声，瞬间一切声音都消失了，尸体堆成塔形，个个浑身发青，血迹斑斑。接着，刽子手们使用抽气机抽掉室内残存的毒气，打开铁门，冲洗完血迹，便开始从尸体身上搜寻黄金饰品，从口中拔金牙……然后用轨道车将尸体运往焚尸炉，骨灰渣运到工厂磨成粉末，有的倒撒河中，有的当作肥料出售。每天这样程序化运作，整整进行了 4 年，仅 1941 年和 1943 年两年中，计有 300 万以上的人在奥斯威辛毒气室被毒死。使用的毒气量十分惊人，德国一家化学企业——特奇施塔本诺公司，每月就要向奥斯威辛毒气室供应 2 吨氰化物结晶体，该公司在战争期间提供的毒剂总量，足可以杀害 200 万人之多；另一家德国达格奇化学公司，每月负责供应 3 ～ 4 吨毒剂，用以杀害的人数更多。

臭名昭著的“七三一部队”

化学杀人同样也成为日本法西斯对付中国民众的残忍手段。

臭名昭著的日本“七三一部队”和“一〇〇部队”等，在中国东北、华北、华中、华南大肆进行细菌战的同时，开创了用活人做毒气试验、研制化学武器的先河。其方法是：先把从城乡抓来的活人分批关进密封的玻璃柜内，然后用具有不同成分的毒剂或毒气，按不同的量注入柜内，察看活人中毒至死亡的全过程，分别出一度、二度、三度毒气试验。在取得试验效果后，日本法西斯掌握了“速效死亡”手段，用以杀害更多的中国人。

1942年2月,“七三一部队”的刽子手对所辖7号牢房的囚犯注射菌液，进行细菌传染实验，引起反抗，实验一时做不下去，日本人气急败坏，立刻将全牢房数以百计的囚犯统统关进毒气室，用毒气毒死。1945 年夏，7 号牢房由一名苏联囚犯发起组织越狱，没等囚犯跑出大门就被发现，赶来的日军先用机枪扫射，剩下的全部关进毒气室，施放氢氰化合物毒死，尸体被装进麻袋投入江中，一次投入江中的麻袋有数十袋之多。

凶残的日本帝国主义给中国人民和世界人民造成的悲剧，是永远无法用数字来表达的，其贻害也是难以消除的。时至今日，日本法西斯使用致命芥子气等毒气制成的化学武器，在中国 90 多处地点遗留下来，已发现的约 5.6 万枚，这个数字还不包括在吉林省敦化市哈尔巴岭埋藏的 33 万枚化学武器。这些触目惊心的数字和事实，都是由总部设在荷兰海牙的禁止化学武器组织（OPCW）经过查证核实的。

天然的和人工合成的有毒物质共有数十万种之多，其中有 70 余种已经被使用过，然而，至今一些主要国家还在大量研制、生产和贮存化学武器，特别是许多现代科学技术成果仍在肆无忌惮地被“恶用”，化学武器可能给人类带来更大的灾难。警惕啊！善良的人们。

耻辱篇之

披上科学外衣的种族偏见

在19世纪种族主义偏见盛行的时候，一直有人企图寻找“科学”论据，以说明一部分人比另外一部分人天生优越，于是一种所谓的颅容量研究结论应运而生：白种人智能属于最高一类，黑人属于最低一类，美洲印第安人属于中间类。然而，这个富有欺骗性的结论，却是盗用科学名义的拙劣之作。

■ 迎合偏见

种族偏见长期盛行于世，至今仍根深蒂固地发生着影响。

整个19世纪，种族偏见猖獗，渗入到政治、经济以至社会生活的各个方面。为了维护这种偏见的合理性和维持某些人凭着“天赋”占据的优越地位，一直有人企图找到所谓“科学”的论据来说明一部分人比另外一部分人生来就优越。19世纪中期，一种迎合这种偏见的“科学结论”于是在白人统治的美国和法国应运而生。

在美国，提出这个结论的是一位代表美国精英的医学科学家塞缪尔·莫顿。他本人是“智力和其他能力是生而有之”观点的极力主张者。他先有一个信念，人的颅容量（即头骨的容量）一定可以作为衡量智能的尺度。从这个信条出发，据说他从1830年到他1851年去世的20年间，共收集了1000多具不同人种的头骨，经过对这些头骨的颅容量进行测量，编制出一个各人种颅容量对照表。他得出的结论是：按颅容量，白种人属于最高一类，黑人属于最低一类，美洲印第安人属于中间一类；在白种人中，西欧人高于犹太人。

这个与时代偏见潮流相吻合的结果一经发表，立即受到持种族偏见的人们的高度赞扬，认为莫顿终于用一套客观的科学事实，取代了以往的推测。他的那套颅容量研究结论，在19世纪被奉为关于各人种智力水平的不可辩驳的“过硬”材料，在美国和其他白人统治的国家，被反复翻印和引用，成为维护奴隶制的辩护神。

1851年莫顿去世时，许多美国报纸对他歌功颂德。《纽约论坛报》在他的讣闻中宣称：“恐怕没有一个美国科学家在全世界的学者中享有比莫顿博士更高的声誉了。”美国南部一家主要医学杂志《查尔斯顿医学杂志》盛赞莫顿说：“我们南方人应该把他看作是我们的恩人，因为他用实际材料最好地帮助确定了黑人作为劣等种族的真正地位。”

无独有偶。法国有一位大名鼎鼎的人类学家和解剖学家保尔·布罗卡。他曾经通过尸检发现大脑前叶第三回是控制语言的中枢而饮誉全世界，但他同时也是一位以脑子大小判断人种优劣的鼓吹者。他在1861年发表研究文章时写道：“一般地说，成年人的脑子比老年人大，男性的脑子比女性大，杰出人的脑子比才能一般的人大，优等种族的脑子比劣等种族的人大。”有些主张平等主义的人向布罗卡提出质疑：“德国人明显不如法国人聪明，而德国人的脑子为什么比法国人大？”布罗卡支吾一阵后，竟然没有做出正面回答。又有一次，德国哥廷根大学有5位教授先后去世了。根据他们的遗嘱，对他们的大脑进行了解剖测量，结果发现他们的颅容量与一般人没有什么差别。有人又用这个事实向布罗卡挑战，布罗卡以沮丧的表情一口咬定说：“这几位教授根本就不杰出！”大家一笑了之。

■ 欺骗之术

美国精英莫顿的惊世之作，被种族主义者和抱有社会偏见的人们引以为经典达一个多世纪。但是，莫顿更惊人的地方，是他那种彻头彻尾地把自己的偏见藏匿于科学研究中的卑劣行径。他不仅凭着信条制造了他的理论，同时也捏造了据以产生该理论的数据，他的那种被称为“过硬”的颅容量表，原来是编造的骗术。

最早发现莫顿骗术的，是美国哈佛大学古生物学家斯蒂芬·古尔德。

他在1978年重新计算了莫顿的研究数据，发现其中有明目张胆的欺骗行为，因为莫顿的数据表明各种族的颅容量实际上大体相等，并不能据此得出他公布的那种结果。古尔德根据这个数据看到的是完全不同的事实，那就是：决定头骨大小的主要因素是体形的大小，而不是种族差别。古尔德把他重新计算后的颅容量数据和当年莫顿计算的数据加以对照，列出一张表公布于众，并声明说："我对莫顿的排列做了订正，即使按莫顿自己的数据，也没有发现各人种之间有任何大的差别。"

同时，古尔德还发现莫顿在整个研究过程中所使用的欺骗手法，真是到了随心所欲、荒唐可笑的地步。莫顿想要把一组平均数值降低时，他就把这组里的小头骨算进去；当他想提高一组平均数值时，他就把这组里的小头骨排除在外。例如，他在评价美洲印第安人时，就加进了许多头骨较小的印度人，而他为了不让高加索白种人的数值降下来，他又有意把头骨长得较小的印度人排除在外。

更令人不可思议的是，莫顿列出的对照表中关于颅容量的数据，几乎都是披上科学外衣而为现成的种族偏见服务的。他认为白种人比黑人智能优越，于是在他的对照表中就产生了形成鲜明差别的数据，即：英格兰白种人的颅容量为96立方英寸，霍屯督人（南部非洲纳米比亚的一个黑人民族）的颅容量为75立方英寸。问题在于，这些数据是他一手编造出来的，做法是：他所列的英格兰白种人颅容量数据，全部取自男性；相反，霍屯督人的颅容量数据，则全部取自女性。他这样做的道理很简单，因为男人的头骨比女人的大，颅容量自然也就高了。

■ 圆圈式的陷阱

莫顿19世纪中期宣布的白人比印第安人聪明、印第安人又比黑人聪明的理论，在一个半世纪中，一直被包括许多科学家在内的人广泛引用。可是，他赖以得出结论的数据中一目了然的欺骗性，却一直没有被发现。这中间的奥秘，给科学界留下一道寻思的课题。

古尔德经过对莫顿这类事件进行仔细研究后，在20世纪70年代末80年代初出版了一本《对人类的错误测量》的书，他按时间顺序收集了不少这样的事例。所有这类事例的一个共同特点，就是给形形色色的偏见披上了科学的外衣。他深有体会地写道："任何信奉某种流行的社会教义的科学家，都企图'科学'地（即求助于客观验证的科学方法）证明这种教义。但在看实际数据时，他往往会不自觉地选用支持其原有想法的那些数据，然后宣布他的想法得到了证明。这种论证看起来总是一条由数据到结论的直线，而实际上它走的总是一个圆圈，是从结论到挑选出的数据，最后再回到原来的结论。"

许多正直的科学家，面对过去的历史和现实发表感慨：自那时以来，莫顿、布罗卡等人所走的圆圈式的路子，后来又有许多其他人去走。事实证明，后来的科学家完全可能重新跌入同样的陷阱。许多人在 19 世纪受了骗以后，对 20 世纪在美国时兴起来的"智力测试"有了警惕，发现不少与莫顿事件有异曲同工之妙，一些用科学外衣包装的结论，因为与美国的那些世俗观点和偏见相吻合，而得到广泛流传，又进一步强化了世俗和偏见。最典型的事例，是西里尔·伯特的离奇故事。

伯特是英国应用心理学先驱。他通过对一系列孪生子的研究，发表了智力有高度遗传性的研究结果，从此辉煌起来。他被英国封为爵士；1971 年，美国心理协会授予他桑代克奖；同年他去世时，讣告称他是"全世界心理学家的师长"。斯坦福大学一位心理学教授发表歌颂伯特的文章，更是无以复加："这个人身上的一切——他那英俊潇洒的仪表，他那充满活力的气质，他那温文尔雅的风度，他在研究、分析和批判时那永不衰减的热忱，……当然，尤其是他那极其敏锐的智慧和广博的学识——都给人留下了一个品德高尚、天生贵族的完美印象。"然而，后来掌握的事实证明，这个完美的人也是一个披着科学外衣的骗子。最早发现其骗术的，是普林斯顿大学心理学家利昂·卡明。

卡明首先注意到，伯特最早在 1943 年发表的论文中没有学术成果的基本标志，如由谁做的试验、在什么时间和什么地点做的试验，等等。后来，卡明对伯特进行的一系列孪生子试验做了查对，问题出来了：伯特 1955 年发表的第一篇关于同卵孪生子智商的研究报告，声称对 21 对孪生子进行了试验；1958 年又发表了对 30 对孪生子的研究数据；1966 年还做了 53 对孪生子试验。如果确实的话，那是一套惊人完整、可信的数据。可是，当卡明仔细核对后，发现三篇研究报告中，被析离了的孪生子智商得分系数都是 0.771。这不得不让人产生怀疑：一种相关系数在两次增加调查实例以后仍保持三位小数不变，这是可能的吗？接着，在一份列有 60 个相关系数的列表中，又有 20 个完全吻合，这就更离奇了。

1974 年，卡明出版了一本书，综述了伯特的研究工作，他在书中写道："伯特的报告因为没有过程说明而失去了科学价值。……他那些支持遗传论立场的数据因为前后过于一致，所以常常失去了可信性。在分析方面，人们可以看到，这些数据和他想证明遗传论的努力一致得简直令人难以相信。人们不能不得出这样的结论：伯特舍去的数字根本不值得我们当代科学的注意。"两年后的 1976 年 10 月 24 日，英国《星期日泰晤士报》登出了一篇指控伯特作弊的署名文章，作者是该报的医学通讯员奥利佛·吉利。他经过调查，证明伯特发表文章时曾经提到的帮助他收集孪生子数据的两位合作者，实际上根本不存在，是他编造出来的。

英国报纸的一篇文章，在美国却引起了一场愤怒的轩然大波，特别是心理学领域的一些名人，纷纷谴责文章作者吉利，说什么"把怀疑加到伯特的事业上是一种犯罪"。显然，美国科学界不愿意接受对伯特的任何怀疑，更不用说接受伯特是作弊这样的观点了。

彻底使其真相大白的，是一位曾经在伯特葬礼上致悼词颂扬伯特的利物浦大学心理学教授赫恩肖，他受伯特的妹妹委托正在为伯特写传记。他在深入、全面调查过程中，发现伯特在几篇关键论文中都有编造数据问题，使他感到惊讶："当我翻阅伯特的书信时，我被他那些自相矛盾和显而易见的谎言惊呆了，这些谎言是不可以原谅的，而是明显的掩盖。"赫恩肖还发现，伯特的孪生子数据许多也是假的。他调查证明：伯特 1950 年退休后，根本没有像他文章中声称的那样扩充了孪生子数据；1950 年后他根本没有合作者，也没有再做研究；他 1969 年发表的关于教育水平下降的文章，是臆造的；伯特自称发明的"因子分析技术"是伪造的。因此，传记作者赫恩肖如实地对传主做了总结。他写道："1943 年以后伯特的研究报告必须加以怀疑。无论从性格上还是从他所受的教育来看，他都不是一个科学家。他过于自信，太性急，总想一下子获得最终结果，又总是喜欢做修改和掩饰，因此，他不能成为一个好科学家。

他的工作常常貌似科学，但实质上并不总是科学。”

问题的严重性不在于莫顿、伯特这些貌似的科学家的欺骗、作弊，而在于那样显而易见的作弊数据能长期存在下去，流传开来。关于这一点，犹太物理学家爱因斯坦有深刻感受。他在关于“黑人问题”的通信中写道：“然而，美国人的社会景观中有一个污点。他们的平等与人性尊严的观念主要限于白种人。甚至在白种人中间也存在着偏见。作为一个犹太人，我可以清楚地意识到这一点。”

善意的科学家们总在警惕有人用某种才干干那些达到低下目的的事，但到何时才不会有这种事情发生呢？发生了又该如何对待呢？

耻辱篇之

异曲同工伪造术

20世纪的古生物学界发生过一系列丑闻。其中最典型的，有20世纪初期英国人移花接木拼凑的辟尔唐“曙人”案，有20世纪末美国《国家地理》杂志报道的假“辽宁古盗鸟”化石事件。时代不同，国度有别，而伪造手法却异曲同工。

■ 丑陋的“辟尔唐人”

20世纪初，大英帝国处在鼎盛时期。英国人长期养成的那种唯我独优的优越感，在盲目支配着许多人的心理和行为。在一些英国人看来，英国是世界文明的摇篮，是播种世界光明的使者。然而一段时间以来，一系列科学发掘表明，早期人类的证据，包括骨骼化石、古石器时代的洞穴、工具和绘画等，却相继出现在法国和德国，而不是在英国。对此，英国人从逻辑上就无法理解，从感情上更不能接受这种严重挫伤自尊心的事实。

尤其1907年，在德国海德堡附近又发现了一块早期人的颌骨，经研究表明，欧洲最早的人类是德国人。这更使英国人感到难堪。在沮丧的心情下，他们以急切期盼的心理，期待在英国发现最早人类的证据。

于是，英国出现了拼凑“辟尔唐人”的荒唐事。

在英格兰南部，有一个从事律师职业的业余地质学爱好者查尔斯·陶逊，他酷爱寻找和收藏各种化石。一次，他在苏塞克斯郡的辟尔唐公地，发现了一处砂石矿井。凭直觉，他认为这里面可能有需要的东西，便出钱雇采掘工进行挖掘，掘到任何石块、器物都交给他。1908年的一天，采掘工交给陶逊一块骨片，他一看就认定这块骨片是人的头骨的一部分。欣喜之中，陶逊让采掘工不停地继续挖掘，此后三年中，在辟尔唐矿井又找到了一些碎骨片。

1912 年，陶逊喜滋滋地写信给不列颠自然博物馆地质部鱼类化石权威阿瑟·史密斯·伍德瓦德，告诉他有重大发现，其价值将超过海德堡发现的德国人化石。伍德瓦德如获至宝，他立即和陶逊一起把这些碎骨片进行复原，并且紧紧盯住辟尔唐矿井的每一发现，期望能找到复原标本上缺少的其他部分，为此，两人还亲自下矿井挖掘。

一次，陶逊在井底部找到一块颌骨片，当场认定它正是标本上缺失的一部分。当他们回到博物馆一拼凑，果然不出所料。复原标本上尚未找到的缺失部分，他们用黏土一一做了填补。就这样，一具效果极佳的石化头骨大功告成了。起初，他们对这一重大发现严加保密，标本也被封锁在无人知晓的秘密处，用意是想让人们对这一发现感到惊喜。

同年 12 月，在伦敦召开的地质学会大会上，伍德瓦德兴奋地宣布了辟尔唐的大发现，他激昂地说："英国发现了最原始的人类遗骨——破碎的头骨和一个下颌骨！"并且向公众公布了他对这具化石的研究结果，说它是一种半人半猿生物的头盖骨，生活于 25 万年以前，雌性。他们将其命名为"曙人"。

这项发现，对于大多数极富民族自尊心的英国人来说，如同饥渴中找到了甘露，他们心满意足了——最早的人类终究还是英国人！一时之间，街头巷尾、茶余话后，人们谈论的话题都是"曙人"。英国学术界对"曙人"的科学价值感到"正合我意"，因为这是他们长期以来的设想——按照达尔文的进化论，从猿到人应该有一个过渡性的生物形态，可是一直未能找到这种过渡性生物存在的证据。他们认为"曙人"的出现，是证明达尔文进化学说的有力证据。

然而，另外一些英国学者却对这一惊人发现和盲目喝彩感到不安。不列颠博物馆的年轻动物学家马丁·欣顿，对这件事默默沉思了好久，脑子里装了许多疑问。消息公布后第二年，他专程去发掘现场做了考察，得到的初步印象是：辟尔唐"曙人"可能是个骗局。但是，他人微言轻，在伍德瓦德的权威结论面前无能为力。

于是，欣顿想出一个无奈的恶作剧手法以便戳穿骗局。他在博物馆里找出一颗猿牙，把它锉成同曙人复原标本中用泥塑代替的形状相一致，并且乘人不备将它偷偷地埋到辟尔唐的砂石矿井内。

当这颗猿牙被掘出后，又是一番兴高采烈的庆贺，不仅没有戳穿原来的骗局，用猿牙锉成的假物反而成了填补缺失的真品，引起全国欢呼。

接着，欣顿又搞了一次恶作剧，想让大家识别造假，嘲笑欺骗者。他这次用的是一种灭绝古象的腿骨，把它雕刻成一件最受英国人喜爱的器物——远古时期的板球拍，又将它偷偷埋到辟尔唐井下。没想到，又是作假成了真，伍德瓦德和陶逊就此发表文章，描述这件远古板球拍发现的意义。难怪后来有一位研究辟尔唐事件的历史学家感叹道："这样一钱不值的东西，竟会被当成真的接受，使设计圈套的人完全失败了。"

除了欣顿的恶作剧，另外一些生物学家、地质学家、医生等，也对"曙人"提出过种种质疑，但都无济于事。骗局延续到20世纪20年代中期，"曙人"的科学价值开始失去光彩。因为这时在非洲发现的化石表明，人类进化的方式和辟尔唐"曙人"告示世人的正好相反：非洲的化石不是头骨像人、颌骨像猿，而是颌骨像人、头骨像猿。到此，事情已经昭然若揭：辟尔唐"曙人"制造者们把人骨和猿骨拼凑反了。然而，闹剧并没有收场，围绕辟尔唐"曙人"的争论，还在英国学术界继续进行着，据说，前后发表的这方面的文章有一百多篇。有趣的是，后来关于辟尔唐"曙人"还传出带宗教色彩的故事来。

这场骗局的彻底败露，并且使自尊心强烈的英国人不再引以为荣而引以为耻，是在20世纪50年代初。随着科学技术进步，人们应用先进的检测技术稍加检测，延续四十余年的辟尔唐"曙人"骗术大白于天下：曙人的颌骨是用猩猩的下颌骨与现代人类的头骨拼凑的，臼齿是人工磨制的，而且都做了染色处理，以显示其年代古老。

如此拙劣、到处都是破绽的作假，在文明的英国被顶礼膜拜了数十年，它给人留下的疑窦可能更长时间难以消除。人类学家勒·格罗斯·克拉克久思不得其解，他感叹道："人工磨制的痕迹一下子就可以看出来。既然这些痕迹如此明显，人们完全有理由问：以前它们是怎样逃脱人们的注意的？"其实，克拉克先生此前也同样失去"注意"，被拙劣所蒙骗。

骗局戳穿，余波未尽。据说，为了追究辟尔唐“曙人”的罪犯，在英国又掀起了不少热闹场面。有人说，业余地质爱好者陶逊是主犯；有人认为，化石权威伍德瓦德是主犯，陶逊是教唆犯；也有人表示不偏不倚的态度，陶逊和伍德瓦德同是主犯。

更富有戏剧性的是，有人传出牛津大学一位已故教授的录音带，他临终时指控他的老师人类学家索拉斯一手制造了这场骗局，目的是出于个人恩怨，以此来报复伍德瓦德，让他一败涂地。而陶逊正好是索拉斯的好朋友……

接着，从剑桥大学又传出该校一位教授对辟尔唐“曙人”事件的调查结果，证明骗局是鼎鼎大名的《福尔摩斯探案集》的作者 A. 柯南道尔干的，他是最大的嫌疑犯。当陶逊和伍德瓦德在辟尔唐发掘化石时，柯南道尔就住在离此不远的地方，他还到过现场……由此可见，破辟尔唐“曙人”的案子，真用得上福尔摩斯出马了。可是，辟尔唐“曙人”遗留给科学界的教训，该怎样吸取呢？

迎接千禧的丑事

正当人们满怀希望迎接新世纪科学曙光的时候，1999 年 11 月，大洋彼岸美国一家具有百年历史的权威杂志——《国家地理》，刊出一篇题为《霸王龙长羽毛了吗？》的文章。这篇长文报道的是一具来自中国中生代的“鸟类”化石，描述该鸟长着一个非常类似于现代鸟类的身体，又长着一个很典型的恐龙的尾巴。正是它的这种难见的特点，使那些急切寻求填补鸟类起源和进化过程中某些“缺失环节”的古生物学家及《国家地理》杂志，如获至宝，视其为连接了恐龙和鸟类的“缺失环节”，是一次意义重大的发现，认为它有极高的科学价值，为鸟类和恐龙起源说提供了最直接的证据。

这具化石标本被命名为“辽宁古盗鸟”（*Archaeoraptor liaoningensis*），收藏于美国犹他州布兰丁恐龙博物馆。

美国《国家地理》杂志，素以准确报道最新的和最重要的自然或历史文化领域的发现为其宗旨，为了实现这一宗旨，所有在《国家地理》杂志上发表的文章，必须经过严格的审稿程序，尤其是科学发现方面的报道，都要经过相关领域权威专家审阅同意方可发表。因此，《国家地理》成为学术界信得过的权威刊物。这次关于“辽宁古盗鸟”的报道，同样也不是一时心血来潮随意而为，不仅撰写的报道“辽宁古盗鸟”的文章，经过了权威专家审阅，而且报道之前，由布兰丁恐龙博物馆馆长史蒂芬·塞克斯邀请国际兽脚类恐龙权威专家菲利普·柯瑞等人，认真对“辽宁古盗鸟”化石标本进行研究并确认后，先于 1999 年 10 月由美国国家地理学会举行了新闻发布会，然后由《国家地理》杂志公之于世。

这样的权威刊物报道如此重要的发现，理所当然地引起世界范围的轰动，各种媒体接二连三纷纷转载，各国古生物学界更是兴奋不已，于是一时之间，专程前往布兰丁恐龙博物馆目睹“辽宁古盗鸟”化石标本真容者络绎不绝。中国学者尤其对这项发现感兴趣，不仅因为它的故乡在中国，同时还因为，中国的古生物学家通过长期努力，特别是近些年来的许多重大发现和进行的系统研究，为鸟类起源研究做出了重要贡献，是国际公认的该领域研究的重要力量。

中国科学院古脊椎动物与古人类研究所青年古生物学家徐星博士和王元青博士，是众多“辽宁古盗鸟”发现关注者中的代表人物。1999 年 10 月，他们有幸应邀代表中国同行参加了美国国家地理学会的新闻发布会，会后他们以急切的心情到布兰丁恐龙博物馆仔细观察了“辽宁古盗鸟”化石实物标本。在长久、细致的观察之后，两位中国学者心中不约而同地产生了怀疑：“辽宁古盗鸟”化石标本可能是被人为拼接过的，在其身体与尾部联结处有明显的断裂，而且化石标本的部分骨骼缺失……当然，疑点仅仅是疑点，尚不足以做出判断，结论必须产生于确切的事实依据。两位中国学者走出布兰丁恐龙博物馆便萌生了一个想法：不论权威的看法如何，“辽宁古盗鸟”化石标本的真假，有待进一步探索和识别。

为了弄清事实，同年 12 月，徐星和同事们一方面利用以往采集的化石标本进行系统研究和比较，一方面到“辽宁古盗鸟”的发现地辽西地区做现场勘察，寻求更直接、更有说服力的事实依据。当他们在研究另外一件也是来自辽西的兽脚类恐龙化石标本时，初步找到了问题的答案。他们研究发现，“辽宁古盗鸟”标本的尾巴，实际上是这种新的兽脚类恐龙——驰龙的尾巴；再联系到布兰丁恐龙博物馆“辽宁古盗鸟”身躯与尾巴联结处的断裂等事实，可以证明“辽宁古盗鸟”化石，是由一个新种鸟类的身体和驰龙新属的尾巴拼凑而成的动物化石。

本着对科学负责的精神，中国学者徐星将自己的研究结果随即通知了美国国家地理学会。他在信中说：“在观察了布兰丁博物馆收藏的新的长羽毛的驰龙标本，并且和古盗鸟化石进行对比之后，我认定‘辽宁古盗鸟’是一个拼凑的动物标本。这两块化石的尾部一模一样，但是布兰丁博物馆这件新标本的其他部分和古盗鸟很不一样，实际上和中国鸟龙更为接近。尽管我不愿相信这一事实，但古盗鸟看上去是由一个驰龙尾巴和一个鸟的身体组成的。”

徐星简短明确的信件，使《国家地理》杂志包括主编在内的所有人员受到震动，如果真是这样的话，将是奇耻大辱，会严重损害《国家地理》在学术界的信誉。但是，聪明的态度只有一条，那就是面对事实，有错必改。《国家地理》杂志先于2000年1月公布了对“辽宁古盗鸟”化石有不同研究结论的消息，同年3月刊登了徐星的短信，向公众正式宣布了中国科学家的研究结果。

于是，“辽宁古盗鸟”这件引起世界关注的“发现”，迅即引发出一场轩然大波，人们无法理解《国家地理》这个老资格的刊物，竟然如此不慎重，拿科学当儿戏。包括NBC、《今日美国》《自然》《科学》等众多著名媒体纷纷予以报道，指责《国家地理》对科学不负责任的态度。

一些西方媒体派专人采访推翻《国家地理》报道的中国学者徐星博士，问他对这一事件的看法，徐星表示：这是一桩科学悲剧。当商业利益卷入其中的时候，科学就会失去它的纯洁性。在回答如何避免这类事件发生时，徐星说：“如果能够让中国学者很早就介入这一标本的研究，也许这一错误就能避免。”

由于事件的严重性和广泛影响，美国国家地理学会希望彻底澄清有关事件的疑问，于2000年4月初邀请徐星携带有关证据赴美，出席以苏斯博士为首有美国和加拿大5位著名学者组成的调查委员会的会议，共同验证“辽宁古盗鸟”事件。4月4日，调查委员会在美国国家博物馆进行研究后一致认为，徐星的结论是正确的，即“辽宁古盗鸟”是一个拼凑而成的动物化石标本。美国国家地理学会正式对外宣布了最后确认的结果，同时在权威刊物《科学》上向全世界做出报道，其中写道：在中国徐星提供了可靠证据之后，这一问题得以最终解决。

这样，“辽宁古盗鸟”化石标本在科学上的价值消失了。根据中美双方达成的协议，已于2000年6月2日将它移交给中国科学院古脊椎动物与古人类研究所。将有更多的参观者无须越洋就能鉴赏它的奇特与拙劣了。

但是到目前，为宣传骗术出了大力的美国《国家地理》杂志，以及以权威身份研究“辽宁古盗鸟”化石得出错误结论的学者，还没有对此事说点什么，而人们多么希望看到他们就有关事件的真相和应该吸取的教训有所反省！然而，无论现在或将来有没有什么说法发表，“辽宁古盗鸟”已成为丑闻载入科学史册。老字号的《国家地理》杂志干出这等大损名誉的事来，最起码的教训是盲目信任了权威和对科学报道采取不严肃态度。至于事件发生的原因，在尚未得知美国当事者任何说法的情况下，科学界已议论纷纷，概括起来不外乎以下几点。

首先，据说“辽宁古盗鸟”化石标本是通过走私渠道流入美国博物馆的。其他姑且不论，仅该物流入美国过程中的趋利动机而言，导致欺骗、伪造行为发生，就有着必然性。因为伪造得越巧妙、越符合需要，就越有好处到手。正如徐星所说：当商业利益卷入其中的时候，科学就会失去它的纯洁性。美国人明知古盗鸟化石的来历，为什么没有警觉到这一点呢？这不得不使科学界感到困惑。

其次，缺乏应有的科学态度。布兰丁恐龙博物馆邀请权威科学家研究走私化石，专家们又是在完全没有掌握采集化石过程中化石出现时的层位、原始状态描述等最直接、最有效，也是最起码的鉴别依据的情况下进行的，而且面对明显疑点未做分析和排除就做出判断。显然，这样的判断无论是对或错，都失去了科学研究工作的严密性和科学研究人员的严肃态度。

还有，科学家的期待心理对做出判断也产生了某种诱导作用。长时间以来，古生物学界对鸟类起源的研究形成热点，假说诸多，其中“鸟类恐龙起源说”颇为盛行，但迄今未发现有力证据，“辽宁古盗鸟”化石标本的出现，正好迎合了这种期待心理，于是研究者就先入为主了。

此外，《国家地理》杂志发表文章时，无疑存在审稿制度的随机性，审稿过程和审查结果因人而异、因事而异，或者根本就没有按照制度规定进行正常的审稿。

总之，这些原因都帮了造假者的忙，损害了科学的公正荣誉，所以成为科学史上的丑闻事件。

后记

先就这本集子的总题目作点说明。“入门与出道”几个字，是几经斟酌而借用的，自认为它比较贴切本人情况和一直的信守，大致的意思是，用心学习，勤快做事。

年入古稀后，开始对自己做些回顾，自感欣慰的一点是不甘无知。细想起来，在我十几岁到如今年届八秩的各个时段，都怀有渴求知识的欲望和冲动，这可能因了我对从事的工作和想要弄懂的东西，总感觉知识贫乏而不能自如，被逼得下力学习，想逐步改变现状。也许，因为有欲望罢，逼着求知并不觉得怎么苦，相反，当有所心得哪怕一小点，内心就会有一种难以用语言表达给别人的愉悦。

联想到新近的一件事，也非常让我欣喜。我的不到二十四岁的外孙女，三年前在英国巴斯大学读完本科，以《不同背景的年轻人是如何从上学到工作的过渡的》论文取得文学士（Bachelor of Arts）学位，继而考去伦敦大学读管理研究生，并得了理学硕士（Master of Science）学位，论文是《金钱奖励和非金钱奖励对员工动力的影响》(How does monetary and non-monetary rewards impact employees' motivation)，去年又考入剑桥大学读教育学研究。在剑桥，虽然规定的本领域专业课目非常繁重，她仍不满足于此，还挤出时间去听医学院的课；她听完课很兴奋，自觉眼界洞开，便发微信给她母亲，感慨过去学的知识太局限了。上月，女儿将信息电话口传给我，当时真有点心花怒放的状态，比自己有了求知感悟还要强烈。我的另一个十几岁的外孙女，也是求知欲很强。以我个人的切身经历和体验，这应该视为有志青年对知识的觉悟！实在太可贵、太难得了。

我一生总与幸运伴行。感恩，也总装在我心中。几十年岁月的许多事许多人，我都能清晰记得住，写下来会很长很长，说声谢谢又太轻慢了，只好继续铭存于心，直到永久。

关系这本集子的成书与出版，理当在此专致谢忱。首先要感谢中国科学院院史研究项目给予的支持和王扬宗研究员看重并热心提议，感谢曾经的同事陈丹帮助一遍一遍打印修改稿子，还都是占用他的双休日和晚上时间。科学出版社侯俊琳编审和本书责任编辑牛玲女士几次到家里商谈出版事宜，并且细心认真尽责做了编辑工作，在此致谢。

书中可能会有误记或欠妥之处，诚请批评指正。

葛能全

2018年7月于中关村